AF315643

LE
CODE CIVIL COMMENTÉ

A L'USAGE DU CLERGÉ

dans ses rapports avec la Théologie morale, le Droit canon et l'Économie politique

« Labia sacerdotis custodient scientiam,
« et requirent legem ex ore ejus. »
(Malachie, ch. 2, v. 7.)

PAR

M. LE CHANOINE ALLEGRE,

Docteur en Théologie et en Droit canon.

—ᴡᴡᴡᴡᴡ—

Premier Volume. — 2ᵐᵉ Partie

—ᴡᴡᴡᴡᴡ—

DELHOMME ET BRIGUET, ÉDITEURS

PARIS	LYON
13, Rue de l'Abbaye, 13,	3, Avenue de l'Archevêché, 3

1888

LIVRE DEUXIÈME

DES BIENS ET DES DIFFÉRENTES MODIFICATIONS DE LA PROPRIÉTÉ.

Les biens sont les choses considérées comme objets de droits au profit des personnes. Ce ne sont pas seulement les objets physique du monde extérieur ; il y en a aussi qui sont de pures conceptions juridiques et correspondent à ce que sont dans l'ordre des personnes les personnes morales ; on peut citer comme exemples une clientèle commerciale, certaines fonctions publiques dites offices ministériels, dont la loi a fait un monopole pour les titulaires, le droit exclusif qu'a l'inventeur d'une industrie ou l'auteur d'un écrit d'en tirer profit.

Parmi les droits qui composent le patrimoine (et dans un patrimoine il y a seulement des droits) les uns appelés *droits réels,* confèrent une action directe et immédiate sur la chose qui en est l'objet, *jus in re ;* d'autres, au contraire, confèrent une action contre une personne tenue d'une prestation ou d'une abstention, afin de retirer par son intermédiaire une utilité d'une chose, ce sont les *droits personnels* ou créances ; le droit personnel a d'ordinaire pour but final de faire acquérir la propriété d'une chose, aussi l'appelle-t-on *jus ad rem,* mais il peut aussi faire acquérir par l'intermédiaire d'une personne un droit réel autre que la propriété, ou simplement forcer cette personne à faire un acte déterminé ou l'abstenir de tel fait.

Cette distinction des droits réels et personnels est essentielle et fondamentale ; dans les premiers *res debet, non homo,* dans les seconds *homo debet, non res ;* le droit réel s'estime donc par la seule valeur de la chose qui en est l'objet, le droit personnel s'estime par deux éléments, la valeur de la chose à laquelle il tend et la solvabilité du débiteur ; à la différence du droit personnel, le droit réel permet à l'homme d'exercer son action sur le bien en quelques mains qu'il se trouve (droit de suite), et la fait préférer à tous ceux qui n'ont à l'occasion de la même chose que des droits personnels ou des droits réels postérieurs en date.

Le Livre II du Code civil consacre son Titre 1ᵉʳ qui est en quelque sorte un préliminaire, à ranger en différentes catégories les biens sur lesquels les personnes peuvent avoir des droits. Puis il s'occupe de ces droits ; mais il ne traite pas des droits personnels dont il ne sera question qu'au Livre III ; l'objet de son étude porte sur les droits réels.

Des droits réels le plus considérable est la propriété, qui est la base du régime du droit privé ; mais elle peut être restreinte et démembrée par la co-existence d'autres droits réels qui varient suivant l'état social et économique du pays et de l'époque ; de là les différentes modifications de la propriété dont parle la rubrique. Le livre II du code n'examine pas tous ces droits réels considérés comme démembrement de la propriété ; il s'occupe, après l'étude de la propriété, de l'usufruit et des servitudes, mais non de la possession dont il ne parlera qu'accessoirement dans son titre final, ni du gage et de l'hypothèque. droits réels accessoires et garanties des créances, dont il ne traitera qu'après l'étude des créances qu'ils garantissent.

TITRE PREMIER

DE LA DISTINCTION DES BIENS

Décrété le 4 pluviôse an XII (24 janvier 1804); promulgué le 14 (4 février) (1).

PRÉLIMINAIRES.

Idées générales. — Le législateur doit s'occuper de tous les biens pour régler les droits que les personnes peuvent avoir sur eux. Mais il lui serait matériellement impossible de prendre un à un les différents cas particuliers à réglementer ; il devra donc distinguer un certain nombre de catégories de biens ; de cette manière il pourra dire plus tard en termes beaucoup plus généraux . « La règle posée s'applique à telle catégorie de biens toute entière et une autre règle à telle autre. » Il lui faudra seulement bien déterminer, par des définitions précises, quels biens rentrent dans chaque catégorie.

En somme, il s'agit là d'une question de commodité et d'exposition pour le rédacteur d'un Code ; on ne peut donc pas dire que le droit naturel lui trace sur ce point sa ligne de conduite. La distinction des biens n'a, du reste, d'importance qu'en ce qui concerne les règles qui plus loin seront édictées par les diverses catégories distinguées ici. Une seule chose est à noter, c'est que logiquement le législateur ne doit admettre de distinctions des biens que celles qui dérivent de leur nature matérielle.

A cet égard il y a une distinction qui s'impose, c'est celle des meubles et des immeubles ; les meubles, en effet, sont des capitaux circulants destinés aux échanges, et à eux seuls s'applique la loi commerciale ; au contraire, les immeubles sont un élément stable du patrimoine, ils ne sont pas d'ordinaire l'objet de spéculations, leur destination normale est le faire valoir (2).

***

---

(1) Sauf l'art. 530 qui a été décrété le 30 ventôse an XII (21 mars 1804), et promulgué le 10 pluviôse (31 mars).

(2) Cf. Cauwès, *Économie politique*, n° 1014, t. II, p. 226.

Droit romain. — Les distinctions des biens à Rome reposaient sur une base très-originale, et elles n'ont, la plupart du temps, aucune analogie avec celles qui sont admises en droit français.

1° L'une d'elles, la distinction en chóses *mancipi* et *nec mancipi*, disparaît sous Justinien. Aussi bien ne reposait-elle que sur l'arbitraire de la loi ; cependant les choses *mancipi* paraissent être celles qui ont plus spécialement trait aux besoins agricoles ; mais il est plus exact de dire que dans les *res mancipi* les Romains avaient rangé les choses qu'ils regardaient, à l'origine au moins, comme les plus précieuses (1).

2° Les choses sont encóre *divini juris* ou *humani juris*. Les *res divini juris* comprennent les *res sacræ*, les *res religiosæ* et les *res sanctæ*.

Les *res sacræ* sont les choses consacrées aux dieux d'*en haut*. Depuis le triomphe du christianisme, ces choses sont celles consacrées à Dieu par les évêques.

Les *res religiosæ* sont consacrées aux dieux *mânes*, c'est-à-dire aux ancêtres divinisés (2). Cette distinction qui tient au respect des tombeaux fut conservée par le christianisme, après qu'eut disparu le culte des mânes.

Enfin, les *res sanctæ* sont les choses consacrées par un acte religieux, mais sans attribution spéciale à une divinité. Ce sont, par exemple, les remparts et portes d'une ville.

Il est bon de remarquer à propos de ces *res divini juris* combien était intime l'union de la religion et du droit civil romain. Ce dernier avait un caractère sacerdotal. On comprend difficilement comment ces *res* n'appartenaient à personne, alors surtout que dans notre loi moderne, les choses consacrées au culte appartiennent, sòit à l'État, soit à la commune, soit à la fabrique. On peut expliquer le droit romain en disant qu'entrées dans le domaine de la divinité, elles devenaient étrangères au domaine de l'homme, et que cette théorie sauvegardait le culte de toute injure.

3° Les choses sont *corporelles* ou *incorporelles*. Cette distinction trouve sa base dans l'esprit un peu matérialiste des Romains. Elle a sa source dans une erreur. Dans un patrimoine, il n'y a pas des choses

---

(1) Ortolan, *Instituts*, t. I, p. 595 ; Accarias, t. I, n° 196 ; Van Wetter, t. I, § 64.

(2) Cette idée que les ancêtres, devenus dieux, vivaient encore près du foyer pour le conserver et le bénir, contribua puissamment à maintenir dans la famille l'étroite cohésion, l'intégrité des vieilles mœurs et le désir d'imiter les héros antiques.

et des droits ; il y a seulement des droits. Or tout droit est essentiellement incorporel, tandis que toute chose est essentiellement corporelle. La cause de l'erreur fut la confusion faite entre le droit de propriété et son objet ; confusion facilitée par les habitudes du langage. Ainsi on ne dit pas : j'ai un droit de propriété sur telle maison, mais : j'ai cette maison, tandis qu'on dit : j'ai un droit d'usufruit, un droit d'hypothèque sur telle maison ; de telle sorte que, dans le premier cas, on en arrive à confondre le droit de propriété parmi les choses corporelles. Mais, comme tout autre droit, le droit de propriété est essentiellement incorporel. On doit donc repousser cette distinction qui n'a d'autre excuse que son ancienneté même, se garder de confondre les droits avec les choses ssr lesquelles ils peuvent porter, et de faire entrer les premières dans une division qui ne peut convenir qu'aux dernières.

4° Signalons encore la distinction entre les choses *insusceptibles d'appropriation privée* (*res extra commercium*) et les choses *qui peuvent entrer dans le patrimoine* (*res in commercio*). Les premières comprennent les *res divini juris* (choses consacrées aux dieux), les *res communes* (l'eau courante, l'air), certaines *res publicæ* (les routes, les places publiques). Les choses de la seconde classe se subdivisent elles-mêmes en choses appropriées et en *res nullius*. Les premières appartiennent à quelqu'un ; les autres n'appartiennent encore à personne, et, par suite, peuvent être acquises par occupation, comme on le verra au début du Livre III du Code civil.

5° On peut distinguer les choses *fongibles* (*res quæ vice alterius fungi potest*) et les *corps certains*. Les choses fongibles sont des choses qui, au lieu d'être désignées par leur individualité physique, le sont seulement par leur genre. Ainsi, lorsque vous me promettez un mouton, vous me promettez une chose fongible, parce que vous serez libéré en me donnant n'importe quel mouton. On est souvent tenté de confondre cette division avec la division entre les choses *qui ne se consomment pas par l'usage* et les choses *quæ primo usu consumuntur*. En fait, la plupart du temps, ces deux divisions se confondent en ce sens, que, presque toujours, ce sont les choses qui se consomment par l'usage, qui sont considérées comme choses fongibles. Mais il faudrait se garder de ne point distinguer ces deux divisions. L'une a sa base dans la nature même des choses ; l'autre, au contraire, dépend du point de vue sous lequel l'ont envisagée les parties, de telle sorte que la même chose peut être *fongible* et *corps certain*.

6° Enfin, les biens se divisent en *meubles* et *immeubles*. Le droit romain admettant l'hypothèque des meubles comme des immeubles, il lui manque l'intérêt capital qu'il y a sous le Code civil, à savoir si un bien est immeuble pour pouvoir l'hypothèquer La distinction n'a d'application que pour le délai d'usucapion (1) et plus tard pour le fonds dotal (2).

Ancien droit français. — La division romaine des *res mancipi* et *nec mancipi* finit par disparaître ; à ce moment celle des *meubles* et des *immeubles* s'accuse davantage ; mais c'est dans l'ancien droit français qu'elle devient complète. Le régime féodal exaltant la propriété foncière et le système des propres dans les successions qui s'applique aux seuls immeubles, ont beaucoup contribué à grandir la distinction des meubles et des immeubles.

Les immeubles étaient divisés en *immeubles réels* et *immeubles fictifs*. Les premiers comprenaient les *immeubles par leur nature* (les fonds de terre, les bâtiments), ainsi que les *immeubles par leur objet* (droits d'usufruit, de servitude, de rente foncière). Les immeubles fictifs comprenaient les immeubles qui sont tels par la volonté arbitraire de la loi. Cette dernière subdivision qui est fort peu importante sous le Code civil, avait, au contraire, une grande importance autrefois, puisqu'elle comprenait les offices et les rentes constituées, soit perpétuelles, soit viagères.

Dans notre ancien droit, les immeubles avaient fait l'objet de plusieurs distinctions que n'a point maintenues le Code civil. C'est ainsi que les biens étaient *libres* ou *asservis*, suivant qu'ils étaient engagés ou non dans la hiérarchie féodale.

On distinguait aussi les *propres* et les *acquêts ;* cette distinction avait la plus grande importance en matière de successions. Les *propres* comprenaient les biens acquis par donation ou succession d'un ascendant. Sur ces biens, toute la famille avait des droits que la loi protégeait par le *retrait lignager* et par la *réserve coutumière* (3). Ces deux institutions avaient pour objet de maintenir dans la famille les biens patrimoniaux ; elles sanctionnaient la règle *Paterna paternis*, *materna maternis*. Les *acquêts* (4) comprenaient tous les

---

(1) V. le titre de la *Prescription*.
(2) V. le titre du *Contrat de mariage*.
(3) Voir la signification de ces deux mots au titre des *Successions*.
(4) Les acquêts immobiliers étaient assimilés aux meubles.

biens acquis à des titres autres que ceux en vertu desquels ils eussent été propres. Le Code civil a repoussé cette distinction en matière de succession. On trouve en matière de communauté une division de ce genre ; mais elle ne s'explique pas par les mêmes motifs que jadis, et ne comprend pas les mêmes biens.

A côté des immeubles et formant une catégorie intermédiaire entre ceux-ci et les meubles, on trouvait, dans quelques coutumes, ce qu'on appelait le *cateux*. C'étaient non des meubles véritables, mais des objets auxquels, bien qu'ils fussent immeubles par leur adhérence au sol, on appliquait certaines des règles applicables aux meubles (1). C'étaient principalement les récoltes arrivées à l'époque de leur maturité, (*cateux verts, cateux secs*) et certains bâtiments (2).

Quant aux meubles, notre ancien droit ne s'était nullement appliqué à en garantir la propriété : à ce moment la véritable fortune consistait dans la propriété des immeubles et l'adage « *res mobilis, res vilis* » correspondait à la réalité des faits. Il y avait bien des meubles meublants de grande valeur, des objets d'art, mais non des valeurs mobilières, actions et obligations. « Nos pères, dit Pothier (3), faisaient consister la richesse dans les biens fonds et faisaient peu de cas des meubles. »

Code civil. — I. « Tous les biens sont *meubles* ou *immeubles*. » Telle est la division générale que l'article 516 met en tête du second livre du Code civil. Cette distinction, qui remonte à notre ancien droit français, est d'une importance capitale dans presque toutes les matières du droit français, successions, contrat de mariage, vente, hypothèque, gage, prescription.

Cette distinction repose entièrement sur la nature des choses, mais le Code civil fait rentrer dans chacun de ses membres des biens qui ne devraient pas y figurer.

1° Il considère comme immeubles des choses qui, par leur nature, sont de véritables meubles, mais que le propriétaire a adjoints à des immeubles d'une façon assez intime pour les en rendre presque une partie intégrante. Le sort de ces meubles suit le sort des immeubles auxquels ils sont unis. On les appelle immeubles *par destination*. Mais

---

(1) **Merlin**, *Répertoire*, V° *Cateux*. Voyez art. 95 et suivants, ancienne coutume d'Artois et les articles 141 et suivants de la nouvelle coutume. — Dumoulin définit les *cateux* : *id est*, meubles caduques, « *quamvis hæreant solo vel ædificio.* »

(2) *Cateux* ou *catel*, vient de *cheptel*, lequel a pour origine le mot latin *capitale*, l'avoir.

(3) *Obligations*, N° 39.

l'affectation, dépendant de la libre volonté du propriétaire, peut cesser par suite d'une volonté contraire, tant qu'une autre personne n'a pas acquis le droit à ce que les choses restent en l'état (1). Enfin toute action en justice qui tend à nous faire avoir un immeuble, est un droit immobilier.

Un immeuble n'étant jamais, en droit, considéré comme l'accessoire d'un meuble, il ne peut être question de meubles par destination ; nous ne connaissons donc que des meubles corporels et des actions qui tendent à nous faire obtenir un droit mobilier (2).

2° Parmi les meubles le Code civil comprend logiquement des choses qui, dans l'ancien droit, étaient à tort considérées comme des immeubles : telles sont les rentes, ou droit d'exiger le paiement d'arrérages annuels (3).

Il est encore un autre genre de droit mobilier, dont le Code civil ne parle pas : la propriété industrielle, artistique ou littéraire. Des lois postérieures sont venues régler ces différents droits, dont la légitimité est encore contestée. Il ne faut voir là qu'un produit du travail de chacun, et, comme la propriété proprement dite, ce droit est essentiellement respectable, pourvu toutefois qu'il ne porte point une atteinte illégitime au droit que possède tout homme de manifester son activité comme il le juge utile (4).

II. Si l'État en principe n'est pas destiné à être propriétaire, il faut cependant lui reconnaître un droit exclusif sur certaines choses affectées à un service public, ou dont l'usage est commun à tous. C'est le *domaine public* de l'État, dont les biens sont inaliénables et imprescriptibles, tant qu'il n'ont pas changé de destination.

Des raisons particulières ont encore fait admettre la propriété de l'État sur des choses qui ne sont plus affectées à un service public, ou à la défense de la patrie, mais dont la conservation cependant intéresse indirectement la prospérité nationale, par exemple les forêts (5).

---

(1) Demolombe, t. IX, N° 322 et suiv.; Delsol et Lescœur, t. I, p. 400; de la Bigne de Villeneuve et Henry, t. I, p. 665; Laurent, t V, p. 503.

(2) Voy. pourtant Décret du 16 Janvier 1808, art. 7, *sur l'Immobilisation des actions de la Banque de France.*

(3) Ce principe ne s'applique pas aux rentes viagères (art. 1979).

(4) Voy. *Code international de la propriété industrielle, artistique et littéraire,* par Pataille et Huguet; *Traité des droits d'auteur,* par Renouard; *Historique et théorie de la propriété des auteurs,* par Gastambide.

(5) Voy. sur les forêts le *Code forestier* du 21 Mai 1827.

Enfin le désir d'éviter les contestations, et peut-être aussi l'esprit de fiscalité a fait déclarer que les biens vacants et sans maître appartiennent à l'État. Cette règle ne peut s'appliquer qu'aux biens immobiliers et aux meubles faisant partie d'une succession en déshérence, c'est-à-dire abandonnée par les héritiers ou dont les héritiers ne sont pas connus.

En ce qui concerne cette seconde catégorie de biens, l'État est un propriétaire ordinaire, soumis aux mêmes règles que les particuliers. Ces biens constituent son *domaine privé ;* ils sont aliénables et prescriptibles.

*
* *

Conclusion. — I. Il est regrettable que le Code civil ait accepté les conséquences de la vieille règle « *Mobilium vilis possessio* », alors qu'elle était déjà inexacte en 1804 et le devient chaque jour davantage. Aujourd'hui, en effet, la fortune mobilière a pris un très grand développement à cause de la permission de prêter à intérêt (1). De nombreux emprunts ayant été faits soit par l'État, soit par les sociétés de commerce et d'industrie, on peut actuellement avoir une fortune considérable *en portefeuille* , c'est-à-dire composée de créances mobilières de sommes d'argent.

La législation laisse donc quelque chose à désirer relativement à la propriété mobilière. Ainsi les clauses fréquentes de communauté réduite aux acquêts dans les contrats de mariage, manifestent une tendance contraire à la vieille règle. Elle a cependant inspiré nombre de dispositions du Code en matière soit de tutelle, soit de contrat de mariage ; la loi laisse un trop large pouvoir de disposition sur les meubles aux administrateurs de la fortune d'autrui sous prétexte de leur peu d'importance. On a vu qu'un essai de réforme a même été tenté relativement aux biens de mineurs par la loi du 27 février 1880.

Si la loi ne protège pas assez la propriété mobilière, elle protège trop celle des immeubles, en ce sens du moins que les formalités requises par les art. 953 et suivants C. Proc. civ., sous prétexte de donner à l'aliénation des immeubles des mineurs toutes les garanties désirables, leur imposent des lenteurs et des frais excessifs.

II. Dans la distinction des biens, le Code civil ne fait pas une classe à part des choses consacrées au culte, comme faisait le droit romain.

---

(1) V. sur l'ancienne prohibition le titre du *Prêt.*

C'est une lacune ; il serait désirable surtout que les églises fussent considérées comme *res sacræ* inaliénables et imprescriptibles.

Il est bien vrai que la plupart sont inaliénables et imprescriptibles ; mais, si elles le sont, n'y voyons pas une conséquence de leur caractère sacré ; la raison en est tout autre ; elle tient à ce que la jurisprudence fait rentrer les églises cathédrales et métropolitaines dans le domaine public de l'État (2) et les églises paroissiales dans celui de la commune.

Ajoutons qu'une distinction est faite entre les églises construites avant ou après le Concordat. Pour celles qui sont postérieures au Concordat il n'y a pas de controverse ; elles appartiennent à la commune ou à la fabrique suivant l'origine des ressources qui ont servi à les édifier, ou les termes de la libéralité, si elles proviennent de don ou de legs.

Quant aux églises construites avant 1801, la Révolution les a placées dans le domaine national ; puis le Concordat les a rendues au culte ; à qui appartiennent-elles aujourd'hui ? Elles ne rentrent dans le domaine public ni de l'État ni des communes. En vain la jurisprudence contraire se base-t-elle sur les avis formels du Conseil d'État des 3 nivose et 2 pluviose an XIII ; ils datent bien d'une époque où de semblables Avis avaient force de loi ; mais outre qu'ils sont contraires au Concordat qui ordonne la restitution des églises aux évêques et non aux communes ni à l'État, ils ne sont pas obligatoires, faute d'avoir été publiés au Bulletin des Lois. (3)

Il faut admettre que les églises ayant été *restituées* en 1801, appartiennent à ceux à qui elles appartenaient avant la spoliation, c'est-à-dire aux paroisses représentées par les fabriques. Et le raisonnement est le même pour les cathédrales que pour les églises paroissiales. Ce système qui fut admis par l'administration jusqu'en 1825, s'appuie encore sur ce que les fabriques sont chargées de réparer les églises ; or, c'est un principe que l'obligation de réparer est une suite du droit de propriété, *ubi onus ibi emolumentum.*

Puisque, malgré ces raisons péremptoires, la jurisprudence classe les églises cathédrales et paroissiales dans le domaine public de l'État ou de la commune, il n'y a pas d'intérêt pratique à les faire rentrer dans une catégorie de choses sacrées inaliénables et imprescriptibles. Mais cet intérêt existe tout entier pour les églises paroissiales qui seraient

---

(1) V. l'art. 537 et son commentaire.
(2) V. le Titre Préliminaire du Code civil.

dés propriétés privées, et pour les chapelles de communautés et de collèges. Il serait donc à souhaiter que tous les objets qui ont été régulièrement consacrés au culte par l'Église devinssent *res sacræ* ; et, d'ailleurs, cela ne s'impose-t-il pas logiquement au seul point de vue de la raison ? Le droit romain à l'origine du Christianisme l'avait parfaitement compris.

Il considérait aussi les sépultures comme des choses hors du commerce et les appelait *res religiosæ*. Aujourd'hui les cimetières sont sécularisés et rentrent dans le domaine public de la commune. Les concessions qu'elle accorde moyennant une somme d'argent constituent un droit *sui generis* intermédiaire entre la vente et le louage. Ce droit étant reconnu inaliénable par la jurisprudence (1), il en résulte que les tribunaux appliquent ici en fait la distinction des *res religiosæ* et des *res non religiosæ* (2).

TEXTE ET COMMENTAIRE DES ARTICLES

Art. 516. — Tous les biens sont meubles ou immeubles.

Les immeubles ont toujours été, et sont encore considérés par les rédacteurs du Code civil, comme plus importants que les meubles ; les mesures qui tendent à en assurer la conservation au propriétaire, sont plus nombreuses (V. par ex. art. 457 à 460 C. proc., 673 à 717 comparés avec les art. 583 à 625). Cela tient non seulement à leur grande valeur, mais à leur longue durée : les fonds de terre sont presque indestructibles (V. cep. art. 559, 2165).

CHAPITRE PREMIER

DES IMMEUBLES

Art. 517. — Les biens sont immeubles, ou *par leur nature*, ou *par leur destination*, ou *par l'objet auquel ils s'appliquent.*

Des biens que la loi comprend sous le mot *immeubles*, les uns sont des corps réellement intransportables ; les autres, des corps transportables

---

(1) Lyon, 4 février 1875, **Dalloz**, 1877, II, 161 ; l'arrêt s'appuie sur le caractère sacré qu'avait la sépulture en droit romain et qu'elle a conservé.

(2) Voy. sur la sécularisation des cimetières la loi du 14 novembre 1881

destinés à augmenter l'utilité d'un corps non transportable ; les autres enfin sont des droits (choses incorporelles) qui ont pour objet des corps non transportables.

Il y a des *immeubles par leur nature* qui sont destinés à devenir meubles ; tels sont les bois vendus à la charge d'être coupés. Il en est de même des pierres qui sont vendues à la charge d'être extraites de la carrière.

Art. 518. — Les fonds de terre et *les bâtiments* sont immeubles par leur nature.

Les bâtiments... si toutefois ils sont adhérents au fonds ; car un édifice en bois n'est immeuble, qu'autant que les pieux qui le soutiennent, sont enfoncés en terre (L. 18, D., *de Act. empt.*).

Sont immeubles par leur nature, les corps qui ne peuvent se transporter d'un lieu à un autre (comp. art. 529), ce qui comprend le sol et les choses qui y sont incorporées, de manière qu'on ne puisse les en détacher sans dénaturer leur substance.

Le Code n'a pas défini les immeubles : il n'a fait que les énumérer V. art. 526).

Art. 519. — Les moulins à vent ou à eau, *fixés sur piliers et faisant partie du bâtiment*, sont aussi immeubles par leur nature.

L'article 519 semble exiger deux conditions cumulatives (*fixé sur piliers et faisant partie du bâtiment*); d'où il suivrait que le moulin serait meuble en l'absence de l'une d'elles : par exemple, s'il était simplement fixé sur piliers. D'un autre côté, l'art. 534 paraît exiger l'absence de ces deux conditions pour que le moulin soit meuble : il veut *qu'il ne soit point fixé sur des piliers, et qu'il ne fasse point partie de la maison* : d'où il suit qu'un moulin simplement fixé sur des piliers n'est pas meuble.

La décision de l'art. 534 paraît préférable, comme plus conforme aux principes. Il faut entendre l'art. 519 comme s'il avait dit : sont immeubles les moulins fixés sur piliers, *et ceux* qui font partie du bâtiment.

Art. 520. — Les récoltes *pendantes par les racines*, et les fruits des arbres non encore recueillis, sont pareillement immeubles.

Dès que les grains sont coupés et les fruits détachés, *quoique non enlevés*, ils sont meubles.

Si une partie seulement de la récolte est coupée, cette partie seule est meuble.

En principe donc, les récoltes pendantes par branches ou par racines \
sont immeubles à cause de leur adhérence au sol.

Cependant, le Code de procédure permet exceptionnellement aux créanciers de saisir, comme *meubles*, les récoltes encore sur pied, dans les six semaines qui précèdent l'époque ordinaire de leur maturité.

Cette saisie s'appelle *saisie-brandon* (1).

Pendantes par les racines... Cette expression bizarre vient de l'habitude de dire récoltes pendantes *par branches* et par racines, pour y comprendre les fruits des arbres (V. art. 585-1°).

Quoique non enlevés... Et non encore changés de place ; il suffit que le changement soit possible.

Art. 521. — Les coupes ordinaires des *bois taillis* ou des *futaies* mises en coupes réglées, ne deviennent meubles qu'au fur et à mesure que les arbres sont abattus.

Par *bois taillis* on entend ceux qui sont sujets à être coupés. Les futaies sont les arbres qui, n'ayant pas été coupés, sont devenus anciens : après quarante ans, on les appelle généralement *futaies ;* après soixante, *hautes futaies.*

Les bois taillis et *les futaies* sont en coupes réglées, lorsque le propriétaire a fixé des époques auxquelles ils doivent être coupés.

Toutefois Dalloz nous dit : « le bois est en *futaie*, lorsqu'il a le double de l'âge auquel on a coutume de couper le taillis ; mais l'âge auquel il est réputé *haute futaie*, n'est pas positivement fixé. »

Art. 522. — Les animaux que le propriétaire du fonds livre au fermier ou au *métayer* pour la culture, *estimés ou non, sont censés* immeubles, tant qu'ils demeurent attachés au fonds *par l'effet de la convention.*

Ceux qu'il donne à *cheptel* à d'autres qu'au fermier ou métayer, sont meubles.

Métayer... Fermier qui s'oblige à donner une *portion* des fruits au lieu d'argent. On l'appelle aussi *colon partiaire.*

Sont censés... Donc, en réalité, ils ne sont pas immeubles (V. art. 528, 2118-1°).

---

(1) *Brandon :* c'est un morceau d'étoffe ou de paille tortillée autour d'un bâton qu'on plante aux extrémités d'un champ pour marquer que les fruits en ont été saisis judiciairement.

Par l'effet de la convention (de bail) intervenue entre le propriétaire et le fermier ; convention d'après laquelle les animaux sont affectés à la culture du fonds, mais qu'une convention contraire peut toujours révoquer (art. 1134-2°).

Estimés ou non... Le Code a rejeté ici la règle : *estimation vaut vente.* Dans le cas de l'art. 522, l'estimation des animaux livrés par le propriétaire au fermier n'en vaut pas vente. Ce principe en effet eût empêché leur immobilisation. L'utilité de l'estimation sera de fixer les dommages-intérêts qui pourraient être dûs par le fermier ayant laissé périr par sa faute les animaux à lui confiés.

Cheptel... Contrat par lequel l'un s'oblige à nourrir et à élever des bestiaux, et l'autre à lui abandonner une portion des profits.

On ne veut pas que les créanciers du propriétaire d'un immeuble puissent faire saisir et vendre séparément les animaux et autres objets servant à l'exploitation de cet immeuble ; ce qu'ils ne manqueraient pas de faire, s'ils pouvaient employer à l'égard de ces objets la voie de la saisie mobilière, plus simple et plus rapide que celle de la saisie immobilière. Il en résulterait un double inconvénient : 1° l'immeuble serait exposé à rester inculte, faute de moyens d'exploitation ; 2° l'immeuble et les instruments d'exploitation se vendraient moins cher séparés que réunis, ce qui préjudicierait à la fois au débiteur et à ses créanciers (V. Cod. proc., art. 592-1°).

Les dispositions (donations, ventes, etc.) qui ont pour objet des immeubles, comprennent implicitement toutes les choses destinés à en tirer parti. La loi s'est dispensée du soin de le répéter pour chaque contrat, en déclarant ces choses immeubles une fois pour toutes. V. art. 1615, 1018, 2118-1°, 1064.

Art. 523, — Les tuyaux servant à la conduite des eaux dans une maison *ou autre héritage*, sont immeubles et font partie du fonds auquel ils sont attachés.

Ou autre héritage... c'est-à-dire dans un fonds de terre.

Art. 524. — Les objets que le propriétaire du fonds y a placés pour le service et l'exploitation de ce fonds, sont immeubles par destination.

Les animaux attachés à la culture ;

Les ustensiles aratoires ;

Les *semences* données aux fermiers ou colons partiaires ;

Les *pigeons des colombiers* ;

Les *lapins des garennes* ;

Les ruches à miel ;

Les *poissons des étangs* ;

Les pressoirs, chaudières, alambics, cuves et tonnes ;

Les ustensiles nécessaires à l'exploitation des forges, papeteries et autres usines ;

Les pailles et engrais.

Sont aussi immeubles par destination tous effets mobiliers que le propriétaire a attachés au fonds à perpétuelle demeure.

Les semences... Même avant qu'elles aient été jetées en terre et incorporées au sol. Dans ce dernier cas, elles sont immeubles par leur nature.

Les pigeons des colombiers... Par opposition aux pigeons de volière.

Les lapins des garennes... Par opposition aux lapins de clapier.

Les poissons des étangs... Par opposition aux poissons des viviers ou réservoirs. — Ces trois espèces d'animaux sont en liberté dans les colombiers, garennes et étangs, où l'on ne peut pas prendre tel ou tel d'entre eux aussitôt qu'on le veut. On ne les possède donc que comme accessoires de l'endroit qu'ils peuplent.

L'énumération des immeubles par destination, contenue dans l'art. 524, n'est pas limitative. Le principe qui sert à distinguer cette classe d'immeubles, est inscrit dans le dernier paragraphe.

Art. 525. — Le propriétaire *est censé* avoir attaché à son fonds des effets mobiliers à perpétuelle demeure, quand ils y sont scellés en plâtre ou à chaux ou à ciment, *ou lorsqu'ils ne peuvent être détachés sans être fracturés* ou détériorés, ou sans briser ou détériorer la partie du fonds à laquelle ils sont attachés.

Les glaces d'un appartement sont censées mises à perpétuelle demeure, lorsque le *parquet* sur lequel elles sont attachées *fait corps* avec la boiserie.

Il en est de même des tableaux et autres *ornements*.

Est censé... c'est-à-dire présumé légalement (V. art. 1349).

Ou lorsqu'ils ne peuvent être détachés... quand même ils ne seraient pas scellés en plâtre, etc.

Sans être fracturés... ce qui exclut l'application du premier alinéa aux statues.

Parquet... cadre en bois dans lequel la glace est enfermée.

Fait corps... c'est-à-dire est une partie, une continuation de la boiserie.

Il en est de même des ornements... la présomption n'existe à leur égard qu'autant qu'ils sont encadrés dans la boiserie.

La question de savoir si en fait le propriétaire a eu l'intention d'attacher tel ou tel objet à son fonds, à perpétuelle demeure, aurait donné lieu à une foule de procès peu importants ; c'est ce que la loi a voulu éviter.

Art. 526. — *Sont immeubles,* par l'objet auquel ils s'appliquent :

L'usufruit des *choses immobilières ;*

Les servitudes ou services fonciers ;

Les actions qui tendent à *revendiquer un immeuble.*

Sont immeubles... c'est-à-dire sont assimilés aux immeubles corporels, à raison de leur objet.

Des choses immobilières... c'est-à-dire des immeubles par leur nature et de leurs accessoires réputés immeubles par destination.

Les servitudes... on n'ajoute pas *sur les immeubles,* parce qu'elles ne peuvent être établies sur les meubles, ni au profit des meubles.

A revendiquer un immeuble... par sa nature, avec ses accessoires réputés immeubles par destination.

L'action qui tend à revendiquer un immeuble, est immobilière conformément à ce principe, que celui qui a une action sur une chose, est censé avoir la chose même : *Qui habet actionem ad rem recuperandam, ipsam habere videtur* (L. 15, D., *de Regulis Juris*).

Il est une quatrième classe d'immeubles dont la loi ne dit rien dans nos articles : ce sont les immeubles *par détermination de la loi.* Cette classe, très nombreuse dans notre ancien droit, est aujourd'hui fort restreinte. Ainsi on ne peut guère citer comme exemple, que les actions immobilières de la Banque de France.

CHAPITRE II

DES MEUBLES

Art. 527. — Les biens sont meubles par leur nature, ou *par la détermination de la loi.*

Par la détermination de la loi... ou ce qui est la même chose, par l'objet auquel ils s'appliquent.

Art. 528. — Sont meubles par leur nature, les corps qui peuvent se transporter d'un lieu à un autre, soit qu'ils se meuvent par eux-mêmes, comme les animaux, soit qu'ils ne puissent changer de place que par l'effet d'une force étrangère, comme les choses inanimées.

On pouvait douter à l'égard des choses inanimées, parce qu'elles restent immobiles, tant qu'elles ne sont pas mues par une force placée en dehors d'elles-mêmes. Mais la possibilité de les changer de place suffit pour que les raisons qui ont dicté les règles relatives aux immeubles, ne leur soient pas applicables.

Art. 529. — Sont meubles par la détermination de la loi, les obligations et actions qui ont pour objet *des sommes exigibles* ou *des effets mobiliers*, les *actions* ou *intérêts* dans les compagnies de finance, de commerce ou d'industrie, encore que des immeubles dépendants de ces entreprises appartiennent aux compagnies. Ces actions ou intérêts sont réputés meubles à l'égard de chaque associé seulement, tant que dure la société.

Sont aussi meubles par la détermination de la loi, les rentes perpétuelles ou viagères, soit sur l'État, soit sur des particuliers.

Sommes exigibles... ces mots sont employés ici par le Code pour désigner ici les dettes d'argent qui doivent être remboursées tôt ou tard en capital, par opposition aux *rentes*, dont le capital bien que remboursable à volonté par le débiteur, ne peut jamais être exigé en principe par le créancier.

Des effets mobiliers... c'est-à-dire des meubles corporels.

Actions dans les sociétés de commerce... on appelle ainsi le droit d'exiger une fraction ou quote-part (un dividende) des bénéfices de la société, moyennant une valeur qu'on met dans la société, sans engager sa responsabilité au delà (V. Cod. comm. art. 26 et 33).

Dans le § 1er de l'article le mot action a un sens différent. Il signifie, créance portée en justice.

Malgré l'art. 529, les rentes sur l'État peuvent être immobilisées pour les faire admettre dans la formation d'un majorat (1). Il en est de même des

---

(1) Le *majorat* est un immeuble inaliénable affecté au soutien d'un titre de noblesse, non-seulement dans la personne qui en est revêtue, mais encore dans sa descendance masculine, selon l'ordre de primogéniture. Une loi du 12 mai 1835 a décidé que toute institution de majorat serait interdite à l'avenir.

actions de la Banque. Cette immobilisation se fait dans la forme réglée par le décret du 16 Janvier 1808, art. 7 , et par celui du 1er Mars de la même année , art. 2.

Intérêts dans les sociétés de commerce... on appelle ainsi le droit d'exiger une quote-part des bénéfices sociaux , accompagnée d'une responsabilité illimitée à raison des engagements de la société (V. Cod. comm. art. 22).

L'intérêt est donc aussi une action. Celui qui a un intérêt ou une action dans une société, est un associé. Cependant, il y a entre ces deux associés cette différence que l'une a une responsabilité limitée au capital qu'il a engagé dans l'affaire, tandis que l'autre est tenu *in infinitum* des engagements sociaux.

Art. 530. — Toute rente établie à perpétuité pour le prix de la vente d'un immeuble, ou comme *condition* de la cession à *titre onéreux ou gratuit* d'un *fonds immobilier*, est *essentiellement* rachetable.

Il est néanmoins permis *au créancier* de régler les *clauses* et conditions du rachat.

Il lui est aussi permis de stipuler que la rente ne pourra lui être *remboursée* qu'après un certain terme, lequel ne peut jamais excéder trente ans : toute stipulation contraire est nulle.

Condition... obligation imposée au cessionnaire en retour de l'aliénation faite à son profit. La rente est alors la cause juridique de l'aliénation de l'immeuble.

A titre onéreux ou gratuit... c'est-à-dire opérée en vertu d'un contrat onéreux ou gratuit.

Il est clair que la gratuité n'est pas complète, puisque le donataire paie une rente; mais rien n'empêche le donateur de restreindre par une charge l'étendue de la donation qu'il consent.

Fonds immobilier... immeuble corporel ou incorporel par opposition à un capital mobilier, consistant dans une somme d'argent.

Essentiellement... Il n'est pas permis de stipuler le contraire. Le Code civil trouve dans une obligation perpétuelle un obstacle illégitime à la liberté de chacun.

Racheter ou *rembourser* une rente, c'est s'en libérer en remboursant le capital (1).

---

(1) L'expression de *rachat* vient de notre ancien droit. Le prêt à intérêt étant prohibé, on avait tourné la difficulté en achetant d'une personne le droit d'exiger à perpétuité une certaine somme chaque année. Quand le débiteur de la rente remboursait le capital, on disait qu'il *rachetait* l'obligation dont il était tenu.

Au créancier... celui auquel est due la rente, avec le consentement du cessionnaire débiteur de la rente (V. art. 1434-2°). Même observation pour le troisième alinéa.

Clause... : disposition accessoire renfermée dans une autre principale.

L'art. 530 est une application, ou si l'on veut, une extension de l'article 1911-1°.

Le législateur s'en est formellement expliqué, parce qu'il en était autrement dans l'ancien droit. Il était permis de faire un contrat, nommé *bail à rente*, par lequel l'une des parties cédait à l'autre la propriété d'un immeuble, en se réservant le droit de le reprendre à une époque quelconque, si l'autre partie ne lui payait pas une rente convenue. Le *preneur* (ou le cessionnaire de l'immeuble), ne pouvait se libérer de cette charge qu'en *déguerpissant*, c'est-à-dire en abandonnant l'immeuble au rentier (2) (V. art. 545, 699). Aujourd'hui, il suffit de rembourser le capital convenu. On appelait aussi alors *rente foncière* le droit d'exiger la redevance annuelle dont l'immeuble était grevé. Le Code a aboli les *rentes foncières*, ou plutôt aujourd'hui c'est une obligation personnelle imposée à *l'acquéreur* direct de l'immeuble, et, non une charge imposée à *l'immeuble*.

La loi permet de convenir que la rente ne pourra être rachetée pendant 30 ans.

Cette latitude tient probablement à la faveur dont le Code entoure la propriété immobilière. Peut-être aussi est-ce une concession faite aux anciens principes, pour atténuer la révolution opérée en cette matière.

La loi interdit formellement de déclarer la rente irrachetable.

On a voulu permettre aux acquéreurs d'immeubles de consolider leur acquisition d'une manière définitive, au lieu de rester soumis à perpétuité à la nécessite de déguerpir, par suite de quelque embarras pécuniaire qui les empêcherait de servir la rente. Il en résulte que le contrat de bail à rente est aujourd'hui prohibé.

Art. 531. — Les bateaux, bacs, navires, moulins et bains sur bateaux, et généralement toutes usines non fixées par des piliers, et ne faisant point partie de la maison, sont meubles : la saisie de quelques-uns de ces objets peut cependant, à cause de leur importance, être soumise à des formes particulières, ainsi qu'il sera expliqué dans le Code de la procédure civile.

---

(2) Mais il est bon de remarquer que le détenteur qui aurait été en même temps débiteur personnel de la vente, n'aurait pas eu la faculté de déguerpir pour se libérer de l'obligation de payer les arrérages.

Le texte annonce une dérogation ultérieure aux règles sur la saisie des meubles. En effet, plus une propriété a d'importance, plus il convient d'en protéger la conservation et de garantir le débiteur contre une vente à vil prix.

Art. 532. — Les matériaux provenant de la démolition d'un édifice, ceux assemblés pour en construire un nouveau, sont meubles jusqu'à ce qu'ils soient employés par l'ouvrier dans une construction.

Art. 533. — Le mot *meuble*, employé seul dans les dispositions de la loi ou de l'homme, sans autre addition ni désignation, ne comprend pas l'argent comptant, les pierreries, les *dettes actives*, les livres, les médailles, les instruments des sciences, des arts et métiers, le linge de corps, les chevaux, équipages, armes, grains, vins, foins et autres denrées ; il ne comprend pas aussi ce qui fait l'objet d'un commerce.

Dettes actives... c'est-à-dire les créances mobilières. Il aurait fallu y joindre les droits réels mobiliers.

L'art. 533 est une règle interprétative de volonté, et par suite restrictive du pouvoir du juge, dans le but de prévenir des procès sur le plus ou moins d'étendue d'une disposition. Du reste, les parties sont toujours libres de restreindre ou d'élargir l'application de leur volonté, en s'expliquant positivement (V. art. 1134-1°) (1). Ce texte et les trois suivants n'ont donc d'application que s'il est absolument impossible d'établir quelle a été l'intention des parties.

L'art. 533 n'indique point les objets que comprend le mot *meuble* ; il procède par voie d'exclusion. Or, il est impossible de donner de la sorte une idée précise de la signification d'un terme. D'un autre côté, si l'on cherchait à énumérer tous les meubles non spécifiés dans le texte, on en trouverait qui ont beaucoup d'analogie avec ceux qu'il a exclus.

Il est probable que le législateur a eu en vue le cas d'une libéralité qui aurait pour objet les meubles. Il a pensé qu'en pareil cas ce mot devait

---

(1) Il convient même de dire qu'en pratique cet article ne reçoit aucune application. Jamais la loi n'emploie seul le mot *meuble*, sans l'opposer alors à l'expression *immeuble*. D'un autre côté il est rare que dans les conventions humaines cette expression soit employée seule. Même dans ce cas il sera rare que celui qui l'a employée ait entendu lui donner le sens de l'article 533. Or, dans les conventions ou les actes de l'homme, il faut rechercher quelle est l'intention probable des parties.

désigner, comme cela a lieu dans la conversation, les objets qui servent, pour la généralité des hommes, aux usages de la vie. Cette signification équivaut à celle de *meubles meublants*, avec quelques objets de plus. V. art. 534-1°.

Art. 534. — Les mots *meubles meublants* ne comprennent que les meubles destinés à l'usage et l'ornement des appartements, comme tapisseries, lits, sièges, glaces, pendules, tables, porcelaines et autres objets de cette nature.

Les tableaux et les statues qui font *partie du meuble* d'un appartement, y sont aussi compris, mais non les collections de tableaux qui peuvent être dans les galeries ou pièces particulières.

Il en est de même des porcelaines : celles seulement qui font partie de la décoration d'un appartement, sont comprises sous la dénomination de *meubles meublants*.

Meubles meublants... Objets qui servent à *meubler* une maison. Or, meubler une maison, c'est la garnir des accessoires nécessaires pour qu'on puisse l'habiter.

Les livres ne sont pas des meubles. On n'achète pas les livres pour meubler une maison.

Partie du meuble... Le mot *meuble* paraît signifier ici la collection des meubles qui servent à l'usage d'un appartement.

Art. 535. — L'expression *biens meubles*, celle de *mobilier* ou d'*effets mobiliers*, comprennent généralement tout ce qui est censé meuble d'après les règles ci-dessus établies.

La vente ou le don d'une maison meublée ne comprend que les meubles meublants.

Ces dispositions purement interprétatives ne doivent jamais prévaloir contre la volonté certaine des parties : elles ne visent que le cas où on ne s'est pas expliqué.

Pierre lègue à Paul, sans autre explication, son mobilier, ou ses biens meubles, ou ses effets mobiliers : ce legs comprend-il l'argent comptant et les dettes actives ? L'affirmative ne souffre aucune difficulté. *Quid,* si Pierre ne s'était servi de l'expression mobilier que par inadvertance ou par erreur, et qu'il fût d'ailleurs constant que le testateur n'entendait donner que ses biens meublants ? C'est un principe d'équité que l'on doit plutôt suivre l'intention du testateur que les termes du testament. *Prior atque potentior est quàm vox, mens dicentis* (L. 7,D, *de Supellec.*). Par conséquent, Paul ne pourrait en conscience réclamer que les biens meublants, et serait obligé à restituer l'excédant aux héritiers du testateur, dans le cas où ils auraient été forcés par la sentence du juge, d'exécuter le testament à la lettre.

Art. 536. — La vente ou le don d'une maison, avec tout ce qui s'y trouve, ne comprend pas l'argent comptant, ni les dettes actives et autres droits dont les titres peuvent être déposés dans la maison ; tous les autres effets mobiliers y sont compris.

La raison de douter se tire de la généralité des expressions : *Tout ce qui s'y trouve.* Mais on ne peut dire des droits, choses incorporelles, qu'ils se trouvent dans une maison, alors même que l'acte constitutif de ces droits y est accidentellement déposé. A l'égard de l'argent, le législateur l'a peut-être considéré comme un signe des valeurs qu'il procurera ultérieurement ; cependant la valeur de la monnaie réside en elle-même, à la différence des créances, même constatées dans un billet payable au porteur. Peut-être a-t-il craint quelque désappointement pour le vendeur ou donateur qui auraient, parfois à leur insu, des sommes considérables chez eux. Il y a pour la vente une raison particulière : c'est que l'obligation du vendeur a pour objet autre chose que de l'argent.

CHAPITRE III

DES BIENS DANS LEUR RAPPORT AVEC CEUX QUI LES POSSÈDENT

Art. 537. — Les particuliers ont la libre disposition des biens qui leur appartiennent, *sous les modifications* établies par les lois.

Les biens qui n'appartiennent pas à des particuliers, sont administrés et ne peuvent être aliénés que dans les formes et suivant les règles qui leur sont particulières.

Sous les modifications... fondées, les unes sur l'intérêt du particulier propriétaire (V. art. 457, 202, etc.) ; d'autres, sur l'intérêt des autres propriétaires (V. art. 640, 643, 674, 674, etc.) ; d'autres, sur l'intérêt de l'Etat V. art. 552).

Les biens qui n'appartiennent pas à des particuliers.... Ce sont les biens des personnes morales (1). Comme les personnes physiques, elles peuvent avoir un patrimoine. A ce point de vue, bien qu'elles soient des collections de personnes physiques, elles diffèrent des associations que les particuliers forment entre eux. Dans ces dernières, chacun des associés ou co-propriétaires peut disposer de sa part indivise, et, en sens inverse, peut empêcher tous les autres de disposer de la totalité, contrairement à sa volonté individuelle. (V. art. 1859-1°). Il peut, en outre, demander le partage de la chose commune (art. 815-1°). — Au contraire, les particuliers, qu'on les considère comme membres de l'Etat ou d'une commune, ne peuvent ni réclamer la division des biens communs, ni disposer de leur part, ni arrêter, par leur opposition, les actes des agents légalement chargés de l'administration.

S'il diffère du patrimoine des simples sociétés, le patrimoine des personnes morales est de tout point semblable à celui des particuliers. On dit, il est vrai, que l'intérêt personnel étant moins en jeu, l'exploitation de leurs terres donne de moins bons résultats ; mais c'est là un point de vue purement économique. Toutefois au point de vue du droit, il faut observer que les personnes morales ne meurent pas et aliènent rarement : l'Etat va donc perdre une partie des droits de mutation qu'il perçoit à l'occasion des biens des particuliers. Il y a là un patrimoine qui est *mort* pour la circulation ; aussi la loi va-t-elle le grever d'une taxe dite de *main-morte* qui est l'équivalent des droits d'enregistrement sur les biens ordinaires: dans l'ancien droit, on procédait de même, ou bien la corporation désignait un particulier, *homme vivant, mourant et confisquant*, et payait le droit de mutation, lorsqu'il mourait.

La taxe fixée par la loi du 20 février 1849 a été élevée avec les autres, le 30 mars 1872. Les personnes morales seules payaient cet impôt ; mais la loi du 28 décembre 1880 l'a étendu aux associations non reconnues, sauf celles qui ne réalisent pas de produits pour leurs membres. Cette dernière clause faisait échapper à l'impôt les associations formées uniquement pour distribuer des secours, comme les sociétés de St-Vincent-de-Paul et peut-être les Petites Sœurs des pauvres. Mais sous prétexte que par des combinaisons de leurs statuts, des congrégations visées par la loi de 1880 échappaient à son application, la loi du 29 décembre 1884 indique nominativement les communautés religieuses, ce que ne faisaient pas les précédentes ; et décide que pour la perception de l'impôt dont elle maintient le taux à 3 % du revenu (loi du 27 juin 1872), ce revenu sera réputé être de 5 % de la valeur brute des meubles et immeubles possédés ou occupés par la congrégation.

---

(1) Sur les personnes morales, voir le début du Livre 1er.

L'État a un patrimoine comme les autres personnes morales. Son patrimoine présente encore cette particularité qu'il se distingue en domaine privé et en domaine public. Les biens qui font partie du domaine privé sont dans le commerce au même titre que les biens appartenant à des particuliers ; ils peuvent être aliénés, donnés ou hypothéqués, sauf à observer les règles particulières tracées par les lois administratives (1). Au contraire, les biens qui font partie du domaine public sont absolument inaliénables et imprescriptibles; ils sont hors du commerce. Cette distinction entre le domaine privé et le domaine public n'est pas propre à l'Etat, elle doit être faite pour le département et pour la commune, personnes morales du droit administratif.

On ne saurait trop chercher à la mettre en lumière, car dans notre chapitre la loi a fait entre ces deux domaines une confusion manifeste. C'est ainsi que, dans les art. 538 et 540, elle parle de choses qui font partie du domaine public, et à ce titre, absolument hors du commerce, tandis que, dans les art. 539 et 541, elle se réfère à des biens qui font partie du domaine privé, et sont, par suite, parfaitement aliénables et prescriptibles, sans qu'elle semble se douter de la différence essentielle qui existent entre les deux catégories de biens.

C'est à Justinien qu'on doit faire remonter la responsabilité première de la confusion commise ici par les rédacteurs du Code civil. Reproduisant maladroitement un passage de Gaïus, Justinien dans le *principium* du titre *De Div. Rerum* aux Instituts annonce une division des choses en *res in patrimonio nostro* et en *res extra patrimonium*. A s'en tenir strictement aux termes du texte, les premières seraient les choses appartenant aux simples particuliers, les autres seraient les choses n'appartenant pas à des particuliers et comprendraient les *res nullius*, les *res communes*, les *res universitatis, vel populi*. Mais à quel intérêt théorique ou pratique répond une semblable division qui fait rentrer dans une même catégorie les choses les plus dissemblables, la mer que sa nature même met hors du commerce, un temple que la volonté seule du législateur y soustrait, une terre publique, chose de tout point identique au bien d'un particulier ?

C'est, il faut le croire, à cette division erronée de Justinien que se sont référés les rédacteurs du Code civil. Ils auraient été mieux inspirés, en établissant nettement ici la division des choses en choses *dans le commerce* et en choses *hors du commerce*, la seule qui présente de l'intérêt en la matière.

Ils auraient évité l'erreur qu'ils ont commise plus d'une fois dans notre chapitre, en comprenant dans le domaine public des biens qui n'en font assurément pas partie.

---

(1) Cette aliénation doit être autorisée par une loi (Loi du 22 novembre 1790, art. 8)

Art. 538. — Les chemins, routes et rues à la charge de l'Etat, les fleuves et rivières *navigables* ou *flottables*, les *rivages, lais et relais* de la mer, les ports, les hâvres, les rades, et généralement toutes les portions du territoire français qui ne sont pas susceptibles d'une propriété privée, sont considérés comme des dépendances du *domaine public*.

Navigables... Ce sont les rivières qui peuvent porter des bateaux.

Flottables... On appelle ainsi les rivières qui ont seulement assez d'eau pour transporter des morceaux de bois, mais non des bateaux.

Lais et relais... Terrains que la mer laisse à découvert en se retirant insensiblement, ou qu'elle forme par *alluvion.*

Rivages de la mer... C'est la portion de terrain que couvre la plus haute marée, *le plus grand flot de mars* (Ordonn. de 1681) sur l'Océan ; et sur la Méditerranée *maximus fluctus hibernus.*

Domaine public... Collection des biens de l'Etat affectés à un usage public indéfini, par opposition au *Domaine privé de l'État*, proprement dit, qui se compose des autres biens, susceptibles de propriété privée (Comparez les expressions des art. 538 et 540 d'une part, et celles des art. 539 et 544 de l'autre).

Il y a erreur de rédaction dans le Code, en ce qui concerne les *lais et relais* de la mer ; ils appartiennent non pas au domaine public, mais au domaine privé de l'Etat, et sont par conséquent aliénables et prescriptibles.

Art. 539. — Tous les biens *vacants* et *sans maître*, et ceux des personnes qui décèdent *sans héritiers*, ou dont les successions *sont abandonnées*, appartiennent au domaine public.

L'article commet encore une erreur en plaçant ces biens dans le domaine public. Ils sont, en effet, prescriptibles et aliénables.

Vacants... Biens inoccupés.

Et sans maître... c'est-à-dire abandonnés sans esprit de retour par un propriétaire antérieur.

Sans héritiers, ni successeurs irréguliers,... c'est-à-dire sans parents au 12e degré (art. 755), enfants naturels ou conjoint (art. 723, 768).

Dont les successions sont abandonnées... c'est-à-dire répudiées par les héritiers ou successeurs irréguliers. Sur ce dernier point, l'art. 539 déroge au principe d'après lequel on ne devient propriétaire d'une chose que par la prise de possession, ou la volonté d'un propriétaire antérieur.

Art. 540. — Les portes, murs, fossés, remparts de places de guerre et de forteresses, font aussi partie du domaine public.

Les choses dont il s'agit, ne sont pas susceptibles de propriété privée : en effet, l'article 540 s'exprime comme l'article 538 (*domaine public*) : d'ailleurs, l'article 544 a soin de dire le contraire pour les fortifications des villes qui cessent d'être places de guerre.

Le motif se tire de la sûreté du pays, en vue de laquelle les fortifications sont directement affectées à un service d'utilité générale.

Art. 541. — Il en est de même des *terrains*, des fortifications et remparts des places qui ne sont plus places de guerre : ils *appartiennent* à l'Etat, s'ils n'ont été *valablement aliénés*, ou si la propriété n'en a pas été *prescrite contre lui* (1).

Terrains... Ajoutez les fossés, portes et murs non qualifiés remparts (arg. de l'art. 540).

Appartiennent... Ils sont dans le domaine privé de l'État, et non plus dans le domaine public, dès que la place a cessé par décret d'être place de guerre.

Valablement aliénés... par les fonctionnaires compétents et suivant les formalités requises (V. art. 537-2°).

Prescrite contre lui... c'est-à-dire acquise par prescription. Donc les choses dont il s'agit, sont dans le commerce (V. art. 2226).

Art. 542. — Les biens communaux sont ceux à la propriété ou au *produit* desquels les *habitants* d'une ou plusieurs communes ont un droit acquis.

Produit... Auquel cas la commune a un simple droit de jouissance ; elle pourrait aussi avoir une servitude réelle (article 543) ; en un mot, le droit de propriété est composé des mêmes éléments, soit qu'il appartienne aux individus, soit qu'il appartienne à des personnes morales (2).

Habitants... il s'agit, non pas des habitants individuellement, mais de leur collection qui constitue la commune.

---

(1) On ne doit voir dans les articles qui nous occupent que des principes posés dont l'application se trouve au titre de la propriété, et dont il faut chercher le complément dans les *dispositions générales* placées en tête du livre III, et qui concernent spécialement les choses n'appartenant à personne. C'est ainsi que les art. 538 à 541 se trouvent reproduits en principe dans les art. 713 et 714.

(2) Relativement aux biens communaux, l'art. 542 ne parle ici que de ceux qui sont possédés par les communes à titre privé. Ils sont régis par les lois sur l'organisation municipale (voy. à ce sujet les lois du 18 juillet 1837 et du 5 avril 1884 sur l'organisation municipale).

Art. 543. — On peut avoir sur les biens, ou un droit de *propriété*, ou un simple droit de *jouissance*, ou seulement des *services fonciers* à prétendre.

Propriété... pleine (V. le titre II).

De jouissance... ce qui comprend l'usufruit, l'usage et l'habitation (V. le titre III).

Des services fonciers... ou plutôt des servitudes. (V. le titre IV).

TITRE II

DE LA PROPRIÉTÉ

Décrété le 6 pluviôse an XII (27 janvier 1804); promulgué le 16 (6 février).

PRÉLIMINAIRES

Idées générales. — « La propriété, disent MM. Aubry et Rau (1), exprime l'idée du pouvoir juridique le plus complet d'une personne sur une chose, et peut se définir le droit en vertu duquel une chose est soumise d'une · manière absolue et exclusive, à la volonté et à l'action d'une personne. ».

Mais avant d'étudier les différents caractères de la propriété, qui se présentent dans tous les pays et dans tous les temps, il est essentiel de séparer des faits et arrangements humains en matière de propriété, le principe supérieur sur lequel la propriété se fonde.

I. Ainsi envisagé, le problème de la propriété se pose à nous comme le problème de la souveraineté. Là, d'une part, toute autorité vient de Dieu, et nul homme n'en confère : voilà le principe ; mais d'autre part, les évènements historiques, comme les batailles et les acclamations populaires, sont aussi les instruments de la Providence : voilà les faits humains qui, par circonstance aussi, mettent le pouvoir aux mains de tels ou tels hommes.

Entre la propriété et la souveraineté l'analogie est donc frappante.

Aussi, dans ces deux sujets des études sociales, la même confusion a engendré, pour ainsi dire, les mêmes erreurs ; et dans le problème du pouvoir, ceux qui n'ont vu que les faits humains, ont abouti logiquement à l'erreur de la souveraineté du peuple, tout aussi bien que, dans le problème de la propriété, ceux qui n'ont vu que les faits humains, se sont pareillement égarés dans les dangers de l'omnipotence de l'État et

---

(1) **Aubry** et **Rau**, t. II, p. 169.

de la loi, et ont légitimé d'avance le communisme le plus effréné pour le jour où la loi aura décrété ce communisme. Les deux erreurs se côtoient ainsi dans le *Contrat social*, associées l'une à l'autre dans le sophisme originaire aussi bien que dans les dangers dont elles nous menacent (1).

Le phénomène de la propriété existe. Nous n'avons qu'à porter les yeux autour de nous pour le constater. Mais quel en est le principe ? Ce ne peut être que Dieu ou l'homme ; c'est la loi naturelle, ou une convention sociale, qu'on donne à cette dernière le nom de contrat social ou de loi positive. Voilà l'alternative. Comment la résoudre ?

1° D'après une certaine école, la propriété dériverait d'un contrat primitif et tacite. Dieu avait voulu que tout fût d'abord possédé en commun. Puis les inconvénients de l'indivision des biens étant devenus à la longue insupportables et nuisibles à la propriété commune, une convention mit fin à la communauté primitive, appelée aussi communauté *négative*, et la propriété particulière naquit de la volonté des hommes, copartageants du domaine que Dieu leur avait attribué sur la terre créée pour eux : « *Terram autem dedit filiis hominum*».

Dans cette opinion il y aurait à la base de la propriété un contrat tacite, semblable à celui d'Abraham et de Loth, quand le patriarche disait à son neveu : « Qu'il n'y ait pas de querelle entre toi et moi, entre mes bergers et les tiens, car nous sommes frères. Toute la région est devant toi. Éloigne-toi de moi, je t'en prie. Si tu vas à gauche, je prendrai la droite ; si tu choisis la droite, moi je me dirigerai à gauche. »

Les hommes, s'étant distribué la possession de ce monde, se seraient engagés par un accord tacite à ne pas se troubler les uns les autres dans la paisible possession de leurs domaines ainsi acquis.

Jean-Jacques Rousseau a été le plus illustre patron de cette opinion qui se trouve développée au long dans le *Contrat social*.

Une autre école fait dériver le droit de propriété de la volonté du législateur assurant au possesseur le domaine indépendant du bien dont il a pris possession ; c'est là un acte souverain dont l'effet aurait été de rendre légitime et irrévocable l'appropriation jusque-là illégitime. Les défenseurs de cette opinion sont Grotius, Puffendorf, Bentham et Montesquieu, qui placent le principe de la propriété dans la loi positive.

---

(1) **J.-J. Rousseau**, *Discours sur l'inégalité des conditions*; *Contrat Social*, IX, 1, « L'homme ne peut disposer de ses biens que dans la mesure des conventions générales... le droit que chacun a sur son fonds est subordonné au droit que la communauté a sur tous. »

Bentham a dit : « Avant les lois, il n'y a point de propriété ; ôtez les lois, la propriété cesse ».

Voici l'opinion de Montesquieu, écho de Grotius et de Puffendorf : « Comme les hommes ont renoncé à leur indépendance naturelle pour vivre sous des lois politiques, ils ont renoncé à la communauté naturelle des biens pour vivre sous des lois civiles. Les premières lois leur acquirent la liberté ; les secondes, la propriété. »

Mirabeau s'écriait à la Constituante : « Une propriété particulière est un bien acquis en vertu des lois : la loi seule constitue la propriété.»

Tronchet répétait après lui : « C'est l'établissement de la société, ce sont les lois conventionnelles qui sont la véritable source du droit de propriété. »

De la théorie ces doctrines sont passées dans la pratique, et ont enfanté de nos jours les nombreuses sectes des socialistes, des communistes, et de tous ceux qui, sous un nom quelconque, réclament la propriété collective ou du moins un nouveau partage des biens en ce monde.

Or, ces deux systèmes aboutissent logiquement à la négation du droit de propriété. Réfutons d'abord le système qui fait dériver la propriété d'un contrat social.

Qu'une sorte de convention de ce genre ait existé au début du genre humain, on l'a soutenu. Mais est-elle le fondement premier de la propriété privée ? Non, évidemment ; c'est plutôt un engagement tacite de respecter la propriété future, quand par un acte quelconque elle aura été constituée légalement, sans quoi il faudrait dire que dans la convention entre Abraham et Loth, chacun d'eux aurait revendiqué la propriété de la moitié de cet univers et se la serait appropriée. De plus, qui ne voit que, si la propriété n'a d'autre base que le contrat, il sera libre toujours aux contractants de résilier leur convention, et par là de réduire à néant le droit fondé sur leur libre consentement ?

Enfin, qui a donné le droit à mes ancêtres de contracter en matière si importante, non seulement pour eux, mais aussi pour moi et pour toute ma postérité ?

Le système qui recourt au pouvoir du législateur ne peut pas davantage se soutenir. Bien avant que la société fût organisée, avant toute législation positive, la propriété existait. L'œuvre du législateur s'est bornée à en constater l'existence, à lui assurer le respect de tous et à déterminer ses conditions sociales. Il ne faut pas confondre le droit avec la garantie du droit.

De plus, fondée sur la loi humaine, c'est-à-dire sur la volonté du législateur, la propriété n'est plus stable ni légitime. Le prince, en effet, peut toujours retirer la loi qu'il a portée, donc détruire tout droit qui n'a d'autre fondement que sa volonté.

S'il en est ainsi, Proudhon avait raison, quand avec son impitoyable logique il disait que la propriété est le vol ; puisque la propriété, telle qu'elle est reconnue de fait, avec son irrévocabilité, reposerait sur une fausseté et constituerait une véritable usurpation.

2° Ceux qui acceptent les saines notions de la philosophie, répondent que le principe supérieur de la propriété réside dans la loi naturelle et en Dieu. « L'Église, comme le dit Léon XIII, prescrit que *le droit de propriété et de domaine, qui vient de la nature même*, soit intact et inviolable pour chacun (1) ». Ainsi, l'attribution de certaines choses à certains hommes — groupes sociaux ou individus — est de droit naturel, essentielle à toute société, comme le respect de la chose d'autrui, inscrit sur les tables du Sinaï, est lui-même une des règles essentielles de la loi morale (2).

Est-il maintenant de droit naturel que cette propriété soit individuelle et privative, et surtout qu'elle le soit même lorsqu'elle s'applique à la terre ?

Cette fois, nous n'oserions être aussi affirmatifs.

La propriété collective existe ou peut exister à l'origine des sociétés (3). Si elle ne s'applique jamais parfaitement bien aux instruments et aux objets de consommation, elle s'adapte très bien au sol, dans les mœurs des tribus nomades et des peuples pastours ; parfois même, comme maintenant encore en Russie, elle se prolonge, au moins avec un certain effort, même après l'avènement d'une industrie agricole proprement dite. Elle existe toujours dans la famille patriarcale, sous l'administration indiscutée d'un chef ; et la fiction s'en continue parfois longtemps, jusque sous un vrai régime de propriété individuelle. « *Vivo quoque patre, liberi quodammodo domini existimantur* », disent encore Gaïus et Justinien (4).

Mais elle ne convient qu'aux civilisations naissantes. A mesure qu'elle tombe, à mesure que la propriété individuelle et privative

---

(1) Léon XIII, *Encyclique Quod apostolici muneris*, 28 décembre 1878.
(2) **Brants**, *Revue cath. des Inst. et du Droit*, t. IX, p. 171.
(3) **Jourdan**, *Cours d'Économie politique*, ch. XXV, p. 176 et s.
(4) **Gaïus**, *Comm.*, II, § 137 ; **Justinien**, *Inst.* II, XX, § 2.

grandit à sa place, c'est un progrès qui s'effectue ; c'est un pas de plus dans l'accomplissement de l'ordre divin : « *Replete terram et subjicite eam* ». Du même coup, ce sont des droits légitimes qui prennent naissance. Par conséquent, une loi postérieure qui voudrait rétablir la propriété collective, serait doublement criminelle : contre le peuple, qu'elle ramènerait inconsciemment à une barbarie relative, et contre les particuliers qu'elle spolierait (1).

C'était un progrès qui s'était accompli, parce que l'homme trouve dans cette propriété privative la satisfaction d'un besoin et le but licite d'une aspiration innée et irrésistible. « D'instinct, dit M. Charles Périn, l'homme est propriétaire, comme il est raisonnable et sociable d'instinct. »

Voilà bien, ce semble, la doctrine de St Thomas et de l'Église.

« Il est impie et erroné, dit St Thomas, d'affirmer que l'homme ne puisse rien avoir en propre en ce qui concerne le pouvoir de disposer des choses..... Et la propriété (privative) des possessions n'est pas contraire au droit naturel, mais elle y a été surajoutée par les lumières de la raison humaine » (2). « Tandis que les socialistes, dit Léon XIII, présentent le droit de propriété comme une invention humaine qui répugne à l'égalité naturelle des hommes, et que, réclamant la communauté des biens, ils estiment qu'on ne saurait supporter patiemment la pauvreté, et que l'on peut impunément violer les possessions et les biens des riches, l'Église, avec beaucoup plus de sagesse et d'utilité, reconnaît qu'entre les hommes, qui diffèrent naturellement par les forces du corps et de l'esprit, doit exister aussi l'inégalité dans la possession des biens » (3).

La propriété, telle que nous la connaissons autour de nous, est donc de droit naturel ; disons plus, elle est de droit divin. Nous trouvons dans la Genèse cette parole de Dieu à nos premiers parents : *Replete terram, et subjicite eam*. Voilà le titre de propriété du genre humain. Conformément à cette parole divine, les hommes ont rempli la terre et s'en sont appropriés les différentes parties. « Quand cela fut fait, nous dit M. Lucien Brun, Dieu parla de nouveau, et confirma la possession exclusive, née du travail et de la volonté des hommes. Il promulgua la

---

(1) **Jourdan,** *Ibidem,,* p. 173.

(2) *Summa Théol.,* 2ᵉ 2ᵃᵉ, q. 66, art. 2.

(3) **Léon XIII,** *loc. cit.*

loi, la grande charte des droits de l'humanité, le Décalogue, et dit : « *Tu ne déroberas point* (1 ».

II. Le principe supérieur de la propriété une fois établi, disons que la propriété est un droit *réel*, c'est même le type des droits réels. On peut, suivant la formule romaine, le décomposer en trois éléments : *jus utendi*, droit de se servir de la chose, *jus fruendi*, droit de percevoir les fruits, et autres produits de la chose, *jus abutendi*, droit de disposer de la chose, c'est à dire d'en faire un usage qui n'est pas susceptible de se renouveler, comme la transformer, la détruire ou l'aliéner.

Mais si tels sont en tous temps et en tous pays les caractères généraux de la propriété, elle reflète, à raison de son extrême importance dans l'organisation sociale, le caractère spécial de chaque peuple et de chaque époque. Elle se présentera donc, quoique consistant dans les mêmes éléments, sous un aspect différent, à Rome, dans le droit coutumier et sous le code civil ; elle subira en droit romain l'influence de la religion, et toujours l'influence politique.

Comme, malgré ces différences de caractères, l'essence de la propriété est toujours la même, tout législateur doit commencer par en déterminer l'étendue. Il ne peut pas se borner là ; car, à côté de l'objet principal du droit de propriété, il faut aussi considérer ses accessoires, c'est-à-dire les droits du propriétaire sur ce que la chose produit et sur ce qui peut s'ajouter à la chose ; en d'autres termes, il doit s'occuper des fruits et produits et de l'acquisition par incorporation ou accession.

Dans toute cette matière le législateur doit s'attacher à assurer à chaque citoyen le respect de sa propriété, car c'est un droit essentiel et fondamental (2). Mais il y a même dans cet ordre d'idées des inconvénients à éviter ; la loi, en effet, ne doit pas oublier que le droit de propriété ne peut être utile que s'il se combine avec les droits acquis par autrui sur la chose, notamment avec les diverses servitudes personnelles ou réelles que nous aurons à étudier dans les titres suivants. L'Etat, peut aussi en principe, s'emparer de la propriété d'un particulier, si elle lui est indispensable pour une œuvre d'utilité publique, mais il doit l'indemniser équitablement, et n'exercer ce pouvoir exorbitant que si la nécessité en est bien constatée.

---

(1) **Lucien Brun**, *Introd. à l'Étude du Droit*, p. 170 ; **Chesnelong**, *Propriété et travail*, discours à l'Assemblée générale des catholiques, 12 mai 1887.

(2) **Lucien Brun**, *Revue catholique des Institutions et du Droit*, t. VIII, p. 315.

III. Le plus souvent le propriétaire d'une chose l'a lui-même en son pouvoir : mais il peut arriver qu'une autre personne tienne de fait cette chose sous sa puissance. Ce fait s'appelle *détention* ; il n'a aucun effet juridique et ne confère aucun droit.

Mais peut-être le détenteur a-t-il la volonté d'exercer sur cette chose qui en réalité n'est pas à lui, le droit de propriété ; peut-être a-t-il l'*animus sibi habendi*. En pareil cas, il est possesseur ; et, bien que la possession ne constitue qu'un état de fait, elle a cependant des effets juridiques, soit que le possesseur ignore que la chose n'est pas à lui, soit qu'il le sache.

Le fait de la possession fait présumer le droit ; celui qui possède une terre en est vraisemblablement propriétaire ; il a donc l'avantage d'être défendeur au procès qu'intente contre lui celui qui se dit propriétaire ; et si ce dernier ne fait pas sa preuve, le possesseur conserve le bien. De même celui qui exerce une servitude avec l'intention de l'exercer à titre de droit et la quasi-possède, est présumé titulaire de ce droit. Voilà le droit probable que la loi doit garantir en organisant la protection de la possession, c'est-à-dire les actions que le Code de procédure appelle *actions possessoires*.

Mais dans toutes les législations, la possession ne produit ses effets que si elle a été acquise sans violence, *non vi*, publiquement et non par usurpation clandestine, *non clam*, ni en vertu d'une concession bénévole et révocable, *non precario*.

Le possesseur, quand par erreur il croit être propriétaire, fait siens les fruits de la chose qu'il possède ; les divers législateurs ont admis cette règle, parce que le possesseur pourrait être ruiné, s'il avait soudainement à restituer une somme considérable de fruits qu'il a dû dépenser en vivant plus largement.

Enfin un autre avantage de la possession consiste en ce que, au bout d'un certain temps, le possesseur est présumé propriétaire, sans que le véritable propriétaire puisse désormais faire valoir ses droits ; en d'autres termes elle sert de base à l'acquisition par prescription.

*
* *

Droit romain. — I. Il paraît établi qu'à l'origine, la propriété individuelle n'existe pas, du moins en ce qui concerne les immeubles. A l'instant ou se forma le premier groupe d'hommes qui fut l'embryon du peuple romain, les terres et les troupeaux étaient en commun ; seuls les meubles étaient l'objet de la propriété individuelle.

Mais cette propriété collective s'est fractionnée et individualisée peu à peu ; et ce mouvement chez les Romains fut assez rapide pour que nous ne puissions aujourd'hui qu'entrevoir l'état primitif de leur propriété foncière.

1° Lors même que l'individualisation est achevée, un principe continue à dominer le système de la propriété : le principe que toute propriété émane de l'Etat. Il est peu probable que cette idée vienne d'un prétendu partage que Numa (1) aurait fait des terres communes ; mais quelle que soit son origine, il est admis chez les Romains que la propriété privée n'est qu'une émanation de la propriété publique.

Tel est le caractère politique de la propriété romaine ; son caractère religieux se manifeste par le culte du dieu Terme et la limitation solennelle des fonds de terre (2).

La propriété ainsi organisée est la *plena potestas in re* ; c'est le *dominium ex jure Quiritium* ; mais tous ne sont pas capables de l'acquérir, toutes choses ne sont pas susceptibles d'en être l'objet.

Le *dominium ex jure Quiritium* s'empreint, en effet, du caractère personnel et indépendant du peuple romain ; il est réservé au *civis romanus*. A l'origine, en dehors du Romain et de son champ, le monde n'est qu'un butin à conquérir. *Adversùs hostem æterna auctoritas*, disent les Douze Tables ; les *peregrini* ne peuvent pas avoir le *dominium*. Peu à peu, il est vrai, les relations avec les étrangers prenant de l'extension, il fallut leur reconnaître une sorte de propriété, mais on l'appella *domaine bonitaire*, et on le protégeait moins complètement ; même à l'époque où cette protection devint complète, le Préteur l'organisa par des moyens spéciaux.

De même les immeubles situés hors d'Italie ne pouvaient pas faire l'objet d'une véritable propriété privée. Leur propriétaire est le peuple romain, les particuliers ne peuvent en avoir que la possession et l'usage ; en vertu de cette idée le peuple perçoit sur eux une rente annuelle, ou impôt dont l'Italie fut longtemps exempte.

2° Appliquant cette idée que la propriété comprend le *jus fruendi*, le droit romain, comme du reste toutes les législations, attribue au propriétaire les fruits de sa chose.

---

(1) Ciceron, *de Republicâ*, II, 12 ; Plutarque, *Numa*, 10.

(2) Varron, *de Ling. lat.*, V, 74 ; Denys d'Halicarnasse, II, 74 ; Hygin, *de Limitibus;* Saint Augustin, *La cité de Dieu*, XXI, 4.

Mais, en vertu de l'adage « *Accessorium sequitur principale* », il attribue aussi au propriétaire d'un fonds riverain les alluvions d'un fleuve, et l'île qui s'y forme en face de sa terre et au deçà de la ligne médiane ; au propriétaire d'un meuble les ornements et autres accessoires qui, séparés, appartenaient à un autre ; au propriétaire du sol les plantations et constructions qui y seraient faites (*superficies solo cedit*). Ces principes romains sur l'*accession* (1) se sont conservés à peu près intacts dans le droit coutumier et sous le code civil (2).

II. La possession en principe ne pouvait à Rome s'appliquer qu'aux choses corporelles ; mais on verra à propos des servitudes personnelles ou réelles, comment sa notion fut étendue aux choses incorporelles sous le nom de *quasi possession*.

Appliquée aux choses frugifères, elle fait acquérir les fruits par le possesseur de bonne foi, dès le moment où ils sont séparés. Mais une réforme opérée vers le temps de Diocletien, obligea le possesseur de bonne foi à rendre ceux qu'il n'a pas encore consommés lors de la revendication. Cette distinction est parfaitement équitable ; en effet, si la loi dispense le possesseur de bonne foi de restituer les fruits qu'il a perçus, c'est qu'elle craint de le ruiner, en l'obligeant à restituer la valeur de tous les fruits qu'il a consommés au fur et à mesure sans penser qu'il aurait un jour à les rendre ; mais pour les fruits qui n'ont pas encore été consommés, cette crainte n'existe pas ; on conçoit donc que le possesseur soit tenu à les restituer, puisqu'en réalité, ils ne sont pas à lui, mais au vrai propriétaire.

Soit de bonne, soit de mauvaise foi, la possession conduit à l'usucapion ou acquisition de la propriété par prescription, quand elle se prolonge durant un certain temps.

Enfin, considérée en elle même, elle est protégée par la procédure spéciale des *Interdicta* qui sont *retinendæ* ou *recuperandæ possessionis*.

Ancien droit français. — I. Le droit germanique présente encore au temps de César (3) et de Tacite (4) la propriété des immeubles sous

---

(1) **Ducaurroy**, t. I, N° 353 et suiv. ; **De Fresquet**, *Traité élém. de Droit rom.*, p. 266 et suiv. ; **Demangeat**, t. I, p. 440 et suiv. ; **Accarias**, t. I, N° 250.

(2) Consultez, pour plus de détails sur la propriété romaine, **Fustel de Coulanges**, *La cité antique*, et **Pellat**, *Exposé des principes gén. du Droit rom. sur la propriété et ses démenbrements*.

(3) *De bello gallico*, VI, 22.

(4) *Germania*, XVI et XXVI.

la forme collective. Mais à cette forme succède celle de la propriété de famille dont le *retrait lignager* (1) fut un vestige. Enfin la propriété individuelle gagna du terrain : pourtant il resta des souvenirs de la propriété collective dans la communauté des pâturages, dans le *retrait de voisinage* très usité en Allemagne (2) et qui fut l'origine du *retrait féodal* (3) français, dans le *droit de vaine pâture et de parcours,* enfin dans les *terrains communaux* qui existent encore aujourd'hui.

1° Mais ce qui caractérise l'ancien droit français sur la propriété, c'est le rôle que les coutumes lui firent jouer dans l'organisation politique.

Ce n'est pas qu'on y admette l'idée romaine de l'Etat propriétaire et concédant les droits de propriété privée ; car, malgré l'autorité du pouvoir royal, le chancelier Juvénal des Ursins pouvait dire à Charles VII : « Quelque chose qu'aucuns disent de votre puissance ordinaire, vous ne pouvez prétendre le mien ; ce qui est mien n'est pas vôtre. Peut-être bien qu'en la justice vous êtes souverain et va le ressort à vous ; vous avez votre domaine et chaque particulier a le sien » (4). Mais, à la différence du régime actuel où la propriété est libre comme l'était en droit romain le *dominium* quiritaire, dans le droit coutumier la terre dépend normalement d'un seigneur : « *Nulle terre sans Seigneur* ». La plupart des fonds sont *fiefs* ou *censives*, rarement *alleux*.

A. Tenir une terre en *alleu* (5), c'est la *tenir de Dieu tant seulement* ; c'est la propriété du Code civil et du droit romain ; mais au Moyen Age elle ne se rencontre guère que dans le Midi où la terre est libre, tant qu'un seigneur n'a pas prouvé son droit sur elle, en vertu de la règle « *Nul Seigneur sans titre* ».

Dans le Nord, au contraire, en vertu de la règle inverse, toute terre est présumée dépendante : fief ou censive. Les fiefs et les censives

---

(1) Sur le *retrait lignager*, voir le titre des *Donations et Testaments.*

(2) C'est le droit pour les membres du groupe local d'exclure en le remboursant l'étranger à qui l'un d'entre eux a vendu sa terre.

(3) V. p. 528.

(4) Loiseau dit de même (*Traité des Seigneuries*) : « Les rois n'ont pas le droit de prendre le bien d'autrui, parce que la puissance publique ne s'étend qu'au commandement et autorité, et non pas à entreprendre la seigneurie privée des biens des particuliers. » Mais cette idée n'a pas été admise sans contestation, témoins Louis XIV dans son *Instruction au Dauphin*, et le livre intitulé *Testament politique de M. Louvois.* On cherchait du reste à attribuer au roi sur tout le territoire le domaine éminent qu'a le Seigneur sur la terre de son vassal, en disant qu'il était *souverain fieffeux de tout le royaume.*

(5) *Alleu, allodium,* (du saxon *Allod,* sort, lot, ou plutôt de *od,* propriété, et *all,* toute pleine.) — Cf. **La Thaumassière**, *du Franc-Alleu.*

étaient soumis à des seigneurs, souvent à une série de suzerains superposés ; ils impliquent la division du domaine *utile* du tenancier et du domaine *éminent* ou *direct* du seigneur. La différence entre eux vient de ce qu'à l'origine les censives étaient tenues par des roturiers, et les fiefs par des gentilshommes.

Le fief (1) est, en effet, le bien noble par excellence ; c'est un mélange de propriété privée et de souveraineté politique. L'origine de ce régime est des plus complexes ; le germe s'en trouve dans les concessions de terres (*bénéfices*) en récompense du service militaire ; puis, grâce à l'anarchie, des fonctionnaires et des propriétaires puissants s'érigent en souverains locaux, tandis que les faibles leur abandonnent un droit supérieur sur leurs biens en échange de leur protection (*recommandation*) ; enfin les grands propriétaires obtiennent des *immunités*, c'est-à-dire le droit de supplanter les officiers royaux pour rendre la justice et percevoir les impôts. Les concessions d'abord viagères furent reconnues héréditaires en 877 par le capitulaire de Kiersy. Dès lors la féodalité est faite.

La censive dérive plus spécialement de la *précaire* : une église, pour se procurer des clients, fait de ses terres une concession viagère, puis héréditaire ; ou plus souvent un particulier, pour avoir un protecteur, fait donation de ses biens à un propriétaire plus puissant, qui lui en fait aussitôt concession en censive moyennant redevances. D'autre part, des serfs affranchis conservèrent leurs tenures serviles moyennant des charges. Enfin, des seigneurs, ne pouvant pas exploiter eux-mêmes, ont conclu des baux à cens.

B. Le fief est tenu à charge pour le vassal de reconnaître son seigneur par la cérémonie de la *foi* et l'*hommage* (2), et par l'*aveu* et le *dénombrement* qui est une description de la terre ; il lui doit aussi le service militaire, et le service de cour, c'est-à-dire l'obligation de siéger à ses côtés à son tribunal féodal.

Le seigneur perçoit aussi des droits *utiles :* en cas de vente par le vassal, le suzerain peut exercer le *retrait féodal,* c'est-à-dire se substituer à l'acheteur en le remboursant ; il peut aussi à son choix percevoir sur lui le *quint,* impôt qui s'élève à un cinquième de la valeur du fief vendu ; dans toutes les mutations autres que la vente, il perçoit le *relief*

---

(1) *Fief, feudum* (du saxon *fee,* salaire, et *od,* propriété).

(2) **Beaumanoir,** *Coutume de Beauvoisis.*

évalué au revenu d'une année (1). Ces droits viennent de ce qu'à l'origine il pouvait refuser son consentement à la vente.

Le démembrement du fief par le vassal est interdit et non avenu, sauf certaines aliénations partielles qui constituent le *jeu de fief*.

Le censitaire doit reconnaître son seigneur par un *dénombrement*, comme dans le fief, et par le *cens* modique qu'il paie annuellement.

Les droits *utiles* du seigneur de censive se résument dans le droit de *lods et vente*, impôt de mutation qui est d'ordinaire d'un douzième de la valeur du fonds.

La sanction de ces obligations dans la censive est la *saisie censuelle* qui arrête la jouissance ; dans le fief, c'est la *commise* ou reprise du fonds inféodé par le seigneur (2).

2° Le régime de la propriété foncière en droit coutumier se caractérise encore par la multiplicité des droits réels, et l'usage de contrats spéciaux, intermédiaires entre la vente et le louage.

Aujourd'hui le seul droit réel perpétuel est la servitude foncière : le Moyen-Age connaissait, outre le domaine direct, les rentes foncières et la seigneurie ; celle-ci comprend les droits et profits de justice, les corvées, les banalités ; et ce sont des droits réels, car c'est, selon Loiseau, de la puissance publique attachée à une terre et tombée avec elle dans le domaine privé.

Le *bail à rente* est le type des contrats intermédiaires entre la vente et le louage ; la rente foncière due en vertu de ce contrat, est le droit perpétuel et irrachetable à des arrérages en argent ou en nature, dus par le sol et par l'intermédiaire du possesseur. Ce contrat fut modifié par des clauses de rachat ; Charles VII (3) en fit une faculté légale pour les maisons de Paris. Les *baux héréditaires* d'Alsace, le *bourdelage* du Nivernais, le *complant* du Limousin, les *métairies perpétuelles* d'Auvergne, les *baux à main ferme* du Nord, sont des variétés du bail à rente.

Dans le Nord comme dans le Midi, il y a des *baux à longues années ;* mais les pays d'alleux connaissent seuls l'*emphytéose* romaine, et la *locatairie* perpétuelle qui se rapproche du bail à rente.

Au XVIᵉ siècle, il ne reste déjà plus du régime féodal que les droits pécuniaires. La Révolution vint niveler ce système si complexe, d'abord

---

(1) Laurière, sur les art. 47-49 de la Coutume de Paris.
(2) **Dumoulin**, *Traité des fiefs*, chap. *De la Commise*.
(3) Ordonnance de 1441, art. 18.

en essayant une liquidation pacifique par le rachat ; puis par l'expropriation violente , elle abolit à la fois les perceptions féodales et les tenures perpétuelles.

II. Grâce à la distinction du domaine éminent et du domaine utile, la notion de possession a joué un grand rôle dans l'ancien droit français. Le peuple romain avait le domaine éminent de la Gaule, comme de tous les pays conquis ; les particuliers ne sont donc pas, à vrai dire, propriétaires du sol, mais *possessores*. La loi salique se sert aussi de la même expression. Sous le régime féodal, il en est de même pour tout ce qui n'est pas *franc alleu* (1).

En dehors de ce sens spécial de la possession, il faut aussi la considérer, ainsi qu'on le faisait à Rome, et qu'on le fait aujourd'hui, comme la détention de la propriété d'autrui avec l'*animus sibi habendi*. Ainsi envisagée, et continuée pendant l'an et jour, elle s'appelle *saisine*. Quand le possesseur est de bonne foi, elle lui attribue la propriété des revenus, fruits et récoltes, même non consommés. On applique ainsi une règle antérieure à Dioclétien (car le droit romain suivi au Moyen-âge avant le XVIe siècle est toujours celui des premiers empereurs). Prolongée pendant un certain temps, elle conduit à la prescription acquisitive. Enfin elle est protégée par les coutumes contre celui qui voudrait la troubler au moyen de l'action appelée *complainte ;* le possesseur dépossédé par violence a la *réintégrande,* qui n'est autre que l'*interdictum Unde vi* du droit romain développé par le droit canonique.

Code civil. — I. L'émancipation de la propriété foncière est un fait accompli dès avant 1804 ; la terre est, en 1791, libérée de tous les droits réels qui la grevaient jadis au profit du seigneur ; depuis le XVIe siècle, sa propriété ne comportait plus aucune part de souveraineté politique.

L'État, il est vrai, perçoit aujourd'hui sur les revenus du sol autant et peut-être plus que les anciens seigneurs ; mais il fait ces perceptions comme souverain, non comme propriétaire, et ce n'est plus la terre qui doit la prestation, c'est le propriétaire qui paie l'impôt.

Sans doute, on a soutenu en 1855 devant la Cour de Paris (2) que le droit de mutation perçu par l'État est le prélèvement d'une portion du capital, que l'État concède à chacun la propriété privée et reste pro-

---

(1) *Possession vaut moult en France, encore qu'il y ait de la propriété entremelée,* dit **Loysel**. Règle 74.

(2) Av. Gén. **De la Baume**, Paris, 18 mars 1855, **Dalloz**, 55, II, 299.

priétaire primordial, et que par suite il doit être préféré aux autres créanciers. Quoi qu'il en soit du droit de préférence, il faut admettre que la propriété privée dérive du droit naturel et non d'une concession de l'État (1).

Si donc le Code civil est revenu à la conception romaine de la propriété libre, il n'en a pas admis le caractère politique, Portalis dit en effet (2) : « Au citoyen appartient la propriété et au souverain l'empire. L'empire qui est le partage du souverain, ne renferme aucune idée de domaine proprement dit. Il consiste uniquement dans la puissance de gouverner. Il n'est que le droit de prescrire et d'ordonner ce qu'il faut pour le bien général, et de diriger en conséquence les choses et les personnes..... Il ne donne à l'État, sur les biens des citoyens, que le droit de régler l'usage de ces biens par les lois civiles, le pouvoir de disposer de ces biens pour des objets d'utilité publique, la faculté de lever des impôts sur ces mêmes biens. »

Ce qu'on appelle le haut domaine, le droit éminent du prince, n'est pas un droit de propriété, un domaine proprement dit. Il ne renferme qu'un droit d'administration; que le droit d'ordonner, de prescrire ce qu'il faut pour le bien général, et d'établir sur les biens des particuliers les impôts nécessaires pour soutenir les charges de l'État. Ce n'est point comme propriétaire supérieur et universel du territoire, mais comme administrateur suprême de l'intérêt public, que le souverain fait des lois civiles pour régler l'usage des propriétés privées. « L'empire appartient au Roi, dit Senèque, et la propriété au citoyen : *Ad reges potestas omnium pertinet, ad singulos proprietas* (3). Sous un bon gouvernement le prince possède tout à titre de souveraineté, et les citoyens à titre de propriété : *Sub optimo rege, omnia rex imperio possidet, singuli dominio* (4) ».

Puisque l'État n'est pas propriétaire primordial, les lois qu'il promulgue sur les propriétés particulières doivent respecter le droit absolu de chacun sur la chose. Mais parce que la société donne à la propriété sa sanction, elle ne doit pas cependant en souffrir, et c'est pourquoi elle soumet ce droit absolu à certaines restrictions et limitations dans l'intérêt général et dans l'intérêt même de la propriété. Dans certains cas,

---

(1) Cons. **Laborie**, Cassation, 23 juin 1857, **Dalloz**, 57, I, 233.

(2) *Discours sur la propriété au Corps législatif.*

(3) *De Beneficiis*, Lib. VII, c. 4.

(4) *Ibidem*, c. 3.

en effet, l'intérêt général doit faire céder l'intérêt privé. Ainsi s'expliquent l'expropriation pour cause d'utilité publique (loi du 3 mai 1841), la législation sur les mines (loi du 21 avril 1810), les réquisitions militaires (1) et d'autres servitudes légales, celles qui grèvent les propriétés voisines des cimetières, celles qui sont situées dans le périmètre de protection des sources minérales. Il y a aussi certaines limitations apportées au droit de propriété dans l'intérêt même de la propriété : on n'a point, par exemple, le droit d'incendier sa maison (art. 434 du Code pénal). Quant aux rivières non navigables ni flottables, qui sont propriété privée, chacun n'y peut pas puiser de l'eau à discrétion, il y a une police des cours d'eau. C'est à toutes ces restrictions que fait allusion l'art. 544 C. civ., quand il limite le caractère absolu du droit de propriété par ces mots : « Pourvu qu'on n'en fasse pas un usage prohibé par les lois et règlements. »

Tels sont les grands principes que le Code civil indique en peu de mots, ainsi que le droit du propriétaire sur les fruits et produits, pour consacrer ensuite de longs développements à la matière de l'accession, que les principes romains et le commentaire des textes suffisent à faire connaître.

II. La possession a sous le Code civil les mêmes effets que dans l'ancien droit français et le droit romain. Mais le Code ne reprend point quant à l'acquisition des fruits par le possesseur de bonne foi la distinction introduite à Rome, à l'époque de Dioclétien, pour les fruits non consommés ; il a voulu éviter ainsi les difficultés qu'il y avait à vérifier si les fruits ont été consommés ou non, et dispense de restituer même les *fructus exstantes et non consumpti*. La prescription acquisitive, comme par le passé, a pour base la possession. Enfin les actions possessoires correspondent aux *interdicta* du droit romain, à la *complainte* et à la *réintégrande* des coutumes.

A l'exemple de la jurisprudence des Parlements, le Code suit quant à la possession des meubles, des règles spéciales qui seront exposées à propos de la prescription.

* *
*

Conclusion.— Dans le titre de la *Propriété*, le Code civil a formulé en quelques articles, assez courts, d'ailleurs, les principes posés par le

---

(1) La loi du 3 juillet 1877 a réglementé à nouveau et étendu les droits de l'autorité militaire.

droit naturel, et traite uniquement, dans la plupart de ses dispositions, des nombreuses questions de détail que soulève la matière de
l'accession. Aussi, malgré sa grande importance, ce titre ne donne-t-il
guère lieu aux observations critiques.

Il a consacré la substitution que la Révolution avait fait de la propriété libre à la propriété féodale, dont d'autres pays ont conservé
quelques vestiges, tels que les tenures à redevance perpétuelle d'Allemagne et le *Copyhold* anglais. Le résultat auquel la loi moderne est
ainsi parvenue est assurément heureux; sans doute, les procédés par
lesquels on y est arrivé furent des moyens violents comme tous ceux
de la Révolution, et il est à regretter que la liquidation de la féodalité
n'ait point été pacifique en France comme elle l'a été dans d'autres
pays, mais c'est là une question de pure histoire dont nous n'avons pas
à nous occuper.

Cependant, comme on a reproché à l'Église de n'avoir point combattu
l'organisation féodale de la propriété, il faut répondre d'un mot (1) :
« L'idée religieuse, généralement opposée à la féodalité, n'y avait aucune
part. La véritable tendance du christianisme consiste à ne pas détruire
les abus par la violence, mais à les faire disparaître peu à peu en modifiant les opinions et en réformant les mœurs, ce qui, tôt ou tard,
amène sans secousse d'heureux changements dans les lois. L'Église
n'a jamais déclaré une guerre ouverte aux institutions féodales, pas
plus qu'antérieurement elle ne l'avait déclarée à l'esclavage domestique; mais, par un travail incessant de persuasion, elle est parvenue
à les miner insensiblement. Aux inégalités féodales, elle a opposé les
maximes d'égalité, d'humanité et de morale qui lui appartiennent, et,
avec le temps, ces maximes se sont introduites dans les lois ».

Prise dans son ensemble, l'organisation actuelle de la propriété est
satisfaisante (2). Il n'y a pas lieu de regretter qu'à l'époque actuelle la
propriété collective soit absolument inconnue, car « toutes ces organisations sociales (de la propriété collective), dit M. Le Play (3), pré-

---

(1) **H. de Vatimesnil**, *Le Correspondant* du 25 mai 1860, page 91.

(2) Sur le droit de propriété de l'Église et des congrégations religieuses, voir l'abbé
Pillet, le P. **Desjardins, Touraud, Bresson, Besson**, *Revue catholique des Institutions et du
Droit*, t. IX, p. 400-498. — Voir à l'appendice II, à la fin du volume, les discours de Mirabeau
et de l'abbé Maury.

(3) **Le Play**, *La Réforme sociale*, t. I, p. 215, 4ᵉ édition. — **Bastiat** exprime cette même
idée sous une forme saisissante: « On concourt aujourd'hui à qui travaillera plus et
mieux. On concourra sous votre régime (la communauté) à qui travaillera plus mal et
moins ». *Harmonies économiques*, p. 293.

sentent à l'observateur un vice radical. Les membres éminents supportent plus que les autres les fatigues du travail et les privations de l'épargne, tandis que, dans le partage de la richesse accumulée, ils ne sont pas mieux traités que les moins sobres et les plus indolents. Les personnes les plus recommandables de ces communautés sont donc naturellement portées à se soustraire aux charges que la tradition leur impose, et à se rattacher, en tout ce qui concerne la propriété et le travail, au régime individuel. »

Mais il faut combiner les principes sur la propriété avec les règles sur l'organisation de la famille. La stabilité dans les familles est essentielle pour le maintien de l'ordre social, et si, à ce titre, une dérogation aux règles ordinaires de la propriété paraît nécessaire, on ne doit pas hésiter à l'admettre. Il est un fait essentiellement propre à assurer la stabilité dans une famille : c'est que les membres de cette société aient une habitation qui leur appartienne en propre, dont aucune personne ne puisse les priver. Aussi, tout en admettant que la propriété ordinaire doit être régie par le principe de la liberté la plus absolue, enseigne-t-on que l'habitation, cette propriété de famille, ne devrait pas être soumise aux poursuites des créanciers du père de famille. Assurément, ce résultat serait excellent ; mais on ne peut l'atteindre ainsi qu'au détriment de la responsabilité pécuniaire, que chacun doit encourir dans l'administration de son patrimoine. Or, cette responsabilité est un ressort économique qu'il ne faut ni briser, ni détendre.

Peut-être arriverait-on à un aussi bon résultat et sans léser les droits de personne en organisant le bien agricole de famille, ou une institution analogue au *homestead* que reconnaît la législation du Canada (1). C'est un domaine agricole qui devient incessible et insaisissable. Si son étendue n'est pas trop considérable, on n'a pas à craindre de voir une sorte de bien de main-morte entre les mains des grandes familles. Appliqué à la petite propriété, il aurait l'immense avantage de fixer la famille au sol, et d'encourager puissamment les progrès de l'agriculture.

*
* *

Économie politique — Nous avons déterminé plus haut le principe de la propriété ; étudions maintenant les faits humains qui lui donnent naissance.

---

(1) *La Réforme sociale*, n° du 14 août 1885.

I. Dans le sens du droit civil proprement dit, les objets de toute propriété sont des choses matérielles ; ce sont des choses douées d'utilité et d'agrément, susceptibles d'appropriation : par conséquent ce sont des *richesses* dans le sens technique de ce dernier mot, et l'économie politique s'intitule souvent elle-même la *science des richesses*.

Ces objets de propriété, ou ces richesses, que sont-ils ? Distinguons :

1° *Des objets de consommation.* Ce sera, par exemple, le gibier que le sauvage aura atteint avec des flèches, en ayant pour agents naturels le concours de quelques lois physiques sur la pesanteur ou sur la force d'inertie ; ce sera le blé qu'un cultivateur, aidé de la force végétative comme agent naturel, aura fait croître sur un sol reconnu sans maître.

La propriété de tout objet de consommation, produit ou procuré par un travail quelconque, est au travailleur. Voilà la règle ; mais si l'instrument, si l'arc ou la charrue appartient à un tiers, nous n'examinons pas ici comment le travailleur doit *répartir* ou *distribuer* la valeur du produit, de la propriété acquise, entre ceux qui ont concouru avant lui et indirectement à cette production par leur propre travail.

Le travail, que les vraies doctrines considèrent comme le seul élément actif de toute production, est ici le fait humain qui détermine à lui seul la propriété du produit.

2° *Des instruments.* Tout instrument est aussi un produit : par conséquent mêmes règles à suivre, mêmes questions à laisser de côté en ce qui touche la *distribution* des richesses.

Prenons une maison. Qu'on la regarde comme un instrument ou comme un objet de consommation, elle est, de par le sens commun, à celui qui l'a bâtie ou fait bâtir, et sur la valeur produite, l'entrepreneur-propriétaire a à rémunérer tous ceux qui ont concouru de près ou de loin à son œuvre. Mais le sol lui-même a-t-il un maître ? et quel est ce maître ? Ici la réponse est moins facile, et le droit moins évident : mais il n'en sera pas moins fondé.

3° *Du sol ou de la propriété foncière.* Le travail ne produit pas le sol. Il se borne à l'exploiter d'abord, en y prenant les produits spontanés de la végétation, puis à l'améliorer par la culture, en y incorporant, comme un instrument, des défrichements, des semences et des engrais.

Or, si ce travail était la source unique de toute appropriation, il ne donnerait jamais que la propriété des produits naturels ou spontanés, puis des amendements incorporés au sol, et enfin des produits artificiels ou cultivés. Par conséquent tout le sol, considéré dans son état de virginité native, resterait perpétuellement sans propriétaire ; bien plus, aussi longtemps que du travail n'aurait pas été incorporé à ce sol, le nouveau colon qui y serait venu pour le cultiver, pourrait en être expulsé sans violation de propriété, nous allions presque dire sans injustice.

Cette fois, c'est l'occupation qui est le premier fait générateur de la propriété. C'est l'occupation prête à être suivie, perfectionnée, sanctionnée par le travail. Par conséquent, en quelque sorte, c'est bien toujours ce même travail, supposé assez puissant pour que, même avant d'être accompli, il rétroagisse jusqu'à cette occupation qui le prépare et qui l'assure, pour qu'il attire à lui et qu'il absorbe d'une manière définitive ce sol encore vierge, où son activité va s'incorporer sous forme de défrichement et de culture.

L'occupation d'abord, à titre conditionnel et provisoire, puis le travail, par une ratification définitive, déterminent la propriété foncière, avant toute question de transmission conventionnelle ou d'hérédité.

Voilà les titres qui justifient au profit du propriétaire foncier la perception de ce que l'économie politique appelle la *rente* (1). Cette rente, une sagace analyse la distingue toujours du *profit* de l'entrepreneur qui cultive à ses risques et périls, du *salaire* de l'ouvrier qui dépense sa force musculaire, et de l'intérêt du capitaliste qui apporte ou qui incorpore, soit ses instruments, soit ses épargnes réalisées sous d'autres formes : et cette rente continue logiquement d'exister, lors même que le propriétaire-cultivateur, ayant tout fait par lui-même, devrait garder sur sa tête et pour lui tout seul la valeur de tous les produits de sa culture.

Voilà comment le travail peut être considéré, en fait, comme la source générale de toute propriété. La propriété est en quelque sorte son salaire ; il la moralise et il l'ennoblit, tandis que l'occupation, exposée

---

(1) La *rente*, dans le langage économique, est, dans le revenu qu'un propriétaire retire d'un bien naturel, la part qui excède tout à la fois : 1º le *loyer* des capitaux fixes et l'*intérêt* des capitaux circulants ; 2º le *profit* d'entreprise ; 2º le *salaire* des ouvriers. Il y a, par exemple, une rente lorsqu'une maison, construite pour 100,000 fr. à une certaine date, arrive, par suite de la plus-value d'un quartier, à rendre 8,000, 10,000 ou 15,000 fr., c'est à-dire beaucoup plus que les intérêts des capitaux eu égard aux temps et aux lieux.

Les phénomènes de rente, approfondis par Ricardo, avec un abus de déduction, ont été contestés depuis lors (Bastiat, Carey, Cauwès). Un bon nombre d'économistes catholiques les admettent (Claudio Janet, Charles Périn, de Metz-Noblat, Hervé-Bazin.).

A coup sûr, ils ne sont pas si fréquents et si généraux que Ricardo les supposait, mais aussi ils ne se rencontrent pas seulement en agriculture.

à être trop souvent le fait isolé du hasard ou de la cupidité, serait incapable à elle seule de donner une base aussi haute, aussi pure, et par conséquent aussi solide.

La loi, même guidée par l'intérêt général, intervient plus rarement qu'on ne suppose, dans la détermination de la propriété et comme cause efficiente de cette attribution. C'est elle seule, cependant, qui organise l'accession (C. Civil, art. 546-577) ; c'est elle, par exemple, qui donne au propriétaire du sol la maison construite sur le terrain d'autrui. Pour la propriété des mines, c'est elle encore qui statue directement, soit en France en la donnant à des demandeurs en concession, soit dans les idées d'Adam Smith et de Jean-Baptiste Say en la réservant au propriétaire de surface, qui n'a ni occupé ni même découvert la mine. Aux débuts du moyen-âge, on retrouve la loi — l'acte du prince — dans les concessions de forêts inoccupées qui étaient faites parfois à des monastères (1).

Enfin, en règlementant le travail et l'occupation, en déférant parfois une propriété qu'ils ne déféreraient pas encore ou déféreraient à d'autres, la loi reçoit aussi d'une manière générale le pouvoir de règlementer la propriété et d'en empêcher les abus dans les limites qu'exige l'intérêt social.

A ce pouvoir se rattachent l'expropriation pour cause d'utilité publique et toutes les servitudes administratives. (C. Civil, art. 544, 545, 552, 556, 650.)

En fait, ce pouvoir est plus étendu à l'égard des terrains qui produisent sans le travail de l'homme, comme sont les pâturages des montagnes ou les forêts. Selon la plupart des économistes, c'est l'intérêt général, par exemple le régime des eaux, la défense du territoire ou du climat, qui le demandent : mais M. de Metz-Noblat (2) et d'autres pensent que la loi garde tout naturellement un pouvoir moins limité

---

(1) Avant que l'économie politique se fut formée, et qu'elle eût soumis à une analyse scientifique les titres de la propriété d'après le droit naturel, la loi était regardée comme la cause unique de toute détermination de propriété : « Quod hæc villa sit mea, et illa » tua, hoc est ex jure imperatorum ». (**St-Augustin**, *Tract. VI in Joannem*). C'est encore la doctrine de **St Thomas** : « Secundum jus naturale, non est distinctio possessionum, » sed magis secundum humanum conductum, quod pertinet ad jus positivum » (*Somme théol.*, II, II, q. 66, art. 2, *sub fine*). Il y a là un reflet de la philosophie d'**Aristote**, qui basait la propriété sur l'intérêt général consacré par la loi (**Aristote**, *Politique*, II, III ; Cf. **St Thomas**, *S. Théol.*, II, II, q. 57, art. 3) ; mais il n'y a pas une analyse suffisante des phénomènes sociaux.

(2) **de Metz-Noblat**, *Les Lois économiques*, ch. XIX.

lorsque le travail n'a pas refait le sol, comme il le refait dans les champs cultivés en y incorporant les efforts continus des générations.

II. La propriété, comme nous l'avons dit aux *Idées générales*, se justifie, dans son principe, par un commandement divin ; le Décalogue disait : *Tu ne déroberas point*. Les avantages que la propriété procure, justifient à leur tour ce commandement, et montrent combien Dieu est sage dans toutes les lois, morales ou économiques, qu'il a données à l'humanité déchue.

Tout le monde connaît le mot proverbial d'Arthur Young : « Donnez à un individu la possession assurée d'un rocher battu par les vents, et il le transformera en jardin ; donnez-lui un jardin avec un bail de neuf ans, et il le transformera en désert ». Et l'incertitude de la jouissance, le roulement périodique des terres, la communauté forcée, auraient des effets plus funestes, puisqu'ils donneraient encore moins de garanties que les baux déjà trop courts de neuf ans.

L'intérêt social suffirait à exiger une propriété privative. C'est l'argument d'Aristote ; St Thomas l'a développé avec une netteté que les économistes modernes auraient peine à surpasser : « 1° Chacun est plus soigneux de ce qui lui appartient que de ce qui est commun à tous ou à beaucoup ; en effet, chacun, évitant le travail, laisse faire à un autre ce qui n'est que de la besogne commune, ainsi que nous le voyons tous les jours pour la multitude des serviteurs. 2° Il y a plus d'ordre dans l'administration des choses humaines, lorsque chacun y a des soins particuliers à remplir ; tandis qu'il y aurait de la confusion si tout le monde s'occupait indistinctement de tout. Enfin, 3° il y a plus de paix parmi les hommes, lorsque chacun peut se renfermer dans ce qui est à lui. Les querelles sont beaucoup plus fréquentes entre ceux qui possèdent en commun et par indivis » (1). En résumé donc, la propriété privative a le triple mérite de stimuler le travail, d'assurer un meilleur emploi des richesses naturelles et de maintenir la concorde dans la société.

Voilà ce que nous observons partout pour la propriété foncière. La terre, comme l'a si bien dit M. de Sismondi, est pour le paysan propriétaire une caisse d'épargne toujours ouverte.

Perpétuel de son essence, le droit de propriété a un corollaire indispensable dans l'institution de l'hérédité. Elles ont l'une et l'autre les

---

(1) *Somme théol.*, 2ᵃ 2ᵃᵉ, q. 66, art. 2.

mêmes ennemis. Jadis les communistes parlaient de spoliations violentes ; maintenant, devenus plus patients ou plus habiles, c'est en frappant peu à peu l'hérédité, c'est en prélevant sur elle une dîme croissante par l'exagération des droits de succession, même et surtout en ligne directe, qu'ils se proposent de frapper la propriété individuelle et de lui substituer l'utopie de la communauté. Les congrès de l'Internationale ne peuvent laisser aucun doute ni sur le projet ni sur le moyen de l'exécuter.

TEXTE ET COMMENTAIRE DES ARTICLES.

Art. 544. — La propriété est le droit de *jouir* et disposer des choses de la manière la plus absolue, pourvu qu'on n'en fasse pas un usage prohibé par les lois ou par les règlements.

Jouir, par opposition à *disposer*, c'est faire de la chose un usage susceptible de se renouveler. Disposer, au contraire, c'est faire un usage qui épuise le droit du propriétaire, soit en détruisant la chose qui en est l'objet, soit en faisant passer le droit à une autre personne.

L'article 544 ne décompose la propriété qu'en deux éléments : la *jouissance* et la *disposition* ; mais tous les auteurs en reconnaissent un troisième qui est l'*usage* (*jus utendi*, *fruendi*, *abutendi*). Le droit de *jouir* se réduit alors à percevoir les fruits pour son compte; le droit d'*user* consiste à retirer de la chose tous les services autres que ceux que procurent la jouissance et la disposition. Le droit de *disposer*, *abutendi* (1), comprend, comme dans le texte, le droit de dénaturer ou même de détruire la chose, et, si l'on veut, celui d'aliéner, c'est-à-dire de transmettre son droit à autrui, gratuitement ou non. Du reste, il ne faut pas voir là un trait distinctif du droit de propriété, car, en thèse générale, les droits sont cessibles.

---

(1) Le mot *abuti* ne veut pas dire *abuser*, comme on le croit ordinairement ; car quoique l'abus des choses qui nous appartiennent, puisse être impuni, jamais il ne peut être permis ; la morale le condamne et la police le réprime en plusieurs cas. Il faut donc dire que le mot *abuti* signifie simplement le droit de disposer pleinement d'une chose et de la consommer, par opposition au mot *uti* qui n'exprime que le droit d'user d'une chose sans la consommer, *salvâ rerum substantiâ*. C'est la remarque judicieuse de **Maleville**, sur l'art. 544, et de **Toullier**, t. III, N° 86.

Le propriétaire pouvant faire de sa chose ce qu'il veut, il s'ensuit que toute autre personne est tenue de l'en laisser disposer, et de s'abstenir d'en disposer sans son consentement. Donc, il peut revendiquer la chose contre le détenteur.

La *revendication* est une action réelle dans laquelle le demandeur se prétend propriétaire de la chose détenue par le défenseur, et veut, par voie de conséquence, faire contraindre ce dernier à la délaisser (V. article 2064).

On appelle *co-propriété* ou *communauté* la propriété appartenant à plusieurs sur une même chose.

Dans l'indivision, le droit des co-propriétaires repose sur chaque molécule de la chose, sans qu'il soit plus étendu sur l'une que sur l'autre.

Le droit du propriétaire peut être, comme tout autre droit, affecté de modalités ; notamment la propriété peut être *conditionnelle*, c'est-à-dire subordonnée à un événement incertain qui lui donnera naissance ; jusque-là, elle est suspendue. Elle peut être aussi *résoluble*, c'est-à-dire existant actuellement, mais subordonnée à un événement qui la fera considérer comme n'ayant jamais existé (V. art. 2125 et 1184-1°).

Art. 545. — Nul ne peut être contraint de *céder* sa propriété, si ce n'est pour cause d'utilité publique, et *moyennant une juste et préalable indemnité.*

Céder... synonyme d'aliéner : faire passer son droit à un autre, gratuitement ou non.

Indemnité... réparation d'un dommage.

L'intérêt général doit prévaloir sur l'intérêt particulier, d'autant mieux qu'on n'appauvrit pas le propriétaire : on le force seulement à échanger une valeur contre une autre.

Moyennant une juste indemnité... Elle est fixée par un jury composé de douze personnes propriétaires, choisis par la première chambre de la Cour ou du tribunal sur une liste générale, choisis pour chaque arrondissement par le conseil général. L'indemnité doit être payée avant la dépossession du propriétaire (1).

Art. 546. — La propriété d'une chose, soit mobilière, soit immobilière, donne droit sur tout ce qu'elle produit, et sur ce qui s'y unit accessoirement, soit naturellement, soit artificiellement.

---

(1) Voy. la loi des 3-6 mai 1841 sur l'expropriation pour cause d'utilité publique.

Ce droit s'appelle *droit d'accession*.

Accession... du droit d'accession ; les interprètes du droit romain ont fait un évènement translatif de propriété ; les rédacteurs du Code également (art. 642). Cet évènement, c'est la création d'un accessoire, soit par extraction, soit par incorporation : *l'accessoire suit le sort du principal*.

CHAPITRE I

DU DROIT D'ACCESSION SUR CE QUI EST PRODUIT PAR LA CHOSE.

Art. 547. — Les fruits naturels ou industriels de la terre,

Les fruits civils ,

Le croît des animaux, appartiennent *au propriétaire par droit d'accession*.

Au propriétaire... du terrain ou de la femelle, quand même il ne serait pas propriétaire des semences ou du mâle. *Fœtus ventrem sequitur.*

Le maître, ayant eu la propriété du fruit pendant qu'il faisait partie de la chose , continue d'avoir cette propriété (le texte dit : *appartiennent*), plutôt qu'il n'acquiert une propriété nouvelle.

Les fruits n'appartiennent pas au propriétaire : 1° lorsque le droit de propriété a été démembré et séparé du droit de jouir ; c'est alors l'usufruitier qui acquiert les fruits (art. 585,586) ; 2° lorsque le propriétaire s'est obligé à faire jouir de sa chose une autre personne , par un louage , un nantissement (art. 1719-3°, 2085-2°) ; 3° lorsqu'un possesseur de bonne foi a perçu les fruits (art. 549).

Par droit d'accession... ce n'est pas ici l'accession au sens technique des art. 551 et suivants, c'est-à-dire adjonction ou incorporation, car le fruit commence par être contenu dans la chose qui le produit ; c'est plutôt une séparation ou extraction.

Voir la définition des fruits naturels, industriels et civils, aux articles 583, 584.)

Art. 548. — Les fruits produits par la chose n'appartiennent au propriétaire qu'à la charge de rembourser les frais des labours, travaux et semences faits *par des tiers.*

Par des tiers... c'est-à-dire par d'autres que lui.

On pourrait conclure de la rédaction embarrassée de l'article 548, que les fruits n'appartiennent pas au propriétaire s'il n'a pas remboursé les frais de culture ; si tel était le sens du texte, il aurait dérogé au principe établi par l'article précédent, d'après le droit romain et Pothier ; *omnis fructus non jure seminis, sed jure soli percipitur* (L. 25, Dig., *de Usuris*). Il serait d'ailleurs contraire aux articles 554 et 555-1° qui attribuent les plantations au maître du sol, sans restriction. — Notre texte a simplement voulu dire que le propriétaire est débiteur envers ceux qui ont ensemencé et cultivé, des frais qu'ils ont faits. Peut-être le rédacteur s'est-il exclusivement préoccupé de la valeur des fruits : cette valeur, en effet, ne constitue un profit pour le propriétaire que déduction faite des frais de culture.

Le privilège établi pour le remboursement des labours, ne s'applique qu'aux fruits existant au moment où le propriétaire exerce sa revendication.

Au reste, ces principes ne doivent être invoqués que lorsqu'il n'y a pas eu stipulation entre les parties, car s'il y a eu convention, c'est aux clauses du contrat qu'il faut se reporter, pour déterminer les droits du propriétaire du sol et de celui qui en a la jouissance.

Art. 549. — Le *simple possesseur* ne *fait les fruits siens* que dans le cas où il possède de *bonne foi ;* dans le cas contraire, il est tenu de rendre les *produits* avec la chose au propriétaire qui la revendique.

Simple possesseur... par opposition au propriétaire ou à l'usufruitier (1), Le possesseur est celui qui détient une chose (même celle d'autrui) avec l'intention de la traiter en maître, *cum animo domini* ; il se distingue aussi du simple détenteur qui n'a que l'élément matériel de la possession.

Fait les fruits siens... en acquiert la propriété.

Bonne foi..... La bonne foi est l'erreur qui consiste à se croire véritable propriétaire de ce qu'on possède.

Produits... Expression plus large que *fruits*, qui comprend notamment les produits des animaux.

---

(1) En principe, la distinction qu'il faut établir entre la possession légitime et la propriété se trouve expliquée dans divers autres titres du Code, et notamment sous l'art. 25 du Code de procédure qui traite du possessoire et du pétitoire. Ici la loi ne s'occupe de la possession que dans ses rapports avec le droit d'accession, et spécialement relativement aux fruits et produits de la chose.

Suivant cet article, le possesseur de bonne foi peut retenir les fruits qu'il a perçus durant la bonne foi ; ils les fait *siens*, c'est-à-dire il en acquiert la propriété. Lorsqu'il a vendu la chose qu'il possédait de bonne foi, il n'est obligé de restituer que le prix de la vente ; il n'est tenu à rien pour les fruits qu'il a perçus (art. 1380). On ne distingue point s'ils sont consommés ou encore existants ; s'il sont naturels, industriels ou civils ; s'ils proviennent d'une hérédité ou de tout autre objet. La loi parle en général, et de toutes sortes de fruits : elle n'excepte point ceux qui proviennent d'un objet qu'on possède à titre d'hérédité ; elles les attribue même en termes exprès au possesseur de bonne foi (art. 138).

Cette jurisprudence n'est pas nouvelle ; à quelques exceptions près, elle est fondée sur les principes du droit romain : *Bonæ fidei emptor, non dubiè percipiendo fructus ex alienâ re suos interim facit, non eos tantùm qui ex diligentiâ et operâ ejus provenerunt, sed omnes ; quià quod ad fructus attinet, loco domini penè est* (L. 48, D., *de Acq. rer. dom.*). Le possesseur de bonne foi tient la place du maître, tandis qu'il possède ; c'est ainsi qu'il fait les fruits siens comme s'il était véritablement maître de la chose qui les produit : *Bona fides tantùm præstat possidenti quantùm veritas* (L. 13, D., *de Regulis juris*).

Les raisons de cette solution sont faciles à comprendre. Le possesseur de bonne foi a juste sujet de croire que les revenus lui appartiennent, et peut augmenter sa dépense à raison de cet accroissement de fortune ; plus sa bonne foi durerait longtemps, plus il serait exposé à être ruiné par la nécessité de restituer des valeurs consommées. — Il convient de plus d'encourager les possesseurs à cultiver, dans l'intérêt général qui veut que tous les moyens de production soient mis en œuvre. D'autre part, le véritable maître doit s'imputer sa négligence à revendiquer son bien.

Il faut enfin observer que le possesseur de bonne foi n'est pas tenu des dégradations ou détériorations, pas même de celles qui seraient arrivées par son fait, parce qu'en négligeant ou détériorant une chose qu'il possède de bonne foi, il en use comme d'une chose qui lui appartient : *Quia rem quasi suam neglexit*.

Le Code ne distingue pas entre les fruits simplement perçus et les fruits consommés : le possesseur de bonne foi gagne donc les uns aussi bien que les autres, à la différence du droit romain qui, sous Justinien, l'obligeait à rendre les fruits existants.

Pour que le possesseur fasse les fruits siens dans les termes de l'art. 549, la loi n'exige qu'une chose, c'est qu'il soit de bonne foi, et, pour éviter toute équivoque, elle détermine elle-même, dans l'art. 550, à quelles conditions on peut dire qu'il y a possession de bonne foi. Dès que le possesseur possède en vertu d'un titre translatif de propriété dont il ignore les vices, il a droit aux fruits sans qu'on puisse exiger aucune condition de durée, puisque la loi n'en fixe aucune, avec raison, du reste. Ajoutons qu'on doit appliquer à l'art. 549 le principe posé par l'art. 2268 du Code civil qui déclare que la bonne foi est toujours présumée, et que c'est à celui qui allègue la mauvaise foi à la prouver (voy. également art. 1260 et 1935).

Peut-on suivre, au for intérieur, les dispositions du Code civil touchant les fruits perçus pendant la bonne foi ? Le possesseur peut-il les retenir en conscience, et sans violer les droits du véritable propriétaire de la chose qui les a produits ? Voici ce que Gousset dit sur ce sujet : « Il nous paraît que la loi dont il s'agit ne doit pas moins servir de règle au for intérieur, que la loi sur la prescription. Soit que les effets de la prescription dépendent principalement de la possession de bonne foi, soit qu'ils dépendent principalement de la loi, soit enfin qu'on les fasse dépendre également de l'une ou de l'autre, nous avons absolument les mêmes raisons, les mêmes motifs de suivre la loi qui dispose des fruits en faveur du possesseur de bonne foi. Que la possession soit plus ou moins longue, cela est indifférent ; car c'est à la loi à déterminer la durée de la possession, eu égard à la nature des choses qui en sont l'objet. D'ailleurs, la tranquillité des familles, les garanties du commerce ne réclament-elles pas les avantages que la loi accorde à la bonne foi ?

« Prétendre que le législateur n'a pas voulu, sur le point dont il s'agit, disposer d'un droit, mais seulement refuser une action civile, ce serait tout à la fois méconnaître l'esprit de la loi, et faire violence au texte, qui n'exprime pas moins clairement le transport d'un droit que la loi de la prescription. Car, à s'en tenir aux termes de la loi, le possesseur devient propriétaire des fruits perçus durant la bonne foi ; il les fait siens, dit le Code civil d'après le Droit romain, *suos interim facit omnes*, étant à cet égard comme maître de la chose qui fructifie, *loco domini penè est*. La possession de bonne foi a les mêmes effets que la propriété même. *Bona fides tantum præstat possidenti quantum veritas*. Les fruits même les plus naturels, tels que le croît des animaux, appartiennent *de plein droit* au possesseur de bonne foi : *Agni et hœdi et vituli statim pleno jure fiunt bonæ fidei possidentis* (L. 28, D., *de Reg. juris*). La loi pourrait-elle être plus claire, plus expresse ? Concluons donc qu'on peut en conscience retenir tous les fruits qu'on a perçus durant la bonne foi.

Nous ne rapporterons pas les difficultés qu'on peut objecter ; nous nous contenterons de faire remarquer qu'on n'en peut objecter aucune contre les effets que nous attribuons à la simple possession de bonne foi, sans faire la même objection contre les effets de la prescription ; que les règles du Droit civil et canonique, qui nous paraissent contraires, doivent être entendues dans le cas de la simple possession de bonne foi, comme elles sont entendues dans le cas de la prescription : les mêmes raisons sont pour l'un et pour l'autre cas (1). »

---

(1) Gousset, *le Code civil commenté*, p. 191. — Cf. Carrière, *de Justitiâ*, n° 1054 ; Vernier, *de Justitiâ*, n° 564.

Sur cette même question, Waffelaert s'exprime ainsi :

« Quelle est la portée de cette disposition, s'agit-il seulement de refuser au propriétaire une action de revendication au for extérieur, ou bien cette loi est-elle translative de propriété en conscience?

» Pour mieux définir la question, voyons d'abord ce que la loi accorde et à quelles conditions. La loi exige du possesseur la bonne foi juridique; or, il suffit pour cette bonne foi, en matière de perception de fruits, que le titre en vertu duquel le possesseur détient la chose d'autrui ne soit pas précaire, et qu'on ne puisse prouver que le possesseur connaisse quelque vice de son titre; cette bonne foi subsiste, que l'ignorance soit de droit ou de fait, et même probablement que le titre soit simplement putatif ou non. Elle doit être exclusivement appréciée dans la personne du possesseur.

» Ce possesseur, dit la loi, fait les fruits siens, c'est-à-dire non pas tous les produits, mais seulement les produits plus ou moins périodiques, qui sont les fruits au sens légal, et tous les jurisconsultes sont d'accord à dire qu'il ne s'agit que des fruits naturels détachés et des fruits civils échus durant la bonne foi.

» Cela posé, cette loi transfert-elle la propriété en conscience, pourvu que le possesseur soit aussi de bonne foi théologique? Les auteurs ne sont pas d'accord sur l'intention du législateur. Nous croyons que le possesseur de bonne foi en conscience, et dans des conditions exigées par la loi, ne devrait pas restituer les fruits perçus en bonne foi, et *a fortiori* ceux qu'il aurait consommés étant dans la bonne foi. Par contre, le propriétaire, s'appuyant sur l'opinion opposée de ceux qui voient dans la loi un simple refus d'action, pourrait en privé demander la restitution des fruits, surtout de ceux qui existent encore en nature, et les recevoir justement à titre de restitution, à moins qu'un jugement ne le force à les abandonner au possesseur, auquel cas il devrait obéir au juge (1) ».

Art. 550. — Le possesseur est de bonne foi, quand il possède comme propriétaire, en vertu d'un acte translatif de propriété dont il ignore *les vices*.

Il cesse d'être de bonne foi du moment où ces vices lui sont connus.

Les vices (d'un titre)... circonstances qui empêchent la translation de propriété de s'opérer; par exemple, le défaut de propriété chez *l'auteur* (celui qui consent à transmettre ses droits à une chose), ou bien son incapacité d'aliéner.

Le possesseur de mauvaise foi est obligé de tenir compte, non seulement

---

(2) Waffelaert, *Étude de théologie morale*, p. 226.

des fruits qu'il a perçus, mais encore des fruits et des profits qne le maître aurait tirés lui-même, si la chose eût été à sa disposition. Cette restitution comprend tout le dommage que le maître a souffert depuis le jour où a commencé la possession de mauvaise foi. Suivant la loi, la restitution se fait en nature pour la dernière année, et, pour les précédentes, suivant les mercuriales du marché le plus voisin, eu égard aux saisons et aux prix communs de l'année; sinon, à dire d'experts, à défaut de *mercuriales*. Si la restitution en nature pour l'année est impossible, elle se fera comme pour les années précédentes (Code de Procéd. art. 129).

Cependant le possesseur de mauvaise foi peut prélever, sur les fruits qu'il est obligé de restituer, les dépenses qu'il a faites pour les recueillir et les conserver ; car, comme le porte l'article 548, les fruits produits par la chose n'appartiennent au propriétaire, qu'à la charge de rembourser les frais des labours, travaux et semences faits par des tiers. Le propriétaire même de mauvaise foi a droit aussi à ce qu'on lui tienne compte de toutes les dépenses nécessaires et utiles qu'il a faites pour la conservation de la chose. Si le propriétaire ne remboursait pas les dépenses qu'il aurait été obligé de faire lui-même, ou celles qui ont été réellement augmenté la valeur de la chose, il s'enrichirait aux dépens d'autrui ; ce qui serait contraire à l'équité. De même il peut conserver les fruits qui proviennent uniquement de son industrie, pourvu qu'il répare entièrement le dommage qu'il a fait en usurpant ou en retenant sciemment et injustement le bien d'autrui : *Fructus merè industriales, quos dominus rei non percepisset, non sunt restituendi ; quià non sunt fructus rei alienœ, sed industriœ propriœ.*

Il est utile de faire remarquer, sur les art. 549 et 550, que la question de savoir si le possesseur est de bonne ou de mauvaise foi, c'est-à-dire s'il fait le fruits siens, ou si, en cas d'éviction, il doit les restituer, est une pure question de fait qui, dans *la plupart des cas*, est laissée à l'appréciation des juges. Nous disons dans *la plupart des cas*, parce qu'il est telle circonstance où le possesseur étant constitué en mauvaise foi par la seule force de la loi, il ne serait pas permis aux juges de déclarer qu'il peut être alors réputé de bonne foi.

— *Quid* au for intérieur pour le possesseur de mauvaise foi, quand la chose qu'il possède injustement vient à périr entre ses mains par cas fortuit, sans qu'il y ait de sa faute? Est-il dispensé de l'obligation de restituer ?

L'obligation qu'il a contractée de restituer la chose ou d'en rendre l'équivalent ne s'éteint point par la perte de cette même chose, pour la restitution de laquelle il est en demeure à partir du moment qu'il est de mauvaise foi. Cependant, suivant le sentiment le plus commun et le plus probable, il faut excepter le cas où la chose eût également péri entre les mains du propriétaire, lors même que la chose eût été volée par celui chez lequel elle périt. L'intérêt étant la mesure des actions, le propriétaire de la chose volée ne peut en réclamer le prix, lorsqu'elle aurait dû périr chez lui, si elle ne lui eût pas été ravie ; car dans cette hypothèse, le vol ne lui ayant fait aucun tort, ce serait vouloir s'enrichir aux dépens d'autrui. On ne peut objecter l'article 1302 du Code civil, portant que « de quelque manière que la chose volée ait péri ou ait été perdue, sa perte ne dispense pas celui qui l'a soustraite de la restitution ; » car cette disposition ne regarde pas le for intérieur, ayant pour objet de punir le vol et la violence ; *quod ita receptum est odio furti et violentiœ.* C'est pourquoi cette rigueur est personnelle à celui qui a soustrait la chose, et ne s'applique point à ses héritiers.

Il résulte de ce qui vient d'être dit, que si le champ, le pré, la vigne ou la maison qu'on retient injustement, viennent à être détruits par un tremblement de terre, une inondation, ou le feu du ciel, le possesseur de mauvaise foi n'est point obligé de les rétablir ; il suffit qu'il les restitue dans l'état où ils se trouvent par suite de l'accident qui eût également frappé le propriétaire. Il en est de même de toute autre chose volée qui périrait, sans la faute du voleur, dans le même temps et dans le même accident ; par exemple, dans le même incendie où elle aurait péri entre les mains du maître. Mais si, au contraire, la chose a péri, même par cas fortuit, après l'accident qui a frappé le propriétaire, il est certain que le voleur est tenu d'en restituer la valeur ; car il se trouvait en demeure à l'égard du propriétaire, avant la perte de la chose.

En est-il de même pour le cas où la chose eût dû infailliblement périr plus tard entre les mains du propriétaire ? Paul retient injustement le cheval de Pierre ; ce cheval a péri entre les mains de Paul ; si on suppose qu'il eût dû périr certainement, quoique plus tard entre les mains de Pierre, Paul sera-t-il obligé, en conscience, d'en rendre la valeur ?

« Il n'y sera pas tenu, si le cheval, au moment où il a été volé, était atteint du mal ou du vice qui devait infailliblement le faire périr un peu plus tard ; car alors il est vrai de dire que le vol a été sans résultat pour le propriétaire, sauf toutefois les services qu'on aurait pu tirer de ce cheval, et pour lesquels le maître aurait droit de réclamer une indemnité. Mais il y a plus de difficulté pour le cas où le cheval, n'étant point malade lorsqu'il a été volé, devait cependant, comme on le suppose, périr plus tard entre les mains du maître, par suite d'un malheur indépendant de la volonté des hommes. Cependant il nous paraît plus probable que Paul sera tenu, dans le cas dont il s'agit, de payer la valeur du cheval a Pierre. L'obligation que Paul a contractée en volant le cheval de Pierre, subsiste, de l'aveu de tous, après la perte du cheval. Or, on ne voit pas comment cette obligation, pour laquelle Pierre serait en demeure, pourrait s'éteindre par un nouveau malheur qui survient à Pierre.

« Nous ne dispensons les possesseurs de mauvaise foi de restituer la chose qui a péri, qu'autant que la chose eût *certainement* péri entre les mains du propriétaire ; dans le doute si elle eût également péri, nous pensons qu'on doit se déclarer contre le possesseur injuste en faveur de l'innocent, c'est-à-dire, en faveur du propriétaire : « *In dubio melior est conditio innocentis* » (1).

Quid du possesseur de foi douteuse ? Gousset donne la règle de conduite suivante : « Pour décider si le possesseur de foi douteuse est obligé de restituer, il faut examiner s'il est entré en possession de la chose dans le doute si elle appartenait ou non à celui duquel il l'a reçue, ou s'il n'a commencé à douter qu'après avoir acquis la chose de bonne foi. Dans le premier cas, il doit s'informer avec toute la diligence possible de la vérité du fait, et s'il découvre que la chose n'appartenait point à celui qui le lui a livrée, il doit la rendre à son véritable maître, avec tous les fruits qu'il en a tirés, comme étant de mauvaise foi, sauf son recours contre celui duquel il la tient à titre onéreux. Il en est de même, si on reconnaît comme certain ou beaucoup plus probable que la chose a été volée ; on ne peut, en morale, se prévaloir d'une probabilité facile et douteuse. Mais s'il peut juger prudemment que celui duquel il l'a reçue en était le véritable maître, il peut la conserver, ainsi que les fruits qu'il a produits. Pour cela, il n'est pas nécessaire qu'il y ait une certitude absolue ; une certitude morale, fondée sur une probabilité qui est certainement et beaucoup plus forte que la probabilité contraire, lui suffit pour asseoir son jugement et déposer son doute. Si toute perquisition faite, le doute persévère, quelques auteurs pensent que le possesseur est tenu de rendre la chose, sans pouvoir en rien retenir ; mais il est plus probable qu'il n'est obligé à restituer qu'en partie : « Probabiliùs tenetur, dit saint Alphonse de Liguori, ad rem dividendam pro qualitate dubii, cùm ex unâ parte non faveat illi possessio incœpta cum dubiâ fide, et ideo nequit rem sibi totam retinere ; ex altera parte non videtur æquum teneri totam restituere cùm dubium est an res sit aliena. »

« Dans le second cas, c'est-à-dire lorsque le possesseur vient à douter si la chose qu'il a possédée jusqu'ici de bonne foi lui appartient ou non, il doit faire les mêmes perquisitions que dans le premier cas ; autrement il deviendrait en quelque sorte possesseur de mauvaise foi, et, dans le cas où le maître de la chose se présenterait, il serait obligé de la rendre avec les fruits qu'il en a retirés, à partir du moment qu'il a commencé à douter. S'il découvre que la chose ne lui appartient pas, il est obligé de la rendre, de même que le possesseur de bonne foi, et ne peut en réclamer le prix qu'elle lui a coûté, à moins qu'il ne se trouve dans une des circonstances où il est autorisé par la loi. Si au contraire, il peut juger prudemment que la chose lui appartient, il peut dès lors en disposer à volonté, sans être tenu à aucune restitution.

---

(1) **Gousset**, *Théologie morale*, t. I, p. 465.

Mais à quoi l'obligera-t-on, si après avoir fait les diligences nécessaires, il n'a pu déposer directement son doute ? Les uns pensent qu'il est obligé de restituer proportionnellement au doute, *pro qualitate dubii* ; parce que, disent-ils, celui qui doute effectivement si la chose qu'il possède lui appartient, ne peut s'en regarder comme le véritable maître, ni par conséquent la conserver en entier, sans s'exposer au danger de violer les droits d'autrui. D'autres, en plus grand nombre, enseignent que le possesseur de foi douteuse peut, dans l'hypothèse dont il s'agit, déposer son doute en vertu de ce principe réflexe. « *In dubio melior est conditio possidentis* » et le dispensent ainsi de toute restitution (1) ».

CHAPITRE II

DU DROIT D'ACCESSION SUR CE QUI S'UNIT ET S'INCORPORE A LA CHOSE

Art. 551. — Tout ce qui s'unit et *s'incorpore* à la chose, appartient au propriétaire, suivant les règles qui seront ci-après établies.

Ce qui s'incorpore... accessoirement (art. 547) ; autrement la chose cesserait d'appartenir au propriétaire, au lieu d'être le principe d'une acquisition nouvelle. Du reste l'incorporation peut avoir lieu naturellement ou artificiellement (art. 546).

SECTION I

Du droit d'accession relativement aux choses immobilières

Art. 552. — La propriété du sol *emporte* la propriété du dessus et du dessous.

Le propriétaire peut faire au-dessus toutes les plantations

---

(1) **Gousset**, *Théologie morale*, t. I, p. 468.

et constructions qu'il juge à propos, sauf les exceptions établies au titre *des Servitudes ou Services fonciers*.

Il peut faire au-dessous toutes les constructions et fouilles qu'il jugera à propos , et tirer de ces fouilles tous les produits qu'elles peuvent fournir , sauf les modifications résultant des lois et règlements relatifs aux *mines*, et des lois et règlements de *police*.

Cujus est solum, ejus est usque ad cœlum. Depuis la surface du sol en s'élevant jusqu'au ciel, s'il était possible d'y atteindre, tout appartient au propriétaire. De là, le droit d'empêcher qu'on ne suspende aucune chose sur son héritage , des balcons, des galeries ; d'empêcher les arbres du voisin d'y étendre leurs branches, et de le contraindre à les couper (art. 672).

Emporte... c'est-à-dire comprend et fait présumer ; l'article 553 s'est occupé spécialement de cette présomption ; l'article 552 paraît avoir eu surtout en vue d'opposer le propriétaire aux voisins, et à tous ceux qui n'ont aucun droit sur la chose , et de déterminer jusqu'à quel point il peut s'étendre dans le sens d'une ligne perpendiculaire à la surface.

Servitudes... Lorsque deux propriétaires sont voisins, le droit de l'un est aussi respectable que celui de l'autre : si l'on permettait au premier de nuire au second, on serait obligé d'accorder la même faculté à celui-ci, et de la sorte ils se trouveraient dans un état de guerre permanent.

Mines... L'inhabileté du propriétaire du fonds dans lequel se trouve une mine , et son avidité mal entendue pourraient amener la perte totale ou partielle de l'exploitation. Il y a là un intérêt d'ordre public, à ce qu'on ne gaspille pas des éléments précieux accumulés par les siècles ; car rien n'assure que l'avenir reformera de semblables dépôts.

La loi fondamentale sur les mines est celle du 21 avril 1810 qu'il est question de réviser.

Police.... La sûreté du voisin et de tous ceux qui séjourneraient sur le fonds , serait compromise par la liberté de creuser à une profondeur illimitée, ou de bâtir à une hauteur indéfinie.

L'art. 552, d'après lequel la propriété du sol emporte la propriété du dessus et du dessous, est applicable aux mines, tant que l'autorisation de les exploiter par privilège n'a pas été régulièrement concédée à un tiers. Les concessionnaires de mines ne peuvent donc exercer leur privilège, que lorsqu'ils se sont conformés à la loi du 24 avril 1810.

L'exploitation de la mine ne peut être faite , même par le propriétaire, qu'en vertu d'une autorisation du Président de la République. Cette autorisation peut être accordée à un autre qu'au maître du fonds, auquel cas sa propriété se décompose en deux parts : propriété de la surface, qui continue de lui appartenir ; propriété de la mine qui lui est enlevée moyennant une redevance sur le produit de la mine.

Art. 553. — Toutes constructions, plantations et *ouvrages* sur un terrain ou dans l'intérieur, sont présumés faits par le propriétaire à ses frais et lui appartenir, si le contraire n'est prouvé ; sans préjudice de la propriété qu'un tiers *pourrait avoir acquise*, ou pourrait acquérir, par prescription, soit d'un *souterrain sous le bâtiment* d'autrui, soit de toute autre *partie du bâtiment*.

Ouvrages... terme générique embrassant ici tout ce qui n'est ni construction ni plantation proprement dite ; par exemple, des modifications apportées au terrain.

Pourrait avoir acquise... par contrat ou testament.

Souterrain sous le bâtiment... ou dans l'intérieur d'un terrain non bâti.

Partie du bâtiment... L'article 664 suppose que les étages d'une maison peuvent appartenir à différentes personnes.

Pour élever un bâtiment sur le sol, ou pour creuser à l'intérieur, il faut le consentement du propriétaire du sol, puisque ni l'une ni l'autre de ces opérations ne peuvent se faire sans user de la surface ; il est donc probable, lorsqu'elles ont eu lieu, qu'elles se sont faites à son profit.

Cet article et les deux suivants considèrent les hypothèses qui peuvent se présenter relativement aux constructions, plantations ou ouvrages élevés sur le sol, et qui s'appliquent également aux constructions ou ouvrages que l'on parviendrait à établir sous le sol, comme cela aurait lieu pour un souterrain, une cave, un puits. Nous retrouvons les mêmes principes que nous avons vu appliquer aux fruits naturels, industriels et civils par les art. 547 et 548.

Art. 554. — Le propriétaire du sol qui a fait des constructions, plantations et ouvrages avec des matériaux qui ne lui appartenaient pas, doit en payer la valeur ; il peut aussi être condamné à des dommages et intérêts, s'il y a lieu : mais le propriétaire *des matériaux* n'a pas le droit de les enlever.

Des matériaux... ce qui comprend les semences et végétaux qui ont servi aux plantations.

Les matériaux et végétaux incorporés au fonds en deviennent en quelque sorte une partie, et une partie accessoire ; car le fonds peut très bien subsister sans eux, et les constructions ou plantations ne peuvent subsister sans le fonds ; d'ailleurs, pour les en détacher , il faudrait altérer leur substance. — Si l'on envisage le bâtiment dans son ensemble , il ne peut être question d'en attribuer la propriété au maître des matériaux , puis-qu'on lui donnerait par là le moyen de dépouiller le maître du sol d'une partie de la propriété du dessus , sans son consentement. *Ædificium solo cedit.*

Le Code ne distingue pas si le propriétaire a agi de bonne ou de mau-vaise foi ; mais dans ce dernier cas, il y a lieu à dommages et intérêts.

Il peut même arriver qu'il y ait lieu à une poursuite en police cor-rectionnelle pour vol.

En ce qui concerne les plantations, notre article déroge à la règle ad-mise en droit romain et dans notre ancienne jurisprudence. En effet pour que l'arbre ne put être enlevé, il fallait alors qu'il eût pris racine dans le fonds d'autrui. Le Code a rejeté avec raison cette condition mise à l'ac-quisition de l'arbre par le propriétaire du fond dans lequel il se trouve planté. Comment en effet, résoudre la question de savoir si, oui ou non, l'arbre a pris racine, à moins de l'arracher ?

Comme l'article 554 ne parle que de matériaux, le propriétaire d'une statue pourrait la réclamer, quoique placée par un tiers dans une niche pratiquée pour la recevoir.

Art. 555. — Lorsque les plantations , constructions et ouvrages ont été faits par un tiers et avec ses matériaux, le propriétaire du fonds a droit ou de les retenir, ou d'obliger ce tiers à les enlever.

Si le propriétaire du fonds demande la suppression des plantations et constructions , elle est aux frais de celui qui les a faites , sans aucune indemnité pour lui ; il peut même être condamné à des dommages et intérêts , s'il y a lieu, pour le préjudice que peut avoir éprouvé le propriétaire du fonds.

Si le propriétaire préfère conserver ces plantations et constructions , il doit le remboursement de la valeur des matériaux et du prix de la main-d'œuvre , sans égard à la plus ou moins grande augmentation de valeur que le fonds a pu recevoir. Néanmoins, si les plantations, constructions et ouvrages ont été faits par un tiers *évincé*, qui n'aurait pas été condamné à la restitution des fruits , attendu sa *bonne foi*, le propriétaire ne pourra demander la suppression desdits ouvrages , plantations et constructions ; mais il aura le choix, ou de rembourser la valeur des matériaux et du prix de la main-d'œuvre , ou de rembourser une somme égale à celle dont le fonds a augmenté de valeur.

Évincé... Condamné par jugement à délaisser le fonds dont le demandeur est déclaré propriétaire.

La question posée par cet article est celle-ci : Lorsqu'un tiers a bâti sur le terrain d'autrui avec ses propres matériaux, le propriétaire qui acquiert la construction par accession sera-t-il obligé de la garder et d'en payer la valeur? Le Code résout cette question par une distinction :

1° Si le constructeur est de mauvaise foi, le propriétaire du sol peut à son choix, le forcer d'enlever les constructions, ou les garder. Dans le cas où le constructeur est forcé d'enlever les matériaux, il peut être condamné à des dommages-intérêts pour le tort causé à l'immeuble, tant par les constructions que par l'enlèvement. Quand le propriétaire préfère garder les constructions, il doit alors payer le prix des matériaux et la main-d'œuvre.

2° Si le constructeur est de bonne foi, on applique toujours le double principe : *Ædificium solo cedit,* et *Nul ne peut s'enrichir aux dépens d'autrui.* Les constructions appartiennent toujours au propriétaire, qui peut être forcé de les prendre à son compte. Mais ce propriétaire doit payer au constructeur, soit la plus-value résultant des travaux, soit le prix des matériaux et la main-d'œuvre.

Une objection peut être faite : Le propriétaire du fonds, qui veut conserver les ouvrages , peut les acheter au prix de la plus-value seulement, si le constructeur est de bonne foi ; il doit, au contraire , le prix des matériaux et de la main-d'œuvre, si le constructeur est de mauvaise foi ; et cela, quand même la plus-value serait bien moindre. Donc , le possesseur de mauvaise foi est mieux traité que celui de bonne foi. Oui, chaque fois que la plus-value du fonds n'atteint pas le prix des matériaux et de la main-d'œuvre.

Toutefois cette critique ne porte pas, en général, car si le possesseur de mauvaise foi semble mieux traité, ce n'est qu'en apparence. En effet, le propriétaire peut le forcer à enlever à ses frais la construction qu'il a faite, et à lui payer, en outre, des dommages-intérêts pour le préjudice qu'il peut avoir causé tant par la construction que par l'enlèvement. En le menaçant d'user de ce droit rigoureux, le propriétaire tient le possesseur à sa discrétion et peut lui faire accepter un prix, même bien inférieur à la plus-value que la construction peut avoir conférée à l'immeuble. Enfin il pourra toujours, s'il n'a pas de fruits à redemander, le traiter comme possesseur de bonne foi , et lui offrir la plus-value : son adversaire ne sera pas admis à argumenter de sa mauvaise foi pour obtenir davantage.

— Deux questions de conscience peuvent se poser sous cet article : 1° *Quid* au for intérieur du droit d'offrir le remboursement des avances ou la plus-value ? Il faudrait une règle invariable. L'alternative entre la remise des avances ou le paiement de l'augmentation de valeur devrait appartenir au propriétaire, quel que fût, d'ailleurs, le caractère de la possession. « Nous pensons, dit Waffelaert, qu'au for de la conscience, il faut s'arrêter à cette règle, parce que la loi ne peut forcer le propriétaire de subir un dommage à cause de la mauvaise foi de l'autre ; par conséquent, le propriétaire pourrait aussi, en cas de besoin, user du moyen indiqué plus haut, quoiqu'il soit peu digne du législateur ; qu'il ne devrait pas donner d'une part le droit d'exiger le prix des matériaux, et d'autre part, le moyen d'éluder ce droit. — Et certes, en vertu de la loi, le propriétaire a le droit de retenir les constructions ; c'est seulement en vertu de la règle d'équité, que personne ne doit s'enrichir aux dépens d'autrui, qu'il devrait pouvoir rembourser la mieux value, par laquelle il s'enrichit (1) ».

2° *Quid*, dans le cas où la construction dépasse notablement en prix le fonds lui-même, et que le propriétaire de celui-ci n'a pas de quoi payer la construction ? « Dans ce cas, dit Waffelaert, nous croyons que l'équité demande que le constructeur reprenne le fonds ; on ne peut, en effet, supposer que dans ce cas le législateur veuille urger sa loi et obliger le propriétaire du fonds à l'impossible, ou bien à l'abandon, sans indemnité, de sa propriété (2) ».

Art. 556. — Les *attérissements et accroissements* qui se forment successivement et imperceptiblement aux fonds riverains d'un fleuve ou d'une rivière, s'appellent *alluvion*.

L'alluvion profite au propriétaire riverain, soit qu'il s'agisse d'un fleuve ou d'une rivière *navigable*, flottable *ou non ;* à la charge, dans le premier cas, de laisser le *marchepied* ou *chemin de halage*, conformément aux règlements.

Attérissement... Accumulation insensible de sable ou vase qui produit un accroissement.

Et accroissements... Ce mot, opposé à attérissement, ne comprend que les relais, où accroissements résultant de la retraite insensible de l'eau. Il est vrai que l'article 557 règle spécialement ce cas ; mais il qualifie lui-même les relais d'*alluvion* (3).

---

(1) **Waffelaert**, *Étude de théologie morale*, p. 228.

(2) *Idem*, p. 228.

(3) Nous ferons remarquer ici que *l'alluvion* ne s'applique d'ailleurs qu'aux terrains de nouvelle formation. Pour les terrains inondés, quelle que soit la durée de l'inondation, fût-elle même de plus de trente ans, ils sont toujours susceptibles de propriété privée et demeurent, à ce titre, la propriété exclusive de celui qui les possédait originairement.

La première condition de l'*alluvion*, c'est donc qu'il soit impossible d'établir un droit de suite sur le terrain dont il s'est formé, parce qu'il ne présente plus un corps reconnaissable, alors même qu'il serait évident, par la disposition des lieux, que c'est l'héritage voisin qui, morcelé peu à peu par le mouvement des eaux, est venu se joindre et s'incorporer à l'héritage qui auparavant en était séparé par les eaux.

Navigable ou non... Bien que dans le premier cas le lit appartienne à l'État, ainsi que les attérissements qui s'y forment.

Marche-pied... chemin étroit pour tirer les bateaux à bras d'hommes.

Chemin de halage... Chemin pour *haler* les bateaux, c'est-à-dire les tirer avec des chevaux, ce qui nécessite un plus grand espace que pour le marche-pied.

Le marche-pied et le chemin de halage, sont des droits domaniaux réclamés dans l'intérêt de la navigation et qui s'appliquent seulement aux rivières navigables; à ce titre ils appartiennent au domaine public.

Cet article applique le principe de l'accession sur ce qui s'incorpore à la chose. On peut d'ailleurs le rattacher à l'axiome d'après lequel les avantages doivent être pour celui qui a couru des chances de pertes. En effet, le voisinage de la rivière expose à des dégradations continuelles.

Art. 557. — *Il en est de même* des relais que forme *l'eau courante* qui se retire *insensiblement* de l'une de ses rives en se portant sur l'autre : le propriétaire de la rive découverte profite de l'alluvion, sans que le riverain du côté opposé y *puisse* venir *réclamer* le terrain qu'il a perdu.

Ce droit *n'a pas lieu* à l'égard des relais de la mer.

Il en est de même... Le propriétaire riverain en profite, à charge de laisser le chemin de halage, si la rivière est navigable.

L'eau courante... Par opposition à la mer. V. aussi art. 558.

Insensiblement... Par opposition au cas où le fleuve se forme un nouveau bras (art. 562) ou un nouveau lit (art. 563).

Puisse réclamer... à la différence du propriétaire envahi par le changement de cours d'un fleuve (art. 563).

N'a pas lieu... En d'autres termes ; les relais de la mer profitent à l'État.

Il y avait doute pour le cas de relais, parce que le riverain opposé perd à peu près autant que gagne celui qui profite de l'alluvion ; mais la perte du premier ne provient pas du fait du second : celui-ci n'est donc pas tenu de l'indemniser.

Art. 558. — L'alluvion n'a pas lieu à l'égard des lacs et étangs, dont le propriétaire conserve toujours le terrain

que l'eau couvre quand elle est à *la hauteur de la décharge*
de l'étang, encore que le volume de l'eau vienne à diminuer.

Réciproquement le propriétaire de l'étang n'acquiert
aucun droit sur les terres riveraines que son eau vient à
couvrir dans des crues extraordinaires.

Cet article considère l'eau à l'état d'eau dormante, alors qu'elle est susceptible non-seulement de possession, mais de propriété privée de la manière la plus absolue. Elle forme alors partie intégrante du fonds qui a reçu de la part du propriétaire les modifications nécessaires pour la destination à laquelle il voulait consacrer son héritage. On a cependant établi une présomption qui put servir de règle pour déterminer la limite du lac ou de l'étang.

La hauteur de la décharge... C'est le point où l'eau ne peut plus être contenue dans l'étang et se répand sur les terrains environnants.

On s'en est expliqué, parce qu'on a admis quelque chose de contraire pour l'alluvion au bord des rivières. Cela tient, sans doute, à la difficulté de déterminer exactement l'étendue de leur lit, tandis que le creux qui renferme un étang a une capacité à peu près constante (1).

Art. 559. — Si un fleuve ou une rivière, navigable ou
non, enlève *par une force subite une partie* considérable
et *reconnaissable* d'un champ riverain, et la porte vers un
champ inférieur ou sur la rive opposée, le propriétaire de
la partie enlevée peut réclamer sa propriété ; mais il est
tenu de former sa demande *dans l'année :* après ce délai,
il n'y sera plus valable, à moins que le propriétaire du
champ auquel la partie enlevée a été unie, *n'eût pas encore
pris possession* de celle-ci.

Par une force subite... une partie reconnaissable... Par opposition à la manière *successive* et *imperceptible* dont se forme l'alluvion (art. 556-1°).

Champ inférieur... placé sur la même rive.

Dans l'année... Sans doute à partir de l'incorporation, et non de l'enlèvement.

Il n'y sera plus recevable... En d'autres termes, la propriété est acquise au maître du fonds inférieur.

---

(1) Voy. sur la théorie de l'*alluvion*, Daviel, *Traité des cours d'eau*, et Chardon. *Traité de l'alluvion.*

N'eût pas encore pris possession... Donc, s'il en avait pris possession, fût-ce quelques jours seulement avant l'action intentée, il en serait propriétaire.

L'incorporation du terrain enlevé au fonds riverain, le rend en quelque sorte partie de ce dernier, sans lequel la force du fleuve l'aurait entraîné à une distance indéfinie. — Il est probable, au surplus, que les rédacteurs se sont préoccupés d'une décision du Digeste (l. 7, § 4, D., *de adquir. dominio*), reproduite dans les Institutes (§ 1, *De rer. divis.*), avec une variante qui en modifie le sens, et sur la portée de laquelle les interprètes sont loin d'être d'accord ; on a suivi l'explication de Pothier (1).

Art. 560. — Les îles, îlots, attérissements, qui se forment dans le lit des fleuves ou des rivières navigables ou flottables, appartiennent à l'Etat, s'il n'y a titre ou prescription contraire.

Cet article et le suivant appliquent aux îles et attérissements formés dans le lit des cours d'eau les principes de l'*alluvion*.

Puisque ces îles ou attérissements ne sont plus adhérents aux propriétés riveraines, mais au fonds du lit du cours d'eau, ils doivent, quant à la propriété, suivre le sort de ce lit lui-même.

Les îles sont dans le commerce, à la différence des lits (Comp. art. 538 et 560), parce qu'elles ne sont point affectées à la navigation.

Art. 561. — Les îles et attérissements qui se forment dans les rivières non navigables et non flottables, appartiennent aux propriétaires riverains du côté où l'île s'est formée : *si l'île n'est pas formée d'un seul côté,* elle appartient *aux propriétaires riverains* des deux côtés, *à partir de la ligne* qu'on suppose tracée au milieu de la rivière.

Si elle n'est pas formée d'un seul côté... c'est-à-dire entièrement en deçà de la ligne tracée au milieu de la rivière.

Aux propriétaires riverains... S'ils sont plusieurs, l'île n'est pas commune entre eux, puisque c'est le rapprochement existant entre elle et la rive qui en détermine l'appropriation. Mais chacun devient propriétaire de la portion de l'île comprise entre les deux perpendiculaires abaissées des extrémités de son fonds sur la ligne supposée tracée au milieu du fleuve (l. 29, Dig., *De adquir. dominio*).

---

(1) *Propriété,* n° 158.

A partir de la ligne.... Toute la portion de l'île qui excède cette ligne d'un côté appartient aux propriétaires de ce côté (1). Ce principe a été appliqué par les traités internationaux. Le *thalweg*, limite séparative, n'est autre qu'une ligne fixe prise au courant moyen.

L'article 561 est une conséquence de la règle qui attribue à chaque riverain la propriété de la moitié du lit qui le regarde, ou bien, une dérogation à la règle qui attribue à l'Etat la propriété du lit des rivières quelconques ; dérogation qui s'expliquerait par le peu d'importance des îles dont il s'agit, et de leur inutilité pour toute autre personne que les riverains (2).

Art. 562. — Si une rivière ou un fleuve, en se formant un bras nouveau, *coupe et embrasse* le champ d'un propriétaire riverain, et en fait une île, ce propriétaire conserve la propriété de son champ, encore que l'île se soit formée dans un fleuve ou dans une rivière navigable ou flottable.

Coupe et embrasse... Coupe se rapporte au terrain qui est occupé par le nouveau bras ; et *embrasse*, au terrain désormais enclavé entre le nouveau et l'ancien bras. Il peut arriver, du reste, que plusieurs propriétaires soient intéressés dans le changement.

On a cru devoir s'en expliquer pour prévenir toute induction des règles relatives aux îles, qui se forment après coup dans une rivière et la partagent en deux bras, le lit s'élevant sur plusieurs points (V. art. 560 et 561).

Art. 563. — Si un fleuve ou une rivière navigable, flottable ou non, se forme un nouveau cours en abandonnant son ancien lit, les propriétaires des fonds nouvellement

---

(1) La ligne séparative des territoires qui sont divisés par un cours d'eau est celle qui suit le milieu du lit de ce cours d'eau. Cette disposition, qui est appliquée à la ligne séparative de départements par l'art. 3 de la loi du 4 mars 1790, est une décision de principe dont l'application est générale.

(2) La question de savoir à qui appartiennent les rivières ni navigables ni flottables est des plus vivement controversée. Les uns les attribuent à l'Etat ; d'autres aux riverains ; d'autres encore distinguent entre le fonds et le cours d'eau pour attribuer le premier seulement aux riverains ; d'autres enfin les rangent dans la catégorie des choses qui n'appartiennent à personne, mais dont l'usage est commun à tous. C'est à cette dernière opinion que paraît s'arrêter la jurisprudence de la Cour suprême. (Arrêts du 10 Juin 1846, Sirey, 46. 1. 433. — 17 Juin 1850. Sirey, 50, 1. 202. — 6 Mai 1861, *Gazette des Tribunaux* du 7 Mai). Tout le monde, du reste, reconnaît que ces différents cours d'eau peuvent être soumis à des réglements de police. — Proudhon, *du Domaine public*. N°ˢ 733 et 936. — Duranton, T. V, N° 208. — Demante, T. II, N° 374 bis. — Troplong, *de la Prescription*, N° 145. — Marcadé, sur l'art. 511. — Championnières, *de la Propriété des eaux courantes*. — Nadault de Buffon, *des Usines*, p. 25. — Demolombe, T. IX, N°ˢ 130 et suiv.

occupés *prennent*, à titre d'indemnité, *l'ancien lit* abandonné, chacun *dans la proportion du terrain* qui lui a été
enlevé.

Cet article 563 crée un droit nouveau en attribuant, à titre de compensation, à des propriétaires dépossédés par l'effet d'une force majeure, un
terrain qui pourrait être considéré comme domanial, s'il s'agissait d'une
rivière navigable, ou comme la propriété des anciens riverains, s'il s'agissait d'une rivière non navigable.

Prennent l'ancien lit... c'est-à-dire deviennent propriétaires de l'ancien
lit.

Dans la proportion du terrain... Chacun acquiert, dans le lit abandonné, une fraction égale à celle qu'il possédait dans le nouveau lit, avant
sa formation. Sans doute on devrait tenir compte de la différence qui existait dans la valeur des divers fonds envahis : la bonté d'un terrain n'est
point en raison directe de son étendue.

Le lit abandonné n'était d'aucune valeur, en tant que fonds de terre, soit
pour l'Etat, soit pour les riverains ; au contraire, les propriétaires envahis
se trouvent tout à coup dépouillés, sans leur faute, d'immeubles qui formaient peut-être toute leur fortune. Le législateur a cru devoir les *indemniser* (ou plutôt les secourir), d'autant mieux que le paiement de cette
indemnité n'occasionne aucune diminution sensible dans la richesse publique ou particulière.

Cette attribution de l'ancien lit ne correspond à aucune idée de droit.
C'est une compensation que la loi a jugée commode et équitable ; aucun
principe ne l'exigeait ; car il y a perte fortuite des terrains nouvellement
occupés.

Art 564. — Les pigeons, lapins, poissons, qui passent
dans un autre *colombier, garenne* ou *étang*, appartiennent
au propriétaire de ces objets, pourvu qu'ils n'y aient point
été attirés par fraude ou artifices.

Il y a des pigeons et des lapins privés, comme il y en a de sauvages ;
c'est de ces derniers seulement que notre article parle ; et si des pigeons
de volière ou des lapins domestiques allaient se joindre à ceux du voisin,
il n'y a pas de doute que le premier propriétaire ne fût en droit de les
réclamer.

Colombier, garenne, étang... Ces mots sont opposés à *volière, clapier,
vivier* ou *réservoir*. Les animaux qui peuplent le colombier, la garenne ou
l'étang, jouissent de leur liberté à tel point qu'il faut chasser ou pêcher
pour s'en saisir ; mais, comme ils y ont établi leur demeure, ils ne s'en
écartent que pour y retourner. Ils sont, dès lors, une espèce d'accessoire

du fonds qu'ils habitent ; mais, lorsqu'ils perdent l'habitude d'y revenir, *l'esprit de retour, animum revertendi,* (§ 15, Instit. *De rerum divis.*), ils redeviennent semblables aux animaux sauvages proprement dits, à moins qu'ils ne se fixent dans un autre colombier, garenne ou étang (V. art. 524).

On pourrait conclure de la rédaction embarrassée de l'article 564 que, s'il y a eu fraude pour attirer des pigeons dans un nouveau colombier, ils continuent d'appartenir au maître de leur ancienne demeure.

Cependant, les pigeons, de quelque espèce qu'ils soient, étant sauvages de leur nature, *Columbarum natura fera est,* nous n'en conservons la possession qu'autant qu'ils sont apprivoisés par l'habitude qui les rappelle dans la retraite à eux préparée, ils cessent de nous appartenir, dès qu'ils ont perdu l'esprit de retour, et deviennent la propriété de celui dans le colombier duquel ils ont contracté l'habitude de se retirer. On présume qu'ils ont perdu l'esprit de retour, lorsqu'ils manquent deux ou trois fois de revenir à l'heure accoutumée dans leur ancienne demeure (Instit., lib. 2, tit. 1, § 15).

D'ailleurs, comment revendiquer des objets dont le défendeur lui-même n'est pas en possession immédiate ? — L'article 564 a seulement voulu dire que le propriétaire du nouveau colombier doit indemniser le maître de l'ancien, du tort qu'il lui a causé en dépeuplant son fonds en tout ou partie. — Même observation pour les lapins et les poissons.

SECTION II

Du droit d'accession relativement aux choses mobilières

Art. 565. — Le droit d'accession, quand il a pour objet deux choses mobilières appartenant à deux maîtres différents, est entièrement subordonné aux principes de l'équité naturelle.

Les règles suivantes serviront d'exemple au juge pour se déterminer, dans les cas non prévus, suivant les circonstances particulières.

Le droit d'accession, appliqué aux choses mobilières, change en quelque sorte de nature, ou du moins il n'est considéré ici que relativement à l'incorporation de deux choses mobilières qui se trouvent confondues, sans que les deux propriétaires aient donné leur consentement à cette réunion (1).

Le législateur pouvait s'abstenir de faire ici une déclaration, d'où l'on pourrait induire qu'il s'est écarté de l'équité dans toutes les autres matières ; ou bien que les onze articles suivants doivent être mis de côté par le juge qui les trouverait contraires à l'équité naturelle. Cette dernière proposition est inadmissible, puisqu'elle rendrait les articles en question parfaitement inutiles : d'ailleurs, l'article 565-2° lui-même, en annonçant qu'ils devront servir d'*exemple* dans les cas *non prévus*, montrent suffisamment qu'ils doivent servir de *règle* dans les cas *prévus*.

Les rédacteurs se sont sans doute préoccupés du reproche de subtilité adressé aux décisions des jurisconsultes romains, sur la matière dont il s'agit (2). Les textes du droit romain s'attachent assez strictement à la circonstance que l'une des deux choses ne peut exister sans l'autre, ou bien que l'une des deux est dénaturée : ils ne tiennent pas compte de leur valeur relative ; le Code civil a cru se rapprocher davantage de l'équité naturelle, en donnant plus d'importance à cet élément de décision (V. art. 566, 571, 574 (3).

Selon le Droit français, « *en fait de meubles, possession vaut titre* » (art. 2279-1°) : en d'autres termes, on n'est pas admis à prouver qu'on est propriétaire d'un meuble, contre celui qui le possède. De là, il semble résulter que les articles 566 à 576 sont parfaitement inutiles ; en effet, celui des propriétaires des deux meubles, qui se trouve en possession du *tout* que forme leur incorporation, n'a pas besoin d'invoquer en sa faveur les règles de l'accession, et de démontrer que la chose est principale : il lui suffit d'invoquer la possession.

Mais la maxime « *en fait de meubles, possession vaut titre* » n'est pas d'une application absolue : on ne peut l'invoquer, notamment, lorsque le meuble a été perdu ou volé (art. 2279-2°) ; lorsque le possesseur est de mauvaise foi (art. 1141) et lorsqu'il s'est obligé à restituer, par un contrat, par exemple, par un dépôt (art. 1944). Dans tous ces cas (4), il faut bien en revenir aux distinctions admises par la loi, à l'effet de déterminer quel est, de deux meubles unis ensemble, celui que le propriétaire acquiert par accession.

Art. 566. — Lorsque deux choses, appartenant à différents maîtres, qui ont été unies de manière à former un

---

(1) Favard, v° *Équité*; Delvincourt, t. II, p. 4; Toullier, t. III, p. 73.
(2) Pottier, *Propriété*, n°⁵ 173 et 192.
(3) Serres, *Institut.*, § 25, *De rer. divis.*
(4) M. Duranton, t. IV, N° 433, en énonce encore d'autres.

tout, sont néanmoins séparables, en sorte que l'une puisse subsister sans l'autre, le tout appartient au maître de la chose qui forme la partie principale, à la charge de payer à l'autre la valeur de la chose qui a été unie.

Il s'agit ici de l'*adjonction*, qu'on peut définir l'union de deux choses, qui, bien que formant un tout, restent cependant distinctes. Ainsi un tableau et son cadre, une bague et son diamant.

Le texte ne comprend pas, dans ses termes, l'hypothèse où les deux choses sont inséparables, en sorte que l'une ne puisse subsister sans l'autre, laquelle peut exister séparément. Cela tient à ce que les rédacteurs ont emprunté la deuxième règle de Pothier (1), et omis la première (où il prévoit l'hypothèse que nous venons d'indiquer) ; peut-être parce que les premiers exemples donnés par l'auteur ont pour objet des immeubles.

Quoi qu'il en soit, l'analogie porte à appliquer, même dans ce cas-là, l'axiome qui fait prévaloir le principal sur l'accessoire. Seulement, il faut peut-être admettre, en thèse générale, que la qualité de principale appartient à la chose qui peut subsister séparément (2), malgré le silence de l'article 567 ; sauf à tenir compte, comme l'article 568, de la disproportion des valeurs et à faire prédominer la peinture sur la toile, l'écriture sur le papier (3). Du reste, il est clair, qu'en pareil cas, la séparation ne peut être demandée (Comp. art. 568).

Art. 567.— Est réputée partie *principale celle* à laquelle l'autre n'a été unie que *pour l'usage, l'ornement ou le complément* de la première.

Principale... Quand même sa valeur serait moindre (art. 569), sauf au propriétaire de l'accessoire à invoquer l'article 568.

Celle... C'est-à-dire le meuble auquel l'autre a été unie.

Pour l'usage... Pour faciliter l'usage. Par exemple, l'anneau qui sert à porter un diamant.

L'ornement... Par exemple, la broderie d'un habit.

Ou le complément... Par exemple, la doublure d'un habit.

Art. 568. — Néanmoins, quand la *chose unie* est *beaucoup plus précieuse* que la chose principale, et quand elle a

---

(1) *Propriété*, n° 173.

(2) *Idem*, n°. 170.

(3) *Idem*, n° 173.

été employée à l'insu du propriétaire, celui-ci peut demander que la chose unie soit séparée pour lui être rendue, même quand il pourrait en résulter *quelque dégradation* de la chose à laquelle elle a été jointe.

Chose unie... Pour l'usage, l'ornement ou le complément de l'autre.

Beaucoup plus précieuse... C'est au juge à apprécier quelle est la disproportion de valeur suffisante pour amener l'application de l'article 568.

Quelque dégradation.... Pour le cas où elles ne sont pas séparables sans dénaturer l'une des deux.

Le propriétaire de l'accessoire éprouverait un préjudice plus considérable par la privation de sa chose, que celui de la chose principale n'en éprouverait en raison de ce qu'elle restera incomplète.

En droit romain, on avait, en général, l'action *ad exhibendum* pour faire détacher sa chose de celle à laquelle elle avait été unie. Le Code a jugé à propos de refuser ce droit toutes les fois qu'elle n'est pas beaucoup plus précieuse.

Art. 569. — Si de deux choses unies, pour former un seul tout, l'une ne peut point être regardée comme l'accessoire de l'autre, celle-là est réputée principale qui est la plus considérable en valeur, ou en volume, si les valeurs sont à peu près égales.

Il fallait donner au juge un moyen de sortir d'embarras.

Les art. 566 à 571 déterminent divers cas dans lesquels la licitation devra être faite au profit de l'une des parties préférablement à l'autre, par ce motif qu'elle a sur la chose commune le droit le plus important. Mais cette préférence ne lui est accordée qu'à la charge de rembourser l'entière valeur de la part afférente à son communiste dans la propriété commune.

Art. 570. — Si un artisan ou une personne quelconque a employé une matière qui ne lui appartenait pas, à former une chose d'une nouvelle espèce, soit que la matière puisse ou non reprendre sa première forme, celui qui en était le propriétaire, a le droit de réclamer la chose qui en a été formée, en remboursant le prix de la main-d'œuvre.

Il s'agit dans cet article et le suivant de ce qu'on nomme la *spécification*. C'est la transformation d'une matière en un objet nouveau. Ainsi elle a lieu lorsque, par exemple, un bloc de marbre est changé en statue.

Ce texte applique le principe qui défend de dépouiller quelqu'un de sa propriété sans son fait ; ou peut-être, aux yeux du rédacteur, l'adage : *l'accessoire suit le sort du principal* (arg. de l'article 574).

Il fallait s'en expliquer, à cause des controverses élevées sur ce point entre les jurisconsultes romains (V. § 25, Inst. *De rer. div.*).

Justinien avait décidé que l'objet nouveau appartiendrait au maître de la matière, s'il pouvait revenir à son état primitif, et que dans le cas contraire, il appartiendrait au spécificateur.

Le Code a rejeté cette distinction ; il considère la forme comme un accessoire de la matière, et il attribue l'objet nouveau au maître de la matière, à moins que la main-d'œuvre n'ait beaucoup plus de prix.

Art. 571. — Si cependant la main-d'œuvre était tellement importante qu'elle surpassât de beaucoup la valeur de la matière employée, l'industrie serait alors réputée *la partie principale,* et l'ouvrier aurait le droit de retenir la chose travaillée, en remboursant le prix de la matière au propriétaire.

La partie principale... Il est à remarquer que le Code assimile la matière et l'industrie à deux choses unies pour former un tout.

Art. 572. — Lorsqu'une personne a employé en partie la matière qui lui appartenait, et en partie celle qui ne lui appartenait pas, à former une chose d'une espèce nouvelle, *sans que l'une ni l'autre* des deux matières *soit* entièrement *détruite,* mais *de manière qu'elles ne puissent pas se séparer* sans inconvénient, la chose est commune aux deux propriétaires, en raison, quant à l'un, de la matière qui lui appartenait ; quant à l'autre, en raison à la fois et de la matière qui lui appartenait, et du prix de sa main-d'œuvre.

Cet article et les deux suivants prévoient le cas où la chose doit rester en commun, en sorte qu'il n'existe plus un motif déterminant de préférence, et qu'il ne reste plus aussi, quand les parties intéressées veulent faire cesser l'indivision, qu'à procéder à la licitation.

Application de l'article 570, avec une modification relative à la nature de l'indemnité qui revient au spécificateur.

L'auteur de la nouvelle espèce ayant nécessairement une part dans la propriété, à raison de la matière qui lui appartient déjà, il valait mieux lui donner une satisfaction effective immédiate que d'imposer à l'autre partie une obligation pécuniaire.

Sans que ni l'une ni l'autre soit détruite... Cette phrase paraît un pur vestige de la distinction admise par les Institutes de Justinien et rejetée par l'article 570 ; en effet, d'après ce dernier article, le maître de la matière conserve son droit, quoiqu'elle ne puisse reprendre sa première forme, c'est-à-dire quoiqu'elle soit entièrement détruite dans le sens de l'art. 572 ; il doit également conserver son droit quand il a fourni seulement une portion de la matière.

De manière qu'elles ne puissent se séparer... Cette phrase paraît aussi le résultat d'une préoccupation. Elle semble admettre implicitement la faculté de faire séparer les matières, et cependant l'art. 568 rejette cette faculté pour le cas d'adjonction.

Il est possible que ces deux phrases soient le résultat d'un emprunt peu intelligent, fait au n° 487 de Pothier, *Propriété.*

Art. 573. — Lorsqu'une chose a été formée par le *mélange* de plusieurs matières appartenant à différents propriétaires, mais dont aucune ne peut être regardée comme la matière principale, si les matières peuvent être séparées, celui *à l'insu duquel* les matières ont été mélangées, peut en *demander la division.*

Si les matières ne peuvent plus être séparées sans inconvénient, *ils en acquièrent en commun la propriété* dans la proportion de la quantité, de la qualité et de la valeur des matières appartenant à chacun d'eux.

Le *mélange* est l'union de plusieurs matières qui sont tellement mêlées et confondues qu'il est impossible de les distinguer.

A l'insu duquel... c'est-à-dire sans le consentement duquel. Si les propriétaires sont d'accord, leur convention doit être exécutée (art. 1134-1°).

Demander la division... c'est-à-dire la restitution de sa matière identiquement. Il ne s'agit pas ici d'un partage proprement dit.

Ils en acquièrent en commun la propriété... ou plutôt leur propriété exclusive sur l'une des matières se trouve transformée en une propriété indivise sur le total du mélange. C'est un échange opéré en sens inverse de celui qui a lieu dans un partage.

Par exemple, si la chose de l'espèce nouvelle vaut 4,000 francs, la matière appartenant à l'ouvrier 1,000 francs, celle appartenant à autrui 1,000 francs, et la main-d'œuvre 2,000 francs, l'ouvrier est propriétaire des trois quarts, c'est-à-dire, de 3,000 francs.

La séparation est supposée ne pouvoir se faire sans inconvénients : elle serait donc nuisible aux deux propriétaires. D'ailleurs l'article 575 leur donne les moyens de remédier aux inconvénients de l'indivision.

Le mélange s'applique à des choses sèches ou liquides. Les termes de l'article 573 paraissent faits surtout pour ce dernier cas. Cependant la même solution étant admise autrefois pour l'hypothèse où des objets distincts (comme des grains de blé) ont été mélés, de sorte que le triage en est à peu près impraticable. Il est probable que les rédacteurs ont entendu décider ainsi.

Art. 574. — *Si la matière appartenant à l'un des propriétaires* était de beaucoup supérieure à l'autre par la quantité et le prix, en ce cas le propriétaire de la matière supérieure en valeur pourrait réclamer la chose provenue du mélange, en remboursant à l'autre la valeur de sa matière.

Si la matière appartenant à l'un, et mélangée à son insu avec la matière de l'autre, de manière qu'elles ne puissent plus être séparées sans inconvénient.

Art. 575. — Lorsque la chose *reste en commun* entre les propriétaires des matières dont elle a été formée, elle *doit être licitée* au profit commun.

Reste en commun... Dans le cas de mélange et de spécification (art. 572 et 573-2°).

Doit être licitée... c'est-à-dire adjugée au plus offrant, à moins qu'elle ne soit commodément partageable, ce qui peut se concevoir dans l'hypothèse de l'article 572-2° ; — ou que les co-propriétaires préfèrent rester dans l'indivision. V. art. 815-2°.

La licitation est la vente d'une chose impartageable pour en partager le prix (1).

Art. 576. — Dans tous les cas où le propriétaire dont la matière a été employée, *à son insu*, à former *une chose d'une autre espèce*, peut réclamer la propriété de cette chose, *il a le choix* de demander la restitution de sa matière en *même nature, quantité, poids, mesure* et bonté, ou sa valeur.

A son insu... ou, à plus forte raison, malgré lui.

---

(1) Le prix sera d'ailleurs arbitré par le juge soit d'après ses propres lumières, soit à la suite d'un rapport d'expert. Voy. sur ces points les art. 815 et s. du Code civil, 828 et 1686 du même Code; les art. 617 et 669 du Code de Procédure.

Une chose d'une autre espèce... Le texte ne dit pas *nouvelle* espèce, peut-être pour comprendre le cas de mélange. Du reste, il y a analogie.

Il a le choix... au lieu de revendiquer la chose, qu'il aliène ainsi définitivement.

Même nature... c'est-à-dire même espèce.

Quantité, poids, mesure... Ces trois mots sont sans doute mis là pour prévoir la triple alternative des choses *quæ numero, pondere, aut mensurâ constant.*

Dans le cas où la loi lui attribue la propriété de la chose d'une autre espèce, c'est à la charge de payer la main-d'œuvre ou la matière de l'autre partie. Or, cette obligation pécuniaire, qui lui est imposée sans son fait, peut se trouver disproportionnée avec ses ressources.

Art. 577. — Ceux qui auront employé des matières appartenant à d'autres, et à leur insu, *pourront aussi* être condamnés à des dommages et intérêts, *s'il y a lieu,* sans préjudice des poursuites par voie extraordinaire , si le cas y échet.

Pourront aussi... Indépendamment des restitutions que leur imposent les articles précédents.

S'il y a lieu... S'ils ont causé un préjudice à l'autre partie.

Ces deux derniers articles font application aux choses mobilières du principe appliqué aux immeubles par l'art. 555, qui autorise le propriétaire du fonds à demander des dommages-intérêts contre celui qui a construit sur un terrain qui ne lui appartenait pas avec des matériaux qui lui appartenaient et qui lui permet d'exiger que sa chose lui soit restituée dans son état primitif. En effet, le propriétaire de la bonne foi duquel on a abusé en portant atteinte à ses droits à son insu, peut réclamer sa chose ou son équivalent.

TITRE III

DE L'USUFRUIT, DE L'USAGE ET DE L'HABITATION

Décrété le 9 pluviôse an XII (30 janvier 1804), promulgué le 19 (9 février)

PRÉLIMINAIRES

Idées générales. La faculté de démembrer la propriété rentre dans l'exercice légitime de ce droit ; ses trois attributs, le droit de se servir de la chose, celui d'en percevoirles fruits, et celui d'en disposer, peuvent être séparés. Tantôt le démembrement consistera à attribuer un ou deux de ces trois éléments à une personne autre que celle qui conserve le troisième, et alors le droit conféré s'appelle *servitude personnelle* (1) ; tantôt c'est l'attribution à un fonds déterminé d'une portion des avantages compris dans la propriété d'un autre ; et la servitude alors est dite *réelle* ou *foncière*. Le Titre III du Livre II du Code civil s'occupe des servitudes personnelles : ou bien le *jus fruendi* et le *jus utendi* sont séparés du *jus abutendi* et constituent l'*usufruit ;* ou bien le *jus utendi* seul est séparé, et c'est alors le droit d'*usage ;* enfin le droit d'usage appliqué aux maisons et édifices, comme il l'est le plus souvent en fait, s'appelle droit d'*habitation*.

Si ces droits sont moins étendus que la propriété, ce sont cependant des *droits réels*, malgré leur nom de *servitudes personnelles*. Ils mettent nécessairement en conflit les intérêts des deux personnes qui se partagent les éléments de la propriété : ils ne sont donc pas favorables au développement de la richesse publique; aussi le législateur, tout en reconnaissant leur légitimité exigera-t-il que leur durée soit limitée. Il conciliera de la sorte les deux intérêts à ménager : il accordera à l'usufruitier ou à l'usager des droits assez considérables

---

(1) En haine de la féodalité, le Code civil n'a pas voulu employer l'expression *Servitude personnelle*, qui était celle du droit romain, *Servitutes hominum*. Il a craint qu'on n'y vît l'assujettissement d'un personne à une autre.

pour que l'usufruit ou l'usage aient une sérieuse valeur, mais d'autre part, il empêchera que la perpétuité de la servitude personnelle ne rende illusoire la nue-propriété.

Toutes choses ne supportent pas la distinction de l'usufruit et de la nue-propriété ; telles sont celles qui se consomment *primo usu*. Pour celles-là le législateur devra voir s'il est utile de leur étendre la théorie de l'usufruit ; et dans l'affirmative, déterminer avec soin les droits du nu-propriétaire à la fin de l'usufruit, puisqu'il ne peut pas alors reprendre la chose en nature.

L'usufruit qui, en fait, est d'ordinaire constitué à titre gratuit, dérive d'une concession volontaire du nu-propriétaire. Mais n'y a-t-il pas des cas où une personne doit avoir l'usufruit de tout ou partie d'un patrimoine d'une autre, sans que celle-ci le lui concède, et même malgré elle ? Certains liens de famille, en effet, doivent faire accorder à l'une un usufruit *légal*, qui lui assurera l'indépendance et l'autorité auxquelles elle a droit vis-à-vis de l'autre, ou bien la situation pécuniaire que l'autre lui a en quelque sorte tacitement promise ; tels sont la *jouissance légale* du père sur les biens de son enfant dans la plupart des législations, et dans quelques-unes le *douaire de la veuve*.

*
* *

Droit romain. — I. Les Institutes donnent de l'usufruit une définition célèbre : « *Est jus, alienis rebus utendi, ac fruendi, salvâ rerum substantiâ.* » Ces derniers mots ont soulevé diverses explications parmi les interprètes. Nous entendons avec la plupart des auteurs par *substantia* la forme actuelle de l'objet et la destination dont elle est le signe. On peut traduire exactement la pensée de Justinien, en disant que l'usufruit est le droit d'user et de jouir de la chose d'autrui, suivant sa manière d'être présente.

L'usufruit, à l'origine, est réglé par des principes conformes à la logique, mais contraire aux nécessités pratiques. C'est ainsi qu'il ne peut porter que sur des choses corporelles qui ne sont pas susceptibles de se consommer par le premier usage. C'est ainsi encore qu'entre l'usufruitier et le nu-propriétaire, il n'existe aucune obligation personnelle : que l'usufruitier s'abstienne de détériorer, et on ne peut lui demander autre chose. Le propriétaire ne pourra même exiger la restitution de son bien qu'en prouvant son droit de propriété.

Le droit prétorien, comme dans presque toutes les matières, vint améliorer cette institution. Il mit à l'usufruit une double condition : il obligea l'usufruitier, sous peine de déchéance, à jouir en bon père de famille, lui fit promettre la restitution de la chose au terme de son droit, et lui imposa l'obligation de donner caution. La caution, qu'à Rome on nommait *satisdatio*, est préliminaire à l'usufruit. Si l'usufruitier ne l'a pas fournie, le nu-propriétaire peut lui refuser la délivrance, ou le poursuivre après la prise de possession. Cette promesse et cette caution ont l'avantage de permettre au nu-propriétaire de réclamer la restitution en qualité de créancier, ce qui le dispense de faire la preuve souvent difficile de sa propriété.

En outre un sénatus-consulte, rendu probablement sous le règne d'Auguste, permit d'établir sur les choses qui se consomment par l'usage, sinon un droit d'usufruit, au moins un droit analogue : c'est ce droit qu'on appelle, à Rome, le *quasi-usufruit*, expression qui a passé dans la pratique, pour désigner le droit de l'usufruitier, quand il porte sur des objets qu'il ne doit pas restituer *in specie*.

Le droit de l'usufruitier était, comme maintenant, de se servir de la chose et d'en percevoir les fruits, sans toucher non plus aux produits qui n'ont pas un caractère périodique et altèrent plus ou moins la substance de la chose. En ce qui concerne les fruits civils, c'est-à-dire les revenus, à la différence du Code civil, ils n'étaient acquis à l'usufruitier, quand la chose louée était frugifère, qu'autant que le fermier avait fait la récolte (1).

II. Les modes de constitution de l'usufruit sont en principe les mêmes que pour la pleine propriété : il faut donc faire ici un renvoi au début du Livre III du Code civil.

Mais dans le droit civil des premiers temps, l'usufruit étant rangé parmi les choses incorporelles, et par suite insusceptibles de possession, ne pouvait être acquis par aucun des modes qui ont la possession pour base, tradition, prescription acquisitive, occupation.

Le préteur admet une *quasi possessio* de l'usufruit, et alors il put être acquis par *quasi traditio* et *quasi præscriptio longi temporis*.

Justinien opéra la fusion des anciens procédés et de ceux du préteur. Quant aux *pactes et stipulations*, ils ne peuvent jamais faire naître qu'une obligation, un droit personnel ; jamais ils ne créeront le droit réel d'usufruit.

On verra à propos des servitudes foncières un développement analogue à celui des règles sur la constitution de l'usufruit.

----

(1) **Accarias**, t. I, N° 275. — L. 12, § 5, D., VIII, 1.

La *cessio in jure*, tant qu'elle fut en usage, et l'*adjudicatio* purent servir à constituer l'usufruit ; mais comme il n'était pas *res mancipî*, il ne pouvait pas être créé par la mancipation, lorsque ce mode d'acquérir était en vigueur.

Si l'usufruit ne peut être créé directement que par les procédés ci-dessus, un propriétaire qui aliène son bien par un moyen quelconque, peut toujours s'en *réserver l'usufruit* et le constituer ainsi par voie indirecte.

Dans la pratique la source habituelle de l'usufruit était le *legs*, soit qu'on léguât l'usufruit, laissant la nue-propriété à l'héritier, soit qu'on léguât l'usufruit à l'un, et la nue-propriété à l'autre.

Enfin l'usufruit s'acquiert parfois de plein droit et sans acte d'acqui-sition : ainsi dans le droit nouveau, le père a en général l'*usufruit légal* du pécule adventice de son enfant en puissance.

III. La *mort* de l'usufruitier et l'*arrivée du terme* stipulé ou de la condition résolutoire mettent fin à l'usufruit.

A la mort, le droit romain assimile à cet égard la *capitis deminutio*, c'est-à-dire tout changement de personnalité juridique, par exemple la perte de la liberté, ou du droit de cité, ou le changement de famille.

L'usufruitier peut *renoncer* à son droit en faveur du nu-propriétaire. Il y a aussi extinction par *non usage*, lorsque le titulaire est resté un an sans jouir de l'usufruit mobilier, et trois ans pour l'usufruit immo-bilier. Justinien porta le délai à trois ans pour les meubles, et à dix ou vingt ans pour les immeubles (1).

La *destruction de la chose* et la *consolidation* ou réunion sur la même tête des qualités d'usufruitier et de nu-propriétaire, font égale-ment perdre l'usufruit.

On trouvera pour les servitudes foncières des modes d'extinction analogues.

Ancien droit français. — Dans notre ancien droit, l'usufruit est régi par les mêmes règles qu'on lui appliquait à Rome, après les réfor-mes du préteur. Mais on trouvait deux cas d'usufruit légal : en premier lieu, le droit de *garde noble* ou *bourgeoise*, dont nous avons parlé déjà au titre de la *Puissance paternelle ;* en second lieu, on trouvait le *douaire* ou droit d'usufruit légal accordé à la veuve pour lui assurer une situation correspondante à celle dont elle jouissait durant la vie de son mari.

---

(1) V. sur ce délai le précis relatif à la *Prescription* en droit romain.

Le droit coutumier, en matière d'usufruit, avait suivi les règles du droit romain, en ce qui concerne l'acquisition des fruits ou revenus et en ce qui concerne la caution. Mais en matière de douaire, on se contentait de la simple caution juratoire (1). Les obligations étaient de supporter les charges qui se paient sur les revenus, et de faire les réparations d'entretien.

L'usufruit s'éteignait par la mort naturelle ou civile de l'usufruitier, par l'arrivée du terme fixé, ou de la condition, ou encore, comme dans le droit actuel, par la résolution du droit du constituant, et l'acquisition de la nue-propriété par l'usufruitier.

Code civil. — I. L'usufruitier a le droit de se servir de la chose, d'en recueillir les fruits et revenus ; il peut même louer la chose sur laquelle porte son droit, s'il ne veut en jouir par lui-même. Mais il est aussi tenu à des obligations. Il doit supporter toutes les charges de la jouissance, se comporter en bon père de famille, restituer la chose à la cessation de l'usufruit. S'il détériorait la chose qui ne lui appartient pas, il pourrait être privé plus ou moins complètement de son droit. Cependant si une chose ne peut procurer d'utilité que par sa consommation, il en devient propriétaire à la charge d'en restituer une semblable; c'est ce qu'on appelle le *quasi-usufruit* (2).

Pour assurer la bonne gestion et la restitution, la loi veut, excepté dans certains cas, que l'usufruitier donne une caution.

L'*usage* est en principe le droit de se servir d'une chose, mais non d'en recueillir les fruits. Cependant si la chose soumise à l'usage est frugifère, et que le contrat soit muet sur ce point, l'usage en droit français devient un usufruit restreint aux besoins de l'usager et à ceux de sa famille.

L'expression de *droits d'usage et d'habitation* s'applique uniquement au droit d'usage personnel exercé sur un objet déterminé pour les besoins usuels de la vie en général, et non aux droits d'usage dans les bois et forêts qui, aux termes de l'art. 636 du Code civil, sont réglés par des lois particulières du Code forestier.

II. L'usufruit peut être établi soit par *convention* à titre onéreux, ou à titre gratuit, soit par *acte de dernière volonté*. Il peut aussi s'ac-

---

(1) Pothier, *Traité du douaire*. — On appelle *caution juratoire* l'engagement personnel appuyé par un serment de ne pas abuser de son droit.

(2) de la Bigne de Villeneuve, t. I, p. 708 ; Baudry-Lacantinerie, t. I, p. 776 ; Laurent, t VI, p. 407.

quérir sur les immeubles corporels par l'*usucapion* qui est de trente ans, ou, quand il y a juste titre et bonne foi, de dix à vingt ans.

Le Code admet (art. 534) l'*usufruit légal* des parents sur les biens de leurs enfants , jusqu'à ce que ceux-ci aient dix-huit ans : mais il a eu le tort de ne pas organiser le douaire de la veuve. Le commentaire des art. 754 et 1555 montrera encore deux cas tout spéciaux d'usufruit légal.

III. Les modes d'extinction de l'usufruit sous le Code civil sont les mêmes qu'en droit romain. Mais l'idée toute romaine de la *capitis deminutio* a disparu : le délai de non-usage est fixé à trente ans , et si l'usufruitier est une personne morale et que par suite il ne puisse jamais mourir, le Code veut que son droit s'éteigne au bout de trente ans.

*
* *

Conclusion. — L'usufruit entraîne à sa suite divers inconvénients : il occasionne des conflits, il gêne la transmission du bien grevé, il expose le nu propriétaire au danger de voir l'usufruitier épuiser le sol.

Malgré cela il répond à des nécessités sociales : le legs d'usufruit permet, en effet, de concilier les intérêts des héritiers avec la pensée d'affection ou de reconnaissance qui porte le testateur à gratifier un étranger ; d'autre part un conjoint le plus souvent préfère son conjoint à ses parents, mais il préfère sa propre famille à celle de son conjoint : à ces sentiments il pourra donner satisfaction, en faisant à son conjoint une libéralité en usufruit. Le douaire de la veuve, dont il sera question aux titres des *Successions* et du *Contrat de mariage*, était dans le dernier état de l'ancien droit français un usufruit.

Il faut donc conclure, que, malgré ses quelques inconvénients, l'usufruit doit être maintenu tel qu'il est organisé par le Code civil.

CHAPITRE I

DE L'USUFRUIT

Art. 578. — *L'usufruit* est le droit de jouir des choses dont *un autre a la propriété*, comme le propriétaire lui-même, mais à la charge d'en conserver *la substance*.

Usufruit, de usus fructûs, uti frui. L'étymologie suffit pour montrer que l'usage est ici ajouté à la jouissance.

Un autre a la propriété... c'est-à-dire la *nue-propriété*.

L'usufruit est un droit réel, *jus in re*, qui suit la chose, en quelques mains qu'elle passe.

L'usufruit est-il meuble ou immeuble ? L'usufruit des meubles est meuble, et l'usufruit des immeubles est immeuble. Ce dernier est susceptible d'être hypothéqué, et peut être vendu par saisie immobilière. (Art. 526, 2118, 2204).

La nue-propriété serait un droit à peu près illusoire, si l'usufruit ne devait jamais s'éteindre. Toutefois, même pendant la durée de l'usufruit, le nu-propriétaire recueille les produits qui ne sont pas réputés fruits. Cet avantage, et surtout l'expectative assurée d'obtenir un jour l'usage et la jouissance à perpétuité, suffisent pour donner à la nue-propriété une valeur, d'autant plus considérable que les chances d'extinction de l'usufruit sont plus prochaines.

Il faudrait se garder de prendre le mot *substance* dans son acception philosophique ; il ne s'agit pas ici de *substance philosophique*, il ne s'agit même pas de *substance physique*. En droit, ce qu'on entend par substance, c'est non seulement l'être en soi, non seulement la matière dont la chose se compose, mais la forme même que revêt cette matière. C'est cette forme qui rend la chose propre à la destination particulière que le maître lui assigne : il veut que tel terrain soit un pré, tel autre un bois, telle maison une habitation bourgeoise, telle autre une hôtellerie. Conserver la substance, c'est donc respecter la destination de la chose, et par suite, on doit dire que l'usufruitier doit se borner à jouir de la chose, comme en jouissait le propriétaire lorsque l'usufruit est né ; il peut améliorer le mode de jouissance, mais il ne saurait le changer.

Art. 579. — L'usufruit est *établi par la loi,* ou *par la volonté de l'homme.*

Etabli par la loi... ce qui a lieu dans trois cas (Voyez art. 384, 754 et 1555 C. civ.) (1).

Établir un droit, c'est le constituer, lui donner naissance.

Cet article fait le pendant de la section III : *Comment l'usufruit prend fin.*

A partir du moment où le droit commence, la pleine propriété se décompose ; et il y a désormais, jusqu'à extinction de l'usufruit, un nu-propriétaire et un usufruitier.

Par la volonté de l'homme... tous les faits translatifs de propriété (legs, vente, échange, donation) peuvent servir à constituer un usufruit. Mais l'*adjudication* qui transfère la propriété des choses vendues en justice ne peut plus, comme à Rome, établir un usufruit. La raison en est que le législateur français, justement hostile aux démembrements de la propriété, a décidé que, si une chose commune n'est pas commodément partageable, elle devra être licitée et le prix partagé entre les divers propriétaires.

Art. 580. — L'usufruit peut être établi, ou *purement,* ou *à certain jour,* ou *à condition.*

Purement... et simplement ; c'est-à-dire sans terme ni condition.

A certain jour... c'est-à-dire à terme ; par opposition à la condition qui est un événement incertain.

Le *terme* est l'époque fixée pour la naissance ou l'extinction d'un droit. Dans le premier cas, il se nomme *suspensif ;* dans le deuxième cas, *résolutoire.* Exemple, Primus constitue l'usufruit d'un fonds à Secundus, à partir du 1er janvier prochain ; voilà un terme suspensif. Primus constitue l'usufruit jusqu'au 1er janvier prochain ; voilà un terme résolutoire.

Le terme est certain, lorsque le jour et l'année sont déterminés ; il est incertain, lorsqu'on ignore le jour précis où l'évènement indiqué arrivera, bien qu'il soit d'ailleurs inévitable : par exemple, la mort de Tertius.

Ou à condition... La *condition* est un évènement futur et incertain auquel on subordonne l'existence ou la résolution d'un droit. Par exemple : Primus constitue à Secundus l'usufruit d'un fonds, si tel vaisseau revient d'Asie. Dans cet exemple, l'arrivée de la condition

---

(1) On peut considérer comme un exemple d'un usufruit établi par la seule force de la loi, l'hypothèse prévue par l'art. 1555 du Code civil, lorsque la femme est autorisée par justice à vendre ses biens dotaux pour l'établissement des enfants du premier lit, cas auquel elle est tenue de réserver à son mari la jouissance de ces mêmes biens.

donne naissance à l'usufruit ; mais on pourrait en faire dépendre l'extinction d'un usufruit d'ailleurs constitué purement ; par exemple Primus constitue à Secundus l'usufruit du fonds ; mais si tel vaisseau revient d'Asie, la constitution sera comme non avenue. Dans ce dernier cas, la condition est dite *résolutoire* ; dans le premier, elle est dite *suspensive* (1).

Art. 581. — Il peut être établi sur toute espèce de biens meubles ou immeubles.

Il y a des choses corporelles qui ne produisent aucun fruit par elles-mêmes, comme les maisons ; mais on en tire un revenu par la location (V. art. 554,595) ; d'ailleurs, l'usufruitier peut se borner à en jouir par lui-même, ce qui lui épargne la valeur qu'il aurait été obligé de dépenser pour s'en procurer de pareilles.

Il y a des choses corporelles dont il est impossible d'user sans les détruire, comme les denrées ; on ne peut évidemment séparer, à l'égard de ces choses, le droit de jouir du droit de disposer. A l'égard des choses incorporelles, c'est-à-dire des droits mobiliers ou immobiliers, on ne peut ni en tirer des fruits, ni en disposer physiquement.

Il est donc impossible d'établir sur ces choses un usufruit proprement dit ; mais il est probable que celui qui constitue sur elles un usufruit a envisagé seulement leur valeur, et a voulu attribuer au soi-disant usufruitier une valeur égale au revenu, considérée comme capital ; et, en effet, toute valeur, convenablement exploitée, peut produire un revenu.

Cette observation recevra son application, non seulement lorsque des personnes auront employé volontairement le mot *usufruit*, sans en connaître la signification précise, mais encore lorsque des personnes qui connaissent cette signification, ou les lois elles-mêmes, auront établi un usufruit sur l'universalité des biens. Par exemple, un mineur de 18 ans non émancipé peut avoir, dans son patrimoine, des denrées, des créances, un droit d'usufruit ; il faut bien déterminer l'étendue des droits du père, usufruitier légal du patrimoine et, par suite, de toutes ces choses.

S'il s'agit de denrées, comme la seule manière de s'en servir est la consommation, l'usufruitier aura certainement le droit de les consommer, sauf à restituer, lors de la cessation de son droit, une quantité égale de choses équivalentes. S'agit-il de créances productives d'intérêts, l'usufruitier

---

(2) Dans les contrats qui contiennent en faveur d'un tiers attribution de droit sur la superficie du fonds, et qu'on nomme pour cela *superficiaires*, il y a bien une disposition qui frappe sur une partie de la propriété même de la chose, mais non sur la totalité des fruits ; en sorte qu'il y a toujours entre ces contrats et l'usufruit, cette différence que l'usufruitier prend tous les produits utiles, tandis que le contrat superficiaire ne donne droit sous certaines conditions qu'à une certaine partie des produits.

aura le droit de percevoir les intérêts (art. 584). Que si les créances sont improductives, le droit de l'usufruitier se bornera à les recouvrer à l'échéance, sauf à employer utilement les deniers versés entre ses mains. A l'égard d'un droit d'usufruit, les droits qui existeront au profit de l'usufruitier, sont ceux qu'aurait le titulaire du droit lui-même ; son droit ne se borne pas, comme on pourrait peut-être le croire, à l'usufruit des fruits. (Voyez l'art. 588).

SECTION I

Des droits de l'usufruitier

Art. 582. — L'usufruitier à *le droit de jouir* de toute espèce de *fruits*, soit naturels , soit industriels , soit civils , que peut produire l'objet dont il a l'usufruit.

Le droit de jouir... c'est-à-dire de percevoir pour son compte , en s'appropriant.

On appelle *fruits*, en général, tout ce qui naît et renaît d'une chose. *Fructus est quid ex re nasci et renasci potest.* Le mot *fruits* se prend ici pour toutes les différentes espèces de revenus qu'on peut tirer de la chose, de quelque nature qu'ils puissent être.

L'article est incomplet, puisque l'usage de la chose appartient à l'usufruitier, distinctement de la jouissance, et qu'il constitue tout l'avantage de l'usufruit, quand la chose n'est pas *frugifère* de sa nature, par exemple, un parc destiné à l'agrément. C'est à tort que l'article ne fait pas mention des services que peut procurer la chose indépendamment de ses fruits.

Tous les fruits produits par la chose, mais sans altérer sa substance, qu'ils soient naturels, industriels ou civils, tombent donc dans le domaine de l'usufruitier. Mais tous les droits qui tiennent à la propriété dans son essence, demeurent dans le domaine privé du nu-propriétaire ; d'où ils ne peuvent pas être distraits.

Art. 583. — Les fruits naturels sont ceux qui sont le *produit spontané* de la terre. Le *produit* et le *croît* des animaux sont aussi des fruits naturels.

Les fruits *industriels* d'un fonds sont ceux qu'on obtient par la culture.

Fruits... On appelle ainsi les produits que peut donner périodiquement une chose, sans être détruite, même partiellement. Il en est autrement des fragments qu'on en détache , sans qu'ils soient remplacés par d'autres ; de manière qu'on puisse prévoir l'épuisement de cette chose au bout d'un temps suffisamment long. Tels sont les produits qu'on extrait des mines et carrières (V. cependant l'art. 598-1°). Bien plus, il y a des produits susceptibles de se renouveler périodiquement, qui ne sont pas accordés à l'usufruitier, parce que leur renouvellement se fait trop attendre au détriment du nu-propriétaire, ainsi pour les bois de haute futaie.

Le produit spontané... Par opposition aux fruits provenant de l'industrie agricole.

Le produit... Le lait, la laine, le travail, par opposition au croît (V. art. 1811).

Croît... On appelle ainsi les petits des animaux, parce qu'ils *accroissent* le troupeau.

Industriels... On peut les appeler naturels, quand on les oppose aux fruits civils. Les fruits industriels d'un fonds sont ceux qu'on obtient par la culture.

Art. 584. — Les fruits civils sont les *loyers* des maisons, les *intérêts* des sommes exigibles, les *arrérages* des rentes.

Les prix des *baux à ferme* sont aussi rangés dans la classe des fruits *civils*.

Loyers... Prix de la jouissance d'une maison louée (art. 1709).

Intérêts... Prix de la jouissance d'un capital exigible (art. 1905).

Arrérages... Prix de la jouissance d'un capital constitué en rente.

Civils... Ainsi appelés parce qu'ils n'existent pas réellement, mais au moyen d'une fiction légale : *In jure consistunt*.

Prix des baux à ferme... ou fermage ; par opposition aux prix des baux à loyer.

Les fermages représentent les fruits naturels produits par le fonds affermé. Mais par rapport au bailleur, le fonds ne produit, en quelque sorte, que des fruits civils (V. une conséquence à l'art. 586, *in fine*).

L'article 584 procède par voie d'énumération, au lieu d'indiquer le caractère commun des produits énumérés. Ce caractère commun consiste en ce que ce sont des bénéfices pécuniaires qu'on retire des choses par la location.

Art. 585. — Les fruits naturels et industriels, pendant par branches ou par racines au moment où l'usufruit est ouvert, *appartiennent à l'usufruitier*.

Ceux qui sont dans le même état au moment où finit l'usufruit, appartiennent au propriétaire, sans récompense de part ni d'autre des labours et des semences, mais aussi sans préjudice de la portion des fruits qui pourrait être acquise au colon partiaire, s'il en existait un au commencement ou à la cessation de l'usufruit.

Appartiennent à l'usufruitier... En ce sens que le propriétaire ne peut pas les réclamer et l'empêcher de les percevoir ; mais il n'en acquiert la propriété qu'autant qu'ils ont été détachés du sol avant la fin de l'usufruit; puisque, s'ils se trouvent encore pendants au moment de l'extinction, quoique mûrs, ils appartiennent au propriétaire.

L'usufruitier ne doit pas d'indemnité au nu-propriétaire, pour les fruits encore adhérents au fonds au moment de l'ouverture; bien que le nu-proprirtaire ait fait la dépense des semailles et de la culture, et réciproquement, le plein-propriétaire ne lui doit pas d'indemnité pour les fruits pendants lors de l'extinction. Ce règlement à forfait, peu équitable parfois, et contraire au principe « *Fructus non intelliguntur, nisi deductis impensis* » évite des contestations.

Art. 586. — Les fruits civils sont réputés s'acquérir *jour par jour,* et appartiennent à l'usufruitier, à proportion de la durée de son usufruit. Cette règle s'applique aux prix des baux à ferme, comme aux loyers des maisons et aux autres fruits civils.

Jour par jour... Le seul fait que l'usufruit a duré un jour, attribue à l'usufruitier une fraction correspondante des fruits civils ; c'est-à-dire une valeur égale au prix de la location de la chose pendant un jour. Si la chose est louée à tant par an, chaque jour d'usufruit attribue à l'usufruitier un trois cent soixante-cinquième du loyer, ou des fermages, ou des intérêts.

L'article est une application de la définition des fruits civils (art. 584). On s'est cru obligé de la formuler, parce qu'il en était autrement dans l'ancien droit : en effet, les fermages représentent les fruits naturels du fonds affermé ; c'est pourquoi ils n'appartenaient à l'usufruitier qu'autant que la perception de ces fruits avait été faite par le fermier (V. art. 1769 et 1770). Au contraire, les loyers et intérêts étaient dus par cela seul qu'un certain temps s'étant écoulé, quand même l'époque du paiement n'était pas encore arrivée (V. art. 1185).

Mais il résultait de ce système quelques embarras dans la pratique : lorsque l'usufruit s'éteignait au milieu d'une récolte, il fallait évaluer la portion coupée et la portion non coupée, pour régler les droits respectifs des parties.

La même difficulté se présentait, lorsque le fonds affermé produisait des fruits de diverses espèces, et que l'usufruitier mourait après la perception des fruits d'une certaine espèce : il fallait déterminer quelle était la portion des fermages correspondante à cette classe de fruits, pour l'attribuer à l'usufruitier.

Aujourd'hui le calcul est simplifié. Quant aux diminutions qui peuvent être réclamées par le fermier, sur le prix du bail, on ne les connaît qu'après coup, et par conséquent elles modifient rétroactivement la part de l'usufruitier, aussi bien que celle du nu-propriétaire. V. art. 1769, 1770.

Art. 587. — Si l'usufruit comprend des choses dont on ne peut faire usage sans les consommer, *comme l'argent,* les grains, les liqueurs, l'usufruitier a *le droit de s'en servir,* mais à la charge d'en rendre de pareille quantité, qualité et valeur, ou leur estimation, à la fin de l'usufruit.

L'usufruit proprement dit ne peut avoir pour objet ce qui se consomme par l'usage que l'on en fait. Les choses consomptibles ne sont pas susceptibles d'usufruit, puisqu'on ne peut en jouir sans les détruire ou les aliéner, ce qui est manifestement contraire à la notion de l'usufruit. *Hœ res (quae ipso usu consumuntur) neque naturali ratione, neque civili, recipiunt usumfructum* (Instit.; lib. II, tit. 4).

Cependant le droit romain, suivi sur ce point par le Code civil, admet une espèce d'usufruit ou quasi-usufruit à l'égard des choses qui se consomment par l'usage qu'on en fait. Cet usufruit consiste dans le droit de se servir d'une chose consomptible, à la charge d'en rendre de pareille quantité, valeur et qualité, ou leur estimation à la fin de l'usufruit. Cet usufruit a beaucoup de rapport avec le prêt de consommation.

Au reste, on retrouve plusieurs exemples en droit de ces sortes de transformation. C'est ainsi que sous le régime dotal, le mari dans les cas où il devient propriétaire de la dot mobilière qui lui est livrée au moment de la célébration du mariage ou pendant sa durée, est seulement tenu de la restituer en même qualité et valeur après la dissolution du mariage.

Comme l'argent... Cependant l'argent subsiste pendant fort longtemps sans éprouver d'altération sensible ; mais comme celui qui s'en sert (c'est-à-dire qui le dépense), l'aliène, le résultat est le même, par rapport à lui, que si l'argent était consommé (*utenti perit*).

Le droit de s'en servir... et par conséquent d'en disposer, puisque, par hypothèse, on ne peut en faire usage autrement.

L'obligation de restituer des choses pareilles compense ce qu'a d'exorbitant le droit de disposer accordé à l'usufruitier, et empêche qu'il ne soit en définitive traité aussi avantageusement que s'il avait eu la pleine propriété. — Il semble, il est vrai, au premier coup d'œil, que son bénéfice soit réduit à rien par cette restitution ; mais on répond qu'il a eu la faculté d'exploiter la valeur dont il est devenu propriétaire : il a pu notamment prêter l'argent à intérêt et en retirer un revenu.

L'usufruitier de choses qui se consomment par l'usage, est en réalité un propriétaire, débiteur de choses pareilles pour l'époque où cesserait un véritable usufruit. Quant au soi-disant nu propriétaire, c'est tout simplement un créancier de choses pareilles pour la fin du quasi-usufruit.

Art. 588.— L'usufruit d'une rente viagère donne *aussi* à l'usufruitier, pendant la durée de son usufruit, le droit d'en percevoir les arrérages , sans être tenu à aucune restitution.

Aussi... ce mot fait allusion aux difficultés analogues qu'ont fait naître les constitutions d'usufruit sur les choses qui se consomment et sur les rentes viagères.

Suivant les uns, la rente viagère n'a pas, à proprement parler, de capital ; en effet, quand elle cesse d'être payée, par la mort du rentier, aucun remboursement n'est fait à ses représentants. La somme fournie pour constituer la rente est divisée en autant de portions que le rentier a d'années à vivre, suivant le calcul des probabilités, de manière qu'à sa mort, si elle a lieu à l'époque prévue, la somme lui soit entièrement restituée. Donc, permettre à l'usufruitier d'absorber les arrérages, ce serait en réalité lui donner les mêmes droits qu'au propriétaire : il suffit qu'il ait la jouissance de ces mêmes arrérages , ou , en d'autres termes, les intérêts des intérêts.

Suivant les autres, la rente peut être considérée comme un être moral ou fictif produisant des arrérages. Il est vrai que cet être fictif est sujet à s'anéantir ; mais il en est de même des animaux grevés d'un droit d'usufruit ; pour être conséquent, dans le système contraire, il faudrait soutenir que l'usufruitier doit rendre les produits et le croît à la fin de l'usufruit (V. article 645). Les arrérages d'une rente, même viagère, constituent un revenu pour le propriétaire ; or, l'usufruitier a le droit de jouir comme lui (art. 578).

Le Code a embrassé ce dernier système. Il en résulte que l'usufruitier d'une rente viagère a des droits tout aussi étendus que si le rente était perpétuelle.

Art. 589. — Si l'usufruit comprend des choses qui , sans se consommer de suite, se détériorent peu à peu par l'usage, comme du linge, des meubles meublants, l'usufruitier a le droit de s'en servir pour l'usage *auquel elles sont destinées,* et n'est obligé de les rendre , à la fin de l'usufruit, que dans l'état où elles se trouvent, non détériorées par son dol ou par sa faute.

Faute de les représenter, il est supposé en avoir disposé à son profit. Si elles sont entièrement consommées, c'est à lui de prouver que l'usage en a produit la consommation.

Auquel elles sont destinées... d'après la volonté manifestée du précédent propriétaire, sinon d'après la coutume du grand nombre des personnes qui emploient ces sortes de choses.

L'article est une conséquence de la définition de l'article 578, d'après laquelle l'usufruitier a le droit de jouir, et ne peut jouir que comme le propriétaire lui-même. Conséquence de la même définition : l'usufruitier ne fait qu'exercer son droit en usant des choses ; on ne peut donc prétendre qu'il a commis par là une faute.

La loi s'est expliquée sur ces deux points, parce que la jouisssance de choses dont il s'agit, entraîne peu à peu leur destruction. Mais cela n'empêche pas que le droit de jouir ne puisse être séparé à leur égard du droit de disposer ; il suffit que l'extinction de l'usufruit soit possible avant la perte de la chose, et réserve ainsi une chance de consolidation au nu-propriétaire.

Cet article pose une règle d'équité dont on aurait pu contester l'application, parce que le nu-propriétaire a le droit de demander compte à la cessation de l'usufruit, de tous les objets qui ont été compris dans l'usufruit. Il faut d'ailleurs rapprocher cette disposition de celle de l'art. 603.

Art. 590. — Si l'usufruit comprend des bois taillis, l'usufruitier est tenu d'observer l'*ordre et la quotité des coupes* conformément à l'*aménagement* ou à l'*usage constant* des propriétaires ; sans indemnité *toutefois* en faveur *de l'usufruitier* ou de ses héritiers, pour les coupes ordinaires, soit de taillis, soit de *baliveaux*, soit de *futaies*, qu'il n'aurait pas faites pendant sa jouissance.

Les arbres qu'on peut tirer d'une pépinière sans la dégrader, ne font aussi partie de l'usufruit qu'à la charge par l'usufruitier de se conformer aux usages des lieux pour le remplacement (1).

Il ne faut considérer ici l'exploitation que relativement à l'exercice du droit d'usufruit, soit que l'usufruit s'applique à un bois ou à une forêt déterminés, soit que le bois ou la forêt se trouvent être une dépendance des biens soumis à l'usufruit.

L'ordre et la quotité des coupes... il ne doit pas faire de coupes ni plus fréquentes ni plus considérables.

---

(1) L'exploitation des bois et forêts est soumise à des règles particulières qui se trouvent dans une législation spéciale, sous le titre de *Code forestier*, dont plusieurs articles sont consacrés à l'exercice des *droits d'usage* qui peuvent être concédés par le propriétaire à divers ayant-droit pour leurs besoins personnels.

Aménagement.. fixation de l'âge et de la quotité des coupes (V. art. 594, *in fine*).

L'usage constant... donc, l'usufruitier ne peut s'autoriser de ce qu'un des propriétaires a fait une coupe extraordinaire, par besoin ou par fantaisie.

Toutefois... malgré l'assimilation qu'on a faite de l'usufruitier au nu-propriétaire.

De l'usufruitier...dans le cas où il survivrait à l'*extinction* de son droit (V. art. 617).

Baliveaux... arbres qui doivent être laissés sur pied lors des coupes, afin de conserver des bois de construction, surtout pour la marine.

Soit de futaies... mises en coupes réglées (V. art. 594).

Art. 591. — L'usufruitier profite encore, toujours en se conformant aux époques et à l'usage des anciens propriétaires, des parties de bois de haute futaie qui ont été mises en coupes réglées, soit que ces coupes se fassent périodiquement sur une certaine étendue de terrain, soit qu'elles se fassent d'une certaine quantité d'arbres pris indistinctement sur toute la surface du domaine.

Il était besoin de s'en expliquer, à cause de la règle qui lui interdit de toucher aux bois de haute futaie (art. 592).

Art. 592. — *Dans tous les autres cas*, l'usufruitier ne peut toucher aux arbres de haute futaie : il peut seulement employer, pour faire les réparations dont il est tenu, les arbres arrachés ou brisés par accident ; il peut même, pour cet objet, en faire abattre, s'il est nécessaire, mais à la charge d'en faire constater la nécessité avec le propriétaire.

Dans les autres cas... soit que la haute futaie n'ait pas été mise en coupe réglée, soit qu'une partie ait été mise en coupe réglée, et qu'on fasse abstraction du droit attribué à l'usufruitier sous ce rapport.

La règle posée est une conséquence de la définition de l'usufruit (art. 578), combinée avec celle des fruits. La période nécessaire pour la reproduction des bois de haute futaie peut être considérée comme aussi longue que la vie d'un homme ; on ne peut donc les considérer comme un revenu : en les coupant, on dispose, pour ainsi dire, de toute la valeur du fonds.

Art. 593. — Il peut prendre, *dans les bois*, des échalas *pour les vignes ;* il peut aussi prendre sur les arbres, *des produits* annuels ou *périodiques ;* le tout suivant l'usage du pays *ou la coutume des propriétaires*

Dans les bois... quand même il n'a pas le droit de les couper.

Pour les vignes... faisant partie du même domaine que le bois.

Des produits... tels que le liége, la gomme, les branchages émondés, les glands, la faîne.

Ou périodiques... c'est-à dire de nature à renaître au bout d'une période et non d'une année.

Ou la coutume des propriétaires... quand même elle serait contraire à l'usage du pays.

Art. 594. — Les arbres fruitiers qui meurent, ceux même qui sont arrachés ou brisés par accident, appartiennent à l'usufruitier, à la charge de les remplacer par d'autres.

Il y avait doute à l'égard des arbres arrachés par accident, parce que cet événement n'entrait pas dans les prévisions de ceux qui ont constitué l'usufruit ; mais l'usufruitier doit subir les mauvaises chances, tout comme il profite des bonnes.

Art. 595. — L'usufruitier peut jouir *par lui-même*, donner à ferme à un autre, ou même vendre ou céder *son droit* à titre gratuit. S'il donne à ferme, il doit se conformer, pour les époques où les baux doivent être *renouvelés*, et *pour leur durée*, aux règles établies pour le mari à l'égard des biens de la femme, au titre *du Contrat de mariage et des Droits respectifs des époux*.

La disposition de cet article s'applique généralement à ceux qui ont l'administration de la chose d'autrui.

Nous en avons vu un exemple au titre *de la Minorité et de la Tutelle* (art. 450).

Par lui-même... ou par l'intermédiaire des personnes qu'il propose à la perception sans s'obliger envers elles, comme envers un preneur, à les faire jouir.

Son droit... s'est-à-dire un droit renfermé dans les mêmes limites que le sien propre *jus quod habet*, (Instit., pr. *de usu et habit.*).

Renouvelés... Il ne peut renouveler plus de trois ans avant la fin du bail pour les fonds de terre, et plus de deux ans pour les maisons ; sinon le bail ne serait obligatoire pour le nu-propriétaire, qu'autant que son exécution aurait commencé avant l'extinction de l'usufruit (art. 1430).

Pour leur durée... Les baux faits par lui n'obligent le nu-propriétaire que pour le reste de la période de neuf ans, dans laquelle on se trouve à la cessation de l'usufruit (art. 1429).

On a formellement reconnu le droit de céder l'usufruit, précisément parce qu'il n'appartenait pas à l'usufruitier dans toute la latitude de l'expression. Il peut bien céder son droit, c'est-à-dire un droit limité à sa propre existence, mais non le droit de jouir pour une époque ultérieure, droit inhérent à la nue-propriété.

L'usufruitier n'aurait pas pu faire des baux avantageux, ni par conséquent tirer de la chose tout le profit possible, si le propriétaire avait conservé la faculté d'expulser le fermier à l'époque souvent incertaine de la cessation de l'usufruit. — D'ailleurs le pouvoir de jouir suppose, comme compensation ou comme auxiliaire indispensable, le pouvoir d'administrer.

Art. 596. — L'usufruitier jouit de l'augmentation survenue par alluvion à l'objet dont il a l'usufruit.

L'accroissement par alluvion est imperceptible, de telle sorte que l'usufruitier se trouve insensiblement porté à étendre sa jouissance, sans soupçonner lui-même qu'il commet une usurpation. D'ailleurs il serait souvent difficile de préciser à quel point le fonds est augmenté. — Enfin, les dégradations qu'occasionne le voisinage des rivières, lui préjudicie : il faut qu'il profite des chances de bénéfice.

Art. 597. — Il *jouit* des droits de servitude, de passage, et généralement *de tous les droits* dont le propriétaire peut jouir, et il en jouit comme le propriétaire lui-même.

Jouir d'un droit, c'est pouvoir l'exercer (V. art. 2228).

De tous les droits... inhérents à la propriété du fonds, par exemple, celui d'y chasser.

Ces deux articles 596 et 597 ne sont que l'application des principes de l'art. 582.

A l'égard des servitudes, il faut remarquer que l'usufruitier est tenu de les exercer ; car ayant la jouissance exclusive du fonds, il serait responsable envers le nu-propriétaire, s'il les laissait perdre par le non usage. Le même principe n'est pas applicable au fermier.

Art. 598. — Il jouit aussi, de la même manière que le propriétaire, des *mines* et *carrières* qui sont en exploitation à l'ouverture de l'usufruit ; et néanmoins, s'il s'agit d'une exploitation *qui ne puisse être faite* sans une concession, l'usufruitier ne pourra en jouir qu'après en avoir obtenu la permission du Roi (*Président de la République*).

Il n'a aucun droit aux mines et carrières non encore ouvertes, ni aux *tourbières* dont l'exploitation n'est point encore commencée, ni au *trésor qui pourrait être découvert* pendant la durée de l'usufruit.

Mines... lieu d'où l'on retire des substances métalliques ou du charbon, au moyen de galeries souterraines.

Carrières... lieu d'où l'on extrait à ciel ouvert des pierres, du marbre, du sable, etc.

Qui ne puisse être faite... comme celle d'une mine.

Tourbières... lieux d'où l'on extrait de la tourbe, matière combustible, qui supplée le bois de chauffage dans quelques pays.

Trésor... meuble enfoui, sur lequel personne ne peut justifier de sa propriété, et découvert par le seul effet du hasard (art. 716-2°).

Qui pourrait être découvert... par un autre que l'usufruitier. Autrement, en qualité d'inventeur, il en revendiquerait la moitié (art. 711-1°). L'autre moitié appartient au nu-propriétaire.

Conséquence de la définition de l'usufruit et de celle des fruits : les produits des mines et carrières sont des fragments du fonds plutôt que des fruits, puisqu'ils ne renaissent pas périodiquement. Quant au trésor, ce n'est pas une partie du fonds.

Art. 599. — Le propriétaire ne peut, par son fait, ni de quelque manière que ce soit, nuire aux droits de l'usufruitier.

De son côté, l'usufruitier ne peut, à la cessation de l'usufruit, réclamer *aucune indemnité pour les améliorations* qu'il prétendrait avoir faites, *encore que la valeur de la chose en fût augmentée.*

Il peut cependant, ou ses héritiers, enlever les glaces, tableaux et autres ornements qu'il aurait fait placer, mais à la charge de rétablir les lieux dans leur premier état.

Aucune indemnité pour les améliorations... Le texte ne distingue pas de quelle sorte d'améliorations il s'agit. Néanmoins on peut soutenir qu'il ne s'applique pas aux *constructions* et *plantations ;* en effet, celles qu'un tiers sans aucun droit aurait exécutées, obligeraient le propriétaire à indemnité (art. 555) ; à plus forte raison celles que ferait un usufruitier.

Encore que la valeur fût augmentée.,. cas auquel le nu-propriétaire devient plus riche par le fait de l'usufruitier.

Cet article règle les rapports entre l'usufruitier et le nu-propriétaire. Nous en retrouvons le principe au titre des Servitudes, dans l'art. 701.

SECTION II

Des obligations de l'usufruitier

Art. 600. — L'usufruitier prend les choses dans l'état où elles sont ; mais il ne peut entrer en jouissance qu'après avoir fait dresser, en présence du propriétaire, ou lui dûment appelé, un inventaire des meubles et un état des immeubles sujets à l'usufruit.

L'usufruitier étant mis, pour un temps plus ou moins long, en possession de la chose, avec pouvoir de jouir et d'administrer, il est à craindre qu'il n'en abuse, soit par dol, soit par négligence, pour détériorer ou détruire.

Si l'usufruitier négligeait de remplir cette formalité, il ne pourrait exiger la délivrance de la chose ; mais si on lui consent cette délivrance, sans qu'il ait procédé aux formalités prescrites par notre article, il sera présumé avoir reçu toutes choses en bon état.

Art. 601. — Il donne caution de jouir en bon père de famille, s'il n'en est dispensé par l'acte constitutif de l'usufruit ; cependant les père et mère ayant l'usufruit légal du bien de leurs enfants, le vendeur ou le donateur, sous réserve d'usufruit, ne sont pas tenus de donner caution.

L'usufruitier doit fournir caution pour l'accomplissement de cette obligation, excepté dans les cas de disposition contraire dans le titre. En sont aussi dispensés les pères et mères ayant l'usufruit légal des biens de leurs enfants, et le vendeur ou le donateur avec réserve d'usufruit (1) (Voyez cependant l'art. 671).

---

(1) Le conjoint survivant n'est pas non plus dispensé de donner caution dans le cas prévu par la loi du 14 juillet 1866. Voy. aussi les art. 13 et 14 de la loi du 25 mars 1873, sur la condition des déportés à la Nouvelle-Calédonie.

Art. 602. — Si l'usufruitier ne trouve pas de caution, les immeubles sont donnés à ferme ou *mis en séquestre;*

Les sommes comprises dans l'usufruit sont placées ;

Les denrées sont vendues, et le prix en provenant est pareillement placé ;

Les intérêts de ces sommes et les prix des fermes appartiennent, dans ce cas, à l'usufruitier.

L'art. 602 détermine la conduite qu'il y a à tenir, lorsque la caution ne peut pas être fournie par l'usufruitier. Alors, le droit d'usufruit est suspendu et se trouve converti en un contrat particulier qui tient du séquestre. Les biens soumis à l'usufruit sont régis par un tiers quant aux immeubles, et sont entièrement dénaturés quant aux meubles.

Mis en séquestre... c'est-à-dire confiés à un tiers chargé de les garder et choisi par les deux parties, ou, si elles ne s'accordent pas, par le tribunal (art. 1956, 1961-2°). Du reste, les fruits que le tiers recueillerait, devraient être remis à l'usufruitier.

Sans les mesures exceptionnelles que prescrit l'article 602, l'obligation de fournir caution serait devenue illusoire, et les intérêts du nu-propriétaire auraient pu être compromis.

Art. 603. — A défaut d'une caution de la part de l'usufruitier, le propriétaire peut exiger que les meubles qui dépérissent par l'usage, soient vendus, pour le prix en être placé comme celui des denrées ; et alors l'usufruitier jouit de l'intérêt pendant son usufruit : cependant l'usufruitier pourra demander, et les juges pourront ordonner, *suivant les circonstances*, qu'une partie des meubles nécessaires pour son usage lui soit délaissée, sous sa simple *caution juratoire*, et *à la charge de les représenter* à l'extinction de l'usufruit.

Suivant les circonstances... en tenant compte des garanties morales qu'offre l'usufruitier, du besoin qu'il a des meubles, de la grande fortune du nu-propriétaire, etc.

Délaissée... livrée, remise en sa possession.

Caution juratoire... garantie (*cautio*) qui consiste dans le serment de conserver et de restituer. C'est un latinisme (V. § 2, Instit. *de satisdat.*) le mot français *caution* désigne une personne. Nous devons dire, quant à cette faculté accordée au juge de laisser dans certains cas divers meubles à la disposition de l'usufruitier sous sa simple caution juratoire, que cette décision est de même nature que celle qui est admise par l'art. 453, au cas où le père et la mère sont autorisés à garder divers meubles appartenant au mineur.

A la charge de les représenter... non détériorés par son dol ou par sa faute (V. art. 589).

Les meubles dont il s'agit, sont tellement nécessaires qu'on doit présumer que l'intention du disposant a été d'en affecter la jouissance en nature à la satisfaction du besoin de l'usufruitier. Donner seulement à ce dernier l'intérêt du prix, serait lui faire tort, puisqu'il serait obligé de débourser le capital pour se les procurer. Dans le cas où il s'agit de meubles qui ne se détériorent pas par l'usage, si l'usufruitier ne donne pas caution, le nû-propriétaire peut les garder, tant que l'usufruitier n'aura pas accompli son obligation, et cela sans être obligé de lui payer un intérêt quelconque.

Art. 604, — Le retard de donner caution ne prive pas l'usufruitier des fruits auxquels il peut avoir droit ; *ils lui sont dus* du moment où l'usufruit a été ouvert.

Ils lui sont dus... soit par le nu-propriétaire, s'il les a perçus, soit par le fermier ou séquestre (V. art. 602).

Art. 605. — L'usufruitier n'est tenu qu'aux réparations d'entretien.

Les grosses réparations demeurent à la charge du propriétaire, à moins qu'elles n'aient été occasionnées par le défaut de réparations d'entretien, *depuis l'ouverture* de l'usufruit ; auquel cas l'usufruitier en est aussi tenu.

Depuis l'ouverture... Il ne peut être responsable de la négligence de ce celui qui avait la pleine propriété avant la constitution de l'usufruit.

Les décisions de ce texte sont équitables. L'usufruitier qui a le droit aux fruits supporte les réparations auxquelles on fait face avec les revenus Le nu-propriétaire qui a droit au capital, paie les réparations qu'on fait sur le capital.

L'article 605 décide que les grosses réparations demeurent à la charge du propriétaire ; en doit-on conclure qu'il peut être forcé de les faire ? La jurisprudence et la plupart des auteurs répondent négativement. En effet, l'usufruit est une servitude ; or, le propriétaire du fonds grevé peut être tenu à souffrir, à ne pas faire, il ne peut jamais être obligé à faire. C'est un principe fondamental en matière de servitude. Or, il est bien permis d'hésiter à voir dans notre art. 605 un texte qui déroge à ce principe, et partant il y a lieu de ne s'en point écarter.

Art. 606. Les *grosses réparations* sont celles des murs et des voûtes, le rétablissement des poutres et des couvertures entières ;

Celui des digues et des murs de soutènement et de clôture aussi *en entier* ;

Toutes les autres réparations sont d'entretien.

Pendant la durée de l'usufruit, le nu-propriétaire peut exiger la réparation des dégradations qui altèrent la substance du fonds, et astreindre l'usufruitier à fournir une caution, dans la crainte de dégradations nouvelles. Le juge a d'ailleurs un pouvoir discrétionnaire (1) touchant la nécessité des réparations d'entretien.

Grosses réparations... ainsi appelées parce qu'elles sont nécessaires pour conserver le gros de la chose, sa substance.

En entier... ou plutôt dans leur ensemble, quand même leur destruction ne serait pas radicale.

Toutes les autres... et, par conséquent, le rétablissement partiel des couvertures, digues et murs de *soutènement* et de clôture. Mais voyez l'art. 607.

On a voulu couper court à une foule de procès peu importants sur le point de savoir si telle ou telle réparation est grosse ou d'entretien.

Art. 607. — Ni le propriétaire, ni l'usufruitier, ne sont tenus de rebâtir ce qui est tombé de vétusté, ou ce qui a été détruit par *cas fortuit*.

Cas fortuit... événement provenant du hasard, ou occasionné par une force qu'on n'a pu prévoir ; un incendie, par exemple, causé par le feu du ciel.

L'article 607 est une conséquence de la nature *réelle* de la propriété et de l'usufruit. La propriété n'astreint celui auquel elle appartient à rien faire pour en conserver l'objet. Il doit être de même de l'usufruit qui en est un démembrement : la partie est de la même nature que le tout. Il y a toutefois cette différence que, si l'usufruitier use de son droit, il doit faire en sorte de ne pas préjudicier à celui du nu-propriétaire (V. art. 604, 605); tandis que le possesseur de la pleine propriété est libre de détériorer la chose en en jouissant.

---

(1) On dit que le juge a un pouvoir discrétionnaire quand il tranche souverainement une question d'après les lumières de sa conscience.

Art. 608. — L'usufruitier est tenu, pendant sa jouissance, de toutes charges annuelles de l'héritage, telles que les contributions et autres qui, *dans l'usage*, sont censées *charges des fruits*.

Application de cette idée que le revenu *net* d'une chose se compose du revenu *brut*, c'est-à-dire de l'ensemble de ses produits périodiques, déduction faite des dépenses périodiques qu'elle entraîne. Le propriétaire qui consommerait tout le revenu brut, sans prélever dessus le montant des dépenses périodiques, s'exposerait à être ruiné tôt ou tard. Par la même raison, l'usufruitier qui s'approprierait le revenu brut, en laissant les dépenses dont il s'agit à la charge du nu-propriétaire, finirait par absorber, au détriment de ce dernier, toute la valeur de la nue-propriété.

Dans l'usage... Le législateur oblige le tribunal à s'en référer à la coutume, peut-être parce que les parties conforment en général leur attente à ces usages.

Charges des fruits... c'est-à-dire charges à l'acquittement desquelles on consacre les revenus.

Art. 609. — A l'égard des charges qui peuvent être imposées sur la propriété pendant la durée de l'usufruit, l'usufruitier et le propriétaire *y contribuent* ainsi qu'il suit :

Le propriétaire est obligé de les payer, et l'usufruitier doit lui tenir compte des intérêts.

Si elles sont *avancées* par l'usufruitier, *il a la répétition du capital* à la fin de l'usufruit.

Cet article et le précédent règlent la base du compte respectif que l'usufruitier et le nu-propriétaire auront à établir l'un contre l'autre, à raison des avances qui seront faites par l'un ou par l'autre (1).

Contribuer à une charge... c'est la supporter en commun, débourser ensemble une portion de la valeur qu'elle coûte.

Avancées... c'est-à-dire payées. C'est une espèce de prêt ou d'avance qu'il fait au nu-propriétaire, puisque celui-ci serait obligé de les payer. Il peut avoir intérêt à faire cette avance pour empêcher la vente du bien (V. art. 612-4°).

---

(1) V. sur cet art. 609, Delvincourt, t. I, p. 156 et la note; Toullier, t. III, N°. 148; Proudhon, t. IV, N° 1782; Duranton, t. IV, N° 624.

Il a la répétition... Il a une créance à l'effet de se faire restituer...

Du capital... Sans intérêts (V. art. 612-3°).

Une subvention exigée par l'Etat pour repousser une invasion, un emprunt forcé levé par une armée ennemie, sont des charges extraordinaires qui doivent peser sur la propriété. — Soit un fonds de 100,000 francs rapportant 5,000 francs par an ; une charge extraordinaire de 20,000 fr.; le revenu de l'usufruitier doit être diminué de 1,000 francs par an, et les capitaux du nu-propriétaire, de 20,000 francs à la fin de l'usufruit.

Art. 610. — *Le legs fait* par un testateur, d'une rente viagère ou pension alimentaire, doit être acquitté *par le légataire universel de l'usufruit* dans *son intégrité,* et par le légataire à titre universel de l'usufruit *dans la proportion de sa jouissance,* sans aucune répétition de leur part.

On appelle *legs* une libéralité faite pour le temps où l'on n'existera plus, et *légataire,* celui qui en profite.

Le legs fait... sans autre manifestation de volonté.

Par le légataire de l'usufruit... et non par le légataire universel de la propriété ou par l'héritier ab intestat.

Légataire universel de l'usufruit... On peut soutenir que cette expression est inexacte et signifie seulement : légataire de l'usufruit de l'universalité des biens, le légataire d'un usufruit n'ayant jamais un droit même éventuel à la totalité (V. art. 1003). Pareillement, les mots *légataire à titre universel de l'usufruit* peuvent se traduire par : légataire de l'usufruit d'une quote-part de la succession, ou de l'usufruit, soit des immeubles, soit des meubles ; ou bien, enfin, de l'usufruit d'une quote-part, soit des meubles, soit des immeubles (V. art. 1010).

Son intégrité... En d'autres termes, l'usufruitier universel doit payer la totalité des arrérages ou des quartiers de pension échus ; mais l'extinction de son droit d'usufruit le libèrerait, sans doute de la rente ou de la pension qui se trouveraient encore dues.

Dans la proportion de sa jouissance... Il doit en payer une quote-part égale à celle qu'il prend dans l'usufruit de la succession.

Les rentes et pensions étant des prestations annuelles, ceux qui en sont débiteurs, les prélèvent ordinairement sur leurs revenus. Il est donc probable que le testateur, en créant une obligation de ce genre, a voulu l'imposer à ceux auxquels il a attribué les revenus.

C'est en l'absence seulement d'un règlement formel émané du testateur, qu'on devra en référer aux présomptions établies par les art. 610 à 642.

Art. 611. — *L'usufruitier à titre particulier* n'est pas tenu des dettes auxquelles le fonds est hypothéqué : *s'il est forcé de les payer*, il a son recours *contre le propriétaire*, sauf ce qui est dit *à l'article 1020*, au titre *des Donations entre-vifs et des Testaments.*

L'usufruitier à titre particulier... Ces expressions comprennent toute personne à qui l'usufruit d'un immeuble est transmis autrement que par une disposition universelle ou à titre universel. Le rédacteur paraît cependant avoir songé à un légataire. L'usufruitier à titre particulier est celui à qui le testateur a légué l'usufruit d'un objet déterminé pris dans la succession.

S'il est forcé de les payer... Faute de les payer, il serait contraint de délaisser, et, par conséquent, de renoncer à son droit d'usufruit, ou de subir l'expropriation.

Contre le propriétaire... lequel sera ordinairement le débiteur ; par exemple, si c'est lui qui a constitué d'abord l'hypothèque, puis l'usufruit, ou s'il est héritier du débiteur qui a légué l'usufruit. Ce recours existe au profit de l'usufruitier, quand bien même le propriétaire ne serait pas débiteur ; qu'il soit ou non débiteur peu importe, le texte ne distingue pas. Au reste, quand même il n'est pas débiteur, il n'en est pas moins vrai que le paiement fait par l'usufruitier lui a profité, puisque sa chose se trouve dégrévée par l'effet de ce paiement.

Dans ce dernier cas on admet, malgré la divergence de quelques auteurs que l'usufruitier peut encore recourir contre lui à la fin de l'usufruit, sauf le droit pour le propriétaire de se faire indemniser par le débiteur personnel de la dette.

A l'article 1020... Quant à la disposition de l'art. 1020 à laquelle renvoie l'art. 611, il importe de remarquer qu'elle ne déroge pas à l'art. 611, comme semble l'annoncer le renvoi de ce texte. C'est une confusion faite par le législateur. L'art. 1020 décide simplement que lorsqu'une chose, grévée d'une hypothèque ou d'un usufruit, fait l'objet d'un legs, celui qui est chargé d'acquitter ce legs, n'est pas tenu de dégrever la chose.

Art. 612. — *L'usufruitier, ou universel, ou à titre universel*, doit contribuer avec le propriétaire *au paiement des dettes*, ainsi qu'il suit :

On estime *la valeur du fonds* sujet à usufruit ; on fixe ensuite la contribution aux dettes à raison de cette valeur.

Si l'usufruitier veut avancer *la somme pour laquelle le fonds doit contribuer*, le capital lui en est restitué à la fin de l'usufruit, sans aucun intérêt.

Si l'usufruitier ne veut pas faire cette avance, le propriétaire a le choix, ou de payer cette somme, et, dans ce cas, l'usufruitier lui tient compte des intérêts pendant la durée de l'usufruit, ou de *faire vendre jusqu'à due concurrence* une portion des biens soumis à l'usufruit.

L'usufruitier universel ou à titre universel... c'est-à-dire l'acquéreur de l'usufruit de l'universalité des biens d'une personne ou d'une quote-part de l'universalité. Cette acquisition peut s'opérer, non-seulement par legs (Comp. art. 610), mais par succession (art. 754), ou même entre-vifs, à titre gratuit ou onéreux (1). V. aussi art. 384.

Au paiement des dettes... soit du propriétaire lui-même, si c'est lui qui constitue l'usufruit, pourvu qu'elles soient antérieures à la constitution, soit de leur auteur commun.

Fonds... On appelle ainsi la chose productive par opposition au produit. Il est aux revenus ce que le capital est aux intérêts. C'est en ce sens qu'on dit : *manger son fonds avec son revenu.*

La valeur du fonds... c'est-à-dire la valeur en pleine propriété de la quote-part grevée d'usufruit. — Dans le cas d'usufruit universel, le fonds contribue pour la totalité des dettes : il est donc inutile de l'estimer.

La somme pour laquelle le fonds doit contribuer... c'est-à-dire une quote-part des dettes, qui est à la totalité des dettes comme la quote-part grevée d'usufruit est à la totalité des biens.

Faire vendre... Il faut employer les formes judiciaires, à cause du droit de l'usufruitier, dont le propriétaire ne peut disposer ; il en est autrement, s'ils sont d'accord. — Du reste, le tiers-créancier peut lui-même faire saisir et vendre (art. 2092).

Jusqu'à due concurrence.... c'est-à-dire jusqu'à concurrence d'une somme suffisante pour acquitter la dette, auquel cas l'usufruitier, se trouvant privé des fruits des biens vendus, ne doit pas d'intérêts au nu-propriétaire.

Voir pour les autres termes l'art. 609.

---

(1) En principe, une acquisition par acte entre vifs à titre gratuit ou onéreux, est toujours à titre particulier. Cependant, en ce qui concerne l'art. 612, on peut supposer qu'un héritier concède un usufruit sur une succession qu'il vient de recueillir. Cet usufruitier sera tenu de supporter les charges de la succession proportionnellement à sa jouissance.

Art. 613. — L'usufruitier *n'est tenu que* des frais des procès qui concernent la jouissance, *et des autres condamnations* auxquelles ces procès pourraient donner lieu.

N'est tenu que... Le rédacteur a voulu dire que l'usufruitier n'est pas tenu d'indemniser le nu-propriétaire d'une partie des condamnations que celui-ci a encourues dans des procès étrangers à l'usufruit. Du reste, il est par trop évident que l'usufruitier, qui n'a pas été mis en cause par le tiers adversaire du nu-propriétaire, n'est pas tenu envers ce tiers des condamnations qu'il a obtenues : *res inter alios judicata aliis non nocet* (art. 1351). L'usufruitier qui doit payer les frais réputés charges des fruits, devait, par une semblable raison, être tenu des dépens concernant la jouissance ; car ce sont là des actions qui lui sont propres et personnelles.

Et des autres condamnations... ayant pour objet des dommages-intérêts ou des restitutions de fruits.

Il arrivera souvent que la contestation intéresse et le nu-propriétaire et l'usufruitier. Dans ce cas l'un et l'autre contribuent au procès, d'après les bases fixées dans l'article 609 du code civil.

Art. 614. — Si, pendant la durée de l'usufruit, un tiers *commet quelque usurpation* sur le fonds, *ou attente autrement* aux droits du propriétaire, l'usufruitier est tenu *de le dénoncer* à celui-ci : faute de ce, il est responsable de tout le dommage qui peut en résulter pour le propriétaire, comme il le serait de dégradations commises par lui-même.

Commet quelque usurpation... Se met en possession, sans droit, de tout ou partie du fonds.

Ou attente autrement... par exemple, en exerçant une prétendue servitude, surtout si elle est de celles qui peuvent s'acquérir par prescription (V. art. 690), ou bien en contrevenant à une servitude active appartenant au fonds grevé d'usufruit.

De le dénoncer... afin que le propriétaire puisse agir à l'effet de faire cesser l'usurpation. Du reste, l'usufruitier a droit d'agir lui-même de son chef pour faire respecter sa jouissance.

Mais cela ne le dispense pas d'en donner avis au nu-propriétaire, excepté quand le trouble ne porte que sur l'usufruit. L'usufruitier peut en effet défendre mal les intérêts du propriétaire ; car il peut ignorer les meilleurs moyens de défense et commettrait une faute grave de ne pas mettre le propriétaire en mesure de se défendre lui-même.

Art. 615. — Si l'usufruit n'est établi que sur un animal qui vient à périr sans la faute de l'usufruitier, celui-ci n'est pas tenu d'en rendre un autre, ni d'en payer l'estimation.

Application du principe d'après lequel les obligations s'éteignent par la perte de la chose due, arrrivée sans le fait du débiteur (art. 1302-1°).

On s'en est expliqué, à cause de l'obligation spéciale imposée à l'usufruitier d'un troupeau par l'article 616-2°.

Art. 616. — Si le troupeau sur lequel un usufruit a été établi, périt entièrement par accident ou par maladie, et sans la faute de l'usufruitier, celui-ci n'est tenu envers le propriétaire que de lui rendre compte des cuirs ou de leur valeur.

Si le troupeau ne périt pas entièrement, l'usufruitier est tenu de remplacer, *jusqu'à concurrence du croît*, les têtes des animaux qui ont péri.

L'article 616 est une application de l'article 1302-1° combiné avec l'article 617-6°.

Jusqu'à concurrence du croît... Conséquence de l'obligation imposée à l'usufruitier de jouir comme un bon propriétaire, et par suite, de conserver la substance (art. 578, 604 ; § 38, Inst. *de rerum divis.*). En effet, un troupeau est une collection d'animaux *universitas*, (l. 70, § 3, Dig., *De usufructu*) destinée à être perpétuée par les générations successives. Si l'usufruitier s'appropriait tout le croît, au bout d'un temps suffisamment long, le troupeau primitif serait anéanti, au détriment du propriétaire, tandis que l'usufruitier aurait pu s'en créer un pour son propre compte avec les jeunes têtes (1).

S'il n'y a pas de croît, l'usufruitier n'est pas obligé au remplacement. Il faut aussi remarquer que l'obligation de remplacer les têtes mortes, même du croît des autres, n'a pas lieu, quand l'usufruit n'est point établi sur une universalité, mais seulement sur un certain nombre déterminé de bêtes.

---

(1) Mais si le vide se produisait après que l'usufruitier a disposé du croît déjà né, il ne sera tenu de le remplir qu'à l'aide du croît postérieur.

SECTION III

Comment l'usufruit prend fin

Art. 617. — L'usufruit s'éteint :

Par la mort naturelle et par la *mort civile* de l'usufruitier ;

Par l'expiration du temps pour lequel il a été accordé :

Par la consolidation (1) ou la réunion, sur la même tête, des deux qualités d'usufruitier et de propriétaire ;

Par le *non-usage* du droit pendant trente ans ;

Par la perte totale de la chose sur laquelle l'usufruit est établi.

Mort civile... Elle a été abolie par la loi du 31 mai 1854.

Non-usage pendant 30 ans... Exception à la règle qui permet à chacun d'user ou de ne pas user de son droit ; ou, si l'on veut, présomption légale astreignant le juge à décider que l'usufruit a été éteint. Il est probable, en effet, que si l'usufruitier avait eu réellement le droit de jouir de la chose, il n'aurait pas négligé si longtemps de l'exercer ; en admettant même qu'il justifie d'une constitution d'usufruit, ayant plus de 30 ans de date, il devient probable qu'il l'a cédé au nu-propriétaire, ou bien y a renoncé : et l'on ne peut imputer à faute au propriétaire de n'avoir pas conservé, pendant 30 ans, les preuves de cette renonciation.

L'usufruit s'éteint encore :

1° Par la renonciation de l'usufruitier, même sans le consentement du nu-propriétaire, à la différence de la consolidation (V. art. 621) ;

2° Par la résolution du droit de celui qui a constitué l'usufruit : *Resoluto jure dantis, resolvitur jus accipientis* (V. art. 2125).

Quoique le Code ne parle, dans cet article, que de la prescription trentenaire, cependant, comme l'usufruit peut s'acquérir par la prescription de dix à vingt ans avec juste titre et bonne foi, il paraît qu'il peut également s'éteindre de la même manière. Mais pour cela il faut supposer que non seulement l'usufruitier n'a pas usé de son droit ; mais encore qu'un tiers

---

(1) Ce mot vient de *solidus*, intégral. En droit romain, ce mot ne désigne, à proprement parler, que l'acquisition de la nue-propriété par l'usufruitier. -

s'est mis en possession de la chose soit à titre d'usufruitier, soit à titre de propriétaire. Ce tiers, pour pouvoir invoquer la prescription de 10 à 20 ans, doit être de bonne foi, c'est-à-dire ignorer l'existence du droit d'usufruit; de plus il faut qu'il ait un juste titre, c'est-à-dire qu'il doit avoir reçu la chose à titre de propriété ou d'usufruit d'une personne qu'il croyait être véritablement propriétaire.

3° Pour compléter l'énumération que donne l'art. 617, il aurait fallu également rappeler les dispositions de l'art. 1234, en disant que l'usufruit s'éteint aussi par la *novation*, et par l'effet de la condition résolutoire

4° Enfin l'usufruit peut cesser encore par l'effet d'une expropriation pour cause d'utilité publique qui frappera la propriété. Le contrat est alors résolu par la seule force de la loi ; mais l'usufruitier est appelé à prendre part dans une certaine mesure à l'indemnité qui est accordée pour la dépossession. Il n'y a alors que l'indemnité totale à régler, en sorte que le nu-propriétaire et l'usufruitier exercent leurs droits sur le montant de l'indemnité, au lieu de l'exercer sur la chose.

Dans ce cas de la loi sur l'expropriation pour cause d'utilité publique, l'usufruitier sera tenu de fournir caution, sauf les père et mère ayant l'usufruit légal des biens de leurs enfants : d'où il suit que même l'usufruitier qui par son titre est dispensé de fournir caution, même le vendeur ou le donateur sous réserve d'usufruit, seront tenus ici de la fournir. En effet il y a interversion de titres qui fait entière novation (1) dans les droits réciproques des parties à cet égard (2).

Art. 618. — L'usufruit peut aussi cesser par l'abus que l'usufruitier fait de sa jouissance, soit en commettant des dégradations sur le fonds, soit en le laissant dépérir faute d'entretien.

Les créanciers de l'usufruitier peuvent intervenir dans les contestations, *pour la conservation de leurs droits* ; ils peuvent offrir la réparation des dégradations commises, et des *garanties pour l'avenir*.

Les juges peuvent, *suivant la gravité des circonstances*, ou prononcer *l'extinction absolue* de l'usufruit, ou n'ordonner la rentrée du propriétaire dans la jouissance de l'objet

---

(1) La novation est la substitution d'une nouvelle dette à l'ancienne, qui se trouve ainsi entièrement éteinte.

(2) Voy. sur ce point intéressant l'art. 40 de la loi du 3 mai 1841 sur l'expropriation pour cause d'utilité publique.

qui en est grevé, que sous la charge de payer annuellement
à l'usufruitier, ou à ses *ayant cause*, une somme déterminée jusqu'à l'instant où l'usufruit *aurait dû cesser.*

Pour la conservation de leurs droits... Il peut se faire que la déchéance de l'usufruitier le rende insolvable, et qu'il cherche, d'ailleurs, à
les frauder.

Garanties pour l'avenir... Par exemple, une caution additionnelle.

Suivant la gravité des circonstances... Suivant que l'abus de jouissance fait craindre plus ou moins la destruction de la chose.

Extinction absolue... c'est-à-dire sans charge d'indemnité.

Ayant cause... Notamment ses créanciers.

Aurait dû cesser... par l'un des modes ordinaires. Ainsi l'usufruit est
remplacé par la créance d'une prestation périodique, sujette aux mêmes
chances d'extinction.

Art. 619. — L'usufruit qui n'est pas accordé à des particuliers, ne dure que trente ans.

Le disposant, par cela même qu'il ne donne que l'usufruit, déclare implicitement qu'il réserve la propriété à un autre ; or, une corporation n'est
pas, en général, susceptible de périr, les anciens membres étant indéfini-
ment remplacés par de nouveaux : une concession illimitée d'usufruit faite
à une personne de ce genre, rendrait la nue-propriété illusoire. Il est donc
vraisemblable qu'on a entendu la restreindre dans certaines bornes. Le
Code a fixé ce terme présumé à 30 ans.

A Rome, l'usufruit accordé à une cité durait 100 ans, parce que c'est à
peu près le terme le plus long de la vie humaine (loi 56 *in fine*, Dig.
De usufr. et quem. ; Comp. art. 129).

D'après l'article 619 du Code civil, l'usufruit constitué au profit d'une
autre personne qu'un particulier s'éteint au bout de trente ans ; supposons
un legs d'usufruit au profit d'une église, d'un séminaire, d'une communauté religieuse, pour une durée de quarante ans, par exemple ; après
l'expiration de la trentième année, l'héritier nu propriétaire et grevé du
legs est-il tenu en conscience de respecter le droit d'usufruit pendant les
dix ans qui restent à courir ?

Nous répondons que ce n'est pas ici la loi civile, mais la loi canonique
qu'on doit appliquer. Ainsi décidé par le can. *Indicante*, 4, et le can.
Relatum, 11, *de Testamentis* aux Décrétales. Ainsi la S. Pénitencerie, interrogée sur le point de savoir si un légataire universel pouvait
retenir tout ce qui lui était légué par testament, alors qu'une partie des
biens légués avait été affectée par la volonté du testateur aux bonnes
œuvres, mais par écrit privé dépourvu des formes civiles requises, répondit

le 23 juin 1844, que le légataire en ce cas est tenu en conscience de remplir les volontés certainement connues du testateur (1). D'où il suit qu'il ne pouvait pas se prévaloir de la loi civile pour ne pas exécuter un écrit, quoique nul devant cette loi. *A pari*, un usufruit, ayant été constitué au profit d'une œuvre ou d'une institution dépendant de l'Église, pour un terme plus long que ne le permet la loi civile, les héritiers du donateur ne pourront en conscience se prévaloir de la loi civile pour faire cesser l'usufruit. Il faut néanmoins tenir compte dans tel ou tel cas particulier de la volonté du donateur, de la tolérance de l'Église, qui peut permettre pour des raisons graves qu'on suive la loi civile, ou qu'on ne trouble pas la bonne foi des héritiers qui en appellent à cette loi. Le mieux serait de recourir à l'Évêque, puisque le Concile de Trente décide, sess. XXII, cap. 8, *de Reformat.*, que les Évêques sont les exécuteurs de toutes les dispositions pieuses, soit entre vifs, soit par testament.

Art. 620. — L'usufruit accordé jusqu'à ce *qu'un tiers* ait atteint un âge fixe, dure *jusqu'à cette époque*, encore que le tiers soit mort avant l'âge fixé.

Un tiers... Qui n'est ni l'usufruitier ni le constituant.

Jusqu'à cette époque... c'est-à-dire jusqu'à l'époque à laquelle le tiers aurait atteint l'âge indiqué, s'il eût survécu, à moins que l'usufruit ne s'éteigne par quelqu'un des modes légaux autres que l'expiration du temps.

Il est probable que les parties, en fixant un certain terme, ont entendu que l'usufruit durerait jusque-là, sans se préoccuper d'une existence indifférente pour l'exercice du droit. — On pourrait toutefois objecter qu'il était facile au disposant d'indiquer le terme directement, s'il n'entendait pas subordonner la continuation de l'usufruit à la survie du tiers. Aussi cette question paraît avoir été controversée chez les Romains (V. loi 12, Cod., *De usufr. et habit.*). La décision de Justinien, adoptée par le Code, est assez plausible, lorsque le tiers est le nu-propriétaire : en effet, son héritier ne doit pas être mieux traité que lui-même, au détriment de l'usufruitier.

Art. 621. — La vente de la chose sujette à usufruit ne fait aucun changement dans le droit de l'usufruitier ; il continue de jouir de son usufruit, s'il n'y a pas formellement renoncé.

Il en est de la vente faite par le nu-propriétaire comme de la vente faite par l'usufruitier, lorsque le droit de vente ne lui a pas été interdit. Tous

---

(1) V. la décision au commentaire de l'art. 967.

deux exercent à cet égard leurs droits, sans qu'il soit porté la moindre atteinte au contrat. Mais si le nu-propriétaire se rend acquéreur de l'usufruit, ou si l'usufruitier acquiert la nue-propriété, alors l'usufruit se trouvera éteint par la confusion.

Art. 622. — Les créanciers de l'usufruitier peuvent faire annuler la renonciation qu'il aurait faite *à leur préjudice.*

A leur préjudice... c'est-à-dire dans le cas où son passif excède déjà son actif ; ou bien lorsque la renonciation fait descendre son actif au-dessous de son passif. En d'autres termes, lorsqu'il est insolvable avant la renonciation, ou qu'elle le rend insolvable.

Application du principe général de l'art. 1167-1°.

La loi a cru devoir s'en expliquer, parce que le retour de l'usufruit à la nue-propriété est vu avec faveur ; d'ailleurs quand la renonciation intervient dès l'ouverture du droit, il semble que ce soit moins une aliénation qu'une omission d'acquérir (art. 1167 et 788).

Peut-être aussi a-t-on voulu admettre une extension au droit que l'article 1167 accorde aux créanciers d'attaquer les actes faits en fraude de leurs droits. En principe l'acte ne peut être attaqué qu'autant que le débiteur connaît son insolvabilité, tandis qu'ici il suffirait du simple préjudice.

Lorsque l'usufruit porte sur des immeubles, les créanciers peuvent facilement attaquer l'acte et faire respecter leur droit, soit en faisant considérer l'acte comme non avenu et par conséquent en faisant saisir et vendre l'usufruit, soit en opérant une saisie des fruits produits par la chose. Évidemment ce dernier moyen ne peut être employé en ce qui concerne les meubles, mais le premier, qui est aussi le plus avantageux, est possible aussi bien en matière mobilière qu'en matière immobilière. Les créanciers font d'abord juger que la renonciation est faite à leur préjudice ; et alors l'usufruit subsistant vis-à-vis d'eux peut être vendu par les créanciers de l'insolvable.

Art. 623. — Si une partie seulement de la chose soumise à l'usufruit est détruite, l'usufruit se conserve sur ce qui reste.

On l'a dit formellement, dans la crainte qu'on n'induisît le contraire, de la règle d'après laquelle la perte de la substance suffit pour éteindre l'usufruit (V. art. 624).

Art. 624. — Si l'usufruit n'est établi que sur un bâtiment, et que ce bâtiment soit détruit par un incendie ou autre accident, ou qu'il s'écroule de vétusté, l'usufruitier n'aura droit de jouir ni du sol ni des matériaux.

Si l'usufruit était établi sur un domaine dont le bâtiment faisait partie, l'usufruitier jouira du sol et des matériaux.

Le texte est une application du principe qui limite la durée de l'usufruit à celle de la substance. Quand le bâtiment est tombé, sa substance est détruite ; car on ne peut plus dire qu'il existe un bâtiment, encore bien que tous les matériaux demeurent intacts.

On pourrait objecter que rien n'empêcherait l'usufruitier de jouir des matériaux ; et, en effet, la propriété subsiste à leur égard. Mais, indépendamment de la faveur due au retour de l'usufruit à la propriété, il est probable que cette décision dérive d'une interprétation stricte de volonté. On a pensé, sans doute, que le testateur, en léguant l'usufruit *du bâtiment*, n'avait pas entendu léguer l'usufruit d'autre chose que le bâtiment ; or, les matériaux ne sont pas la même chose.

On pouvait douter de la solution donnée par le second paragraphe de l'art. 624, parce que la substance du bâtiment est supposée détruite comme dans le cas prévu par le premier alinéa. Mais celle du fonds subsiste toujours ; or, c'est l'usufruit du fonds qui a été accordé, et non pas seulement l'usufruit de la maison. Les matériaux peuvent être considérés comme accessoires de la partie qui subsiste.

Il n'en est pas ici comme des servitudes qui, après avoir cessé, lorsque les choses se trouvent en un tel état qu'on ne peut plus en user (art. 703), revivent, si les choses sont rétablies dans les trente ans, de manière qu'on puisse en user (art. 704).

CHAPITRE II

DE L'USAGE ET DE L'HABITATION

Art. 625. — Les droits d'usage et d'habitation s'établissent et se perdent de la même manière que l'usufruit.

Il n'y a pas d'exemple d'habitation ou d'usage établis par la loi, pas même dans les articles 1465 et 1570. Du reste, nul doute que les lois nouvelles ne puissent en établir.

Art. 626. — On ne peut en jouir, comme dans le cas de l'usufruit, *sans donner préalablement caution*, et sans faire des états et *des inventaires*.

Préalablement... avant d'entrer en jouissance (art. 600).

Sans donner caution... sauf les cas de clause contraire, et de vente ou donation avec réserve de l'usage ou de l'habitation (art. 604).

Des inventaires... le propriétaire dûment appelé (ar. 600).

Art. 627. — L'usager, et celui qui a un droit d'habitation, doivent jouir en bons pères de famille.

Ils doivent jouir en bons pères de famille, sous peine de voir réduire leurs droits, ou même de les voir résoudre par suite de l'abus qu'ils en feraient.

Art. 628. — Les droits d'usage et d'habitation se règlent *par le titre* qui les a établis, et reçoivent, d'après ses dispositions, plus ou moins d'étendue.

Par le titre... c'est-à-dire conformément au contrat ou au testament qui les a établis.

Art. 629. — Si le titre ne s'explique pas sur l'étendue de ces droits, ils sont réglés ainsi qu'il suit.

Le législateur a craint sans doute d'exposer les parties à des décisions arbitraires, en laissant au juge un pouvoir d'interprétation sans limite.

Art. 630. — Celui qui a l'usage *des fruits d'un fonds*, ne peut *en exiger* qu'autant qu'il lui en faut pour ses besoins et ceux de sa famille.

Il peut en exiger pour les besoins *même des enfants qui lui sont survenus* depuis la concession de l'usage.

Des fruits d'un fonds... Il est probable que le rédacteur a voulu dire l'usage d'un fonds de terre et non l'usage de ses fruits, par opposition à l'habitation dans une maison (art. 632 et suiv.), car alors, suivant le sens du mot *usage*, l'usager pourrait se servir des fruits sans les percevoir, ce qui ne se conçoit pas.

En exiger... du propriétaire ou de l'usufruitier, s'il y en a un.

Même des enfants survenus depuis... et cela, quand même il n'était point marié lors de la constitution, ou qu'il était marié sans enfants (arg. de l'art. 632) (1).

---

(1) L'usage toutefois ne s'étendra ni au père ni a la mère de l'usager, alors même que celui-ci serait tenu de leur fournir des aliments ; car lors du contrat, le propriétaire n'a pu s'obliger envers les ascendants.

En posant en principe que l'usager ne pourrait rien exiger au delà de ses besoins et de ceux de sa famille, la loi n'a pas voulu autoriser le propriétaire à faire à l'usager sa part. En effet, celui-ci n'a pas à demander de délivrance ; tout ce que l'on a voulu dire, c'est qu'il jouirait sans excès comme sans abus.

On pourrait objecter que le mot *usage*, opposé à *jouissance*, exclut la perception des produits de la chose. Mais le rédacteur s'est sans doute préoccupé du cas où l'usage est légué : il n'est guère vraisemblable que le testateur ait voulu faire une libéralité aussi exiguë que celle du droit de regarder le fonds et de s'y promener. Cette conjecture paraît également avoir influé sur l'espèce de transaction imaginée par les jurisconsultes romains entre l'interprétation rigoureuse des termes et l'observation de la volonté probable du testateur. Quoi qu'il en soit, les rédacteurs du Code ont adopté la même base pour fixer l'étendue du droit d'usage.

Art. 631. — L'usager ne peut céder ni louer son droit à un autre.

L'usage n'est que le droit de prendre autant de fruits qu'il en faut pour ses besoins et ceux de sa famille ; or, le cessionnaire pourrait avoir, lui et sa famille, des besoins beaucoup plus étendus que ceux de l'usager primitif.

L'usage diffère de l'usufruit sous ce rapport (V. art. 595).

Art. 632. — Celui qui a un droit d'habitation dans une maison, peut y demeurer avec sa famille, quand même il n'aurait pas été marié à l'époque où ce droit lui a été donné.

Le disposant a dû prévoir que le concessionnaire se marierait ou que sa famille augmenterait. Cette supposition admise, il n'est pas vraisemblable qu'il ait entendu l'astreindre à habiter seul, et le séparer en quelque sorte de sa femme et de ses enfants.

Il en est du droit d'habitation comme du droit d'usage ; seulement, il s'applique exclusivement à la jouissance des lieux et constitue une sorte de bail soit à vie, soit à terme (1).

Art 633. — Le droit d'habitation *se restreint* à ce qui est nécessaire pour l'habitation de celui à qui ce droit a été concédé, et de sa famille.

Se restreint... soit que la maison soit trop vaste dans le principe, soit que la famille de l'usager diminue plus tard et n'ait plus besoin de la totalité des appartements.

---

(1) Voy. sur ce point, Delvincourt, t. I, p. 160 ; Proudhon, t. VI, Nos 2812 et 2817; Duranton, t. V, Nos 19 et 45.

Art. 634. — Le droit d'habitation ne peut être ni cédé ni loué.

Il y a similitude entre l'habitation et l'usage d'une maison. Au contraire, en Droit romain, le premier de ces droits pouvait être loué, du moins suivant l'avis de Marcellus, adopté par Justinien (§ 5, Instit., *de Usu et habit.*)

Art 635. — Si l'usager absorbe *tous les fruits* du fonds, ou s'il occupe la totalité de la maison, il est assujetti *aux frais de culture*, aux réparations d'entretien, et au paiement des contributions , *comme l'usufruitier.*

S'il ne prend qu'une partie des fruits , ou s'il n'occupe qu'une partie de la maison , il contribue *au prorata* de ce dont il jouit.

Tous les fruits... c'est-à-dire s'ils sont nécessaires à ses besoins et a ceux de sa famille.

Aux frais de culture... sans devoir de récompense pour les fruits non recueillis à l'ouverture du droit d'usage (V. art. 585-2°).

Comme l'usufruitier... et en général aux mêmes charges que ce dernier.

Au prorata... Il supporte une fraction des charges égale à celle qu'il prend dans les fruits. Du latin, *pro ratá parte.*

Art. 636. — L'usage des bois et forêts est réglé par des lois particulières.

Dérogation, ou plutôt annonce d'une dérogation aux règles précédentes.

L'exercice des droits d'usage dans les forêts offre des inconvénients graves, en facilitant l'enlèvement frauduleux du bois , ou en compromettant la conservation de la forêt par les dégâts que peuvent faire les animaux. De là, la nécessité de l'assujettir à des restrictions spéciales.

Le droit d'usage dans les bois et forêts se trouve réglé par la loi du 21 mai 1827, qui forme le *Code forestier.*

TITRE IV

DES SERVITUDES OU SERVICES FONCIERS

Décrété le 10 pluviose an XII (31 Janvier 1804) ; promulgué le 20 (10 Février).

PRÉLIMINAIRES

Idées générales. — Le droit de propriété est, sauf les restrictions indiquées, indépendant et illimité : il suit de là que chaque propriétaire peut faire tout ce qu'il veut sur son fonds, et empêcher les autres d'y porter la moindre atteinte, mais ne peut lui-même rien faire sur le fonds d'autrui.

Ce régime d'indépendance absolue serait gênant pour l'exploitation des propriétés ; si un cultivateur doit, par exemple, s'interdire absolument de passer par le terrain qui touche au sien, il lui deviendra difficile et peut-être impossible de mettre le sien en valeur. Il arrivera donc nécessairement, par suite des relations de bon voisinage, qu'un propriétaire concèdera à son voisin, pour lui permettre de jouir plus facilement de son bien, une fraction soit de son *jus utendi*, par exemple, le droit de passer sur son fonds, soit de son *jus fruendi*, par exemple, le droit de faire paître un troupeau sur ses terres, soit de son *jus abutendi*, par exemple, le droit d'extraire du sable de son terrain. Jamais il ne peut ainsi obliger ceux qui lui succèderont dans la propriété du fonds, à faire un acte positif au profit du voisin ; mais il peut obliger le fonds lui-même, c'est-à-dire tous les propriétaires successifs, à souffrir tel acte du voisin, ou à s'abstenir d'un fait qui normalement rentrerait dans l'exercice de leur droit de propriété, par exemple, à laisser le voisin puiser de l'eau, ou à ne pas élever leur propre mur au-delà de telle limite pour ne point gêner la vue du voisin.

Une parcelle de la propriété d'un immeuble se trouve dans toutes ces hypothèses annexée à la propriété d'un autre.

On a ainsi un droit réel établi sur un immeuble pour l'utilité ou l'agrément d'un immeuble appartenant à un autre propriétaire. Ces démembrements du droit de propriété s'appellent *servitudes réelles* ou *foncières*; ce sont elles qu'on désigne en employant le mot *servitudes* sans qualificatif. Comme les *servitudes personnelles*, elles consistent dans l'attribution d'un des éléments d'une propriété démembrée à un autre que le propriétaire. Mais, tandis que dans les servitudes personnelles le sujet actif du droit est une personne, c'est un fonds dans les servitudes réelles. L'avantage en revient,il est vrai,toujours à un individu, mais la servitude *réelle* ne lui profite que par l'intermédiaire du fonds; la servitude *personnelle* lui profite, au contraire, directement.

Ces servitudes qui dérivent *du fait de l'homme*, c'est-à-dire du libre exercice de sa volonté (conventions, testament), méritent bien leur nom; car le fonds qui les subit (*fonds servant* pour le profit d'un autre. appelé *dominant*), a quelque chose de moins que les autres propriétés; il est en servitude.

Mais il y a encore un cas où une propriété est dépouillée d'une partie de ses avantages, à peu près de même façon que lorsqu'une servitude est constituée par le fait de l'homme; ce cas, on l'a déjà vu au titre de la *Propriété*, c'est celui où une restriction au droit de propriété est imposée par la loi. A celles de ces restrictions qui ont été indiquées à cet endroit, d'autres vont être ajoutées ici, que logiquement il eût fallu étudier avec les premières,mais qu'on doit rejeter au titre des *Servitudes* pour suivre l'ordre du Code civil. Divers intérêts d'ordre public, celui de l'agriculture notamment, exigent que la loi impose certaines restrictions au droit de propriété à raison de la situation naturelle des lieux ; et ces restrictions, à cause d'une fausse ressemblance avec des servitudes du fait de l'homme, s'appellent servitudes *légales* ou *naturelles*. En réalité ce ne sont pas des servitudes, car elles n'ont rien d'exceptionnel, et constituent le sort commun, l'organisation naturelle de la propriété. Elles ne forment qu'une seule catégorie; car toute servitude légale dérive de la situation des lieux, et par suite est naturelle, et toute servitude naturelle est légale, parce qu'elle est consacrée par la loi.

Le régime des eaux au point de vue du droit privé, le bornage, le droit de se clore rentrent dans ce cadre ; aux servitudes légales d'utilité publique, (servitudes militaires, halage et marchepied des cours d'eau, extraction de matériaux le long des routes), auxquelles le titre de la *Propriété* a fait allusion, s'en ajoutent d'autres établies dans l'intérêt des particuliers, elles sont relatives à la mitoyenneté, à la plantation d'arbres à l'extrémité d'un fonds, aux vues sur le fonds d'autrui, à l'égoût des toits, au passage en cas d'enclave.

Indiquer les restrictions qu'il impose à la propriété sous le nom de *servitudes*; et règlementer les modes de constitution des servitudes qui ont pour fondement la libre exercice de la volonté, afin de résoudre par avance les contestations ; voilà les deux premières dispositions que prendra le législateur.

Cela fait, la classification que la loi pourra faire des diverses servitudes, ne sera plus qu'une question secondaire. Elle devra seulement, comme pour la distinction des biens, classer les servitudes d'après leur nature.

Enfin le législateur fera pour les modes d'extinction une réglementation analogue à celle qu'il a faite pour les modes de constitution.

** **

Droit romain. — Les servitudes foncières ou réelles portent dans la langue romaine le nom de *prédiales, servitutes prœdiorum vel rerum.*

I. — Les principes généraux qui viennent d'être posés, trouvaient leur application dans les servitudes romaines. Mais cette matière subit plus que toute autre l'influence des usages, elle se modifie aussi avec les procédés de construction. Ainsi la mitoyenneté était rare chez les Romains qui en général construisaient des maisons isolées, *insulæ*, pour éviter que deux divinités domestiques eussent une enceinte commune (1).

Sur un seul point le droit romain s'écarte des principes de la matière des servitudes ; c'est quand, malgré le principe qu'une servitude n'oblige jamais à faire quelque chose, il décide que le propriétaire du fonds grevé d'une servitude *oneris ferendi* doit entretenir son mur (2).

II. — Quant aux modes de constitution des servitudes, ce sont en principe les modes d'acquisition de la propriété ; il faut donc, avant d'aborder cette matière, se reporter aux *Dispositions générales* du Livre III du Code civil. Puis on distinguera trois périodes :

Dans le droit civil primitif de Rome, la servitude est constituée *translatione*, quand un propriétaire grève son fonds au profit de celui d'autrui, ou *deductione*, lorsqu'il la retient au profit d'un fonds qu'il garde sur celui qu'il aliène.

---

(1) **Fustel de Coulanges**, *La Cité antique*, p. 65 ; Liv. II, ch. VI.
(2) **Accarias**, t. I, N° 268.

Pour la constitution *translatione* tous les modes d'acquisition de la propriété ne peuvent pas être employés : la *mancipation* ne peut s'appliquer qu'aux *res mancipi*, or, les servitudes *rurales* (1) seules le sont ; toutes les servitudes étant choses incorporelles et par suite insusceptibles de possession , l'*occupation*, la *tradition* et l'*usucapion* ne peuvent pas s'y appliquer. Restent la *cessio in jure*, l'*adjudicatio* quand les deux fonds sont compris dans la même action en partage, et le *testament.*

De la *mancipation*, de la *cessio in jure* ou du *testament* peut résulter indirectement la constitution d'une servitude *deductione*.

Le préteur admit, comme pour les servitudes personnelles, une *quasi-possession* des servitudes prédiales.

Par suite, la servitude put s'acquérir par *quasi-tradition*, c'est-à-dire quand le propriétaire du fonds dominant se met à l'exercer avec le consentement du maître du fonds servant.

Et, constituée *a non domino*, elle put s'acquérir par une *prescription acquisitive, quasi-possessio longi temporis.*

Sous Justinien, il n'y a plus de *cessio in jure* ni de mancipation : l'empereur opéra la fusion des autres modes de constitution ; mais il n'admet pas, comme il semble le dire (2), la constitution des servitudes par *pactes* et *stipulations.* (3)

III. Les Romains divisaient les servitudes prédiales en *urbaines* et *rurales ;* on a vu que les secondes seules peuvent être acquises par *mancipation.*

Si l'on se demande à quels signes les Romains reconnaissent une une *servitude urbaine* et une *servitude rurale* « il faut, dit M. Accarias, (4) décider avec presque tous nos anciens interprètes que c'est la nature du fonds dominant qui détermine le caractère de la servitude : or, en cette matière on appelle *fonds ruraux* toutes les propriétés non bâties, quelle qu'en soit la situation, et *fonds urbains* les maisons et les autres constructions. La *servitude rurale* est celle qui appartient à un terrain non bâti ; la *servitude urbaine* est celle qui appartient à une construction, sans distinguer la nature du fonds servant. » La première est établie au profit du sol, comme disaient les Romains,

---

(1) V. l'explication de ce terme au N° III.
(2) *Instit.*, Liv. II, tit. III, § 4 ; et tit. IV, § 1.
(3) V. le titre de l'*Usufruit*, Droit romain, N° II.
(4) Accarias, t. I, p. 608.

(*quœ in solo consistunt*), la seconde au profit de la superficie, (*quœ in superficie consistunt*). Rationnellement la recherche du sens précis de cette division est une des grandes difficultés de la matière ; mais historiquement, cette théorie s'établit nettement par le langage même des Romains. (1)

Ils rangeaient dans les servitudes rurales les trois servitudes de passage : sans troupeaux, *iter*, avec troupeaux, *actus*, avec des matériaux, *via*, et celles qu'ils appelaient *aquœductus, aquae haustus, pecoris ad aquam appulsum, jus pascendi, jus calcis coquendae, jus arenae fodiendae*. Les servitudes urbaines sont le *jus prospiciendi* (avoir des vues), *projiciendi* (avoir des balcons en saillie), *protegendi* (avoir un toit en avancée), *tigni immittendi* (appuyer des poutres sur le mur), *oneris ferendi* (appuyer de gros ouvrages), *altiùs non tollendi* (empêcher l'exhaussement du mur voisin), *altius tollendi* (élever son mur plus haut que ne le permettent les statuts locaux), *stillicidii recipiendi*, (écouler les eaux de son toit chez le voisin), *stillicidii non recipiendi* (se refuser à tout écoulement.)

IV. Il est évident que, si l'un des deux fonds est entièrement détruit, la servitude s'éteint par suite de la *perte de la chose*.

De même si tous deux sont réunis dans la même main , il y a extinction par *consolidation*, car *nemini res sua servit*.

En dehors de ces cas où il y a impossibilité matérielle d'exercer la servitude , le maître du fonds dominant peut consentir une *renonciation*.

Quand le titulaire de la servitude cesse pendant longtemps de l'exercer, il est présumé y renoncer ; il y a alors une *prescription libératoire* (2) contre lui au profit du fonds servant, c'est-à-dire extinction par le *non usage*. Mais pour les servitudes urbaines, il faut en outre que le propriétaire du fonds servant ait constitué un état de choses contraire à l'exercice de la servitude, et amené ainsi une *usucapio libertatis*.

Enfin, le même résultat est produit par la *résolution du droit du constituant*; car *resoluto jure dantis resolvitur jus accipientis*.

---

(1) Comp. *De la distinction des servit. en droit romain et en droit français*, par Machelard, *Revue critiq.*, 1866, t. XXIX, p. 248 et 518 ; 1867, t. XXX, p. 262 et 440 ; t. XXXI, p. 112 et 521 ; 1868, t. XXXII, p. 12, 146, 201, 351 et 401 ; Demangeat, t. I, p. 484.

(2) V. le titre de la *Prescription*.

Ancien droit français. — Le régime féodal a établi des charges imposées aux personnes au profit d'autres personnes. Mais outre qu'elles furent en partie changées en services fonciers, elles n'avaient jamais empêché qu'il n'y eût aussi des servitudes réelles, comme à Rome.

On trouve donc dans l'ancien droit français, à côté du régime féodal qui établissait la subordination de certaines terres à d'autres, l'organisation de services dus par un fonds à un autre, sans qu'il y ait entre eux aucun lien de hiérarchie.

C'est même au Moyen Age qu'est née la *mitoyenneté* (1). La règle de l'époque coutumière était que tout mur séparant les maisons, cours, jardins, était mitoyen, c'est-à-dire dans une sorte de co-propriété entre les voisins. Si le mur mitoyen avait besoin de certaines réparations, chaque propriétaire pouvait forcer son voisin à le rétablir, ou contribuer à son rétablissement dans la mesure de son héberge (2).

Chaque propriétaire avait, et cela sans le consentement du voisin, le droit de hausser le mur mitoyen, mais en lui payant les charges, qui étaient du sixième du prix du rechargement.

La coutume de Paris dit aussi que le mur de clôture, séparant des héritages non bâtis, était présumé mitoyen, à moins de titre ou marque contraire (3).

Sur la *servitude de vue*, le principe coutumier était qu'on ne pouvait avoir, sans le consentement de son voisin, vue, trou, fenêtre dans le mur mitoyen, ou lui appartenant tout entier.

Le *tour d'échelle* (4) consistait dans le droit pour le propriétaire d'un mur non mitoyen qui voulait y faire des réparations nécessaires, de faire passer les ouvriers et les matériaux sur le fonds attenant.

Le droit de *parcours* et le droit d'*entrecours* qui est un droit de parcours étendu d'une paroisse à l'autre, étaient beaucoup plus en usage en droit coutumier qu'aujourd'hui. Mais on pouvait s'y opposer à condition de *se clore*; en outre, certaines cultures, comme les vignobles étaient toujours *défensables*; d'autres, comme les champs des blés l'étaient à l'époque de l'année où le *parcours* eût été dommageable (5).

---

(1) **Cujas**, liv. XIX, obs. 21.

(2) Voy. le *Grand coutumier*, liv. II, chap. 38.

(3) *Coutumier de Paris*, art. 209, 210.

(4) **Merlin**, *Répertoire*, v° *Tour d'échelle*. — Voy. aussi Discours de **Gillet**, au Corps législatif. (**Locré**, t. VIII, p. 406, N° 11).

(5) Coutume de Lorris en Gâtinais, art. 152-162.

Ces restrictions au droit de propriété sont des créations coutumières ; mais le Moyen Age a aussi connu celles qui sont de tous les temps, comme les servitudes de *vues* et d'*égoût*.

II. Les modes de constitution des servitudes sont les mêmes dans le droit coutumier qu'en droit romain. Mais les anciens auteurs étaient fort divisés sur la prescription des servitudes (1). Cependant le principe dominant est : « *Nulle servitude sans titre.* » C'était la règle de la coutume de Paris et de la coutume d'Orléans, dans lesquelles la possession, même centenaire, ne pouvait suppléer le titre. Dans le Midi seulement les servitudes s'acquéraient par prescription.

Mais il est un mode de constitution que le droit romain ne connaissait pas (2), et qui est né dans les coutumes : c'est la *destination du père de famille*. C'était, sous le droit coutumier, comme aujourd'hui, l'acte par lequel le propriétaire de deux héritages (3) établit entre eux un état de choses qui constituerait une servitude, s'ils appartenaient à des maîtres différents ; puis ils deviennent la propriété de deux personnes distinctes, et à ce moment la servitude prend naissance. Il y avait des coutumes qui n'admettaient la destination du père de famille que si elle était *justifiée par écrit*. L'ancienne coutume de Paris disait: « *Destination du père de famille vaut titre.* » Quand on la réforma, en 1580, on ajouta : « *quand elle est ou a été par écrit.* »

D'autres coutumes admettaient, dans tous les cas, destination du père de famille, mais n'exigeaient pas d'écrit la justifiant. Elles disaient seulement : « *Disposition et destination du père de famille valent titre* (4). »

III. Pour qu'une servitude puisse être établie par destination du père de famille, le Code civil veut que la servitude soit *apparente* et *continue*. Le droit coutumier n'avait pas exigé cette dernière condition, parce qu'à cette époque on n'avait pas encore nettement distingué l'apparence de la continuité.

---

(1) **Lalaure**, *Des Servitudes*, liv. II et III ; **Merlin**, *Répertoire*, v° *Servitudes*, § 22.

(2) 30, § 1, D., *de Servit. præd. rustic.*

(3) Le mot *héritage* se trouvait, comme le font remarquer MM. **Aubry** et **Rau**, employé dans nos anciennes coutumes, pour désigner les immeubles par nature, c'est-à-dire les fonds et les bâtiments. C'est en ce sens que l'expression est passée dans le Code, comme terme technique en matière de servitudes et hypothèques. — Art. 2169 et 2170, code civ.; 10, D., *Communia præd.*, et 1, D., *de Servit. leg.*

(4) C'étaient, entre autres, les coutumes de Sedan, Reims, d'Etampes, Dourdan, Melun.

Et en effet, il n'avait pas cherché à faire une classification des servitudes.

IV. Les causes d'extinction des servitudes étaient, dans la plupart des coutumes, la *consolidation*, c'est-à-dire la réunion sur la même tête de la qualité de propriétaire du fonds dominant et de propriétaire du fonds servant, la prescription, le *non-usage*, et la *perte* de l'un ou l'autre de ces deux fonds ; en un mot c'étaient à peu près les mêmes qu'en droit romain.

. **Code civil**. — D'après le Code civil de 1804, les propriétaires peuvent établir toutes les servitudes que bon leur semble, pourvu que le service qu'ils constituent, ne soit ni contraire à l'ordre public, ni *imposé à la personne ou établi au profit de la personne*. Les concessions, en effet, soit établies au profit d'une personne, soit à son détriment, en passant par tous les propriétaires successifs du prétendu fonds dominant, et à la charge de tous les propriétaires du prétendu fonds servant, créeraient une véritable inégalité entre tous les propriétaires.

La préoccupation dominante du Code civil est, qu'on ne puisse pas voir dans les servitudes souffertes par un fonds au profit d'un autre, quelque chose de semblable aux services dus par un propriétaire à un autre propriétaire qui constituaient les droits féodaux. Aussi exige-t-il que les charges soient imposées seulement aux terres et indépendamment des personnes qui les possèdent.

La loi du 26 septembre 1791 a supprimé les différences qui existaient entre les biens *nobles* et les biens *roturiers* dans notre ancien droit. Mais, afin de rassurer l'opinion publique contre le retour des droits féodaux, les rédacteurs du Code déclarèrent formellement que les servitudes étaient établies dans l'intérêt de la propriété foncière en général, et non en faveur de certains fonds et au détriment de certains autres. Pour cette raison, ils appelèrent les servitudes réelles *services fonciers*, comme ils ont évité d'appeler de leur vrai nom les servitudes personnelles, dont ils viennent de traiter au titre précédent.

I. Du Code civil plus que de toute autre législation on peut dire qu'il a rangé parmi les servitudes des restrictions au droit de propriété.

Ce ne sont pas, au fond, de véritables servitudes ; telle est l'obligation du *bornage*, par exemple. Ces restrictions existent, en effet, au profit et à la charge de chaque fonds.

La *faculté de se clore* est aussi une conséquence du droit de propriété. Le propriétaire qui en use, ne demande rien à son voisin ; il ne fait que se servir de sa chose dans les plus strictes limites de son droit de propriété. Rien ne ressemble moins à une servitude, c'est plutôt une *contre-servitude*; mais l'origine de la disposition du Code nous en révèle l'utilité : c'est qu'autrefois le droit de clôture était entravé par différents obstacles : le *droit de chasse* du seigneur sur les fonds roturiers, et les *droits de parcours et de vaine pâture*. Le premier de ces droits a disparu; mais les deux autres, ayant été conservés, auraient pu apporter une entrave à l'exercice du droit de clôture; c'est pour faire disparaître cet obstacle que l'article 647 du Code a été écrit. Il signifie que les droits de vaine pâture et de parcours n'empêchent pas le propriétaire de se clore.

La *mitoyenneté* n'est pas plus que le bornage et la faculté de se clore une véritable servitude. La faculté de rendre un mur mitoyen est attribuée à tout propriétaire joignant ce mur, et à la condition de rembourser au maître du mur la moitié de sa valeur ou la moitié de la valeur de la portion qu'il veut rendre mitoyenne (1). C'est là une dérogation au principe qu'on ne peut être contraint de céder sa propriété qu'en cas d'expropriation pour cause d'utilité publique.

Les arbres qui se trouvent dans la haie mitoyenne, sont mitoyens comme elle. Les arbres plantés sur la ligne séparative de deux héritages sont aussi réputés mitoyens. Chaque propriétaire a le droit d'exiger que les arbres mitoyens soient arrachés (2).

Les *jours*, les *vues*, les *plantations*, l'*égout des toits* sont autant de restrictions au droit de propriété, qui pèsent sur tous les immeubles, et qu'on ne peut ranger sous la dénomination de servitudes dans le vrai sens du mot. Il n'y a, à vrai dire, ni fonds servant ni fonds dominant.

On verra par ces exemples ce que sont les prétendues servitudes légales ou naturelles d'intérêt privé. D'autres sont imposées par la loi en vue de l'intérêt public, surtout de l'agriculture. Sont de ce nombre les servitudes d'*aqueduc*, d'*irrigation* et de *drainage*. J'ai besoin d'établir, par exemple, un barrage pour élever le niveau de la

---

(1) Voy. sur ce point, **Delvincourt**, t. 1, p. 166; **Demolombe**, t. I, N° 354; Solon, N° 141; Toullier, t. II, p. 392; Massé et Vergé sur Zachariæ, t. II, p. 173; Aubry et Rau, t. II, § 222, note 50; Demante, t. II, N° 515 *bis*, V; Laurent, t. VII, p. 144; Delsol et Lescœur, t. I p. 514; Baudry-La cantinerie, t. I. p. 776. — Voy. aussi art. 661 du Code civ. et loi du 20 août 1881 modifiant les dispositions du Code civil relatives aux clôtures mitoyennes des héritages, c'est-à-dire modifiant les art. 666 à 673 et 682 à 685 du Code civil.

(2) Voir l'art. 670 du Code civil.

rivière (1) et irriguer mes propriétés ; j'ai besoin de faire passer cette eau à travers votre champ pour rendre fertile un bien improductif (2) ou, à l'inverse, j'ai besoin de débarrasser ma propriété d'une eau trop abondante (3): je puis obtenir un passage à travers votre champ malgré votre droit absolu de propriété, à la charge de vous indemniser.

II. Les modes de constitution des servitudes sont ceux du droit coutumier. Mais il n'y a plus de controverse quant à la prescription acquisitive dont le délai est de trente ans. Elle ne s'applique, ainsi que la destination du père de famille, qu'aux servitudes continues et apparentes.

III. Ainsi se manifeste l'intérêt de la classification des servitudes en *continues* et *discontinues, apparentes* et *non-apparentes.*

Les *servitudes continues* sont celles dont l'usage est ou peut-être continuel, sans avoir besoin du fait actuel de l'homme (les conduites d'eau, les égoûts, les vues).

Les *servitudes discontinues* sont celles qui ont besoin du fait actuel de l'homme pour être exercées (droits de pacage, puisage, passage.)

Les *servitudes apparentes* sont celles qui s'annoncent par des ouvrages extérieurs (porte, fenêtre), et les *servitudes non-apparentes* celles dont aucun signe ne révèle l'existence (servitude de ne pas bâtir).

Quant à la division des servitudes en *urbaines* et *rurales*, elle a perdu toute son utilité chez nous, tandis qu'en droit romain elle était fort importante.

IV. Les modes d'extinction des servitudes sont les mêmes sous le Code civil qu'en droit romain.

*
* *

Conclusion.— « Notre loi, dit M. Glasson (4), s'est, en général, bornée, dans les servitudes, à reproduire ce qu'un usage constant et conforme aux règles de la justice avait consacré depuis des siècles. Sans doute on peut présenter quelques critiques de détail ; mais l'ensemble de nos lois sur les servitudes témoigne de la part du législateur une sérieuse connaissance des droits et des besoins de la propriété foncière. »

---

(1) Loi du 11 juillet 1847.

(2) Loi du 29 avril 1845.

(3) Loi du 20 juillet 1854.

(4) Glasson, *Eléments de droit franç.*, t. I, p. 449.

Pourtant des critiques ont été dirigées (1) contre l'art. 661 du code civil, en vertu duquel tout propriétaire joignant un mur voisin peut exiger la mitoyenneté à charge d'une indemnité. La seule utilité de la règle est qu'il ne sera fait qu'un mur au lieu de deux. Mais cette économie ne touche qu'aux intérêts privés; et pareille disposition peut servir de prétexte à des taquineries envers le propriétaire de qui on exige la cession de la mitoyenneté; il sert aussi à le forcer à fermer des jours de souffrance percés dans le mur. Enfin le respect dû à la propriété doit faire réprouver cette expropriation pour cause d'utilité privée.

De plus le projet de Code rural touche à un point relatif à la matière des servitudes lorsqu'il supprime la vaine pâture; la loi du 28 septembre 1791, section IV, art. 1er, la maintient à condition qu'elle soit fondée sur un titre particulier ou un usage immémorial : toute terre après la récolte est en vaine pâture. Quand la propriété est très divisée, ce droit est utile pour les bestiaux dont l'élevage demande de grandes surface; mais il engendre aussi des procès, et, à cause des dégâts des troupeaux, décourage la culture en prairies artificielles : du reste l'exemple de la Hollande prouve que sa suppression n'empêche pas le succès de l'élevage. Le projet toutefois permet de le maintenir par des conventions particulières.

TEXTE ET COMMENTAIRE DES ARTICLES

Art. 637. — Une servitude est une *charge* imposée *sur un héritage* pour l'usage et *l'utilité d'un héritage* appartenant à un autre propriétaire.

Charge... Il ne s'agit pas ici d'une charge matérielle, mais d'une charge légale, c'est-à-dire d'un devoir.

Sur un héritage... donc on ne peut établir de servitudes réelles sur les meubles : il suffirait de déplacer le meuble servant pour rendre le droit complément illusoire. Aussi les servitudes sont-elles toutes des droits immobiliers (V. art. 526)

---

(1) **Bathie.** *Revue critique de législ.*, t. XXVIII, p. 133.

Pour l'utilité d'un héritage... à la différence de l'usufruit, de l'usage et de l'habitation, qui sont établis pour l'utilité d'une personne (V. article 686).

De là, la division des servitudes en *réelles* et *personnelles,* suivant que le droit appartient à une personne, en tant que propriétaire de tel immeuble, ou bien appartient à une personne, abstraction faite des biens qu'elle possède.

Le fonds ou immeuble sur lequel la servitude est imposée, s'appelle *fonds servant* ; celui pour l'utilité duquel elle est établie, s'appelle *fonds dominant.*

Pour le fonds servant, la servitude est une *charge*, comme dit le Code civil ; mais pour le fonds dominant elle est un *droit réel*, *jus prædii*, suivant l'expression des Institutes, (§ 3, *De rebus corporal.*V. art. 688-5°) ; ou, si l'on veut, elle est *passive* pour le premier, *active* pour le second (V. art. 665, 694).

Le droit de servitude consiste (le Code a oublié de le dire) à tirer du fonds assujetti des services autres (en général) que la jouissance et la disposition, par exemple, à passer, à puiser. La charge consiste à laisser faire, à s'abstenir. Jamais elle ne consiste en un fait actif : *servitus,* disait déjà le droit romain, *vel in patiendo, vel in non faciendo consistit.*

Il est clair que les immeubles, choses inanimées, ne sont pas *capables* d'exercer des droits, ni de remplir des devoirs ; aussi est-ce au propriétaire du fonds dominant que le droit appartient, et au propriétaire du fonds servant que la charge est imposée (V. art. 697, 699 et suiv.) En disant que le fonds est débiteur de la servitude, ou que la servitude est due au fonds (V. art. 701, 702, etc.), on veut simplement exprimer que le droit appartiendra à tous les propriétaires successifs du fonds dominant, et que la charge sera imposée à tous les propriétaires consécutifs du fonds servant.

En d'autres termes, la propriété du fonds dominant est augmentée du droit de disposer, sous un certain rapport, du fonds servant ; et la propriété de ce dernier fonds est diminuée du droit d'empêcher le voisin d'en disposer sous ce même rapport. Aussi dit-on que les servitudes sont des démembrements ou des modifications (Voyez la rubrique du livre II) de la propriété, *prædia qualiter se habentia* ; « L. 86, Digeste, *de Verborum significatione*).

Le droit de servitude est un droit réel comme le droit de propriété auquel il est attaché. Aussi, n'est-ce pas seulement le propriétaire du fonds servant qui est tenu d'en souffrir l'exercice, mais toute autre personne.

Art. 638. — La servitude n'établit aucune prééminence *d'un héritage sur l'autre.*

D'un héritage sur l'autre... c'est-à-dire des propriétaires successifs du fonds dominant, sur les propriétaires successifs du fonds servant.

Le texte est une application de l'article 1er du décret du 4 août 1789 (Assemblée constituante), prononçant la destruction entière du régime féodal.

Le rédacteur a cru devoir formuler ici cette application, pour exclure encore une fois toute idée de retour au système de la féodalité. Il est clair, du reste, que la servitude imposée au fonds n'a rien de commun avec l'assujettissement d'une personne aux caprices d'une autre personne.

Art. 639. — Elle dérive ou *de la situation* naturelle des lieux, *ou des obligations imposées par la loi,* ou des conventions entre les propriétaires.

De la situation... ou plutôt des dispositions légales qui prennent pour point de départ la nature des lieux. Situation *naturelle* est opposée à disposition *artificielle* (V. art. 640).

Ou des obligations imposées par la loi... ou plutôt des dispositions légales qui imposent des obligations aux propriétaires envers leurs voisins.

Il paraît difficile de trouver une différence entre les servitudes dérivant de la situation des lieux, et celles qui sont imposées par la loi. En effet, les premières sont reconnues par la loi (art. 640 à 648) ; et les secondes sont toutes fondées sur le voisinage de deux immeubles, c'est-à-dire sur un état de choses naturel. Mais les servitudes naturelles et légales diffèrent, au contraire, des servitudes établies par le fait de l'homme, lesquelles dérogent aux règles générales et grèvent certains fonds de charges exceptionnelles.

CHAPITRE I

DES SERVITUDES QUI DÉRIVENT DE LA SITUATION DES LIEUX

Art. 640. — Les fonds *inférieurs* sont assujettis, envers ceux qui sont plus élevés, *à recevoir* les eaux qui en découlent *naturellement,* sans que la main de l'homme y ait contribué.

Le propriétaire inférieur ne peut point élever de digue qui empêche cet écoulement.

Le propriétaire supérieur ne peut *rien faire* qui aggrave la servitude du fonds inférieur.

C'est donc à titre de servitude que tout propriétaire reçoit sur son fonds les eaux courantes, et c'est à titre de servitude qu'il doit les rendre à la sortie de son fonds aux propriétaires inférieurs, pour qu'ils en fassent l'usage qu'il en a fait lui-même.

Inférieurs... c'est-à-dire placés au-dessous d'autres fonds sur un terrain incliné.

A recevoir... le propriétaire doit les laisser couler du fonds supérieur dans le sien, sauf à les y retenir et exiger lui-même que le fonds inférieur (par rapport à lui) les reçoive : c'est pour simplifier que la loi suppose la pente occupée par deux propriétaires seulement.

Naturellement... il s'agit des eaux pluviales , ou même des eaux de source que le propriétaire ne tiendrait pas à garder chez lui (1).

Rien faire... par exemple, un sillon qui rassemblerait les eaux de pluie sur un point, de manière à dégrader le fonds inférieur.

Le propriétaire supérieur éprouverait un préjudice grave, du séjour des eaux sur la partie inférieure de son fonds , et le tort serait encore plus grave, s'il était obligé d'entretenir, à ses frais et sans autre utilité pour lui, des ouvrages destinés à retenir les eaux. — En sens inverse, le passage forcé des eaux au travers du fonds inférieur est assez nuisible à ce dernier, sans qu'il faille permettre au propriétaire plus élevé, d'accroître artificiellement le dommage, et d'inonder la terre de son voisin.

Art. 641. — Celui qui a une source dans son fonds , peut *en user à sa volonté, sauf le droit* que le propriétaire du fonds inférieur pourrait avoir acquis *par titre ou par prescription.*

En user à sa volonté... et par conséquent changer la direction du cours d'eau (V. art. 643), retenir l'eau sur son fonds, combler la source.

Sauf le droit... d'empêcher le propriétaire de la source de la combler et même de détourner l'eau.

Par titre... c'est-à-dire par un acte translatif de propriété : vente , échange, donation, testament.

Ou par prescription... Il s'agit ici de la prescription à l'effet d'acquérir une servitude.

Art. 642. — La prescription , *dans ce cas,* ne peut s'acquérir que par une *jouissance* non interrompue pendant l'espace de trente années, à compter du moment où le propriétaire du fonds inférieur a fait et terminé des ouvrages *apparents* destinés à faciliter la chute et le cours de l'eau dans sa propriété.

Dans ce cas... dans le cas où le propriétaire d'un fonds inférieur jouit d'un cours d'eau qui prend sa source dans un fonds supérieur appartenant à autrui. La source est réputée la propriété privée de celui dans l'héritage duquel elle se trouve, s'il s'agit d'une source nouvelle créée instantanément, comme cela a lieu dans les *puits artésiens.* Le propriétaire du fonds est maître de l'eau à sa sortie, il peut en faire ce qu'il veut. Mais lorsque cet écoulement est déterminé, le propriétaire aura-t-il le droit d'en déterminer la direction ? L'art. 642 n'admet le propriétaire inférieur à réclamer qu'autant qu'il a acquis des droits sur la source par titre ou par prescription.

S'acquérir... ou plutôt s'accomplir.

Jouissance (du cours d'eau)... De même que pour acquérir la propriété d'une chose par prescription, il faut posséder cette chose (art. 2229), de même pour acquérir un droit de servitude, il faut l'exercer de fait (V. articles 2228, 690).

Apparents... c'est-à-dire visibles pour le propriétaire supérieur. (V. art. 2229).

Le simple fait du passage d'un cours d'eau au travers d'un fonds, indique plutôt une tolérance du propriétaire de la source, qu'une possession véritable du propriétaire inférieur. Mais quand il a été fait des ouvrages pour pouvoir user du cours d'eau plus facilement, et que ces ouvrages dont l'existence a pu être connue du maître de la source, ont subsisté 30 ans, il y a lieu de présumer une constitution de servitude dont les preuves ont été perdues, et de protéger l'attente conçue par le possesseur (2).

Une question vivement agitée est celle de savoir si les ouvrages, apparents dont parle l'article 642 doivent être faits sur le fonds supérieur, ou s'il suffit qu'ils soient faits sur le fonds inférieur. Il est plus conforme aux principes de décider que les travaux doivent être faits sur le fonds supérieur lui-même, puisque, sans cela, il n'y aurait pas l'usurpation que suppose toute prescription.

Art. 643. — Le propriétaire de la source ne peut en changer le cours, lorsqu'elle fournit aux habitants d'une commune, village ou hameau, l'eau qui leur est nécessaire; mais si les habitants n'en ont pas acquis ou *prescrit l'usage,* le propriétaire *peut réclamer* une indemnité, laquelle est réglée *par experts.*

S'ils n'en ont prescrit l'usage... La prescription peut être invoquée par les habitants sous deux points de vues divers :

1° S'ils satisfont aux conditions exigées par l'article 642 pour acquérir par prescription le droit de jouir d'un cours d'eau malgré le maître de la source, ils peuvent exercer ce droit sans indemnité, puisqu'un particulier le pourrait, et qu'ils ne doivent pas être plus maltraités. Le texte fait allusion à cette hypothèse.

2° S'il y a 30 ans écoulés depuis que l'eau leur est nécessaire, et par conséquent depuis qu'ils sont débiteurs d'une indemnité, ils sont libérés comme tout autre débiteur le serait (art. 2262, 1234 ; V. art. 685), quand même ils n'auraient pas fait les ouvrages nécessaires pour acquérir une servitude par prescription (art. 642).

Peut réclamer... contre la commune ou les habitants du hameau.

Par experts... ou plutôt par le juge, après une expertise (V. C. pr. 323).

Art 644. — Celui dont la propriété borde une eau courante, autre que celle qui est déclarée dépendance du domaine public par l'article 538, au titre *de la Distinction des biens*, peut s'en servir à son passage pour l'irrigation de ses propriétés.

Celui dont cette eau traverse l'héritage, peut même en user dans l'intervalle qu'elle y parcourt, mais à la charge de la rendre, à la sortie de ses fonds, à son cours ordinaire.

Art. 645. — S'il s'élève une contestation entre les propriétaires auxquels *ces eaux* peuvent être utiles, les tribunaux, en prononçant, doivent *concilier l'intérêt de l'agriculture* avec le respect dû à la propriété ; et, *dans tous les cas*, les règlements *particuliers* et locaux sur le cours et l'usage des eaux doivent être observés.

Ces eaux... c'est-à-dire les eaux courantes qui ne dépendent pas du domaine public (V. art. 644-1°).

Concilier l'intérêt de l'agriculture... donc ils peuvent s'écarter un peu du respect dû à la propriété, pour protéger l'agriculture ; par exemple, permettre au propriétaire du fonds qui a le plus besoin d'irrigations, de faire des saignées plus abondantes.

Dans tous les cas... que l'agriculture y soit intéressée ou non.

Particuliers... c'est-à-dire sans doute, relatifs à certaines branches d'agriculture, ou à certaines espèces de fonds.

Art. 646. — Tout propriétaire peut *obliger* son voisin au *bornage* de leurs propriétés contiguës. Le bornage se fait *à frais communs*.

Bornage... détermination des limites de deux fonds de terre qui se touchent (*contigus*), au moyen de pierres, d'arbres, etc. Le bornage ne peut présenter que des appréciations de fait. C'est l'étendue de chaque héritage qu'il faut déterminer par la visite des lieux et l'arpentage, de manière que chacun des propriétaires ait la contenance que lui donne son titre. Quant à l'apposition des bornes, le législateur s'en rapporte à l'usage des lieux.

Obliger au bornage... c'est-à-dire contraindre le voisin à souffrir le bornage.

A frais communs... chacun en supporte la moitié , et non une part proportionnelle à l'étendue de son fonds (1).

D'après la loi de 1838 (25 mai), les actions en bornage doivent être portées devant les juges de paix toutes les fois qu'il n'y a pas contestation sur la propriété, que les parties sont d'accord sur les limites respectives de leurs héritages, mais que l'une d'elles, par négligence ou autrement, refuse de procéder au bornage. Dans le cas contraire, on recourra aux tribunaux civils.

Art. 647. — *Tout propriétaire* peut *clore* son héritage, sauf l'exception portée en l'article 682.

Tout propriétaire... même celui dont les fonds sont assujettis, par d'anciens usages locaux, au droit de vaine pâture.

Clore... Entourer un fonds de murs, de haies sèches, de fossés (V. art. 650, 666, 670). A l'égard des haies vives, voyez l'article 674.

La disposition de l'art. 647 est trop générale. Elle se rapporte au cas d'enclave et renvoie à l'art. 682. Il n'est pas exact de présenter cette hypothèse comme faisant obstacle au droit de clôture. Celui qui doit le passage à titre de servitude légale au propriétaire d'un fonds enclavé, n'en a pas moins le droit de clore son héritage. Pour satisfaire à son obligation, il n'a qu'à remettre la clef du passage au propriétaire du fonds dominant.

Art. 648. — Le propriétaire qui veut se clore, perd son droit au *parcours* et *vaine pâture, en proportion* du terrain qu'il y soustrait.

Parcours... droit de vaine pâture entre les habitants de commune différentes (2).

Vaine pâture... droit que les habitants d'une même communes ont d'envoyer réciproquement leurs bestiaux paître sur les fonds de terre des autres

---

(1) Cependant un grand nombre d'auteurs pensent que les frais d'arpentage doivent être supportés non pas par moitié, mais proportionnellement à l'étendue des fonds contigus. (V. Démolombe, T. XI, N° 276).

(2) Ce droit au *parcours* et à la *vaine pâture* de l'art. 648 est réglé par la sect. 4, tit. 1, de la loi des 28 sept.-6 oct. 1791 sur la *Police rurale.*

habitants de la commune lorsque les récoltes ont été enlevées. De là l'expression *vaine* pâture, par opposition à pâture *grasse* ou *vive*.

En proportion... Le nombre de têtes de bétail qu'il pourra envoyer est au nombre total de celles qu'il envoyait auparavant, comme l'étendue des fonds qu'il conserve sans clôture est à l'étendue totale de ses fonds. Par exemple, s'il clôt le quart de ses terrains sujets à la vaine pâture, il ne pourra plus envoyer que les trois quarts des têtes de bétail qu'il faisait paître sur les terrains des autres habitants. — En d'autres termes, si les usages de la commune permettent d'envoyer à la vaine pâture deux têtes de bétail par hectare de terrain, et qu'il mette en état de clôture cent hectares de terrain, il perd son droit pour 200 têtes de bétail.

Il résulte de l'article 648, que l'un des propriétaires dont les fonds sont sujets au droit de parcours, peut les y soustraire au moyen de la clôture. Cette conséquence est contestable, quand les droits dont il s'agit, sont fondés sur un titre (1).

CHAPITRE II

DES SERVITUDES ÉTABLIES PAR LA LOI

Art. 649. — Les servitudes établies par la loi ont pour objet l'utilité publique ou communale, ou l'utilité des particuliers.

Les servitudes dérivant de la situation des lieux forment la première classe établie par la loi; car elles constituent par elles-mêmes des *servitudes légales*. Seulement le législateur a pris ces mots dans une acception plus restreinte, en l'appliquant à certaines servitudes qui ont pour objet l'utilité publique ou communale ou celle des particuliers.

Cette division manque cependant d'exactitude; car les servitudes que nous venons de voir, ont ces trois sortes d'utilité pour objet.

Art. 650. — Celles établies pour l'utilité publique ou communale ont pour objet le *marche-pied* le long des

---

(1) Lorsqu'il s'agit du droit de vaine pâture entre particuliers, et que ce droit est fondé sur un titre, l'art. 17 de la loi des 28 sept.-6 oct. 1791 le conserve; certainement il faut dire la même chose sous l'empire du Code civil.

rivières navigables ou flottables, la construction ou réparation des chemins, *et autres ouvrages* publics ou communaux.

Tout ce qui concerne cette espèce de servitude, est déterminé par des lois ou des règlements particuliers.

Le marche-pied... il est destiné au passage des personnes. Le chemin de halage est destiné aux chevaux qui tirent les bateaux (art. 556).

Et autres ouvrages... Le voisinage des fortifications et celui des cimetières imposent des servitudes.

Art. 651. — La loi assujettit les propriétaires à différentes *obligations* l'un à l'égard de l'autre, *indépendamment de toute convention.*

Obligations... Ces obligations ressemblent aux servitudes, parce qu'elles sont imposées à un voisin en tant qu'il est propriétaire de l'immeuble voisin et qu'il peut dès lors s'en libérer, en général, en abandonnant son fonds. Elles s'en éloignent en ce qu'elles astreignent à faire — Du reste, il ne faudrait pas en conclure que toutes les dispositions de ce chapitre établissent des obligations : il en est qui énoncent de simples restrictions au droit de propriété.

Indépendamment de toute convention... elles naissent par conséquent d'un quasi-contrat, ou de la loi, si l'on veut, comme le Code, définir le quasi-contrat un fait *volontaire* (V. art. 1370-2° et 3°).

Si l'on permettait aux voisins de se retrancher respectivement dans toute la puissance que leur donne sur leur fonds la qualité de propriétaire, ils se nuiraient ou se gêneraient fréquemment : de là naîtraient une foule de contestations.

Art 652. — Partie de ces conventions est réglée par les lois sur la *police rurale ;*

Les autres sont relatives au mur et au fossé mitoyens, au cas où il y a lieu à contre-mur, aux vues sur la propriété du voisin, à l'égout des toits, au droit de passage.

Police rurale... police appliquée aux campagnes (1).

Ces obligations sont relatives aux troupeaux atteints de maladies contagieuses, aux bestiaux laissés à l'abandon, aux dommages que les eaux pourraient causer, par suite de la trop grande élévation du déversoir, dans les moulins et usines, etc.

---

(1) Loi du 28 sept.-6 oct. 1791. — Voy. aussi, à propos de cet article, la loi du 16 sept. 1807 *sur le desséchement des marais.*

SECTION I

Du mur et du fossé mitoyens

Art. 653. — Dans les villes et les campagnes, tout mur servant de séparation *entre bâtiments jusqu'à l'héberge,* ou *entre cours et jardins,* et même *entre enclos* dans les champs, est présumé mitoyen, *s'il n'y a titre* ou *marque du contraire.*

Mitoyenneté est composé des mots *moi* et *toi* ; ceci est à moi ; ceci est à toi... On entend par là, la co-propriété , par fractions indivises, d'un mur, d'un fossé , d'une haie et plus généralement de tout objet intermédiaire servant de séparation et de limite à deux héritages contigus. — La mitoyenneté est donc une indivision , mais c'est une indivision spéciale à laquelle on ne saurait appliquer les règles de l'indivision ordinaire. Tandis que la loi se montre, avec raison, très défavorable à l'indivision , elle voit , au contraire , la mitoyenneté avec la plus grande faveur. L'intérêt général justifie, du reste , pleinement les faveurs de la loi et la dérogation qu'elle apporte au principe d'ordre public écrit dans l'article 815 du Code civil. Ne voit-on pas, en effet, que la mitoyenneté favorise beaucoup la clôture , elle diminue de moitié les frais de terrain et de construction que doit faire le propriétaire pour se clore ? Or, la clôture présente des avantages si grands que la loi a dû, avec raison, passer par dessus les inconvénients qu'entraîne toute indivision. Dans les villes, c'est une condition de sécurité et de paix ; dans les campagnes, elle a le grand avantage de présenter un obstacle aux empiétements et aux contestations si fréquents entre voisins. Aussi la loi ne se borne pas seulement à décider que la mitoyenneté ne peut jamais légitimer une demande en partage, mais elle en facilite la preuve (art. 653) et donne à tout propriétaire le droit de l'acquérir sur les clôtures qui sont la propriété exclusive du voisin (art. 661).

La mitoyenneté d'un mur peut résulter de deux causes : 1° de sa construction à frais communs par les propriétaires voisins ; 2° de l'acquisition que l'un d'eux a faite de la mitoyenneté, quand l'autre seul avait construit le mur et le possédait.

La mitoyenneté ou la non-mitoyenneté d'un mur s'établit par titre; sinon on a recours à des présomptions ; mais celles-ci peuvent être détruites par des présomptions contraires, tendant à faire préjuger que le mur séparatif des deux héritages appartient à l'un des voisins.

Entre bâtiments... Il est probable que si le mur avait été construit par un seul des voisins, il n'aurait pas souffert que l'autre y appuyât un bâtiment.

Jusqu'à l'héberge... c'est-à-dire jusqu'au point le plus élevé de celui des deux bâtiments qui est plus bas que l'autre.

Entre cours et jardins... c'est-à-dire entre deux cours, ou entre deux jardins, ou entre une cour et un jardin. Il est alors présumé mitoyen dans toute sa hauteur, comme entre enclos.

Chaque voisin a un égal intérêt à se clore, et puisque chacun d'eux a construit, par hypothèse, une clôture des trois autres côtés, il est probable qu'ils ont aussi construit le côté intermédiaire. Peu importe que ce mur intermédiaire ne soit pas plus gros que les autres ; les deux voisins se sont sans doute arrangés à cet égard, pour ne pas perdre inutilement du terrain. D'ailleurs, si le mur de clôture avait été construit par un seul, il aurait probablement sommé l'autre, ou d'acheter la mitoyenneté (art. 661), ou de reconnaître qu'il n'y a aucun droit.

Entre enclos... Entre deux fonds également clos de murs.

S'il n'y a titre... c'est-à-dire si l'un des deux propriétaires ne prouve qu'il a construit le mur, ou bien qu'il en a acquis la propriété, soit avec le fonds, soit séparément ; ou bien que la ligne séparative est située au delà, du côté du voisin.

Marque du contraire... c'est-à-dire une marque de non-mitoyenneté ou de propriété exclusive (V. art. 654).

Art. 654. — Il y a *marque de non-mitoyenneté,* lorsque la sommité du mur est *droite et à plomb* de son *parement* d'un côté, et présente de l'autre *un plan incliné ;*

Lors encore qu'il n'y a que d'un côté ou un *chaperon* ou des *filets* et *corbeaux de pierre* qui y auraient été mis *en bâtissant le mur.*

Dans ce cas, le mur est censé appartenir exclusivement au propriétaire du côté duquel sont *l'égout* ou les corbeaux et filets de pierre.

Marque de non-mitoyenneté... Signe auquel on peut reconnaître qu'un mur appartient exclusivement à l'un des deux voisins.

Droite et à plomb... c'est-à-dire perpendiculaire.

Parement... Partie latérale et ostensible du mur.

Un plan incliné... qui, prolongé suffisamment, irait rencontrer le sol.

Chaperon... espèce de toit qui couvre le haut du mur, auquel cas la sommité présente un plan incliné, comme dans le cas prévu par le premier alinéa.

Filets... Partie du chaperon qui déborde le mur, pour prévenir les dégradations qu'entraînerait la chute de l'eau.

Corbeaux de pierre... Pierres qui font une saillie en dehors du mur pour y appuyer des poutres.

En bâtissant le mur... et non après coup.

L'égout... c'est-à-dire le plan incliné, avec ou sans chaperon, et qui sert à faire *égoutter* l'eau de pluie.

Le propriétaire du côté duquel se trouve l'égout, n'aurait pas souffert que l'on fît tomber toute l'eau sur son fonds, s'il n'avait eu que la moitié du mur, et, à plus forte raison, s'il n'en avait eu aucune partie. Réciproquement, si celui du côté duquel ne se trouvent ni corbeaux, ni filets, avait participé à la construction du mur, il aurait probablement veillé à ce qu'on en plaçât aussi de son côté ; il les aurait fait mettre uniquement de son côté, s'il avait fait bâtir tout seul.

Ces conjectures sont basées sur l'expérience, qui montre, chez tous les hommes, un instinct à agir dans leur intérêt personnel.

Art. 655. — La réparation et la reconstruction du mur mitoyen sont à la charge de tous ceux *qui y ont droit,* et *proportionnellement* au droit de chacun (1).

Qui y ont droit... qui ont la propriété d'une partie du mur. Un même mur peut séparer un fonds de plusieurs autres. Les propriétaires de ceux-ci contribuent seulement à réparer la partie qui repose sur leurs terrains respectifs.

Proportionnellement... l'un des voisins peut être propriétaire de plus de la moitié du mur ; et l'autre, de moins de la moitié. Chacun supporte, dans tous les cas, une fraction des dépenses, égale à la fraction qu'il a dans la propriété.

Application de la maxime « *les charges doivent être proportionnelles aux bénéfices* » (V. art. 1859-3°, 1853-1°). L'art. 655 applique la maxime que chacun des communistes doit contribuer aux dépenses d'entretien nécessitées par la chose commune au prorata de son intérêt dans la chose.

Ce texte suppose évidemment que les réparations ne sont point nécessitées par la faute ou même par le simple fait d'un des co-propriétaires, sauf dans le cas où le fait de celui-ci n'est que l'exercice d'un droit que lui accorde la loi.

Art. 656. — Cependant tout copropriétaire d'un mur mitoyen peut se dispenser de contribuer aux réparations et

---

(1) Nous ferons remarquer que les art. 655 à 660 ne contiennent pas de décision de principe. Ils renferment de simples applications au droit de mitoyenneté des règles de l'équité naturelle.

reconstructions, en *abandonnant le droit de mitoyenneté*, pourvu que le mur mitoyen *ne soutienne pas un bâtiment* qui lui appartienne.

Abandonner un droit, c'est s'en dessaisir, s'en dépouiller ; tandis que transférer un droit, c'est non-seulement l'abdiquer, mais en investir un autre.

Le droit de mitoyenneté... ce qui paraît comprendre la propriété du sol sur lequel repose la moitié abandonnée (Arg. de la Coutume de Paris, art. 210).

Ne soutienne pas un bâtiment... auquel cas il faudrait abandonner le bâtiment.

Cet article admet donc un droit d'*abandon* qui est généralement autorisé entre communistes ; car en fait de droits *réels*, on peut toujours se dérober aux charges, en délaissant la chose, pourvu que la renonciation soit faite de bonne foi et non à contre-temps. Dans les villes chacun des propriétaires voisins peut contraindre son voisin à contribuer à la construction et à l'entretien des murs de clôture. Cette disposition met-elle obstacle à la faculté d'abandon accordée par l'article 656 du Code civil ? La jurisprudence admet la négative, bien que la plupart des auteurs tiennent pour l'affirmative.

Art. 657. — Tout copropriétaire *peut faire bâtir* contre un mur mitoyen, et y faire *placer des poutres* ou solives *dans toute l'épaisseur du mur*, à cinquante-quatre millimètres (deux pouces) près, sans préjudice du droit qu'a le voisin de faire réduire à l'*ébauchoir* la poutre *jusqu'à la moitié* du mur, dans le cas où il voudrait lui-même asseoir des poutres dans le même lieu, ou y adosser une cheminée (1).

Les copropriétaires d'un mur mitoyen ont tous les droits dérivant de la propriété ; seulement ils doivent les exercer de manière à ne pas se nuire l'un à l'autre, et par suite, ils ne peuvent pas faire indistinctement toute espèce de travaux sur le mur mitoyen. Les articles suivants nous indiquent ce qui leur est permis de faire et ce qui leur est défendu.

Peut... sans le consentement du voisin (Comp. art. 1134-1°).

---

(1) On ne doit pas, quant à la construction des cheminées en particulier, s'en tenir à la disposition de l'art. 657 ; car s'il y avait danger à adosser une cheminée contre le mur mitoyen à l'endroit où la poutre est réduite à l'ébauchoir jusqu'à la moitié du mur, la cheminée devrait être déplacée : or c'est ce que prévoient les règlements de police (art. 662).

Faire bâtir... dérogation au principe qui défend à l'un des copropriétaires d'une chose, de faire des innovations par rapport à cette chose, sans le consentement des autres : *in re communi potior est causa prohibentis* (V. art. 1858-1° et 4°). La destination d'un mur est surtout de soutenir des bâtiments : il ne fallait pas contraindre le voisin à perdre du terrain ou à faire des frais inutiles pour élever un mur intermédiaire (V. art. 1859-2°).

Placer des poutres, à 54 millimètres près... dérogation encore plus marquée que la précédente. Le motif est le même; d'ailleurs le voisin n'en éprouve pas de préjudice; car il peut reprendre la jouissance de sa moitié, quand il voudra lui-même placer une poutre.

Dans toute l'épaisseur... c'est-à-dire à une profondeur égale à l'épaisseur du mur, diminuée de 54 millimètres. Par conséquent on ne peut pas percer le mur de part en part.

Ébauchoir... instrument destiné à diminuer la poutre sans la déranger.

Jusqu'à la moitié... s'il est lui-même propriétaire de la moitié. On suppose du reste que le mur a plus de 108 millimètres d'épaisseur.

Art. 658. — Tout copropriétaire peut *faire exhausser* le mur mitoyen ; mais il doit payer seul la dépense de l'exhaussement, les réparations d'entretien *au-dessus* de la hauteur *de la clôture commune,* et en outre *l'indemnité* de la charge en raison de l'exhaussement et suivant la valeur.

Faire exhausser... sans le consentement des autres ; mais il faut que le constructeur dispose les choses de telle sorte que tous les autres communistes se retirent indemnes de la nouvelle dépense que lui seul occasionne. La partie exhaussée n'est pas mitoyenne.

Au-dessus de la clôture commune... au-dessous, on applique l'art. 655.

Indemnité de la charge... c'est-à-dire du tort que cause la surcharge, en rendant les réparations plus fréquentes.

En raison... c'est-à-dire en proportion de la hauteur de l'exhaussement et de la valeur des constructions dans le pays (1).

Art. 659. — Si le mur mitoyen n'est pas en état de supporter l'exhaussement, celui qui veut l'exhausser doit le faire reconstruire en entier à ses frais, et l'excédent d'épaisseur doit se prendre de son côté.

Application de l'article précédent, combiné avec le principe qui défend de forcer un propriétaire à céder son bien (art. 545), ou même à faire une

---

(1) Voy. sur ce point, Pardessus, des *Servitudes*, N° 172 et suiv.

dépense malgré lui ; en effet, ce principe serait violé, si l'on assujettissait le voisin à fournir une portion de son terrain pour la construction, ou à supporter une partie des frais qu'elle entraînera, sans nécessité (Comp. art. 655).

Art. 660. — Le voisin qui n'a pas contribué à l'exhaussement, peut en acquérir la mitoyenneté en payant la moitié de *la dépense qu'il a coûté*, et la valeur de la moitié du sol fourni pour l'excédent d'épaisseur, *s'il y en a.*

La dépense qu'il a coûté... l'art. 661 exige seulement qu'on rembourse *la valeur*. Le voisin qui acquiert la mitoyenneté de la *partie exhaussée* d'un mur mitoyen, est traité plus rigoureusement que celui qui acquiert la mitoyenneté d'un mur. Cette décision de l'art. 660 a pour but d'empêcher qu'un propriétaire ne laisse faire par son voisin l'exhaussement dont il a lui-même besoin, afin d'acquérir plus tard à bas prix la mitoyenneté de l'ouvrage. Le rédacteur de l'art. 660 s'est probablement occupé de l'hypothèse, où l'acquisition suit presque immédiatement la construction.

S'il y en a... il peut ne pas y en avoir, si le mur était en état de supporter l'exhaussement (Comp. art. 659).

Art. 661. — Tout propriétaire *joignant un mur*, a de même la faculté *de le rendre mitoyen* en tout *ou en partie*, en remboursant au maître du mur la moitié *de sa valeur*, où la moitié de la valeur de la portion qu'il veut rendre mitoyenne, et moitié de la valeur du sol *sur lequel le mur est bâti.*

Joignant un mur... qui se trouve par conséquent placé précisément sur l'extrémité de l'autre fonds, et appartient en entier au voisin. Est-ce à dire que dès qu'une bande de terrain, si étroite qu'elle soit, sépare le mur du fonds voisin, le propriétaire de ce fonds ne puisse invoquer l'article 661 ? A s'en tenir rigoureusement au texte, il faudrait bien décider par la négative. Cependant l'affirmative paraît l'emporter. Elle se fonde sur ce qu'il serait trop facile au propriétaire qui bâtit un mur d'anéantir le droit que l'article 661 accorde au propriétaire voisin : ce serait de laisser une étroite bande de terrain entre son mur et le fonds voisin.

De le rendre mitoyen... c'est-à-dire de forcer le voisin à céder la propriété de la moitié qui regarde l'acquéreur.

Ou en partie... il peut n'avoir pas intérêt à acquérir la mitoyenneté totale, par exemple, s'il ne veut bâtir que d'un côté de son fonds. Du reste l'acquisition peut être partielle dans divers sens, soit en longueur, soit en hauteur (Comp. art. 653).

De sa valeur... quand même il !aurait coûté à construire plus qu'il ne vaut actuellement.

Sur lequel le mur est bâti... le mur, ou seulement la portion dont on veut acquérir la mitoyenneté (en longueur).

On a voulu prévenir la dépense et la perte de terrain qu'aurait inutilement entraînées la construction d'un mur nouveau juxtaposé à l'ancien. Un mur simple procure exactement le même avantage qu'un mur double. Quand à la portion de terrain que le voisin est forcé de céder, le maintien de son mur l'empêcherait également de s'en servir ; et d'ailleurs on lui en paie la valeur.

Art. 662. — L'un des voisins ne peut pratiquer dans le corps d'un mur mitoyen aucun enfoncement, ni y appliquer ou appuyer aucun ouvrage sans le consentement de l'autre, ou sans avoir, à son refus, fait régler par experts les moyens nécessaires pour que le nouvel ouvrage ne soit pas nuisible aux droits de l'autre.

Ici, il s'agit seulement de régler les droits réciproques de chacun des communistes à la jouissance de la chose commune (1).

La première moitié de l'article semble amener l'application du principe : *in re communi potior est causa prohibentis* ; mais la deuxième moitié y déroge implicitement, sauf l'observation de certaines formalités.

Art. 663. — Chacun peut contraindre son voisin, dans les *villes et faubourgs*, à contribuer *aux constructions* et réparations *de la clôture* faisant séparation de leurs maisons, cours et jardins *assis èsdites villes* et faubourgs : la hauteur de la clôture sera fixée suivant les règlements particuliers ou les usages constants et reconnus : et, à défaut d'usages et de règlements, tout mur de séparation entre voisins, qui sera construit ou rétabli à l'avenir, doit avoir au moins *trente-deux décimètres* (dix pieds) de hauteur, *compris le chaperon*, dans les villes de cinquante mille âmes et au-dessus, et vingt-six décimètres (huit pieds) dans les autres.

Cet article est fondé sur des motifs de sécurité publique. Il n'admet pas d'exception.

---

(1) Notre article s'applique aux constructions qui par elles-mêmes ne sont pas nuisibles, et pour lesquelles il est inutile de recourir aux règlements de police. Pour ces dernières constructions, c'est à l'art. 674 qu'il faut se reporter.

Villes et faubourgs... par opposition aux campagnes (V. art. 653).

Aux constructions... par conséquent à élever un mur, là même où il n'en a jamais existé.

De la clôture... laquelle doit consister dans un mur. V. la deuxième moitié de l'article.

Assis èsdites villes... lisez : situés dans lesdites villes. Phrase extraite de la Coutume de Paris (art. 209).

Trente-deux décimètres... on aurait mieux fait, dans cet article et plusieurs autres du même titre, de choisir des nombres ronds pour les mesures nouvelles, au lieu d'emprunter le chiffre adopté du temps où les anciennes mesures étaient en vigueur (V. Coutume de Paris, *ibid*).

Compris le chaperon... à partir du rez-de-chaussée (V. Coutume, *ib.*).

Art. 664. — Lorsque les différents étages d'une maison appartiennent à divers propriétaires, si les titres de propriété ne règlent pas le mode de réparations et reconstructions, elles doivent être faites ainsi qu'il suit :

Les gros murs et le toit sont à la charge de tous les propriétaires, chacun en proportion de la valeur de l'étage qui lui appartient ;

Le propriétaire de chaque étage fait le plancher sur lequel il marche ;

Le propriétaire du premier étage fait l'escalier qui y conduit ; le propriétaire du second étage fait, à partir du premier, l'escalier qui conduit chez lui, et ainsi de suite.

L'article règle une distribution de perte, et restreint sous ce rapport le pouvoir du juge (1).

Le législateur paraît avoir voulu, dans cette répartition, appliquer le principe d'après lequel celui qui retire les avantages d'une chose, doit supporter les charges qu'elle occasionne, ou plutôt on applique la règle que chacun des communistes doit contribuer aux dépenses faites dans l'intérêt commun, dans la proportion du droit qu'il a à la chose.

Tous les propriétaires sont intéressés à la conservation du toit, et surtout des gros murs, qui supportent tous les étages.

Au contraire le maître d'un étage est plus particulièrement intéressé à la conservation de son plancher, sans lequel il ne pourrait habiter.

____

(1) Cet article donne l'exemple d'une division de la propriété qui scinde, sur le même terrain, la propriété du dessous et la propriété du dessus, en subdivisant même cette dernière, ainsi que cela peut arriver (voy. art. 552).

A l'égard des diverses parties de l'escalier, le texte déroge au 1er principe ci-dessus ; car l'escalier qui conduit au premier, conduit pareillement aux étages supérieurs ; sans l'escalier qui conduit au premier et au second, on ne pourrait arriver au troisième, et ainsi de suite. Le propriétaire de l'étage le plus élevé devrait donc contribuer à l'escalier de toute la maison, du haut en bas ; le propriétaire de l'étage immédiatement inférieur, devrait contribuer à toute la partie de l'escalier qui descend de chez lui jusqu'au rez-de-chaussée, et ainsi de suite. — Mais le législateur a sans doute considéré que cette répartition amènerait des calculs assez compliqués, et a préféré le parti le plus simple. Peut-être aussi a-t-il tenu compte de la valeur respective des étages, comme il l'a fait dans le deuxième alinéa : le propriétaire de l'étage le plus élevé, c'est-à-dire le moins considérable en valeur, serait en effet grévé plus que tous les autres, dans le premier mode de répartition.

Art. 665. — Lorsqu'on reconstruit un mur mitoyen ou une maison, *les servitudes* actives et passives se continuent à l'égard du nouveau mur ou de la nouvelle maison, sans toutefois qu'elles puissent être aggravées, et pourvu que la reconstruction se fasse avant que la prescription soit acquise.

Les servitudes... ce texte paraît avoir eu en vue les servitudes établies au profit ou au détriment du mur ou de la maison par le fait de l'homme. D'un autre côté, ainsi entendu, on ne voit pas trop pourquoi on l'a placé ici (Comp. art. 704), si ce n'est parce qu'il parle de mur mitoyen et de maison.

Art. 666 (*Modifié par la loi du 20 Août 1881*) (1). — Toute clôture qui sépare des héritages, est réputée mitoyenne, à moins qu'il n'y ait qu'*un seul* des héritages *en état de clôture,* ou s'il y a titre, prescription ou marque contraire.

Pour les fossés, il y a marque de non-mitoyenneté, lorsque la levée ou le rejet de la terre se trouve *d'un côté seulement* du fossé.

Le fossé est censé appartenir exclusivement à celui du côté duquel le rejet se trouve.

----

(1) Cette loi du 20 Août 1881 a pour objet le titre complémentaire du livre 1er du Code rural portant modification des articles du Code civil relatifs à la mitoyenneté des clôtures, aux plantations et aux droits de passage, en cas d'enclaves.

Un seul en état de clôture... La présomption de mitoyenneté étant fondée en partie sur l'égal intérêt que les deux voisins ont à se clore, perd de sa force, lorsque l'un d'eux n'a pas fermé son fonds des trois autres côtés : il est probable, dans ce cas, qu'il n'a pas attaché d'importance à se faire une clôture.

D'un côté seulement... Que la terre rejetée du fossé soit considérée comme un avantage ou un inconvénient, on ne peut plus regarder comme probable que les deux voisins ont également contribué à le creuser. Si c'est un avantage, ils n'auraient pas souffert qu'un seul se l'attribuât ; si c'est un inconvénient, ils n'auraient pas souffert que l'un d'eux en fût exempt.

Art. 667 (*Modifié par la loi du 20 Août 1881*). — La clôture mitoyenne doit être entretenue *à frais communs;* mais le voisin peut se soustraire à cette obligation en renonçant à la mitoyenneté.

Cette faculté cesse, si le fossé sert habituellement à l'écoulement des eaux.

A frais communs... Chaque voisin doit supporter dans les frais d'entretien une fraction égale à celle qui lui revient dans la propriété du fossé (Arg. de l'art. 655).

Cette faculté cesse... Il est de toute justice qu'on ne puisse se soustraire à l'entretien d'un fossé dont on profite d'ailleurs.

Art. 668 (*Modifié par la loi du 20 Août 1881*). — Le voisin dont l'héritage joint un fossé ou une haie non mitoyens, ne peut contraindre le propriétaire de ce fossé ou de cette haie à lui céder la mitoyenneté.

Le copropriétaire d'une haie mitoyenne peut la détruire jusqu'à la limite de sa propriété, à la charge de construire un mur sur cette limite.

La même règle est applicable au copropriétaire d'un fossé mitoyen qui ne sert qu'à la clôture.

Art. 669 (*Modifié par la loi du 20 Août 1881*). — Tant que dure la mitoyennité de la haie, les produits en appartiennent aux propriétaires par moitié.

Art. 670 (*Modifié par la loi du 20 Août 1881*). — Les arbres qui se trouvent dans la haie mitoyenne, sont mitoyens comme la haie. Les arbres plantés sur la ligne séparative de deux héritages sont aussi réputés mitoyens. Lorsqu'ils meurent ou lorsqu'ils sont coupés ou arrachés, ces arbres sont partagés par moitié. Les fruits sont recueillis à frais communs et partagés aussi par moitié, soit qu'ils tombent naturellement, soit que la chute en ait été provoquée, soit qu'ils aient été cueillis.

Chaque propriétaire a le droit d'exiger que les arbres mitoyens *soient arrachés*.

Soient arrachés... Ces arbres peuvent nuire aux plantations ou constructions que l'un des voisins voudrait faire; l'autre ne peut guère s'en plaindre, puisque la haie subsiste pour le surplus (V. art. 552 et 669).

Art. 671 (*Modifié par la loi du 20 Août 1881*).— Il n'est permis d'avoir des arbres, arbrisseaux et arbustes, près de la limite de la propriété voisine qu'à la distance prescrite par les règlements particuliers actuellement existants, ou par les usages constants et reconnus, et, à défaut de règlements et usages, qu'à la distance de deux mètres de la ligne séparative des deux héritages pour les plantations dont la hauteur dépasse deux mètres, et à la distance d'un demi-mètre pour les autres plantations.

Les arbres, arbustes et arbrisseaux de toute espèce peuvent être plantés en espaliers, de chaque côté du mur séparatif, sans que l'on soit tenu d'observer aucune distance; mais ils ne pourront dépasser la crête du mur.

Si le mur n'est pas mitoyen, le propriétaire seul a le droit d'y appuyer ses espaliers.

Les arbres peuvent nuire, sous plusieurs rapports, au fonds voisin : les branches nuisent par leur ombrage ; les racines, en tirant leur nourriture.

Art. 672 (*Modifié par la loi du 20 Août 1881*). — Le voisin peut exiger que les arbres, arbrisseaux et arbustes plantés à une distance moindre que la distance légale, *soient arrachés* ou réduits à la hauteur déterminée dans l'article précédent, à moins qu'il n'y ait titre, destination du père de famille ou prescription trentenaire.

Si les arbres meurent, ou s'ils sont coupés ou arrachés, le voisin ne peut les remplacer qu'en observant les distances légales.

Soient arrachés... mais il ne peut les arracher lui-même : il faudrait, pour cela, entrer dans le fonds du voisin (V. art. 552 et 670).

Art. 673 (*Modifié par la loi du 20 Août 1881*). — Celui sur la propriété duquel avancent les branches des arbres du voisin, peut contraindre celui-ci à les couper. Les fruits tombés naturellement de ces branches lui appartiennent.

Si ce sont les racines qui avancent sur son héritage, il a le droit de les y couper lui-même.

Le droit de couper les racines ou de faire couper les branches est imprescriptible.

Ce sont là des conséquences des principes précédents (V. art. 552 et 2232).

SECTION II

De la distance et des ouvrages intermédiaires requis pour certaines constructions

Art. 674. — Celui qui fait creuser un puits ou une fosse d'aisance près d'un mur *mitoyen ou non ;*

Celui qui veut y construire une cheminée ou âtre, forge, four ou fourneau,

Y adosser une étable,

Ou établir contre ce mur un magasin de sel ou amas de matières corrosives,

Est obligé à laisser la distance prescrite par les règlements et usages particuliers sur ces objets, ou à faire *les ouvrages* prescrits par les mêmes règlements et usages, pour éviter de nuire au voisin.

Les constructions qui intéressent la sécurité générale, sont soumises à la surveillance de l'autorité administrative qui a le droit d'arrêter à cet égard tous règlements de police qui lui paraissent utiles. Ainsi, quant aux précautions à prendre pour construire des fosses d'aisance, des puits, c'est à ces règlements qu'il faut se reporter (1).

Mitoyen ou non... c'est-à-dire appartenant exclusivement au voisin, ou même, suivant quelques-uns, au constructeur ; mais, dans tous les systèmes, placés sur ou contre la ligne séparative des deux héritages.

Les ouvrages... intermédiaires entre la construction ou l'amas et le mur mitoyen ou non ; par exemple, un contre-mur plus ou moins épais.

On peut même soutenir que cette dernière proposition s'appliquerait à des constructions non prévues par le Code.

Si la distance n'a pas été observée, ou s'il n'a pas été fait de contre-mur, les constructions ou amas devront être supprimés (Arg. *a pari* de l'art. 672-1°).

SECTION III

Des vues sur la propriété de son voisin

Art. 675. — L'un des voisins ne peut, sans le consentement de l'autre, pratiquer dans le mur mitoyen aucune fenêtre ou *ouverture,* en quelque manière que ce soit, même à *verre dormant.*

Ouverture... par opposition à un simple enfoncement.

Verre dormant... c'est un verre attaché, scellé en plâtre, qu'on ne peut ouvrir (Coutume de Paris, art. 704) (2).

Art. 676. — Le propriétaire d'un mur non mitoyen, joignant immédiatement l'héritage d'autrui, peut pratiquer dans ce mur des jours ou fenêtres à fer maillé et verre dormant.

Ces fenêtres doivent être garnies d'un treillis de fer,

---

(1) C'est par suite de ce principe que l'administration doit exercer une surveillance spéciale sur les *établissements incommodes, insalubres et dangereux* (décret du 15 oct. 1810).

(2) La coutume d'Orléans, art. 230, ajoute : « *Ne au travers d'iceluy avoir regard pénétratif sur l'héritage d'autrui.* » D'où les commentateurs concluaient que le verre dormant devait être assez épais pour empêcher les regards de pénétrer chez le voisin.

dont les *mailles* auront *un décimètre* (environ trois pouces huit lignes) d'ouverture *au plus*, et d'un châssis à verre dormant.

Chacun a droit d'ouvrir sur l'héritage de son voisin des jours de souffrance dont les dimensions sont réglées aux articles précédents ; mais il n'en résultera pas un droit de servitude positif ; car les *jours de souffrance* ne font pas obstacle à l'exercice du droit de propriété. Ils subsisteront tant que le voisin n'aura pas besoin de la partie du mur dans laquelle ils sont ouverts pour y établir des constructions. Nos articles considèrent donc le droit de vue sur la propriété du voisin, comme un simple fait de tolérance subordonné à l'état des lieux.

Mailles... ouvertures que laissent les fils ou barreaux de fer, en se croisant les uns les autres.

Un décimètre au plus... dans le sens de leur plus grande largeur.

C'est une gêne très grande pour un propriétaire que d'être exposé aux regards de son voisin. Il fallait donc, tout en permettant au maître du mur de donner passage à la lumière, l'empêcher de mettre la tête à la fenêtre, et de rien jeter chez le voisin ; à plus forte raison, d'y pénétrer au moment où il croirait n'être pas aperçu.

Art. 677. — Ces fenêtres ou jours ne peuvent être établis qu'à vingt-six décimètres (huit pieds) au-dessus du plancher ou sol de la chambre qu'on veut éclairer, si c'est à rez-de-chaussée, et à dix-neuf décimètres (six pieds) au-dessus du plancher pour les étages supérieurs.

La loi a voulu empêcher que le maître du mur ne pût se servir, au moins habituellement, des fenêtres, pour satisfaire sa curiosité. Elles ne doivent avoir d'autre destination que de l'éclairer.

La hauteur est moins grande pour les étages supérieurs, déjà éloignés, par leur élévation même, de l'héritage voisin.

Art. 678. — On ne peut avoir des *vues droites* ou *fenêtres d'aspect*, ni balcons ou autres semblables *saillies sur l'héritage* clos ou non clos de son voisin, s'il n'y a dix-neuf décimètres (six pieds) de distance *entre le mur* où on les pratique et ledit héritage.

Il est bon de remarquer ici que le mode de clôture à claire voie formée par des barreaux scellés sur un mur d'appui, ne peut constituer les vues droites et d'aspect dont fait mention l'art. 678. Conséquemment, le propriétaire voisin n'a pas le droit d'en demander la suppression.

Vues droites... par opposition aux vues obliques dont s'occupe l'article suivant.

Fenêtre d'aspect... sans treillis de fer, ni verre dormant.

Saillies sur l'héritage... ou plutôt avançant vers l'héritage.

Entre le mur... V. article 680.

La loi, ici encore, a voulu protéger chacun des voisins contre la curiosité de l'autre.

Il est vrai qu'elle n'exige plus de fer maillé, ni de verre dormant ; mais l'éloignement de la fenêtre compense ces précautions. Elle ne pouvait d'ailleurs gêner à ce point l'exercice du droit de propriété dans toute l'étendue de l'héritage. — Elle ne distingue pas non plus si le voisin est clos ou non ; il fallait lui laisser la liberté de supprimer sa clôture.

La servitude de jour, lorsqu'elle est acquise par titre, doit être expressément réglée par la convention ; mais à défaut de titre et quand elle résulte de la prescription, car elle est prescriptible comme servitude continue et apparente, on en réglera les effets en appliquant les articles 678, 679.

Art. 679. — On ne peut avoir *des vues* par côté ou *obliques* sur le même héritage, s'il n'y a six décimètres (deux pieds) de distance.

Des vues... ce qui s'applique sans doute aux saillies (V. art. 678, 680).

Obliques... On suppose que le mur où est percée la fenêtre, est perpendiculaire, ou à peu près, à la ligne séparative des deux fonds ; tandis que la vue est *droite*, lorsque le mur est parallèle, ou à peu près, à la ligne séparative. Dans le premier cas, l'observateur est obligé de se tourner de côté pour apercevoir le fonds du voisin ; dans le deuxième, il peut le voir sans avoir besoin même de tourner la tête.

La distance légale est plus courte pour les vues obliques que pour les vues droites, parce qu'elles procurent bien moins de facilité pour épier.

Art. 680. — La distance dont il est parlé *dans les deux articles précédents,* se compte depuis le parement *extérieur* du mur où l'ouverture se fait, et, s'il y a balcon ou autres semblables saillies, depuis leur ligne extérieure jusqu'à la ligne de séparation des deux propriétés.

Dans les deux articles précédents... cependant la mesure indiquée par le texte est inapplicable aux vues obliques (art. 679) ; pour celles-ci, la distance se compte à partir du bord de la fenêtre le plus près du voisin.

Extérieur... tourné du côté du voisin.

La disposition relative aux vues serait demeurée presque illusoire, si l'on avait compté la distance du parement intérieur du mur ; ou même du parement extérieur, lorsqu'il s'agit de balcons ou autres saillies. Au moyen d'un mur fort gros dans le premier cas, d'une saillie très proéminente dans le deuxième, la distance aurait pu être réduite à rien.

SECTION IV

De l'égout des toits

Art. 681. — Tout propriétaire doit établir des toits de manière que les eaux pluviales s'écoulent sur son terrain ou sur la voie publique ; il ne peut les faire verser sur les fonds de son voisin.

Cet article considère cette servitude d'égout sous le rapport de servitude légale, et il ne s'applique qu'aux eaux pluviales qui sont *res nullius*. Il permet aux propriétaires de les déverser sur la voie publique (4).

L'art. 684 reconnaît le droit que chacun a de recueillir sur son fonds les eaux pluviales et de les utiliser à son profit en se les appropriant.

SECTION V

Du droit de passage

Art. 682 (*Modifié par la loi du 20 Août 1881*). — Le propriétaire dont les fonds sont *enclavés*, et qui n'a sur la voie publique aucune issue, ou qu'une issue insuffisante *pour l'exploitation*, soit agricole, soit industrielle, de sa propriété, peut réclamer *un passage* sur les fonds de ses voisins, à la charge d'une indemnité proportionnée au dommage *qu'il peut occasionner*.

La *servitude de passage* est la plus importante de toutes, et la question de savoir si un fonds est enclavé, est une question de fait laissée à l'entière appréciation du juge.

---

(1) Il faut dire que dans les grandes villes et dans celles qui ont une certaine importance, des ordonnances de police imposent à chaque propriétaire l'obligation de recevoir les eaux pluviales dans des chéneaux et de les mener jusqu'à la surface du sol dans des conduites.

Il peut arriver que le fonds ait accès sur la voie publique, mais que cet accès devienne trop étroit pour l'exploitation qu'on se propose d'établir sur son domaine.

Le droit que chacun a d'user de sa chose, l'emporte ici même sur le droit de propriété; car il serait contraire à l'ordre public qu'il y eût des héritages laissés à l'abandon, parce qu'il ne serait pas permis d'en amener les produits sur la voie publique.

Enclavés... c'est-à-dire entourés de tous côtés, sans exception, par des fonds appartenant à d'autres propriétaires.

Pour l'exploitation... ou même pour aller et venir : on n'est point obligé d'exploiter sa proche chose.

Un passage... pour arriver à la voie publique.

Qu'il peut occasionner... ne fût-ce qu'en les privant d'une jouissance d'une partie de leurs fonds, ou même par cela seul qu'il use d'un chemin déjà établi par eux pour leur usage personnel.

Un fonds peut se trouver enclavé par suite d'un éboulement, du changement de lit d'une rivière, de la suppression ou du redressement d'une route. (1)

Art. 683 (*Modifié par la loi du 20 Août 1881*). — Le passage doit régulièrement être pris du côté où le trajet est le plus court du fonds enclavé à la voie publique.

Néanmoins il doit être fixé dans l'endroit le *moins dommageable* à celui sur le fonds duquel il est accordé.

Le moins dommageable... Les dérogations à l'exercice du droit de propriété doivent être restreintes à ce qui est strictement nécessaire.

Art. 684 (*Modifié par la loi du 20 Août 1881*). — Si l'enclave résulte de là division d'un fonds par suite d'une vente, d'un échange, d'un partage ou de tout autre contrat, le passage ne peut être demandé que sur les terrains qui ont fait l'objet de ces actes.

Application de la maxime : *Res inter alios acta, aliis non nocet.* Avant le partage les fonds voisins n'étaient point soumis à la servitude de

---

(1) La loi du 24 Mai 1842, relative à la suppression et au changement de direction des routes royales, décide qu'il sera réservé, s'il y a lieu, eu égard à la situation des propriétés riveraines, un chemin d'exploitation dont la largeur ne pourra excéder 5 mètres.

passage, il en sera dé même après le partage auquel ils n'ont point pris part.

Toutefois, dans le cas où un passage suffisant ne pourrait être établi sur les fonds divisés, l'article 682 serait applicable.

Art. 685 (*Modifié par la loi du 20 Août 1881*). — L'assiette et le mode de servitude de passage pour cause d'enclave, sont déterminés par trente ans d'usage continu.

L'action en indemnité, dans le cas prévu par l'article 682, *est prescriptible*, et le passage peut être continué quoique l'action en indemnité ne soit plus recevable.

Est prescriptible... est susceptible de s'éteindre par l'inaction du voisin pendant 30 ans (art. 2262).

La prescription, à cet égard, commence à courir du jour où le droit de passage lui-même a commencé à être exercé.

Une question vivement controversée est celle de savoir si, le fait d'enclave venant à cesser, la servitude doit cesser par voie de conséquence ? L'affirmative paraît préférable. Le passage, en cas d'enclave, est établi par la loi pour des motifs d'utilité publique ; dès que ces motifs ne trouvent plus leur application, il est douteux que le passage forcé puisse subsister. Conçoit-on un passage exercé à titre d'enclave, alors qu'il n'y a plus d'enclave. Vainement dit-on que toute servitude est établie dans un esprit de perpétuité. Si cela est vrai des servitudes en général, on peut au moins le contester dans l'hypothèse, puisque la cause efficiente de la servitude est une cause temporaire. C'est le cas d'appliquer la maxime : *cessante causâ, cessat effectus*. Si on admet cette opinion, que décider de l'indemnité payée par le propriétaire du fonds enclavé? La répétition paraît devoir être admise, car ce serait sans cause que l'indemnité serait conservée du jour où le passage cessera d'être exercé. Le propriétaire du fonds devra donc restituer ce qu'il a reçu, sauf à en conserver une partie pour se dédommager du préjudice que peut lui avoir causé l'exercice du passage. Si l'indemnité avait été réglée par le paiement d'annuités, il n'y aurait rien à réclamer.

CHAPITRE III

DES SERVITUDES ÉTABLIES PAR LE FAIT DE L'HOMME

SECTION I

Des diverses espèces de servitudes qui peuvent être établies sur les biens

Art. 686. — Il est permis aux propriétaires d'établir sur leurs propriétés, ou en faveur de leurs propriétés, telles servitudes que bon leur semble, pourvu néanmoins que les services imposés ne soient imposés ni à la personne, ni en faveur de la personne, mais seulement à un fonds et pour un fonds, et pourvu que ces services n'aient d'ailleurs rien de contraire à l'ordre public.

L'usage et *l'étendue* des servitudes ainsi établies se règlent par le titre qui les constitue ; à défaut de titre, par les règles ci-après.

Le législateur rappelle une fois de plus qu'il ne veut point des servitudes qu'avait établies le système féodal.

Le caractère le plus saillant de la féodalité était précisément les servitudes actives et passives qui existaient au profit ou à la charge de celui qui se trouvait investi d'un héritage engagé dans la hiérarchie féodale.

L'usage... c'est-à-dire l'exercice.

L'étendue... c'est-à-dire la nature plus ou moins avantageuse ; le nombre plus ou moins grand des services.

Le texte consacre une conséquence de la nature du droit de servitude. Le devoir qui y correspond est imposé à tous les propriétaires successifs, et par cela même consiste simplement à s'abstenir d'un des droits compris dans la propriété ; s'il consiste à s'abstenir d'autre chose, ou à faire, c'est une *obligation* distincte de la qualité de propriétaire. Réciproquement si le droit de tirer directement un service de la chose est accordé à une personne déterminée, c'est là un droit d'usage ou de jouissance, une servitude *personnelle* ; mais non une servitude réelle ou prédiale.

Art. 687. — Les servitudes sont établies ou pour l'usage des bâtiments, ou pour celui des fonds de terre.

Celles de la première espèce s'appellent *urbaines*, soit que les bâtiments auxquels elles sont dues soient situés en ville *ou à la campagne*.

Celles de la seconde espèce se nomment *rurales*.

Urbaines... Les principales sont : que le bâtiment d'un voisin soutiendra le bâtiment de l'autre ; qu'on pourra appuyer des poutres sur son mur ; qu'il recevra sur son terrain l'égout des toits ; qu'on pourra avoir des fenêtres, des balcons, donnant sur sa propriété, sans conserver la distance requise ; qu'il ne pourra pas élever son bâtiment de manière à nuire aux jours, aux vues.

Ou à la campagne... bien que le mot *urbain*, semble exclure les bâtiments ruraux.

Rurales... Telles sont celles qui résultent du droit de passage sur le fonds voisin : cette servitude peut varier selon qu'on a le droit de passer à pied, avec des troupeaux ou avec des chariots ; le droit d'aqueduc, c'est-à-dire le droit de conduire de l'eau par le terrain d'autrui, celui de puiser de l'eau, de mener boire un troupeau, etc. — Au reste, cette division n'est d'aucune utilité pour notre droit, parce qu'il n'y a aucune différence dans les dispositions qui régissent les servitudes rurales et urbaines.

Art. 688. — Les servitudes sont ou continues, ou discontinues.

Les servitudes continues sont celles dont l'usage est ou *peut être* continuel *sans* avoir besoin du *fait actuel* de l'homme : tels sont les *conduites d'eau*, les *égoûts*, les *vues* et autres de cette espèce.

Les servitudes discontinues sont celles qui ont besoin du fait actuel de l'homme pour être exercées : tels sont les droits de *passage, puisage, pacage et autres* semblables.

Peut être... allusion aux servitudes qui ont pour but de faciliter un effet physique intermittent, comme une servitude de gouttière : elle est continue, bien que la pluie ne tombe pas perpétuellement ; il suffit qu'elle s'exerce aux époques normales suivant sa nature.

Sans fait actuel... par conséquent lors même que le propriétaire du fonds dominant serait éloigné. Du reste, il y a toujours un fait *originel*.

Conduites d'eau... aquæ ductus. Droit de faire venir de l'eau à son fonds à travers le fonds d'autrui.

Egout... stillicidium. Droit de faire écouler ses eaux sur le fonds du voisin (à l'égard de l'eau de pluie, voy. art. 640).

Passage... droit de se transporter à un lieu placé hors de son fonds, en traversant le fonds du voisin, soit à pied, soit en voiture, soit avec des troupeaux. Sous ce rapport les Institutes (pr. *de Servitut.*) en distinguent trois modifications : *iter, actus* et *via.*

Puisage... haustus. Droit d'aller (V. art. 696-2º) prendre de l'eau à une source ou à un cours d'eau placés chez le voisin.

Pacage... jus pascendi. Droit de faire paître son troupeau chez autrui.

Et autres... par exemple le droit de faire abreuver son troupeau, d'extraire de la chaux ou du sable (V. Inst. § 2, *de Servitut.*)

Art. 689. — Les servitudes sont apparentes, ou non apparentes.

Les servitudes apparentes sont celles *qui s'annoncent* par des *ouvrages extérieurs,* tels qu'une porte, une fenêtre, un aqueduc.

Les servitudes non apparentes sont celles qui n'ont pas de signe extérieur de leur existence, comme, par exemple, *la prohibition de bâtir* sur un fonds, ou de ne bâtir qu'à une hauteur déterminée.

Qui s'annoncent... c'est-à-dire dont on peut conjecturer l'existence.

Ouvrages... Il ne suffirait pas, en général, d'un *signe* matériel qui n'a pas été placé par la main de l'homme.

Extérieurs... placés en dehors du sol ou de la maison.

La prohibition de bâtir... servitus altiùs non tollendi. Le droit d'empêcher le voisin de bâtir.

SECTION II

Comment s'établissent les servitudes

Art. 690. — Les servitudes continues et apparentes s'acquièrent *par titre,* ou par la *possession* de trente ans.

Par titre... le mot *titre* signifie plusieurs choses : 1º un acte juridique de nature à constituer un droit, comme une vente, un legs ; ainsi, la vente est, suivant les cas, un titre translatif de propriété, de servitude, etc. ; 2º l'écrit ou l'acte destiné à prouver le fait constitutif du droit. Ce dernier sens est le plus usité dans la pratique, et c'est celui de l'article.

Possession... ou quasi-possession. C'est ici l'action d'exécuter matériel-lement les actes que comprend la servitude, vraie ou supposée. Du reste, cette exécution matérielle, cet exercice de fait, doivent être accompagnés des circonstances énumérées par l'article 2229, pour conduire à la pres-cription. Quant aux servitudes résultant de la prescription, dans les cas où la prescription est admise, leur objet et leur étendue se trouvent déterminés par la possession même suivant la maxime : « *Quantùm possessum, tantùm prœscriptum.* »

Art. 691. — Les servitudes continues non apparentes, et les servitudes discontinues apparentes ou non apparentes, ne peuvent s'établir que par titres.

La *possession même immémoriale* ne suffit pas pour les établir ; sans cependant qu'on puisse *attaquer aujourd'hui* les servitudes *de cette nature* déjà acquises *par la posses-sion*, dans les pays (1) où elles pouvaient s'acquérir de cette manière.

Possession immémoriale... tellement ancienne qu'aucune personne ne se rappelle, soit par elle-même, soit par les récits que lui ont faits d'autres personnes déjà mortes, une époque à laquelle la possession n'existait pas encore.

La raison est que dans ce cas, il n'y aura le plus souvent, qu'une simple tolérance de la part du propriétaire sur le fonds duquel on prétend exercer le droit.

Attaquer... On suppose qu'un voisin exerce une servitude, sans alléguer de titre, et en se fondant simplement sur la possession immémoriale ; le propriétaire du fonds sur lequel il l'exerce ne sera pas fondé à prétendre, par action négatoire, que la servitude est illégale.

Aujourd'hui... depuis le Code civil.

De cette nature... c'est-à-dire discontinues, ou bien non apparentes.

Par la possession... soit immémoriale, soit trentenaire, soit décennale.

Ainsi donc, d'après cet article, la prescription est inapplicable 1° aux servitudes non apparentes, parce qu'elles n'ont pas été possédées publi-quement ; 2° aux servitudes discontinues, parce qu'en les exerçant, le voisin n'a pas porté une atteinte grave au droit du propriétaire du fonds servant. S'il les a supportées, c'est par tolérance.

---

(1) Voy. **Merlin**, *Répertoire*, V° *Servitude*, §§ XXII à XXVII.

Art. 692. — La *destination du père de famille vaut titre à l'égard des servitudes continues et apparentes.*

Destination du père de famille… On appelle ainsi un arrangement de l'héritage qui constituerait une servitude d'une partie de l'héritage sur l'autre, si les deux n'étaient pas au même propriétaire, et qui en constitue une, lorsqu'elles viennent à être séparées.

Vaut titre… c'est-à-dire équivaut à une disposition du maître du fonds assujetti, emportant constitution de la servitude ; à plus forte raison, la destination dispense-t-elle de rapporter une preuve écrite de la constitution.

A l'égard des servitudes continues et apparentes… ce qui exclut les servitudes non apparentes, même continues, et les servitudes discontinues et apparentes (V. cep. art. 694).

Mieux que personne, le propriétaire unique est à même d'apprécier les besoins de l'héritage. Dès lors, si, sur une partie de son héritage, il a établi un état de fait durable et permanent d'où résulterait une servitude au profit de l'autre partie, si celle-ci appartenait à un autre, il est légitime de décider que le maintien de cet état de fait aura pour conséquence l'établissement d'une servitude, dans le cas où une des parties viendrait à être aliénée. Et, en effet, ne doit-on pas interpréter le silence des parties, lors de l'aliénation, en ce sens qu'elles entendent maintenir l'état actuel des lieux. Or si de cet état dérive une servitude, il faut conclure que cette servitude existe. C'est ce que dit la loi, et en cela elle ne fait que consacrer l'intention commune des parties contractantes, celles-ci ont eu évidemment en vue l'héritage tel qu'il se comportait lors du contrat.

Art. 693. — Il n'y a destination du père de famille que lorsqu'il est prouvé que les deux fonds *actuellement divisés* ont appartenu au même propriétaire, et que c'est par lui que les choses ont été mises dans l'état duquel résulte la servitude.

Primus est propriétaire d'un fonds de terre et d'une maison contiguë. Dans le fonds se trouve une source : Primus établit un aqueduc qui conduit l'eau de la source jusqu'à la maison. Plus tard, il vend le fonds à Secundus et la maison à Tertius, les choses demeurant dans l'état où il les a mises. Tertius peut prétendre que sa maison a sur le fonds de Secundus la servitude d'aqueduc.

La loi a voulu couper court aux difficultés qui se seraient élevées, lorsqu'il aurait fallu vérifier l'intention du père de famille.

Actuellement divisés… Si la disposition des lieux a été établie depuis la séparation des héritages, elle doit être considérée comme le résultat ou d'une usurpation , ou d'une simple tolérance , ou d'un projet qui ne s'est pas réalisé.

Le voisin qui invoque la destination du père de famille, pourra faire sa double preuve, soit par titres ou témoins, soit par simples présomptions.

Art. 694. — Si le propriétaire de deux héritages entre lesquels il existe un signe apparent de servitude , dispose de l'un des héritages sans que le contrat contienne aucune convention relative à la servitude , elle continue d'exister activement ou passivement en faveur du fonds aliéné ou sur le fonds aliéné.

Dans tous les systèmes, l'art. 694 contient une dérogation ou présomption analogue à celle qu'établit l'art. 692 , et fondée sur des motifs semblables. Mais le sens et l'étendue de cette dérogation sont loin d'être faciles à déterminer.

D'après une première opinion, l'art. 694 n'a pas eu en vue l'établissement proprement dit d'une servitude , mais plutôt le rétablissement d'une servitude existant antérieurement à la réunion des deux héritages dans la même main. S'il est resté un signe apparent et que la confusion vienne à cesser, la servitude renaît en quelque sorte : aussi a-t-on placé cet article dans la section II , bien qu'on eût pu le placer également dans la section IV, de l'Extinction.

On peut argumenter en faveur de cette opinion, de l'expression *continue d'exister*, laquelle est complètement impropre dans les autres systèmes. — De plus , elle s'accorde avec la rédaction restrictive de l'art. 693 (*Il n'y a destination que lorsque...*). — On conçoit d'ailleurs que la loi se soit montrée moins exigeante, quand il s'agit de faire revivre une servitude préexistante, que lorsqu'il est question d'en créer une entièrement nouvelle.

D'après une seconde opinion, l'art. 694 a bien pour objet d'autoriser l'établissement d'une servitude apparente , même discontinue ; mais il est fait pour l'hypothèse où le titre est représenté : en effet, il suppose comme constant que le *contrat* ne contient *aucune convention relative à la servitude ;* or, ce silence n'est susceptible de se vérifier que par l'inspection de l'acte translatif de propriété. L'art. 693 demeure donc applicable à l'hypothèse où cet acte n'est pas produit : la loi a dû se montrer plus exigeante, lorsque rien ne prouve que les parties ont gardé le silence sur la servitude.

On répond à la 1re interprétation qu'elle rend presque inutile l'art. 694 ; à la 2e, qu'elle suppose arbitrairement une circonstance non mentionnée dans le texte, d'autant mieux qu'il fallait dire *revit* ou *renaît*, au lieu de *continue* (V. art. 704 et 2177-1° ; V. cep. art. 665) (1).

Du reste, on peut soutenir, dans tous les systèmes, que les articles 693 et 694 s'appliquent au cas où la servitude existait déjà avant la réunion des deux fonds dans la même main.

Art. 695. — Le titre constitutif de la servitude, à l'égard de celles *qui ne peuvent* s'acquérir par la prescription, ne peut être remplacé que par un *titre recognitif* de la servitude, et émané *du propriétaire* du fonds asservi.

Qui ne peuvent... Les servitudes discontinues et non apparentes ; et, à l'égard des autres aussi, il y a exactement même motif. Le rédacteur a seulement voulu dire que, pour les servitudes continues et apparentes, le titre peut être suppléé par la possession trentenaire ou par la destination du père de famille, tandis que pour les autres, la reconnaissance seule peut le remplacer.

Titre recognitif... acte constatant la reconnaissance de la servitude par le propriétaire du fonds servant.

La possession même immémoriale ne suffit point à établir les servitudes qui ne sont pas à la fois continues et apparentes. Il en résulte que si le titulaire de la servitude vient à prendre le titre constitutif, il doit en obtenir un nouveau ; car il serait exposé à s'en voir contester avec succès l'existence qu'il ne pourrait prouver par sa possession seule.

Du propriétaire... actuel, quand même le fonds aurait changé de maître depuis la constitution.

On pourrait soutenir que l'art. 695 déroge à l'art. 1337, en dispensant des conditions requises par ce dernier pour que l'acte recognitif puisse tenir lieu du titre primordial. Cette dérogation, susceptible de controverse, se motiverait sur ce que les constitutions de servitude intéressent surtout les cultivateurs, peu versés en général dans la rédaction des actes.

Art. 696. — Quand *on établit* une servitude, on est censé *accorder tout ce qui* est nécessaire pour en user.

Ainsi la servitude de puiser de l'eau à la fontaine d'autrui, emporte nécessairement le *droit de passage*.

On établit... Il s'agit du propriétaire du fonds servant.

---

(1) Voy. sur la discussion des art. 692 et 694, **MM. Demante**, *Thémis*, t. VI, p. 473 ; *Cours analyt.*, t. II, N° 549 *bis* ; **Duranton**, t. V, N° 572 ; **Demolombe**, t. II, N° 821 ; **Aubry et Rau**, t. III, § 252, note 9 ; **Marcadé**, sur l'art. 694. Voy. aussi un arrêt de la Cour de Cassat., dans **Sirey**, 1876, 1, 359.

Accorder tout ce qui... c'est-à-dire le droit de faire tout ce qui...

Droit de passage... pour arriver à cette fontaine.

Cet article contient application aux servitudes des règles générales sur l'interprétation des contrats.

Le propriétaire du fonds dominant ne pourra, sous aucun prétexte, étendre la servitude qui lui a été conférée par le titre.

Il ne s'agit pas dans l'hypothèse prévue au texte d'une servitude de passage qui prend naissance à côté de la servitude de puisage, mais bien à cause d'elle et par rapport à elle. La conséquence en est que, si la servitude de puisage venait à s'éteindre par le non usage pendant trente ans, la servitude de passage bien qu'exercée, viendrait elle-même à s'éteindre. *Accessorium sequitur principale.* La servitude de passage étant une servitude discontinue n'a pu s'acquérir d'une façon principale, même par un usage immémorial.

SECTION III

Des droits du propriétaire du fonds auquel la servitude est due

Art. 697. — *Celui auquel est due une servitude, a droit de faire tous les ouvrages nécessaires pour en user et pour la conserver.*

De faire... même sur le fonds servant ; car cela est évident pour son propre fonds (V. art. 702).

Pour la conserver... pour l'empêcher de s'éteindre par le non-usage (V. art. 707).

Cet article est la conséquence du principe cité plus haut, que celui qui établit une servitude sur son fonds, est censé accorder tout ce qui est nécessaire pour en user.

Art. 698. — *Ces ouvrages sont à ses frais,* et non à ceux du propriétaire du fonds assujetti, à moins que *le titre* d'établissement de la servitude ne dise le contraire.

Ces ouvrages... nécessaires pour user de la servitude et pour la conserver.

A ses frais.... aux frais du propriétaire du fonds dominant.

Le titre... Ici, ce mot signifie la preuve écrite de l'établissement.

Lorsque les ouvrages nécessaires pour l'exercice d'une servitude profitent à divers héritages voisins, les frais doivent en être supportés en commun, sans qu'il soit besoin de stipulation à cet égard. Malgré le dissentiment de quelques auteurs on admet généralement que, dans le cas où le titre oblige le propriétaire de fonds servant à faire tout ce qui est nécessaire pour l'exercice de la servitude, les acquéreurs à titre particulier seraient tenus de la même obligation, bien qu'en principe, ils ne soient tenus d'aucune des obligations personnelles que leur auteur a pu contracter au sujet du fonds.

Art. 699. — Dans le cas même où le propriétaire du fonds assujetti est chargé par le titre, de faire à ses frais les ouvrages nécessaires pour l'usage ou la conservation de la servitude, *il peut toujours* s'affranchir de la charge, *en abandonnant* le fonds assujetti *au propriétaire* du fonds auquel la servitude est due.

C'est là l'application du principe général posé par l'art. 2172 qui autorise le délaissement de la chose pour échapper aux charges réelles.

Il peut toujours... quand même il aurait déjà exécuté la charge pendant un temps plus ou moins long.

En abandonnant au propriétaire... ou plutôt en délaissant, quand même le voisin ne voudrait pas accepter l'abandon.

Art. 700. — Si *l'héritage pour lequel* la servitude a été établie vient à être divisé, la servitude reste due pour chaque portion, sans néanmoins que la condition du fonds assujetti soit aggravée.

Ainsi, par exemple, s'il s'agit d'un droit de passage, tous les *copropriétaires* seront obligés de l'exercer *par le même endroit*.

L'héritage pour lequel... le fonds dominant.

Copropriétaires... Cette expression n'est exacte que dans l'hypothèse où le droit de propriété seul aurait été divisé, et non l'héritage lui-même. Mais il est peu probable que l'art. 700 ait seulement eu en vue le cas où une communauté indivise s'établirait sur le fonds dominant : il est trop évident que tous les communistes ont droit à la servitude (V. art. 709,710 ; V. aussi 597).

Par le même endroit... ce qui pourra les astreindre à s'imposer des servitudes à eux-mêmes, pour que les propriétaires des portions éloignées puissent arriver au chemin commun.

La question de savoir si par l'effet de la division la servitude ne sera pas aggravée, est une question de fait que le juge appréciera. Ainsi, dans le cas que l'article prend pour exemple, celui d'un droit de passage accordé à un héritage qui se trouve ensuite subdivisé, si nous supposons que le propriétaire du fonds servant ait pris à sa charge par la convention les frais d'entretien, il est certain que la servitude sera aggravée par le seul effet du partage, puisque l'entretien sera plus coûteux.

Art. 701. — Le propriétaire du fonds débiteur de la servitude ne peut rien faire qui tende à en *diminuer l'usage* ou à le rendre plus incommode.

Ainsi, il ne peut changer l'état des lieux, ni transporter l'exercice de la servitude dans un endroit différent de celui où elle a été *primitivement* assignée.

Mais cependant, si cette assignation primitive était devenue plus onéreuse au propriétaire du fonds assujetti, ou si elle l'empêchait de faire des réparations avantageuses, il pourrait offrir au propriétaire de l'autre fonds un endroit aussi commode pour l'exercice de ses droits, et celui-ci ne pourrait pas le refuser.

Diminuer l'usage... soit sous le rapport du temps, en fermant le passage à certaines époques, soit sous le rapport du lieu, en rétrécissant le chemin, etc.

Primitivement... lors de la constitution, ou, si le titre constitutif n'avait pas réglé le lieu, lors de la convention que les parties intéressées ont faite ultérieurement, ou de la décision judiciaire intervenue à cet égard.

Les voisins doivent, à raison même de leur rapprochement, d'où peuvent résulter des relations fréquentes, se rendre service, lorsqu'il n'en résulte pour eux aucun dommage sérieux. « *Malitiis non est indulgendum* ».

Cet article et le suivant appliquent la règle de l'art. 599 (1).

Art. 702. — De son côté, celui qui a un droit de servitude, ne peut en user que *suivant son titre*, sans pouvoir faire, ni dans le fonds qui doit la servitude, ni dans le fonds à qui elle est due, de changement qui aggrave la condition du premier.

---

(1) Ce sont les principes développés à propos de l'usufruit. Les rapports, en ce qui concerne les droits respectifs du maître du fonds dominants sont les mêmes que ceux qui existent entre le nu-propriétaire et l'usufruitier.

Suivant son titre... Il ne peut faire des actes que le titre n'autorise pas, au moins implicitement. Cette règle est inapplicable au cas de servitude constituée par prescription, ou par destination du père de famille. Dans le 1er cas, c'est la possession par laquelle a été opérée la prescription ; dans le 2e, la disposition des choses par le propriétaire unique, qui doivent servir à déterminer les limites du droit de servitude.

Toutefois, on admet qu'il pourrait être autorisé à changer le mode d'exercice de la servitude, si celui qui avait été fixé à l'origine, était devenu trop incommode, pourvu que ce changement ne soit pas de nature à causer un préjudice au propriétaire du fonds servant.

SECTION IV

Comment les servitudes s'éteignent

Art. 703. — Les servitudes *cessent, lorsque les choses* se trouvent en tel état qu'on ne peut plus en user.

Cessent... Le texte ne dit pas *s'éteignent*, comme les articles suivants, parce qu'il n'y a pas d'extinction définitive.

Lorsque les choses... lorsqu'il survient dans la seule partie où peut s'exercer la servitude, soit sur le fonds servant, soit sur le fonds dominant, un changement tel que l'exercice soit paralysé ; par exemple, lorsque le cours d'eau qui entretenait un aqueduc, vient à être tari ; lorsque la maison où l'on avait droit de percer une fenêtre, est démolie (V. art. 665).

Art. 704. — Elles *revivent,* si les choses sont rétablies de manière qu'on puisse en user ; *à moins* qu'il ne se soit *déjà écoulé* un *espace de temps* suffisant pour faire présumer l'extinction de la servitude, ainsi qu'il est dit à l'article 706.

Ici l'impossibilité de les exercer n'est que momentané : l'exercice de la servitude est seul interrompu.

Revivent... ou plutôt, les choses se passent comme si la servitude était constituée de nouveau, quoique d'ailleurs on ne puisse alléguer aucun des événements qui soient de nature à établir des servitudes (V. art. 690, 692).

A moins que... Il en est autrement, quand l'impossibilité se combine avec l'inaction de l'intéressé, pendant un temps suffisamment long : on applique alors les règles sur le non-usage (art. 706, 707) : il convient en effet de respecter l'attente conçue par le propriétaire du fonds servant, de demeurer à l'avenir exempt de servitudes.

Déjà écoulé... depuis l'époque où s'est opéré le changement qui rendait la servitude impossible.

Un espace de temps... 30 ans.

Art. 705. — *Toute servitude* est éteinte lorsque le fonds à qui elle est due et celui qui la doit, sont *réunis dans la même main.*

Toute servitude... même continue et apparente (Comp. art. 707, et 692 à 694).

Réunis dans la même main... c'est-à-dire lorsque la propriété de l'un est acquise au propriétaire de l'autre ; en d'autres termes, quand l'un et l'autre font partie du même patrimoine. Il y a alors *confusion* de qualités (V. art. 802-2°, 1300) : la même personne se trouve en même temps avoir un droit de servitude, en qualité de propriétaire du fonds dominant, et être grevée d'une charge, en qualité de propriétaire du fonds servant.

Art. 706. — La servitude est éteinte par le non-usage pendant trente ans.

La propriété ne s'éteint pas par le simple non-usage. Cette différence tient à ce que la servitude est un démembrement de la propriété, et que la loi favorise l'affranchissement de la chose. Au contraire, elle laisse son droit, même au propriétaire négligent, tant qu'il ne se trouve pas un tiers qui s'empare du bien, et, par sa possession même, acquière une espérance légitime de le conserver.

Art. 707. — *Les trente ans* commencent à courir *selon les diverses espèces de servitudes,* ou du jour *où l'on a cessé d'en jouir,* lorsqu'il s'agit de servitudes discontinues, ou du jour *où il a été fait un acte contraire* à la servitude, lorsqu'il s'agit de servitudes continues.

Les trente ans... de non-usage, à l'effet d'éteindre la servitude.

Selon les diverses espèces de servitudes... La prescription, telle qu'elle est déterminée par cet article, courra contre toute servitude conventionnelle, même contre celles qui sont établies par la destination du père de famille.

Où l'on a cessé d'en jouir... où le propriétaire du fonds dominant a cessé de faire l'acte volontaire auquel l'autorisait l'établissement de la servitude.

Où il a été fait un acte contraire... où la disposition des fonds, qui devait être maintenue en vertu de l'établissement de la servitude, a été changée, de manière que le propriétaire du fonds dominant ne puisse plus tirer du fonds servant, l'espèce d'utilité qu'il en retirait ; par exemple, si un aqueduc a été coupé ou comblé, de manière à intercepter la conduite de l'eau jusqu'au fonds dominant. Mais il ne suffirait pas que le propriétaire de ce dernier fonds s'abstînt de se servir de l'eau pendant 30 ans, si d'ailleurs l'aqueduc faisait toujours son office.

Art. 708. — *Le mode de la servitude* peut *se prescrire* comme la servitude même, et de la même manière.

Mode de la servitude... Manière d'exercer la servitude. Plusieurs servitudes peuvent mériter la même dénomination générale et différer dans les détails. Ainsi, celle de *passage* est susceptible d'une foule de modifications relatives soit au lieu, soit à la largeur du chemin, soit aux heures ou aux jours d'exercice, soit au genre de transport, soit aux objets à transporter, ou aux animaux à conduire (V. L. 4, Dig.. *de Servitut.*).

Se prescrire... cette expression peut signifier deux choses : s'éteindre, ou s'acquérir. Dans le premier sens, l'article 708 signifie que l'un des droits compris dans le droit complexe de servitude, peut se perdre par le non usage; dans le second, il signifie que le droit principal peut se grossir d'un droit accessoire au moyen d'une possession continue. En un mot, la prescription peut amoindrir ou étendre une servitude. Par exemple, le propriétaire qui a le droit d'avoir une fenêtre de deux mètres de largeur, peut, selon qu'il aura maintenu l'ouverture à un ou à trois mètres de largeur, n'avoir plus droit qu'à une ouverture d'un seul mètre, ou, au contraire, avoir droit à trois mètres.

Art. 709. — Si l'héritage en faveur duquel la servitude est établie, appartient à plusieurs *par indivis, la jouissance de l'un* empêche la *prescription à l'égard de tous.*

Par indivis... par exemple, si le propriétaire du fonds dominant est mort laissant plusieurs héritiers.

La jouissance de l'un... des copropriétaires, avant l'expiration des 30 ans de non-usage (art. 706, 707).

La prescription... c'est-à-dire l'extinction de la servitude par le non-usage.

A l'égard de tous... quand même aucun des autres n'aurait usé pendant 30 ans.

Art. 710. — Si parmi les *copropriétaires* il s'en trouve un contre lequel la prescription *n'ait pu courir*, comme *un mineur*, il aura conservé *le droit de tous les autres.*

Copropriétaires... par indivis, du fonds dominant : en effet, l'article

710 se réfère évidemment à l'hypothèse de l'article 709. D'ailleurs, après le partage, le mot copropriétaire devient impropre, et il y a autant de servitudes que de fonds distincts résultant de la division du fonds primitif.

N'ait pu courir... c'est-à-dire être suspendue (V. art. 2251).

Un mineur... ou un interdit (art. 2252).

Le droit de tous les autres... lors même qu'il y aurait non-usage de leur part pendant 30 ans (art. 706, 607), et que la prescription aurait pu courir contre eux.

Ces deux derniers articles du livre II appliquent aux servitudes les principes de l'indivisibilité (1). (Voy. les art. 1248, 1433, 1437 et 1638 du Code civil.

---

(1) Consult. **Pardessus**, Nº 303; **Toullier**, t. III, Nº 705 et suiv.; **Favart**, sect. 5, Nº 8; **Duranton**, t. V, Nº 472.

IMPEDIMENTORUM MATRIMONII

SYNOPSIS

TERTIA EDITIO

IMPEDIMENTORUM MATRIMONII SYNOPSIS

(Tertia Editio).

Impedimentum matrimonii generatìm est illud omne quod obstat ne matrimonium licitè, aut etiam validè contrahatur : si obstet validitat?, *dirimens*; si solùm liceitati, *prohibens* appellatur. Indè sectio prima, *de impedimentis prohibentibus;* sectio secunda, *de impedimentis dirimentibus;* sectio tertia, *de dispensationibus matrimonii*, sectio quarta, *de revalidatione matrimonii.*

SECTIO PRIMA

De impedimentis prohibentibus

Octo sunt quæ hodiè vigent : *Vetitum Ecclesiæ, tempus, sponsalia, votum, clandestinitas, omissio bannorum, disparitas cultûs imperfecta et defectus parentum consensûs.*

1° *Ecclesiæ vetitum.* Hæc particularis prohibitio datur à Parocho, vel ab Episcopo, vel à Papâ, qui ultimus decreto vetanti etiam irritantem clausulam potest utique adjungere, Cap. *Tua,* 4, *De sponsâ duorum.* Hæc prohibitio gravis est : et Episcopus et Papa possunt etiam eidem censuras adnectere ex cap. ult. *De Matrimonio contracto contra interdictum Ecclesiæ.* Vetari autem non potest matrimonium, nisi ex rationabili causâ, ex gr. ob aliud impedimentum impediens, ob suspicionem alicujus impedimenti dirimentis, donec hæc suspicio removeatur, ob ignorantiam elementorum doctrinæ christianæ, etc. (1)

---

(1) Ben. XIV de Syn. lib. 8, cap. 14, n° 1 et seq.

2° *Tempus* quod *feriatum* dicitur, illud est in quo solemnes nuptiæ interdicuntur.

Hoc tempus olim diù perdurabat; a Conc. Trid. sess. 24, cap. 10, *De ref. mat.* coarctatum est, ità ut decurrat tantùm a tempore sacri Adventûs usque ad Epiphaniam inclusivè, et à die Cinerum usque ad octavam Paschæ inclusivè; quo tempore fideles præsumuntur impensiùs operibus pietatis vacare. Prohibentur tantùm *solemnitates nuptiarum,* id est juxtà communiorem sententiam, benedictio solemnis quæ fit unà cum Missâ pro sponso et sponsâ, prouti extat in Missali, solemnis et publica traductio sponsæ in domum sponsi, convivia splendidiora, choreæ, aliaque similia profanæ lætitiæ signa; sed non interdicitur celebratio matrimonii. Notamus autem pluribus in locis in more positum esse, ut tempore Adventûs et Quadragesimæ, matrimonia non celebrentur omninò sine expressâ licentiâ Episcopi. Ità in Galliis. (1).

3° *Sponsalia* valida nec legitimè resoluta, impediunt quominùs, relictâ alterâ parte, alteruter ex sponsis contrahat matrimonium cum tertiâ personâ. Ratio est quià per hoc matrimonium læderetur obligatio justitiæ legitimè contracta in sponsalibus, cap. *Duobus,* 1. *De sponsâ duorum* (2).

4° *Votum simplex* castitatis, vel ingrediendi religionem approbatam, aut suscipiendi ordines in Ecclesiâ occidentali, vel non nubedi, vel virginitatis, matrimonium solummodò impedit. Nam matrimonium in casu procedit contrà promissionem, quæ cùm sit per se de bono meliori et possibili, a Deo acceptata præsumitur; quaré matrimonium hujusmodi censetur esse contrà voluntatem Dei, ideòque illicitum. Quomodo votum simplex à solemni distinguatur, traditur in tit. *De voto et voti redemptione.* 34, lib. III, Decret.

5° *Clandestinitas* seu celebratio matrimonii absque parochi præsentiâ in locis in quibus decretum Conc. Trid. non est promulgatum. In locis enim ubi facta est promulgatio, constituit impedimentum dirimens. Conc. Trid. sess. 24, *De Reform., matr.* c. 1.

6° *Omissio* bannorum trium præmittendorum matrimonio. Conc. Trid. ibid.

---

(1) Feije de Imped. et dispens. matr. cap. 25, n° 552 et seq.

(2) Feije l. c. n° 556, inter alios auctores exponit, quomodò Parochus et Ordinarius in causâ sponsalium sese gerere debeant.

Bannum est vox germanica, significans edictum, seu publicam proclamationem : igitur banna hic sunt publicæ denuntiationes futuri matrimonii inter tales personas, ut impedimenta, si quæ sint, detegantur.

Banna, quoad substantiam, vel ipsis primævis Ecclesiæ sæculis, fuerunt prohabiliter in usu ; etenim matrimonia Christianorum occulta semper fuerunt prohibita. Sed mos denuntiandi secundum fornam hodiernam primò invaluit in Galliâ, incerto quidem tempore, sed antè decimum tertium sœculum. Concilium Lateranense IV, anno 1215 celebratum, morem istum particularem convertit in præceptum universale, et Conc. Trid., illud renovans, præcepit, sess. 24, *de Ref. Matrim.* cap. 1, ut « in posterum, antequam matrimonium contrahatur, ter a » proprio contrahentium parocho, tribus continuis diebus festivis de » præcepto in Ecclesiâ, inter Missarum solemnia, publicè denuntictur » inter quos matrimonium sit contrahendum. »

Hinc sequitur has denuntiationes faciendas esse (a) *a proprio contrahentium parocho,* ità ut, si sint duplicis parochiæ, ab utroque parocho debeant fieri. Si quis tamen a panco tempore habitaret in unà parochiâ, et ibi vellet contrahere matrimonium, videtur quòd convenientiùs proclamationes fierent a parocho loci in quo priùs morabatur quàm a parocho loci in quo nunc habitat ; aliàs non obtinctur finis legis, qui est detegere impedimenta matrimonii : quandò autem litiera adversatur menti legislatoris, est deserenda. Cæterùm quisque sequatur leges suæ diœceseos.

(b) *Ter tribus continuis diebus festivis de præcepto.* Dies festivi, quo nomine venit etiam dies dominica, intelliguntur continui, quandò inter eos non intercedit alius festus dies, licet intercedat dies ferialis. Imò in aliquibus diœcesibus, si tres dies festi se immediatè sequantur, nullo alio interjecto, non debent intrà istud triduum fieri omnes denuntiationes ; sed oportet intrà primam et secundam, vel inter secundam et tertiam, diem unam saltem intercedere, ne brevitate temporis impedimentum revelare nequeant, qui illud cognoscunt. Ità Rituale Parisiense.

(c) *In ecclesiâ inter Missarum solemnia,* quià tunc frequentior est populus ; undè faciliùs detegi potest si quæ sint impedimenta. Non videretur tamen culpandus saltem graviter Parochus, qui extrà ecclesiam, aut die feriali in sslemni concione, vel ubi adest magnus populi concursus, proclamationes faceret ; quià in hoc non deviaret in fine legis.

7° *Disparitas cultûs imperfecta,* qualis est inter catholicum et non catholicum baptizatum.

Certum est hæc matrimonia quæ dicuntur *mixta,* esse generatim

prohibita jure naturæ, si adest periculum perversionis partis fidelis et
liberorum ; jure divino, ad Tit. III, 10, et Epist. 2 Joan. 10, ubi
jubetur devitari hæreticus; et jure ecclesiastico, can. 13, Conc. Chal-
ced., 31., et apud Gratianum, causa 28, q. 1, Ratio est tùm flagitiosa
in divinis communicatio, tùm periculum perversionis partis fidelis et
filiorum.

Hæc tamen matrimonia sunt valida, quià nullo jure irritantur; imò
quùm in quibusdam circumstantiis prohibitio legis naturalis et divinæ
cessare possit, dispensatio à lege ecclesiasticâ conceditur a R. Pontifice,
gravi de causâ, sub sequentibus conditionibus seu *cautionibus* : (a) Pars
acatholica sub juramento promittere debet se liberam relicturam esse
partem catholicam in exercitio religionis suæ. (b) Utraque pars sub juramento promittere debet se utriusque sexûs prolem educaturam in religione
catholicâ. (c) Pars catholica sub juramento promittere debet se juxtà
principia charitatis christianæ pro suis viribus curaturam alterius con-
versionem. A longo tempore non insistitur in juramento ad firmandam
tertiam conditionem ; imò, ex Instructione Card. Antonelli diei 15 nov.
1858 ad omnes Patriarchas, Archipiscopos et Episcopos, in nullà conditione exigitur juramentum, sed sufficit seria promissio. Imò in
quibusdam regionibus, ut in Hungariâ, ad majora mala vitanda decla-
ratur *tolerari* posse, quod pro temporum conditione, licèt omittantur
cautiones, ideòque pars catholica graviter peccet, Parochus tamen
mère passive assistat consensui.

Ità ex Const. Pii VI, *Exequendo*, 23 Jul. 1782, ex Brevi Pii VII,
Vix nova, die 17 Feb. 1809, ad Episcopos Galliæ, ex Litteris Greg. XVI,
die 20 Apr. 1841, ad Episcopos Hungariæ. (1).

Parochus non debet assistere matrimonio, obtentâ etiam dispensatione super religione mixtâ, quandò intendunt sponsi posteà se sistere
coràm ministro acatholico ; ità ex S. Congr. Inq. die 21 apr. 1847, nisi
tamen agat ille tanquam merè civilis magistratus, scilicet ad procu-
randam prolis civilem legitimitatem. Ità Bened XIV, de Syn. L. 6, c. 7,
et decretum S. C.O. 17 febr. 1864.

Servatis etiam prædictis conditionibus, hæc matrimonia fieri debent
omissis publicationibus, nullâ adhibitâ benedictione, ritu aut veste
sacrâ extrà Ecclesiam et sacristiam. Ità S. R et U. Inquis. 25 Nov.
1838. Nihilominùs si ex hoc graviora damna et mala timeantur, ritus
consuetus, judicio Episcopi, adhiberi potest in Ecclesiâ, *exclusâ tamen
semper Missæ celebratione.* Cf. Instruc. 15 Nov., 1858, jam citatam.

---

(1) Planchard, *Nouv. Revue Théologique.* T. XV, pag. 500-531, 573-601.

8° *Defectus parentum consensûs*. Conc. Trid. l. c. anathemate damnat illos qui falsò affirmant matrimonia à filiisfamilias sine consensu parentum contracta irrita esse, et parentes ea rata vel irrita facere posse. Si parentes jure inviti sint propter familiæ dedecus, vel aliud grave damnum, filii graviter peccant, matrimonium ineuntes contra illorum voluntatem : si verò injustè consensum recusent, probabiliùs nullatenus peccant (1). Practicè, si parentes injustè consensum recu-

---

(1) Sur les mariages des enfants de famille, contractés sans la volonté de leurs parents, le cardinal de Lorraine ajouta qu'il fallait également les déclarer nuls, comme le décret le prescrivait; que la raison et la lumière naturelle nous apprennent que le devoir d'un père est de donner une épouse à son fils; que les paroles prêtées si souvent au personnage du père, dans les comédies antiques, ne sont que l'expression d'un sentiment universel, parce qu'il est naturel; que d'ailleurs, nous avons, dans l'Écriture sainte, des exemples qui prouvent constamment que les filles ont été mariées par leurs pères; que s'il arrivait que ces pères refusâssent leur consentement et voulûssent que leurs filles entrâssent dans un cloître, ou épousâssent un homme qu'elles n'aimeraient point, c'était à l'évêque à y pourvoir. Enfin, il proposa le changement du mot *parentum*, et dit qu'il fallait mettre plutôt *patrum*, parce que cette autorité de marier ses enfants n'est que dans le père; ce qui est conforme au droit naturel et civil et aux lois des empereurs chrétiens Théodose, Valentinien, Justinien, qui ont défendu les mariages auxquels les pères s'opposent; et d'ailleurs, les évêques ni les conseils n'ont point été contraires à ces lois. On pouvait donc décider ainsi, et il était convenable de le faire.

L'évêque d'Orvieto rejeta l'autre partie du décret touchant les enfants de famille. Il dit qu'il y avait deux choses à considérer : la *puissance paternelle* et le *respect filial*. Dans les premiers temps, la puissance paternelle avait suffi pour rendre nuls ces mariages, parce qu'elle ôtait aux enfants la disposition de leurs biens et de leurs corps; mais cela n'avait plus lieu sous la loi évangélique, parce que la puissance du père ne s'étend pas aux choses spirituelles, par exemple, les sacrements; on en peut dire autant du maître par rapport à son esclave; ainsi il est libre aux enfants et aux esclaves de contracter mariage malgré leurs parents et leurs maîtres, comme on le voit dans le chap. premier, *de Conjug.*, serv., et dans le chap., *Licet causam, de Raptoribus*. Et parce qu'on avait dit que ce n'était pas là le sens du texte, tel qu'on le lisait dans la Décrétale, il le rapporta tel qu'il était conçu dans le second volume des conciles, au chap. xiv des Décrétales d'Alexandre III, où tout est longuement exposé. D'un autre côté, la déférence que la nature impose aux enfants pour leur père, rend sans doute répréhensibles à quelque égard les mariages où n'intervient pas le consentement de ce dernier. mais ne les annule pas pour cela; ce qui est évidemment vrai pour le fils émancipé qui doit toujours à son père le respect filial, et qui néanmoins peut se marier sans sa permission, comme il résulte de la loi *Filius emancipatus*, § *de Ritu nuptiarum*, jointe à la loi *Viduæ*, sous le même titre. Et cela se confirmait encore par l'exemple d'Esaü et de Tobie. Il cita en finissant ces paroles de Charles V, dans le décret d'Augsbourg, de l'année 1548: « La puissance paternelle n'ayant point d'effet sur l'union que contractent les époux, il ne faut point écouter ceux qui veulent l'annulation des mariages contractés par les enfants de famille sans le consentement de leurs parents. Nous ne voulons en rien diminuer le respect que les enfants doivent à leur père, mais nous ne voulons pas que les pères mésusent de leur autorité pour empêcher ou rompre les mariages. Mais parce que nous jugeons conforme à la bienséance que les enfants ne contractent point d'union sans l'avis et l'assentiment de leurs parents, c'est aux pasteurs à les avertir souvent de ce devoir. » *Histoire du Concile de Trente*, par **Pallavicini**, T. III, L. 22, Ch. IV.

sant, parochi quidem est tentare, ut amicè negotium componatur, sed filii non possunt impediri, quominùs matrimonium ineant. At obstante lege civili, ut in Galliâ, vix admitti possunt sinè parentum consensu.

SECTIO SECUNDA

De impedimentis dirimentibus

Quatuordecim sunt. 1° Alia sunt quæ CONSENSUM ipsum afficiunt; quatuor numerantur, *error*, *conditio*, *metus* et *raptus*.

2° Alia sunt quæ PERSONAS ipsas respiciunt; sive sint absoluta, id est, reddant aliquem inhabilem ad contrahendum cum quâlibet personâ, qualia sunt ex jure naturali *ætas* (1), *impotentia* et *ligamen*, ex jure autem positivo *ordo* et *votum*; sive sint tantùm relativa, id est, reddant inhabilem tantummodò, cum quibusdam personis, qualia sunt *cognatio*, *affinitas*, *honestas*, quæ fundantur in quâdam propinquitate personarum; tandem *cultûs disparitas*.

3° Aliud demùm est quod respicit FORMAM CONTRACTUS, estque *clandestinitas*.

CAPUT PRIMUM

De impedimentis dirimentibus quæ consensum ipsum afficiunt

Art. I. — DE IMPEDIMENTO ERRORIS

1. — Error in genere definiri potest : *unum pro alio putare*.

Potest autem in matrimonio error quadruplex esse ; quod in can. *Quod autem*, caus. 29, q. 1, itâ explicatur : « Error *personæ* est, quandò hic putatur esse Virgilius, et ipse est Plato. Error *fortunæ*, quandò hic esse putatur dives, qui pauper est, vel è converso. Error *conditionis*, quandò putatur esse liber, qui servus est. Error tandem

---

(1) Ætatis impedimentum ex jure naturali non tam extenditur, quam reverà extenditur ex lege positivâ.

qualitatis, quandò putatur bonus qui malus est. » Ut verò ordine logico hæc declarentur, sequentia notanda sunt.

II. — Error esse potest vel 1° *personæ,* vel 2° *qualitatis.*

1° Error *personæ,* qui dicitur etiam *substantialis,* matrimonium reddit nullum. Ratio est, quia deest consensus, qui est fundamentum omnis contractûs. Etenim qui errat circa personam, non consentit in eam determinatam personam cum quâ contractum exteriùs perficit; sed in aliam prorsùs diversam quam mente concipit, veluti si Primus cum Primâ contrahere putans, per errorem Secundam ducat; profectò in hanc posteriorem consensus omnino defuit. Apprimè hic verificatur adagium juris : *Errantis nulla est voluntas.* Deficiente igitur consensu, deficit contractus matrimonii (1). Idem dicendum de errore circà essentiam matrimonii.

2° Error *qualitatis,* qui vocari solet *accidentalis,* dirimit matrimonium, (*a*) si qualitas recidit in personam. Id verificatur quandò qualitas non est pluribus communis, sed est singularis et hâc qualitate persona individuatur ; ex. gr., si Prima vult contrahere cum filio primogenito Regis et loco istius adducitur secundò genitus. Ratio est quia consensus in hoc casu fertur tantummodò in personam tali qualitate præditam ; quæ qualitas, si deest, reverà non adest persona illa cum quâ Prima intendit matrimonium contrahere. Ita S. Cong. Conc. die 29 Dec. 1862. (*b*) Si qualitas aliqua intenditur à contrahente tanquam conditio *sine quâ non*; sic, v. gr. Primus vult ducere Primam, si nobilis sit, et est plebeia ; nam deficiente illâ qualitate, deficit conditio sub quâ contrahendum erat matrimonium, et consequenter deficit ipse consensus.

3° Præter hos casus error *accidentalis* non efficit matrimonium nullum. Ratio est, quià per errorem istum non tollitur consensus in personam quæ objectum est matrimonii. Qui enim errat in fortunam

---

(1) In aliis sacramentis et contractibus error personæ validitati eorum non obstat : v. g., aliquis baptizat Annam credens se baptizare Petrum, validus est baptismus ; boves suos vendit Paulo, persuasum habens se eos vendere Jacobo, valet contractus.

Sed hoc non probat errorem circà personam matrimonium invalidum non reddere. Ratio disparitatis est quod, in exemplis allatis, intentio baptizantis ad personam præsentem dirigatur, et intentio vendentis non tam ad personam quam ad pretium mercis limitetur, dùm, è contrà in matrimonio consensus contrahentis non cadit in personam præsentem, quæcumque sit, sed in personam de quâ priùs conventum est, quæ supponitur præsens, dùm reverà est absens : consentit ergo in personam absentem, non vero in personam præsentem.

Hinc matrimonium Jacob cum Lia, quam putabat esse Rachelem, primùm fuit nullum, et non nisi per sequentem consensum factum est validum. — **Bouvier,** *de Matrimonio,* p. 314.

vel qualitates personæ, reverà cognoscit personam quoad substantiam et in eam consentit, quamvis in eo fallitur quod, ex. gr., pulchram aut divitem putat quæ deformis aut pauper est (1). Quùm contrahens præsumatur intendere præcipuè personam; qualitates verò et fortunam habuisse solummodò tanquam causas impulsivas ad matrimonium, remanet igitur substantia contractûs, id est, consensus sufficiens, et matrimonium est validum. Ità quoque Pius VI, ad Arch. Prag., 11 Jul. 1789. « Utpotè si quis emerit agrum vel vineam quam putabit esse » uberrimam, quamvis iste erraret in qualitate rerum, rem minus » fertilem emendo, non potest tamen venditionem rescindere » quemadmodum in canone superiùs citato legitur (2).

. Adde quod plerùmque matrimonium esset nullum, si hujusmodi error sufficeret; nam in omnibus ferè matrimoniis aliquis error circà qualitatem vel fortunam irrepsit.

III. — Impedimentum erroris esse ex jure naturali per se patet, quùm consensum excludat.

APPENDIX. — DE IMPEDIMENTO CONDITIONIS.

I. — Affine impedimento erroris est impedimentum conditionis seu ignoratæ servitutis. Nomine autem servitutis hic venit constitutio juris gentium, quâ quis alieno dominio contrà naturam subjicitur (3). Hinc servi in jure non intelliguntur ii qui, propriâ voluntate ad servitium alicujus juxta morem nunc consuetum se obstringunt (4). Locum non habet in Europâ hoc impedimentum, non quià cesset jus, sed quià communiter deest occasio, nisi fortè in partibus Turcici imperii, aut si quæà personæ servituti adhùc mancipatæ in alias Europæ partes aliundè adveniant (5).

II. — Jure sive romano sive ethnico inter servos propriè dictos adèsse non dicebatur matrimonium, sed *contubernium*. Jure canonico servi inter se inire possunt verum ac proprium matrimonium. Hinc matrimonium inter personam liberam et personam servituti subjectam

---

(1) Mansella, *de Imped. Matrim.*, p. 4.
(2) Santi, *Prælect. juris canoni*, L. IV, T. V, Decret.
(3) Justin., *Inst.*, Lib. 1, T. IV, *de Ingenuis*. — Florentinus, L. IX, *Institutionum.*
(4) Gury, *Theol. Moralis*, T. II, p. 556, in notâ Ballerini.
(5) Mansella, *op. cit.*, p. 4.

sacri canones valere statuerunt, dummodo libera persona conditionem alterius cognoverit; minimè verò, si illam ignoraverit.

III. — Hic error est accidentalis, ideòque dirimit matrimonium ex solo jure ecclesiastico, uti probabiliùs docet Sanchez, de Matr. lib. VII disp. 19, n° 16 (1).

Art. II. — DE IMPEDIMENTO CONDITIONIS APPOSITÆ.

I. — Conditio apposita in contractu aliquo ; in genere est adjectio quædam, consensum suspendens in tempus, vel eventum futurum incertum. Decret. Lib. IV, tit. 5.

II. — 1° Si conditio respicit eventum præsentem aut præteritum ex. gr. contraho tecum si sententia judicis heri prolata fuit mihi favorabilis, nullomodò consensum suspendit; ideòque matrimonium statim valet vel non. Hinc in 1. c. ff. *De hæred. inst.* vera conditio in futurum concipitur : nam quæ in præteritum, vel præsens tempus concipitur, figuram, non vim conditionis continet.

2° Si conditio respicit tempus aut eventum futurum necessarium, pariter non suspendit consensum; habetur tanquam non posita, et matrimonium statim valet.

3° Si conditio respicit tempus aut eventum futurum incertum, multiplex esse potest. (a) Alia est contra substantiam sacramenti, id est vel contrà bonum sacramenti, ex. gr. contraho tecum, donec inveniam alteram honore vel facultatibus digniorem, vel contrà bonum fidei, ex. gr. contraho tecum, si pro quæstu adulterandam te tradas, vel contrà bonum prolis; ex. gr. contraho tecum, si generationem prolis evites. Hæc conditio irritat matrimonium, seu ut dici solet, vitiat et non vitiatur. Plura vide apud Leurenium, *lib. 4 tit.* 5, *de conditionibus appositis in despons. aliisque contractibus,* à quæst. 172 usque ad quæst. 174. (b) Alia est simpliciter turpis aut impossibilis, ex. gr. contraho tecum, si Titium occidas; quæ non irritat matrimonium, seð potius ipsa habetur tanquam non posita, seu vitiatur et non vitiat (c). Tandem alia est honesta et possibilis quæ cum effectu additur, et suspendit consensum, ideòque validitatem matrimonii usque ad verificationem conditionis, seu nec vitiat, nec vitiatur. Hæc tradit Greg. IX in cap. ult. *de Conditionibus appositis in matrimonio, et aliis contractibus,*

(1) D'Annibale, *Summ. Theol. Mor.,* p. 3, n° 314.

ubi hæc leguntur. « Si conditiones contrà substantiam conjugii inseran-
tur, putà si alter dicat alteri : Contraho tecum si generationem prolis
evites, vel donec inveniam aliam honore vel facultatibus ditiorem, aut si
pro quæstu adulterandam te tradas : matrimonialis contractus quan-
tùmcumque sit favorabilis, caret effectu, licet aliæ conditiones appositæ
in matrimonio, si turpes aut impossibiles fuerint, debeant propter ejus
favorem, præ non adjectis haberi. »

III. — Hoc impedimentum dirimit matrimonium ex jure naturali,
quùm reverà consensus non habeatur.

Art. III. — DE IMPEDIMENTO METUS

I. — Metus definiri potest : *Instantis vel futuri damni causâ mentis
trepidatio.*

II. — Metus *gravis, extrinsecus, injustè incussus*, et *directus ad
extorquendum consensum* irritat matrimonium. Ratio est quià matrimonium debet plenâ securitate atque libertate gaudere, ne infelices
exitus pariat. Capp. 14, 15, 17, *de sponsalib. et matrim.*

Prima qualitas est ut metus sit *gravis*, seu absolutè, seu respective
sic metus quorumdam baculi ictuum potest esse gravis respectu puellæ,
et levissimus respectu militis. In genere metus gravis, dicitur qui
commovere potest virum fortem et constantem. Nullâ enim lege metus
levis invalidat matrimonium, cùm non auferat sufficientem, ac necessa
riam deliberationem. Capp. 6, 15 et 28, *de Sponsalib. et matrim.*

Metus reverentialis in genere non est gravis ; nam metus merè
reverentialis non est propriè metus, sed simplex reverentia, quæ per se
quamdem solam erubescentiam importat, quæque ab intrinseco potiùs
quàm ab extrinseco ortum habet.

At si reverentiæ debitæ conjungantur continuæ objurgationes, vexa-
tiones, minæ graves, persuasiones continuæ et importunæ (à fortiori
si aliqua addantur verbera) parentis austeri, cui resisti nequit, potest
esse gravis, præsertim in juvene, et præsertim in timidâ puellâ. S.
Cong. Conc. sæpius hanc doctrinam suis decisionibus confirmavit.

Secunda qualitas est, ut metus sit *extrinsecùs;* si enim quis
contrahit ex metu gehennæ aut mortis, in morbo vel naufragio,
matrimonium valet, cùm nulla contrahenti injuria inferatur, sed liber
ipse eligit conjugium, secundùm illud adagium « *coacta voluntas, sed
voluntas.* »

Tertia qualitas est, ut metus sit *injustè incussus;* veluti, si pater filiæ stupratori mortem comminatus esset, nisi filiam duxerit : pater enim jus quidem habet coràm judice accusandi, non autem propriâ auctoritate occidendi. At verò si judex stupratori pœnas carceris minitetur, nisi stupratam ducat, valebit matrimonium, quià censetur metus in casu ab ipso jure incussus, et proindè præsumi non potest ipsum jus irritare matrimonium.

Ultima qualitas est, ut metus sit *directus ad extorquendum consensum*. Ratio est quià secùs matrimonium non censetur contractum ex metu, sed potiùs electum esse ut medium ad declinandum malum quod timebatur, ideòque est voluntarium simpliciter. Sic, si pater inveniat stupratorem filiæ suæ, et minas graves incutiat ad ulciscendum tantùm injuriam sibimet irrogatam, et stuprator ad ejus iram sedandam et se liberandum, nuptias offerat, valet conjugium.

Quæritur utrùm metus purgari possit ?

Ante Concil. Trid. et etiam post. Trid. Conc. in locis, in quibus ejus decretum sess. 21 cap. 1 non est promulgatum, pars coacta consentire potest et ità matrimonium revalidatur vel tacite per copulam sponte suâ, et affectu maritali subsecutam, vel expressè per novum liberum consensum etiam clandestinè præstitum ; dummodò 1° ipsa noverit nullitatem matrimonii 2° consensus alterius partis adhùc perseveret.

In locis in quibus cit. decretum Conc. Trid. publicatum est, et matrimonium in formâ Tridentinâ initum, si impedimentum est occultum, pars consentire potest, ut suprà: nam S. Pius V Episcopo Hieracensi rescripsit, matrimonium metu initum atque consummatum, si in ejus celebratione forma Tridentina servata sit, et impedimentum occultum maneat, mutuo conjugum consensu, et spontaneâ habitatione convalescere, uti refert Fagnanus in cap, *Is qui fidem*, 30, *de Sponsal. et Matr.* Si verò impedimentum est publicum, probabiliùs est alterius requiri novam matrimonii celebrationem in formâ Tridentinâ.

III. — Metus his præditus conditionibus matrimonium dirimit, licet ei accedat juramentum, jure saltem ecclesiastico. Negant de jure naturali metum invalidare conjugium Collet, Concina, Layman et Lessius, quià libertas ex tali metu minuitur, sed non tollitur. Verùm non minùs probabiliter affirmant Rossius, Covarruvias, Navarrus, Pontas, cum D. Thomâ; tùm quià matrimonium est vinculum perpetui amoris, et repugnat ut amor à metu producatur ; tùm quià matrimonium, si semel esset validum, cùm sit indissolubile, non posset amplius gaudere beneficio rescissionis, ut fit quoad alios contractus per injustum metum initos.

ART. IV. — DE IMPEDIMENTO RAPTUS

I. — Raptus, ut impedimentum, definitur: *Abductio violenta mulieris et detentio in locum moraliter diversum, matrimonii cum eâ ineundi causâ.*

Ut impedimentum raptûs locum habeat, sequentia verificari debent, uti posita definitio indicat: 1° *Abductio violenta.* Si vi mulier abducatur, vel gravi metu sequi raptorem invita cogatur, patet adesse impedimentum raptûs, licet parentes vel tutores consentiant. Contrà, si mulier sponte suâ virum sequatur ad matrimonium alibi contrahendum, habetur mera fuga et non raptus, et matrimonium, servatis servandis, valet, licet inviti, aut inscii sint hi, sub quorum potestate mulier est (1). Non enim consensus parentum requiritur ad matrimonii validitatem.

Nec raptus *seductionis* quem vocant, id est, si mulier circumventionibus, et blanditiis virum sequitur, hic in genere admittitur, sed variæ species distinguendæ sunt (*a*) Si mulier prius quidem erat nolens, et deinde blanditiis, et illecebris seducta virum sequitur, ad matrimonium alibi ineundum, invitis aut insciis parentibus, vel tutoribus, probabilius non verificatur impedimentum raptûs; jam enim sponte virum sequitur et ideò recidimus in casum præcedentem (2) (*b*). Si mulier insidiis et dolo viri inducitur in aliquem locum, et ibi sub ejus potestate vi et dolo retinetur invita, causâ matrimonii, adest impedimentum raptûs et matrimonium est nullum. S. Cong. Conc. 24 Apr. 1868, 25 jun. et 27 Aug. 1864. In hac secundâ agebatur de puellâ, quæ sub prætextu domum locandam invisendi, in ipsam raptoris habitationen adducta, inibi sub ejus potestate relicta fuerat. (*c*) Tandem si mulier quò citra vim aut dolum accesserat, detineatur invita, non videtur impedimentum raptûs verificari (3).

---

(1) Nonnulli auctores affirmant ad impedimentum raptûs sufficere injuriam et *violentiam* illatam parentibus. Sed nostra conclusio magis communiter recepta est, et pluribus S. Cong. Conc. decisionibus firmatur. Cf. d'Annibale, 1. c., de **Angelis**, 1. c., N° 20.

(2) **Mansella,** *de Imp. Matr.,* p. I, cap. I, art. 5. **Santi,** *Prælection juris canonici,* lib. IV. Decret. tit. 1, p. 80. In hoc casu, nec *seductio* propriè locum habet, licet præsumatur, præsertim, si mulier sit minor, nec *abductio.* Nostræ sententiæ favet etiam responsio Pii VII, 27 jun. 1805, ad Imp. Napoleonem, qui postulabat declarari nullum matrimonium fratris suï Hieronymi *ob raptum seductionis*, ut aiebat; sed Pontifex restitit, quia in casu non agebatur, nisi de matris Hieronymi dissensu.

(3) **D'Annibale,** 1. c. In hoc casu rursùs nec *seductio* propriè, nec *abductio* adest.

2° *Mulieris.* Hinc si vir rapitur, hocce impedimentum non enascitur. In muliere autem raptâ, non inspicitur quænam illa sit, virgone an vidua, an scortum (1).

3° *De loco ad locum moraliter diversum.* Undè si mulier abducatur solùm de uno in aliud cubiculum, communiter non intelligitur raptûs impedimentum; attamen in castello valdè spatioso vel in amplissimïs domibus modernis, in quo sint planè separatæ ædes, fieri posset ut aliquandò traductio in alias ædes ejusdem castelli pro raptu haberi deberet.

4° *Matrimonii ineundi causâ.* Hinc cessat impedimentum, si fiat solius libidinis explendæ causâ, proʼut resolutum fuit à S. Congreg. Conc. die 23 Januarii 1586. Aliundè hæc intentio semper præsumitur, nisi adsint probationes in contrarium.

Dispositio ista non extendenda est ad sponsalia, quæ in raptu facta jure valent; cùm non obligent ad matrimonium in raptu celebrandum, sed si placuerit mulieri in loco tuto *positæ;* secùs, ad instantiam ejus ex causâ violentiæ rescindi debent.

II. — Jure antiquo inter raptorem et raptam interdicebatur matrimonium, quamvis validè contrahi illud potuerit, Can. *De puellis,* 4 et *Deniquè,* 9, Caus. 36, q. 2. Hoc jus correctum posteà fuit, ità ut inter raptorem et raptam licitè et validè iniretur conjugium, si rapta etiam in potestate raptoris adhùc constituta liberè consentiret; aliis verbis impedimentum raptûs existebat, sed tantùm locum dabat præsumptioni impedimenti metûs. Cap. *ult De raptoribus.*

Conc. Trid. quo utimur, ad consulendum conjugiorum libertati, statuit in sess. 24 cap. 6 inter raptorem et raptam, quamdiù hæc in illius potestate maneat, nec licitè nec validè consistere posse matrimonium, etiamsi hæc consentiret, undè raptus constituit distinctum impedimentum dirimens (2).

III. — Hujus impedimenti, quamvis sit juris ecclesiastici, nunquam conceditur dispensatio; sed debet mulier in loco tuto reponi, et tunc dabitur ab eâ, si voluerit, legitimus consensus.

----

(1) Nonnulli putant raptum in sponsam non cadere, quià sponsa cogi potest ad nuptias; sed contrà sentiunt Sanchez, *de Matr.,* L. VIII, N° 5. — S. **Alph. VI,** Nᵘ 1108, aliique.

(2) Raptus dirimit matrimonium *vi suâ,* et *non præsumptione aliquâ juris et de jure;* alias muliere reverà consentiente, matrimonium in foro conscientiæ valeret; quod falsum est. Cf. d'Annibale, *op et loc. cit.,* N° 316.

CAPUT SECUNDUM

De impedimentis dirimentibus quæ personas ipsas respiciunt.

ART. V. — DE IMPEDIMENTO ÆTATIS

I. — Impedimentum ætatis consistit in defectu ætatis à jure requisitæ ad matrimonium.

Pubertas, id est physica capacitas ad matrimonium, censetur adesse ex jure positivo in fœminis ætate 12 annorum completorum, et in maribus ætate 14 annorum, prout reverà ordinariè verificatur.

II. — Irritum esse matrimonium impuberum desumitur ex c. 2, 6, 10, 11, *de despons. impub.*

Excipitur *modò malitia suppleat ætatem*, ex cap. 9, eod. tit. quod intelligitur de impuberibus ætate, qui tamen jàm sunt puberes corpore seu potentes ad generationem, et onus vinculi conjugalis satis intelli-gunt.

III. — Impedimentum ætatis usque ad infantiam, seu ante usum rationis est juris naturalis, quia ex jure naturali ad matrimonium requiritur, ut contrahentes intelligant quid agant. Ab infantiâ vero usque ad pubertatem, sub quo respectu propriè accipitur impedimentum ætatis, est solummodò juris ecclesiastici. Nam ad matrimonium con-trahendum ex jure naturæ non requiritur actualis capacitas generandi, sed sufficit ut futura sit aliquando.

Ex quo sequitur: 1° Impedimentum ætatis distingui ab impedimento impotentiæ.

2° In hoc impedimento dispensare posse Romanum Pontificem qui, ex gravi et legitimâ causâ, concedere potest ut impuberes, qui comple-tum usum rationis habent, matrimonium validè et licitè contrahant. Quod eruitur ex Cap. 2. *De despons. impub.* ubi dispensatio ab impe-dimento ætatis admittitur, solummodò ex *aliquâ urgentissimâ neces-sitate interveniente,* quæ verificari potest in Regiis personis. Consulen-dum est imbecillitati ætatis impuberum, qui tam facilè non sunt admittendi ad contrahendum perpetuam obligationem, ne eos post susceptam obligationem facilè pœniteat et ex matrimonio infelices exitus sequantur.

3° Si malitia supplet ætatem, sicuti nullum adest impedimentum, ita nullam requiri dispensationem; attamen illud probari debet, quia non præsumitur; secùs matrimonium in foro externo nullum est. Judicium verò an malitia suppleat ætatem, pertinet ad Sedem Apostolicam vel ad loci Ordinarium.

4° Quando adest legitima ætas, seu pubertas legalis, etiamsi nondum naturalis advenerit, matrimonium valere.

Art. VI. — DE IMPEDIMENTO IMPOTENTIÆ

I. — Impotentiam hìc vocamus inhabilitatem vel ex parte viri, vel ex parte fœminae ad matrimonium consummandum, perfectamque copulam habendam. Cùm autem commercium carnale naturaliter compleri possit, etiamsi generatio non sequatur, non est judicanda impotentia, si mulier fuerit sterilis. Est autem impotentia vel *naturalis* vel *accidentalis*. Prior ex naturæ defectu, posterior ex maleficio, vel ex hominis operâ proficiscitur. Utraque vel *perpetua* est, vel *temporanea : perpetua* est illa quæ auferri tantùm potest per media illicita, aut per miraculum, aut per medicam vel chirurgicam artem, cum gravi tamen mortis periculo ; *temporanea* est illa quæ tolli potest medicæ vel chirurgicæ artis ope, sine gravi mortis periculo, vel consuetis Ecclesiæ exorcismis, vel aliis licitis, ordinariis, naturalibus, etiam spiritualibus remediis. Alia est *absoluta*, alia *respectiva : absoluta* est quæ in viro respectu omnium mulierum, aut in fœminâ respectu omnium virorum reperitur ; *respectiva* est quæ, aut virum aut mulierem respectu certæ personæ, non verò respectu aliarum omnium, inhabilem reddit ad matrimonium consummandum. Quælibet autem impotentia, si matrimonium præcesserit, *antecedens* ; si jàm contractum subsequuta sit, *subsequens* appellatur (1).

II. — His præmissis, hæc apud omnes certa sunt :

1° Impotentiam temporaneam sive antecedentem sive subsequentem non dirimere matrimonium, Cap. 6, *De frig. et malef.* Nam impotens ad tempus potest jus in corpus transferre cum obligatione copulæ, ubi impotentia cessaverit : quemadmodùm rite contrahitur obligatio ad aliquid præstandum, quamvis præstare præsenti tempore non valeas, si in posterum tamen poteris, aut prudenter speras te fore in posterum solvendo parem. Hinc nuptiæ impuberum, quandòquidem impotentia perpetua non est, irritæ sunt jure tantùm ecclesiastico.

2° Impotentiam subsequentem, licet perpetuam, non dirimere matrimonium, tùm quià omnis contractûs natura est, ut per supervenientem rei mutationem non dissolvatur, tùm præcipuè quia vinculum matrimonii

---

(1) De his omnibus vide P. Eschbach, *Disput. phys. theol.*, p. 118 et 119, et specialim 71, ubi dicit fecundationem artificialem quandoque esse licitam, quandoque non.

indissolubile omninò est. Idque verum est, etiamsi impotentia consummationem matrimonii præcesserit; siquidem semel validum matrimonium ob subsequentem quovis tempore defectum neque ritè contractum esse cessat, neque ideo dissolvi potest. At hoc in casu ratum (1) matrimonium solvi potest, si alteruter ex contrahentibus religionem approbatam solemniter profiteatur, vel R. Pontifex dispenset.

- 3° Impotentiam perpetuam et antecedentem, sive naturalis sit, sive accidentalis, sive absoluta, sive respectiva, sivé (2) antè matrimonium contrahentibus nota fuerit, sive ignota, matrimonium dirimere. Ratio est, quià cùm procreandæ prolis causâ nuptiæ comparatæ sint, ad essentiam matrimonii pertinet potentia perfectæ copulæ habendæ, sine quâ haud possunt ipsius matrimonii usus et finis obtineri. S. Thomas in 4ª, distinct. 34, quæst. unic. art. 2 ad 1um : « Quamvis actus carnalis copulæ non sit de essentiâ matrimonii, potentia tamen ad hoc est de ejus essentiâ, quià per matrimonium datur utrique conjugum potestas in corpore alterius respectu carnalis copulæ. » Cùm igitur quælibet res absque suâ essentiâ naturaliter consistere nequeat, ex jure naturali irritum erit matrimonium, si talis impotentia verificatur. Hinc regula Juris : *impossibilium nulla est obligatio.* Alexander III, Cap. 2, *De frig. et malef.* respondet Episcopo Ambianensi : « Sicut puer qui non potest reddere debitum, non est aptus conjugio, sic qui impotentes sunt, minimè apti ad contrahenda matrimonia reputantur. » Et Sixtus V, in suis litteris *Cum frequenter* ad Episcopum Novariensem apud Regem Hispaniarum Apostolicum Nuntium datis, universìm declarat, quòd « secundùm Canonum sanctiones et naturæ rationem qui frigidæ naturæ sunt et impotentes, iidem minimè apti ad matrimonium contrahendum reperiuntur. » Regulariter autem in eisdem litteris de eunuchorum matrimoniis sic edixit : « Fraternitati tuæ per præsentes committimus et mandamus, ut conjugia per dictos et alios quoscumque Eunuchos et Spadones utroque teste carentes cum quibusvis mulieribus defectum prædictum sive ignorantibus sive etiam scientibus contrahi prohibeas, eosque ad matrimonia quomodocumque contrahenda inhabiles auctoritate nostrâ declares, et tam locorum Ordinariis, ne hujusmodi conjunctiones de cætero fieri quoque modo permittant, interdicas, quùm eos etiam qui sic de facto matrimonium contraxerint, separari cures et matrimonia

---

(1) Matrimonium dicitur *ratum*, quandò non intercessit copula carnalis; *consummatum* verò, si accessit copula carnalis.

(2) P. Debreyne, *Mœchialogie*, p. 234.

ipsa sic de facto contracta, nulla, irrita et invalida esse decernas »

Exindè patet ad invalidum ex capite impotentiæ declarandum matrimonium hæc tria constare debere : 1° impotentiam reverà subesse, 2° matrimonio anteriorem fuisse, et 3° esse perpetuam. Quòd si hæc omnia non apparuerint certa et manifesta, matrimonium possidet.

Hinc, 1° si constet de impotentiâ hisce conditionibus præditâ, separari debent conjuges ab invicem quoad torum, nec licet illis conari in rem; quoad habitationem, officio judicis, Cap. 5, *de frigid. et malef.* nisi, secluso continentiæ periculo, simul habitare possint ut frater et soror. S. C. Concilii in Maurianen. *Dubia super matrimonio p. s. p.* Ad dubium enim sibi propositum. « Quænam esse debeat agendi ratio episcopi, parochi et confessarii ergà impotentes, qui eâ ratione separari nequeunt, quod eorum separationi obsistat civilis Galliarum lex; quæ impotentiæ impedimentum non agnoscit. » die 15 decembris 1877 respondit : « Vivant ut frater et soror : quod si id fieri non posset sine peccati periculo, separentur omninò, et *ad mentem* (1). »

2° Si constet de impotentiâ, sed dubitetur utrùm *anterior* matrimonio fuerit, an *posterior* ; si quidem est naturalis, *anterior* præsumitur, quià naturalia sunt perpetua ; sin est accidentalis, *posterior* nisi mulier brevi à matrimonio reclamaverit. In dubio utrùm sit naturalis, an accidentalis, propter favorem matrimonii præsumitur accidentalis (2).

3° Si constet de impotentiâ, sed dubitetur utrùm sit *perpetua* vel *temporanea*, tunc datur conjugibus *continua triennalis cohabitatio* ad vacandum copulæ. Si elapso *triennio* convenire nequiverint, impotentia perpetua censetur, et agendum est ut suprà. Quod si adhùc veritas cognosci nequeat, regulariter standum est pro matrimonii valore, nisi conjuges ipsi impotentiam confiteantur cum juramento, et aliis conditionibus impletis, de quibus infrà.

4° Verùm ab aliquot annis S. Romanæ Congregationes, quandò dubia est impotentia, si certò constet de non-consummato matrimonio, plerùmque dispensationem pontificiam postulant super matrimonio rato et non-consummato, ut à præcepto triennii experimento deflectant.

Ad cognoscendum verò an matrimonium consummatum fuerit, vel non, norma antiqua tradebatur in cap. 5 ejusdem tituli, juxtà quam non-consummatio matrimonii probatur ex inspectione corporis peractâ

---

(1) Mansella, *de Imped. Matrim.*, p. 31.
(2) Sanchez, *de Matrimonio*, disp. 108, N° 10.

à probatis obstetricibus, ex depositione juratâ ipsorum conjugum et ex attestatione septem propinquorum, vel vicinorum bonæ et integræ famæ, quæ attestatio dicitur *testimonium septimæ manûs*. Modus hic procedendi in causis impotentiæ perfectiorem formam obtinuit à Benedicto XIV in suâ Const. *Dei miseratione* die 3 Novembris 1741. Cui constitutioni accessit Instructio S. Cong. Concilii diei 22 Augusti 1840, quæ incipit *Cùm moneat glossa*, quæque adhuc in praxi plenè in omnibus curiis observatur.

III. — Impedimentum impotentiæ dirimit profectò matrimonium tàm ex jure positivo canonico, capp. 2, 3 et 5, *De Frig. et malefic.*, quàm ex jure naturali; nàm *sicut in aliis contractibus non est conveniens obligatio, si aliquis se obliget ad hoc quod non potest dare vel facere; ità non est conveniens matrimonii contractus, si fiat ab aliquo, qui debitum carnale solvere non possit :* ità S. Thomas, Supp. q. 58, a. 1.

Art. VII. — DE IMPEDIMENTO LIGAMINIS

I. — Per ligamen intelligitur vinculum prioris matrimonii non dissoluti.

II. — Ligamen dirimit matrimonium contrahendum, ità ut, utroque conjuge vivente, neuter aliud matrimonium validè contrahat; neque per supervenientem prioris conjugis obitum matrimonium illud invalidè contractum convalescit; nam ex reg. 18 Juris in VI° : « *Non firmatur tractu temporis quod de jure ab initio non subsistit.* » Sed denuò contrahi debet. Ratio hujus impedimenti fundatur in unitate et indissolubilitate matrimonii, quas theologi demonstrant. Lucius III rescripsit Christianis in captivitate positis, cap. 2, *de secund. Nupt.* : » Id vobis respondemus, ut nullus amodo ad secundas nuptias migrare præsumat donec ei constet, quòd ab hâc vitâ migraverit conjux ejus. Quòd si post hoc de prioris conjugis vitâ constiterit, relictis adulterinis complexibus, ad priorem conjugem revertatur. » Clemens III ad Cæsaraugustensem Episcopum, cap. 19, *de Sponsal. et Matrim.* : « In præsentiâ nostrâ quæsivisti quid agendum sit de mulieribus, quæ viros causâ captivitatis et peregrinationis absentes ultrà septennium præstolatæ fuerint, nec certificare possunt de vitâ vel de morte ipsorum, licet super hoc sollicitudinem adhibuerint diligentem, et pro juvenili ætate seu fragilitate carnis nequeunt continere petentes aliis copulari. Consultationi ergò tuæ taliter respondemus, quòd

quantôcumque annorum numero itâ remaneant, viventibus viris suis
non possunt ad aliorum consortium canonicè convolare, nec auctoritate
Ecclesiæ permittas contrahere, donec certum nuntium recipiant de
morte virorum.

Tandem Conc. Tridentinum sess. 24 de *Matrim.* can. 2 definit: « Si
quis dixerit licere Christianis plures simul habere uxores, et hoc nullâ
lege divinâ esse prohibitum, anathema sit. »

Hâc in re habendæ sunt præ oculis Instructiones quarum prima, editâ
jussu Clementis X, incipit *Cùm alias*, ad legitimè cognoscendum et
admittendum *statum liberum* eorum qui matrimonium contrahere
velint; altera S. Cong. Off. quæ incipit *Matrimonii vinculo*, ad legitimè probandum obitum alicujus conjugis; et Instructio S. Congr. de
Propagandâ Fide, hæ duæ postremæ editæ jussu Pii IX, anno 1868 (1).

Præter alterutrius conjugis mortem, vinculum matrimonii validè
quidem inter fideles contracti seu *rati* sed nondum *consummati*, dirimi
potest 1° per solemnem religionis professionem alterutrius conjugis,
2° per R. Pontificis dispensationem.

Tandem conversus ad fidem validè transire potest ad alias nuptias,
si interpellatus infidelis conjux nec converti vult nec cohabitare cum
converso sine contumeliâ Creatoris; quod dicitur *privilegium Pauli-
num.* I. Cor. cap. 7, v. 15. De interpellationibus faciendis vel omitten-
dis, vide Ben. XIV, de Synodo lib. VI cap. 4 n° 3.

III. — Hoc impedimentum est tùm ex jure ecclesiastico, ut patet ex
canonibus citatis, tùm ex jure divino, sin naturali de quâ re fusiùs
theologi.

Undè 1° infideles ad fidem conversi, si plures habent uxores, cogendi
sunt, ut aliis dimissis solùm primam legitimam retineant, quod expressè
definit Innocentius III, cap. 8, *de Divortiis.* Sed quoniam difficillimum
foret propter quasdam circumstantias in aliquibus regionibus, primam
conjugem reperire, Pius V, Litteris diei 2 Aug. an. 1571, declarat conver-
sum remanere posse cum uxore baptizatâ tanquam cum uxore legitimâ,
quamvis non sit prima, et ejusmodi matrimonium, inter eos legitimè
consistere (2). Insuper Greg. XIII Litteris *Quoniam sæpè* diei 25 jan.
1585, concessit Episcopis, Parochis et societatis Jesu Presbyteris
confessariis in Angolâ, Æthiopiâ ac Braziliâ, facultatem dispensandi,
ut conversus, si ignoratur utrùm alia pars adhùc in vivis sit, possit,
eâ irrequisitâ, aliud contrahere matrimonium, quod valet, licet deindè
alia pars repentè prodiret, fidem christianam antea quoque amplexa.

---

(1) V. Feije, *loc. cit.*, p. 312 et 818.
(2) *Collectanea Societ. Missionum*, p. 407-408.

Utrùm verò per hoc R. Pontifex solvat matrimonium in infidelitate contractum et consummatum, vel tantum dispenset ab interpellationibus, Doctores non conveniunt (1).

2° R. Pontifex in polygamiâ ex nullâ causâ dispensare potest, cùm potestas illa ei à Christô concessa non sit.

3° Deducitur etiam ex dictis, nullâ consuetudine effici posse licitam uxorum pluritatem , quià nulla consuetudo juri divino et naturali derogare potest.

ART. VIII. — DE IMPEDIMENTO ORDINIS

I. — Ordo, de quo hìc agitur, est ordo sacer, seu major; constat enim ordines minores matrimonium non dirimere.

II. — Lex cœlibatûs ecclesiastici ab ipso ævò apostolico (2) moribus introducta est in omnibus particularibus diœcesibus, mox statutis Episcoporum firmata, et tandem constitutionibus Rom. Pontificum universæ Ecclesiæ formaliter imposita. Cf. Zacharia , *Storia Polemica del Celibato*. Quid importet hæc lex cœlibatûs in utrâque Ecclesiâ modò exponendum est.

1° In Ecclesiâ Orientali conjugatus non prohibetur ad ordines ascendere, usque ad presbyteratum inclusivè, et uxorem retinere eâque uti; non verò ad Episcopatum sine dispensatione. Hæc minùs laudabilis disciplina ut jam introducta probatur in can. 13 Conc. Trullani, sed ab Ecclesiâ tolerata, nunquam approbata fuit. Sacerdos uxoratus, per hebdomadem, aut per triduum abstinere debet ab usu matrimonii, antequam ad sacrificium conficiendum accedat. Ben. XIV in Const. *Etsi pastoralis* § 7, n° 28, Clem. VIII, Const. 17.

2° In Ecclesiâ verò Occidentali conjugatus, vivente uxore, non admittitur ad statum clericalem, neque etiam ad primam tonsuram , (a) nisi cum unicâ et virgine contraxerit ; (b) et nisi habeatur uxoris consensus, certo modo datus, a quâ ipse separari omninò debet : de quâ re canonistæ in tit. *De conversione conjugatorum.*

3° Clerici minores in utrâque Ecclesiâ possunt licitè et validè matrimonium contrahere. At in Ecclesiâ Occidentali amittunt beneficia et pensiones ecclesiasticas , et etiam nisi præscriptas servaverint conditiones, privilegia clericalia : quod non verificatur in Ecclesiâ Orientali.

---

(1) **Ben.** XIV de Synodo lib. XXI, cap. 25; Vechiotti , vol. III, cap. 14, § 121; **Mansella**, op. cit. cap. 4, art. III.

(2) **Icart**, *Prœl. Jur. can.* t. II, p. 38.

4° In utrâque Ecclesiâ Clerici Majores illicitè et invalidè nuptias ineunt : undè ordo major est impedimentum dirimens matrimonium contrahendum. Pro Ecclesiâ Occidentali id clarum est ex cap. 1 et 2. *Qui clerici vel voventes*, etc., ex cap. 1 et 4. *De clericis conjugatis*, aliisque juribus quibus accessit Conc. Trid. sess. 24 can. 9. « Si quis dixerit Clericos in sacris ordinibus constitutos.... posse matrimonium contrahere, contractumque validum esse, non obstante lege ecclesias-ticâ, vel voto,.... anathema sit. » (1)

Etiam in Ecclesiâ Græcâ, Episcopi, Presbyteri, Diaconi, subdiaconi nequeunt matrimonium inire, etiamsi uxor quam antè habebant, moria-tur, ut patet ex *can.* 6 Conc. Trullani. Eorum matrimonium attentatum foret graviter illicitum : insuper pro Italo-Græcis est certò irritum ex Bened. XIV, Const. *Etsi pastoralis*, § 7, n° 27, et probabilius etiam pro aliis. Exinde reprobatur corruptela Ecclesiæ Orientalis, quâ subdiaconi matrimonium quandoque contrahunt, etiam primâ uxore mortuâ.

III. — Ordo sacer matrimonium dirimit jure ecclesiastico tantùm ; continentia enim non est ordini de necessitate naturæ adnexa, sed tantùm de Ecclesiæ lege.

Undè Ecclesia ab hoc impedimento potest dispensare, sive antè ordi-nationem, permittendo ut ordo sacer suscipiatur sine vinculo castitatis ; sive post ordinationem, dando licentiam ordinatis matrimonium ineundi.

Vix concipitur dari posse dispensationem primi generis, non defectu potentiæ in Ecclesiâ, sed defectu causæ sufficientis : at plura exstite-runt exempla dispensationis secundi ordinis, sive propter bonum publi-cum ; ex. g. Casimirus, diaconus et Cluniacensis monachus, factus rex Poloniæ, obtentâ dispensatione à Benedicto IX, uxorem duxit ; sive propter multitudinem, ad providendum æternæ saluti clericorum, ex. g. Pius VII, tempore perturbationis Gallicanæ, sacrilega multorum reva-lidavit matrimonia, (2) a quibus civiliter contractis clerici difficilè pote-rant recedere ; sed ex hoc tempore vix posset exemplum dispensationis dari, saltem pro sacerdotibus et diaconis.

---

(1) **Berardi**, *Comm. in jus eccl. univ.*, tome 3, diss. 4, cap. 5, putat in Ecclesiâ latinâ primum nuptias irritas declaratas fuisse lege 45 c. *de episc. et cler.* ab Ecclesiâ receptâ et canonizatâ. Potiùs videtur Justinianus supponere nuptias clericorum nullas esse. Hæc autem valent etiam pro Ecclesiâ Orientali. At pro subdiaconis non semper eadem fuit disciplina. V. **Giraldi**, *Exp. juris Pont.*, sect. 848 et Inst. S. Cong. de Prop. Fide, die 24 Martii 1858 ad Archiepiscopos Provinciæ ecclesiasticæ Fogaranensis. et Alba-Juliensis, apud de Angelis lib. IV, tit. 6, N° 3, et **Zachariam**, op. cit.

(2) Attamen Pius VII recusavit revalidare matrimonium de Talleyrand, episcopus Augustodunensis.

Art. IX. — DE IMPEDIMENTO VOTI

I. — Non omne votum hìc intenditur, sed solum votum solemne; illud est quod emittitur in religione ab Ecclesiâ approbatâ tanquàm perfectè regulari et cum certis circumstantiis ab eâ determinatis; votum simplex illud est quod vel unâ ex his conditionibus caret.

Existunt-ne in Galliâ vota *solemnia?*

1° *Quoad Moniales.* Vota earum sunt *simplicia,* non *solemnia.* Nam, omissis aliis rationibus, S. Pœnitentiaria pluriès ac pluriès id declaravit, ex. gr. die 2 Jan. 1836 rescribens ad Episcopum Cenomanensem, item 2 Dec. 1854, 31 Jan. 1855, etc. (1).

2° *Quoad Religiosos.* Vota eorum sunt *solemnia.* Ità (*a*) ex jure canonico; nulla enim Constitutio apostolica, Decretum nullum, nec ulla declaratio alicujus Congregationis afferri potest, ex quâ innotescat R. Pontificem voluisse derogare regulis statûs Religiosorum in Galliâ. S. Pœnitentiaria rescribens, ut suprà, ad Episcopum Cenomanensem, ad 4um declarat « decreta per S. Pœnitentiariam alias edita spectare solummodò ad moniales. » (*b*) Confirmatur ex responso authentico D. Guéranger, Abbati monasterii de Solesmes dato (2), quod ferè ab omnibus extenditur ad alios Religiosos in Galliâ degentes. (*c*) Insuper addi potest quod Trappistæ votis *solemnibus* fuerunt privati ab anno 1837 usquè ad annum 1868; ergò anteà gaudebant, et nunc gaudent votis *solemnibus.*

II. — Votum solemne *castitatis* (3) matrimonium dirimit: id constat ex jure canonico (4) et firmatur doctrinâ Patrum (5), qui *adulteras* et

---

(1) Excipiuntur moniales in provinciis nuper Galliæ adjunctis, Sabaudiâ, Nicœnsi, etc.

(2) Ità Collator *Aniciensis* (Conférences du Puy), P. *Gautrelet,* Traité de l'état religieux, t. 1, c. 6, art. 3, *dom Guéranger, annot.* contrà *Carrière* et aliquos.

(3) Dicitur votum *castitatis,* non verò votum *religionis,* quià ideo eatenus professio religiosa matrimonium dirimit, quatenus solemne votum castitatis includit. Non dirimunt ergo matrimonium vota, utut solemnia, quorumdam ordinum Equestrium, quæ profiteantur tantummodo *castitatem conjugalem.* **Gury,** *Tract. de Matrimonio,* c. VI, art. 2, p. 558, notâ *Ballerini.*

(4) Capp. 3 et 7. *Qui clerici vel voventes,* etc. — Cap. unic. *De voto et voti redempt.* in VI°.

(5) **Cyprianus,** Ep. LXII, ad Pomp. **Chrysostomus, Ambrosius** et **Augustinus.**

incestuosas pronuntiant virgines, quæ, velo suscepto, ad sæculares nuptias transibant. Plerique sentiunt distinctionem voti *simplicis* ac *solemnis* Gratiani ætate primùm inventam fuisse, deinceps ubique receptam, posteaquam ab eo descripta in Decreto fuit. Hæc forsan vocabula *simplicis, et solemnis* eâ tempestate primùm usurpari cœperunt; sed certè res ipsa, hoc est distinctio eorum, qui *solemniter* castitatem voverant, multò antiquior est. Utriusque voti diversitatem proposuit Siricius Papa, in IV° Eclesiæ sæculo, *epist.* 10, *cap.* I Hoc impedimentum videtur inductum fuisse saltem inchoativè tempore Gregorii Magni post mortem Benedicti institutum de Monachis in Occidente. Initio sæculi duodecimi, in concilio Lateranensi II, statutum est, ut omninô irrita forent ea conjugia. Id ipsum confirmavit paulò post Concil. Lateran. II atque id ad sanctimoniales fœminas extendit. Tandem conc. Trid. sess. 24, can. 9, sic se habuit : « Si quis dixerit regulares castitatem solem- » niter professos, posse matrimonium contrahere, contractumque » validum esse non obstante voto, anathema sit. »

Votum simplex impedit tantùm, et non dirimit matrimonium. Excipe 1° votum castitatis in societate Jesu, post biennium novitiatûs emissum, quod licet simplex, dirimit tamen matrimonium, ex bullâ *Ascendente Domino* Gregorii XIII, nisi adsit dimissio è societate à Superiore generali legitimè facta. 2° Votum castitatis emissum à muliere, quæ consensit virum suum recipere ordines sacros ; efficit enim ut invalidum sit matrimonium, quod viro è vivis erepto mulier contrahere vellet. Ità Sanchez *de matrim.* lib. 7, disp. 40. — Capp. 3 et 9. *De convers. conjugat.*

III. — Quidquid sentiunt Thomistæ circa voti solemnitatem, jure tantùm ecclesiastico votum solemne matrimonium dirimit : votum enim simplex matrimonium non dirimit : porrò sola Ecclesia constituit differentiam inter votum simplex et votum solemne, cap. unic. *De voto et voti redempt.* in VI°.

Ità Benedictus IX dispensavit cum Casimiro ; ità Pius VII, in initio hujus sæculi cum multis monialibus ac monachis solemniter professis dispensavit, ad revalidanda matrimonia sacrilegè inita, et nunc etiam dispensationes hujus generis in casibus particularibus, licet rarò R. Pontifex concedit.

Art. X. — DE IMPEDIMENTO COGNATIONIS

Cognatio hic sumitur pro *vinculo personarum :* et alia est *naturalis,* quæ oritur a generatione carnali ; alia *spiritualis,* quæ oritur è Baptismo et Confirmatione ; alia *legalis,* quæ oritur ex adoptione.

A

I. — Cognatio naturalis (quæ dicitur etiam *consanguinitas,* quasi *communis sanguis*) definitur : *Vinculum quarumdam personarum ex eodem proximo stipite descendentium, carnali generatione contractum.* Dicitur : 1° *vinculum quarumdam personarum ex eodem proximo stipite descendentium,* quià stipitis remoti in lineâ transversali quæ dicitur etiam *obliqua* vel *collateralis* nulla habetur ratio ; aliòquin omnes homines essent consanguinei, utpotè ab uno Adamo procedentes; 2° *carnali generatione contractum,* id est ex copulâ carnali, quæ nihil refert ad consanguinitatem utrùm licita sit an illicita ; sicuti neque refert, utrùm ex patre et matre simul, an verò ab alterutro tantùm generatio deducatur, ut ab Innocentio III expressè declaratum fuit : ideòque matrimonium æquè prohibetur inter cognatos et agnatos, uterinos, consanguineos et germanos (1).

Tria in consanguinitate consideranda sunt : *Stipes,* seu persona ex quâ aliæ originem ducunt ; *gradus,* seu mensura distantiæ unius personæ ab alterâ ; *linea,* seu personarum series ab uno stipite descendentium. Linea duplex est : alia *recta,* et est series personarum, quarum una descendit ab aliâ : ut sunt pater et filius : alia *collateralis,* et est series personarum, quæ, licet stipitem communem habeant, aliæ tamen ab aliis non descendunt, sed sunt quasi *a latere* juncti, ut sunt fratres. Ipsa linea collateralis est *æqualis* vel *inæqualis,* prout consanguinei æqualiter a communi stipite distant, vel inæqualiter (2).

Tres dantur regulæ, *ex jure canonico,* ad computandos consanguinitatis gradus.

Regula prima quoàd lineam rectam. In lineâ rectâ ascendentium et descendentium, tot sunt gradus quot sunt generationes, vel, aliis verbis, quot sunt personæ dempto stipite. Pater, filius, nepos, pronepos quatuor sunt personæ, et tres tantùm gradus, quia tres sunt tantùm generationes (3).

---

(1) **Pirrhing,** lib. 4, tit. 15, N° 2.

(2) **Scavini,** *Theol. moral.,* t. IV, Tract. XII, p. 519.

(3) **Leurenius,** lib. 4, tit. 15, q. 222.

Regula secunda quoàd lineam collateralem æqualem. In lineâ collaterali æquali, personæ eodem gradu à se invicem distant, quo a communi stipite : v. g., duo fratres sunt in primo gradu, quià ambo .æqualiter uno tantùm gradu distant a communi stipite, scilicet à patre in quo conjunguntur. Propter eamdem rationem duo consobrini sunt cognati in secundo gradu.

Regula tertia quoàd lineam collateralem inæqualem. Consanguinei in hâc lineâ eodem gradu à se invicem distant quo illorum remotior distat à communi stipite ; hinc regula : *Gradus remotior trahit ad se propinquiorem.* Sic frater, est in secundo gradu cum fratris filiâ, quià, licet ille uno gradu tantùm distet à communi stipite, scilicet patre, ista tamen duobus gradibus distat (1).

Dixi *ex jure canonico :* nam quoàd matrimonium contrahendum solam canonicam seu Teutonicam (2) computationem retinendam esse,

---

(1) Hæ duæ regulæ desumuntur ex cap. *ad sedem* 2, et cap. *parentela* 55, q. 5 et ex cap. *fine* 9 *de Consang.* quæ est Decretalis Gregorii IX.

(2) *Teutonicam* sic dictam, quià venit à Germanis seu Teutonibus apud quos erat in usu, sicut reperire est in lege Salicâ et legibus feudalibus. Quonam tempore vel quibusnam rationibus hæc computatio in Ecclesiâ introducta fuerit, incertum est. Hoc solùm asseri potest aliquos judiciarios Germanorum usus, ex. g., de juramentis et de probationibus, in Ecclesiâ admissos fuisse, quùm Ecclesia augebatur teutonicis nationibus.

Initio canones in numerandis gradibus lineæ transversæ juris civilis·regulam retinuisse, putat Cujacius *ad tit. de consanguin. et affinit.* Verùm est sanè vetus Ecclesiastica illa regula à civili distincta, eamque memorat Gregorius M., *epist.* 64, *àd August.*, ubi dicit terrenam legem in Romanâ Republicâ nuptias consobrinorum permittere : sed ipse vetat has nuptias, tamquam in secundâ generatione contractas, atque Anglis matrimonium in tertiâ, aut quartâ generatione permittit. Ergo sub Gregorio Pontifice consobrini erant in secundo gradu, quæ omnino Juris Canonici regula est; neque ipsis licebat nuptias inter se conciliare ; sic concil. Agathense, an. 506; can. 61, Turonense II, an. 567, can. 21. Atque hâc quidem ætate editum jam erat jus Justinianeum, quod nuptias inter consobrinos permittebat, cap. *non debet* 8, *de consang.* Post Gregorium Zacharias Pontifex *in can.* 4, *cau.* 35, *quæst.* 5, similiter ecclesiasticâ regulâ utitur in numerandis gradibus cognationis ; denique Alexander II, *in can.* 2, *cau.* 36, *quæst.* 5, *novum et inauditum* vocat errorem illorum, qui germanos fratres, ac sorores in secundâ generatione esse asseverant, atque ait, in Lateranensi Concilio, *diu ventilatum* legibus, *et* sacris canonibus *deprehensum fuisse, ob aliam atque aliam causam alteram fieri canonum computationem.* Quæ Alexandri constitutio per se ipsam refutat Van-Espenium, Jus Ecclesiast. par. 2, tit. 13, cap. 5. num. 10, qui Ecclesiasticam illam regulam numerandi gradus sæculo XI, *nondum ubique receptam, nec extrà quæstionem fuisse* arbitratur.

Aliter tamen se res habet in Ecclesiâ orientali. Siquidem juxtà disciplinam illius Ecclesiæ, ut testatur Papp-Szilàgyi, *Enchiridion juris Ecclesiæ orientalis catholicæ,* impedimentum consanguinitatis extenditur usquè ad septimum gradum inclusivè, juxtà civilem computationem; atque ideo consanguinitas in octavo gradu, qui integrat quartum juxtà canonicam computationem matrimonium non dirimit; ideo scribit citatus auctor « græco-catholici dispensatione Episcopi ab hoc gradu opus non habent. » Immo Græci asserunt septimum quoque eorum computationis gradum nonnisi impedimentum impediens esse.

expressè statuit Alexander II *in can.* 2, *caus.* 35, *qu.* 5 ; civilis computatio valet sola quoàd civiles autem effectus , nempè pro successionibus, hæreditatibus, gradus computantur ascendendo ab uno consanguineo ad stipitem , et deindè à stipite ad alterum consanguineum descendendo ; undè duo fratres sunt in secundo gradu, frater et fratris filius in tertio, consobrini in quarto.

II. — Consanguinitas in *lineâ rectâ* matrimonium dirimit *indefinitè* in quocumque gradu. Patet ex *Resp. Nicolai I ad Bulgaros, c.* 37, 39 (1).

Consanguinitas in *lineâ collaterali* matrimonium dirimit usque *ad quartum gradum inclusivè*, et non ultrà dum jure antiquo dirimebat usquè ad septimum gradum. Constat ex *Conc. Lat. IV* (2), *cap. 8, De consang.*, et ex variis locis Juris canonici.

Consanguinitas inter easdem personas ex duplici vel etiam multiplici capite oriri potest, et tunc est duplex vel multiplex consanguinis propinquitas : v. g. si duo fratres duas fæminas sibi consanguineas ducant, liberi ex utroque matrimonio provenientes, dupliciter inter se consanguinei erunt.

Rationes hujus impedimenti sunt : 1° *Reverentia sanguini debita*, « quià naturaliter homo debet quamdam honorificentiam parentibus et » per consequens aliis consanguineis , qui ex eisdem parentibus de » propinquo originem habent...... Manifestum est autem quod in » actibus venereis maximè consistit quædam turpitudo honorificen- » tiæ contraria. S. Thom. 2. 2. qu. 154 art. 9.

2° *Puritas morum*, « quià personas sanguine conjunctas necesse est

---

(1) Lehmkuhl, *Theol. Mor.* vol. II, n° 754-756 ; Sim. **Aichner,** *comp. juris eccl.* ed 5a, § 177.

(2) Hujus autem restrictionis *extrinseca* ratio fuit , quod lex tantæ latitudinis exigi videbatur ut accomodata circumstantiis temporis medii, et licet maximè gravans, sustinenda tamen erat propter generale illud bonum societatis, ævo Innocentii III, obtento jam fine ad quem ordinata erat importabilis reputabatur, cohiberi proindè debebat, ne plus æquo fideles gravarentur. Adde quod in ulterioribus gradibus nempè usque ad septimum, jam non poterat absque gravi dispendio hujusmodi prohibitio seu irritatio observari ob difficultatem numerandi, præsertim inter plebeios, cognationis gradus. *Interna* autem ratio ea est, quæ jurisprudentiam canonicam jam ab antiquo gubernavit, scilicet matrimonia debere extrà cognationem et familiam fieri. Jam vero cùm homines defacile possint quartam generationem videre, non sic quintam ; proindè cohibuit in his quatuor generationibus, quia facilè occurrere poterat ut non obstante prescripto legis matrimonia hæc fieri contingeret ; quo casu lex non satis provida videretur, quæ evenientes plerumque casus non comprehendisset. Deridetur ab aliquibus Innocentius, ad quartum gradum matrimonia inter cognatos interdicens, quià quatuor sunt humores in corpore, quod constat ex quatuor elementis. Verùmtamen risum non meretur qui petitum principium ex physicâ sui temporis affert ad exornandam decisionem quæ ceteroquin honesta est, atque accomodata populo, pro quo legem dictat. V. **de Angelis,** *op. cit* p. 246.

» ad invicem simul conversari : unde si homines non arcerentur à com-
» mixtione vereneâ, nimia opportunitas daretur hominibus venereæ
» commixtionis, et sic animi hominum nimis emollescerent per luxu-
» riam. » S. Thom. l.c.

3° *Charitas*, « quià per hoc impediretur multiplicatio amicorum :
» dùm enim homo uxorem extraneam accipit, junguntur ei quâdam
» speciali amicitiâ omnes consanguinei uxoris, ac si essent consan-
» guinei ejus...... » S. Thom. l.c., S. Alph. Mor. lib. VI n° 1029.

Ad rem illustris quidam Jurista ætatis nostræ : « D'après une
règle commune à toutes les nations policées, la famille ne doit point
trouver dans son propre sein l'élément d'une famille nouvelle. Le sang
a horreur de lui-même dans le rapport des sexes ; c'est par un sang
étranger qu'il veut se perpétuer. Les Romains furent fidèles dès les
temps les plus anciens à cette loi de la nature, et toute leur histoire
dépose de leur aversion pour les noces incestueuses.

» Mais où doit s'arrêter la barrière qui sépare les parents des parents ?
A quel degré l'amour peut-il prendre la place de l'amitié ? Les circonstances en décident beaucoup. Plus les parents vivent entre eux dans
l'intimité domestique, plus les mœurs de la famille doivent être protégées par des prohibitions absolues. Au contraire, plus ils vivent séparés,
à mesure que les degrés s'éloignent, plus les lois peuvent se montrer
faciles.

» Le christianisme trouva, il faut le reconnaître, de sages prohibitions
etablies à Rome ; mais elles ne lui parurent pas suffisantes ; il les
élargit : voici pourquoi. Le christianisme a été, à son origine, une
association dans laquelle tous ceux qui avaient la foi, étaient unis
ensemble par l'attache d'une parenté spirituelle et par la communauté
volontaire des biens. L'identité de croyance qui rapprochait les étrangers, resserrait, à plus forte raison, les liens de la famille ; elle engendrait entre les parents des rapports étroits. Mais, pour la fin que le
christianisme se proposait, il fallait que ces rapports fussent contenus
dans les bornes d'une familiarité austère : car il a voulu épurer toutes
les relations civiles, et les assujétir, autant que possible, à une règle de
spiritualité. Il le fallait aussi dans les vues d'une politique éclairée. On
parlait, chez les païens, de la mauvaise vie des chrétiens, de leurs
incestes, de la promiscuité des femmes : comment répondre à ces
calomnies, si ce n'est par la sainteté dans les mœurs, par la rigueur
dans les pratiques ?

» De ces idées et de cette situation sortait donc la nécessité de proscrire les noces entre parents ; car souvent l'espoir du mariage enhardit

la passion et fascine la faiblesse. Or la passion doit être privée de cette arme, et la faiblesse prémunie contre cette embûche.

» Enfin, à ces raisons de haute moralité et de sage gouvernement venait se joindre une raison générale rentrant à merveille dans l'esprit du christianisme, qui est de propager dans le sein même de la société les sentiments d'affection qui en font la plus grande force. Ces sentiments se maintiennent pour ainsi dire d'eux-mêmes entre les membres d'une même famille ; le sang n'a pas besoin de l'aide du législateur ou de secours artificiels pour conserver ses droits ; mais entre les familles étrangères les unes aux autres, il n'en est pas de même, et c'est ainsi que les mariages deviennent un élément très puissant pour entretenir la confraternité, le dévouement, la solidarité. Saint Augustin a insisté avec force et éloquence sur cette considération. Il faut en tenir grand compte, quand on veut pénétrer dans le système chrétien sur les empêchements. C'était une vue éminemment sage et d'intérêt social que d'empêcher les mariages de se concentrer dans la famille, elle qui peut s'en passer pour se gouverner sous l'influence de la bienveillance, de les favoriser au contraire au dehors de la famille, afin de cimenter le lien de la société par les alliances d'où découlent une charité plus vive une concorde plus durable. C'est pourquoi, si nous consultons les témoignages les plus positifs, nous voyons que vainement les lois civiles permettaient certaines unions, par exemple, les mariages entre cousins ; les chrétiens avaient soin de s'en abstenir. Les cousins étaient des frères à leurs yeux. Ils l'étaient par le double nœud d'une parenté devenue plus affectueuse et d'une foi commune.

» C'est par ces coutumes, et tant d'autres, pleines de vigilance sur soi-même, que les chrétiens maintinrent la vertu dans leur Eglise, et que Tertullien pouvait défier avec orgueil les païens de désigner ceux de ses coréligionnaires qui auraient été condamnés pour vol, brigandage, adultère, viol, fraude ou parjure. Je ne dis pas que ces heureuses traditions se soient toujours maintenues sans infraction, lorsque le christianisme eut étendu ses conquêtes. Mais les préceptes restèrent ; ils étaient un grand élément de moralité. Les empereurs chrétiens agirent avec sagesse, lorsqu'ils leur donnèrent l'assistance du pouvoir temporel (1). »

Cui suffragatur ars ipsa medica : « Les mariages consanguins sont essentiellement opposés à la physiologie humaine, à la nature de

---

(1) **Troplong**, *Influence du christianisme sur le droit romain.*

l'homme. L'instinct naturel les repousse, ainsi que les mœurs et les préceptes religieux. Il ressort de l'expérience, fondée sur un grand nombre de faits, que ces mariages compromettent l'espèce humaine par la stérilité, les infirmités et les maladies qui peuvent atteindre les enfants, lorsque ces mariages sont féconds ; qu'il est de leur essence de produire des anomalies de l'organisation, des arrêts de développement, la surdi-mutité, l'obtusion de l'intelligence, etc... Les mariages consanguins pourraient être considérés à la rigueur comme une infraction à l'hygiène publique (1). »

III. — Certum est matrimonium jure naturali irritum esse in primo lineæ rectæ gradu, ut inter patrem et filiam. Ratio est quia talis unio intrinsecam refert turpitudinem, pugnans cum superioritate, quam ordine naturæ indelebiliter habent parentes in filios, siquidem matrimonium quamdam æqualitatem inter personas inducit : quin imò vel ipsis barbaris hoc conjugium opprobriosum est. Quod verò spectat ad alios gradus in eâdem lineâ, nonnulli putant consanguinitatem jure naturæ dirimere matrimonium in infinitum. Hoc falsum esse videtur; nam cùm consanguinitatis ratio sit participatio ejusdem sanguinis communicata a virtute generante stipitis, et hæc eo debilior reddatur, quo in plures generationes protenditur, ipsa consanguinitas nequit in infinitum extendi, sed tandem extinguitur ; proinde etiam impedimentum, attento naturali jure, certis finibus concludi debet. Cùm verò certis finibus contineatur, ad quem gradum protrahitur hæc prohibitio ? Non omnes conveniunt. Præferenda nobis videtur sententia D. Thomæ qui id primo tantùm gradui tribuit, quia exceptis parentibus, inter alios non videtur adesse tanta indecentia, ut ipso naturali jure irritum esse debeat matrimonium. In lineâ collaterali probabiliùs nequè in primo gradu jus naturæ irritat matrimonium; quamvis enim aiente Benedicto XIII, in Constitutione *Ætas anni* 11 Oct. 1757 nullum citari possit exemplum concessæ dispensationis inter fratrem et sororem; nihilominus hoc non pauci Doctores maximæ notæ repetunt a jure divino-positivo, minimè verò a jure naturæ. Hinc recte aiebat Augustinus : « Commixtio sororum et fratrum quantò fuit antiquior, compellente necessitate, tantò postea facta est damnabilior, *Religione prohibente.* »

____

(1) Dr Debay, *de l'Hygiène du mariage.*

B

I. — Cognatio spiritualis est *propinquitas quœdam personarum quœ oritur ex Baptismate et Confirmatione sicut ex quâdam generatione spirituali.*

II. — Antiquo jure tres fuerunt hujus cognationis species : *paternitas, compaternitas* et *fraternitas*. Prima dirimebat matrimonium inter baptizantem et baptizatum, inter suscipientem et baptizatum, inter baptizatum et uxorem baptizantis et suscipientis. Secunda dirimebat matrimonium inter parentes naturales baptizati et baptizantem, inter eosdem parentes et uxorem baptizantis et suscipientis. Tertia contrahebatur inter filios carnales baptizantis aut suscipientis et inter ipsum baptizatum.

Ratio est quià, cùm in Baptismo spiritualiter nascimur, et hæc nativitas in Confirmatione perficitur, qui ad illa sacramenta concurrunt, ut minister et susceptores, habentur quasi patres spirituales, undè susceptores dicuntur Patrinus et Matrina. Ideò Ecclesiæ visum est decere, ut ex illâ conjunctione, sicut ex conjunctione naturali, induceretur matrimonii impedimentum. De impedimento Cognationis spiritualis hæc habet Justinianus L. 26 cod. *de Nuptiis* : « Ea videlicet persona omnimodè ad nuptias venire prohibenda, quam aliquis, sive alumna sit, sive non, a sacrosancto suscepit baptismate, cùm nihil aliud sic inducere potest paternam affectionem et justam nuptiarum prohibitionem, quam hujusmodi nexus per quem, Deo mediante, animæ eorum copulatæ sunt. »

Conc. Trid. Sess. 24, cap. 2, *de ref. mat.*, ad multa evitanda incommoda limitavit *paternitatem* et *compaternitatem*, et abrogavit *fraternitatem.*

Hinc post Conc. Trid. hocce impedimentum est tantùm : 1° inter baptizantem et baptizatum : dummodò (*a*) baptizans non sit infidelis, (*b*) et baptismus validus sit : cognatio enim fundatur in generatione spirituali. Hinc si suppleantur tantum cœremoniæ, impedimentum non incurritur. S. Cong. Conc. in Tolentinâ 16 Maii 1711 ac alias. Si baptismus conferatur sub conditione, an cognatio spiritualis contrahatur, adhuc sub judice lis est.

2° Inter baptizantem et parentes baptizati, si positæ conditiones verificentur.

3° Inter suscipientem et baptizatum. In baptismo privato, qui in casu necessitatis confertur sine solemnitatibus, si admittatur suscipiens, seu patrinus vel matrina, non conveniunt Doctores, utrùm hæc cognatio spiritualis exurgat. Negat S. Alph. de bapt. n° 149, Scavini, Gousset, Lehmkuhl aliique; sed affirmat de Angelis lib. IV tit. 11 n° 5 citans S Cong. Conc. die 5 Mart. 1678, quæ juxtà eum omne dubium removet, et probabilitatem contrariæ opinioni aufert. Præter superius positas, hoc impedimentum non enascitur, nisi sequentes conditiones verificentur: (a) *Ut habeatur intentio*, non quidem contrahendi impedimentum, quòd a privatorum voluntate non pendet, sed *obeundi munus patrini*, quià illud munus ab invitis vel insciis non suscipitur, prout sacra Cong. Concilii habuit in *Bobiensi* die 20 Decembris 1653. Ex quo colligitur non contrahi cognationem ab eo qui infantem non susciperet, nisi materialiter, v. g., ad majorem commoditatem. Hinc quandò aliquis patrini munus non exercet per seipsum, sed per procuratorem, multotiès S. Congregatio declaravit impedimentum a solo mandante contrahi, v. g. in *Nullius*, 15 Mart. 1631, et *Theatinâ*, 13 Sept. 1721. (b) *Ut physicè tangat baptizatum*: canones enim utuntur his verbis, *suscipit, accipit, tenet, levat, tangit*, etc. (c) *Ut fuerint designati susceptores*. Sed illud duplici sensu intelligi potest : 1° si nulli sint designati, et quidam tangant, cum intentione agendi munus patrini, contrahunt impedimentum ex declaratione S. Congregationis Concilii; 2° si quidam sint designati, et *alii ultra designatos baptizatum tetigerint*, *cognationem spiritualem nullo pacto contrahunt*, ex dispositione concilii Tridentini, *loc. cit.*

4° Inter suscipientem et parentes baptizati, dummodò quæ dicta sunt locum habeant.

Similia repetenda sunt pro sacramento Confirmationis. Cognationem verò spiritualem non contrahunt parentes, et suscipientes, nisi sint confirmati.

III. — Hoc impedimentum est tantùm juris ecclesiastici. At inter levantem et levatam spiritualis cognatio major est, ac proindè non tam facilè dispensatur, ac alia.

C

I. — Cognatio legalis est *propinquitas personarum proveniens ex adoptione*, quæ definitur à Doctore angelico: *Extraneæ personæ in filium, vel nepotem, vel deinceps, legitima assumptio.* Dicitur *legitima*, id est juxtà leges. *In filium, vel nepotem vel deinceps;* quæ verba indicant terminum assumptionis et adoptionis subjectum ; non enim potest esse adoptio in fratrem, vel alium similem gradum, sed in filium, nepotem, pronepotem, etc. : hodiè tamen adoptio non est, nisi in filium. *Personœ extraneœ,* id est quœ non sit in adoptantis potestate.

In jure romano duplex est, alia perfecta, alia imperfecta. Prima quæ etiam *adrogatio* dicitur, ea est, quâ persona extranea, sui juris, rescripto principis transit in potestatem et familiam adoptantis, ità ut ipsa non secùs ac alii filii naturales, hæres necessarius ex testamento fiat. Imperfecta quæ etiam *simplex* dicitur, illa est, quâ persona extranea, non suî juris, assumitur judicis auctoritate ad filium aut nepotem, quin in ejusdem potestatem et familiam transeat.

11. — Cognatio legalis dirimens matrimonium, juxta jus romanum non oriebatur, in communiori et veriori sententiâ, ex adoptione imperfectâ, sed tantùm ex *adrogatione* (1) Triplex est. (a) *paternitas* in lineâ rectâ inter adoptantem et adoptatum, adoptatique liberos, quos tempore adoptionis habet in potestate : talis autem cognatio semper durat, etiam adoptione solutâ. (b) *fraternitas* in lineâ obliquâ inter adoptatum et liberos adoptantis, sive legitimos et naturales, quod nemo dubitat, sive legitimos tantùm, non item cum illegitimis, nec cum emancipatis, nec cum fratribus aut sororibus, aut parentibus adoptantis (2). Quæ cognatio, solutâ adoptione, per mortem vel aliter expirat : *Ideoque eam quam pater meus adoptavit et emancipavit, potero uxorem habere ; œquè ac si, me emancipato, illam in potestate retinuerit poterimus jungi matrimonio ;* prouti legitur in 1. 17 ff. *de ritu nupt.* — (c) *Affinitas* inter adoptatum et uxorem adoptantis, et inter adoptantem et uxorem adoptati (3).

« Jus canonicum recepit cognationem legalem et quæ ex eâ ad » nuptias profluunt obstacula, eo prorsus modo quo à jure civili statuta » fuerant. Quamobrem si quæstio incidat sive in tribunali ecclesias- » tico, sive etiam in Synodo, an in hoc vel illo casu adsit impedimentum » cognationis legalis, necessariò recurrendum erit ad leges civiles, atque » ad earumdem normam controversiam decidendam » (Ben. XIV, de Synodo, Lib. IX, cap. 10, n° 5). In lineâ obliquâ cognatio legalis dirimit matrimonium in primo gradu tantùm ; in lineâ rectâ Doctores inter

---

(1) Cf. d'Annibale, op. cit. Proleg. N° 65.

(2) d'Annibale, l. c.

(3) Ità quidem non pauci, sed d'Annibale in jure romano versatissimus veriùs absolutè negat ex adoptione oriri affinitatem : ideòque ait nullam prorsus necessitudinem contrahi inter adoptantem, et uxorem adoptati, et inter adoptatum et uxorem adoptantis.

se non conveniunt; sed Sanch. de Matr. lib. 7, disp. 63, n° 36, cum aliis pluribus idem ac pro lineâ obliquâ probabilius docet.

Quæritur utrùm adoptio in jure Gallico inducat impedimentum dirimens? Negat d'Annibale ll. cc. cum Mansella et aliis , non obstante, ut aiunt, responso S. Pœnitentiariæ diei 17 maii 1826. Affirmat de Angelis cum pluribus (1).

Art. XI. — DE IMPEDIMENTO AFFINITATIS

1. — Affinitás est *propinquitas inter aliquam personam et consanguineos illius quâcum copulam carnalem perfectam habuit, sive licitam sive illicitam;* unde, ut alii dicunt, est *cognatio quædam communicata.*

Sequitur : 1° non adesse affinitatem inter duas personas , nisi una copulam habuerit cum consanguineo alterius : undè si copulam habuit tantùm cum illius affinibus , non adest affinitas , quià ex regulâ hodiè receptâ : *Affinitas non parit affinitatem.* Pariter, nulla adest affinitas inter consanguineos unius ex iis qui copulam habuerunt , et consanguineos alterius. Hinc , si agatur de copulâ licitâ , duplex hæc regula statui potest : 1. nulla adest affinitas inter unum è conjugibus et affines alterius ; 2. nulla pariter adest inter consanguineos unius et consanguineos alterius.

2° Duas personas quæ carnaliter conjunguntur, non esse propriè inter se affines, sed esse principium affinitatis, et quasi stipitis locum tenere.

3° In affinitate distinguendos esse gradus, sicut in consanguinitate. Duplex etiam distinguenda est linea, directa et collateralis Hæc autem est regula apud omnes recepta, ad gradus computandos in quâlibet lineâ affinitatis gradus : *Qui personam aliquam carnaliter cognovit, affinis est illius consanguineis , eodem gradu quo persona cognita est illis consanguinea;* et ratio est aperta ex dictis : cùm affinitas sit *quædam cognatio communicata* , communicatur autem in gradu in quo est.

4° Posse simul concurrere plura affinitatis vincula , v. g., si copula habita fuerit cum pluribus ejusdem personæ consanguineis , vel cum

---

(1) De Angelis, op. cit. Lib. IV tit. 12 N° 3., Vecchiotti, vol. 3, cap. 13, § 94, Scavini, del Giovine, etc. innixi præsertim citatæ declarationi S. Pœnitentiariæ. Optandum itaque est, ut hæc S. Sedis oraculo definiantur.

personâ multipliciter consanguineâ, vel si utrinque fuerit copula cum consanguineis compartis.

5° Neque ex sponsalibus de futuro nequé ex matrimonio rato oriri affinitatem propriè dictam , quià in utroque casu deest ratio affinitatis, id est, conjunctio carnalis, quæ fit per copulam completam et perfectam.

6° Affinitatem oriri non solùm ex copulâ licitâ , sed etiam ex illicitâ; *nam qui adhæret meretrici, unum corpus cum illâ efficitur*: I Corint. VI, v. 16. — Cap. 1, 2, 6, etc., *de eo qui cognovit consang.*, etc. — Conc. Trid. c. 2. Sess. 24 *de Reform.*

Olim triplex fuit affinitas juxtà Can. 3 et 6. Caus. 35, quæ. 5. Prima quæ mediante unâ tantùm personâ contrahebatur; secunda quæ mediantibus duabus ; tertia quæ mediantibus tribus. Exempla videri possunt apud auctores. Secundam et tertiam affinitatis speciem abstulit Concilium Lateranense IV celebratum sub Inn. III, statuens conjugia non dirimi, nisi inter affines primi generis , c. 8. *De consanguinitate et affinitate*. Hinc matrimonium inter vitricum et viduam privigni, aut privignum et viduam vitrici valet. (S. Cong. Cong. 8 Mart. 1721 ; Ben. XIV, de Synodo, lib. IX, cap. 13).

II. — Apud omnes constat ex affinitate oriri impedimentum dirimens. Affinitas ex copulâ licitâ dirimit matrimonium usque ad quartum gradum. Olim hoc impedimentum latiùs patebat; sed Conc. Lat. IV in cit. cap. 8. *De consanguinitate et affinitate* , infrà hos limites illud coarctavit. Affinitas ex copulâ fornicariâ dirimit matrimonium usquè ad secundum gradum ex Conc. Trid. sess. 24, cap. 4, de ref. matr. In matrimonio consummato, sed nullo, non una est Doctorum sententia.— Alii putant affinitatem oriri ad secundum gradum tantùm, sive bonâ fide sive malâ vir et mulier coierint; (1) alii usque ad quartum in utroque casu (2) ; alii tandem usque ad quartum , si bonâ fide ; usque ad secundum si malâ fide uterque copulam habuerit. (3) Adhuc sub judice lis est, sed hanc ultimam præferimus sententiam.

III. — 1° Certum est impedimentum affinitatis in lineâ collaterali esse ex jure tantùm ecclesiastico. Non est ex jure naturali, quod confirmatur tùm exemplo Jacob, tùm ex lege Moysis quæ præcipiebat ut frater duceret uxorem fratris sui defuncti absque liberis, *Deuter.*,

---

(1) **Carrière,** *de Matrimonio*, p. 163.

(2) **De Angelis** op. cit. lib. IV, tit. 13 ; **Scavini.** T. III p. 974 allique. **Sim.** **Aichner** *loc. cit.*

(3) **d'Annibale,** p. III, n° 302, not. 17.

xxv, 5. Nec est ex jure divino : multùm olim eâ de re disceptatum fuit, occasione dispensationis Henrico VIII à Julio II concessæ. Quæstio tandem in hoc sensu fuit solemniter decisa.

2° In lineâ rectâ major adest difficultas. Certum est affinitatem ex copulâ fornicariâ dirimere matrimonium ex jure tantùm ecclesiastico : Ecclesia non rarò dispensat, saltem ut vir ducat illam cujus matrem cognovit. Quoad affinitatem ex copulâ matrimoniali in secundo, tertio, et quarto gradu, facile Doctores admittunt ipsam dirimere matrimonium ex jure tantùm ecclesiastico, et non jure naturali ; in primo autem gradu inter se non conveniunt. Ecclesia nunquam in eo dispensavit, aut dispensat ; sed, hoc non obstante, communissima hodiè sententia est impedimentum esse juris tantùm ecclesiastici, ac proinde de rigore juris Ecclesiam posse dispensare (1).

Art. § XII. — DE IMPEDIMENTO HONESTATIS PUBLICÆ

I. — Honestas publica est *propinquitas personarum , quæ oritur tùm ex sponsalibus, tùm ex matrimonio rato nondum consummato* (2).

II. — Hæc publica honestas dirimit matrimonium , ut patet ex cap. 3, 4, 8, *de Spons. et matrim.* aliisque juribus : undè sicuti affinitatis causâ neque uxor consanguineis viri, neque vir consanguineis uxoris usque ad certos gradus soluto matrimonio jungi potest , ità nec sponsus consanguineis sponsæ, nec sponsa consinguineis sponsi. Citata jura referuntur ad sponsalia, et non habetur explicitus textus tradens matrimonium ratum inducere impedimentum publicæ honestatis ; sed Doctores id probant argumento quod dicitur *à fortiori ;* si enim hocce impedimentum enascitur ex sponsalibus, multò magis enasci debet ex matrimonio rato. Ratio hujus impedimenti est quod in nuptiis contrahendis, non solùm spectandum sit quid liceat, sed etiam quid honestum videatur. Hoc impedimentum perpetuum est, et durat etiàm sponsalibus solutis ac matrimonio ; non enim a contrahentibus pendet , sed ab Ecclesiâ. Et ità declaravit S. C. Concilii, approbante Alexandro

---

(1) Cf. Vecchiotti, l. c. aliosque citatos auctores ii. cc. Ben. XIV. De Synodo lib. IX cap. 13 ; S. Thom. Cajet. Sanchez , quos citat et sequitur Leurenius lib. 4, tit. 14, quæst. 231, n° 2, aliique. Imò Ben. XIV in Epistolâ *AEtas anni* 11 oct. 1757 disertè disserit matrimonium in primo affinitatis gradu lineæ rectæ jure tantùm positivo interdici.

(2) In matrimonio consummato impedimentum publicæ honestatis permanet ; sed, adstante impedimento affinitatis, non attenditur.

VII, 10 julii 1658, qui jussit « hujusmodi quæstionem in dubium deinceps revocari haud amplius posse. »

II. — Publica honestas orta 1° ex sponsalibus dirimit matrimonium inter sponsum et consanguineas sponsæ et vice versâ usque ad primum gradum. (Conc. Trid. Sess. 24, cap. 3 *de Reform. matrim.*). Ut autem sponsalia producant hujusmodi impedimentum, requiritur ut sint ritè et validè inita. Antè Conc. Trid. ex sponsalibus etiam invalidis, dummodò invalida non essent ex defectu consensûs, oriebatur impedimentum publicæ honestatis, sed Conc. Trid. loc. cit. statuit ut oriretur tantùm ex sponsalibus validis. Hinc non oritur publica honestas, si sponsalia simulatè contracta fuerint, vel incertè, vel conditionate antè conditionis adimplementum.

2° Ex matrimonio rato dirimit matrimonium usquè ad quartum gradum, *etiamsi matrimonium sit invalidum*. Nam jure Decretalium antè Conc. Trid. ità erat : atqui Conc. Trid. hâc in re nihil immutavit, ut declaravit S. Pius V, in Const. *ad Romanam*, 1 Jul. 1568.

Diximus *etiamsi invalidum ;* attamen excipe, si matrimonii invaliditas proveniat 1° ex impedimento honestatis publicæ orto ex sponsalibus jam valide contractis ; tunc jure constitutum est, ut non oriatur impedimentum relatè ad personam desponsatam. Hinc, si Caius, initis sponsalibus cum Luciâ, eâque rélictâ, ejus sororem ducat, ad Luciam redire potest (imò et debet, ut satisfaciat promissis), quin indigeat dispensatione ; quià ex tali matrimonio invalido non oritur impedimentum honestatis relatè ad Luciam (1). Si verò Caius illud matrimonium etiàm consummaverit, tunc neutram valet ducere : non Luciam, ob exortam affinitatem ex illo commercio cum sorore ; non sororem, ob jàm existens honestatis impedimentum ; 2° ex defectu consensûs ; eo in casu non oritur honestatis impedimentum. Hinc non oritur ex matrimonio inito cum amente, cum ebrio, vel quandò adest error personæ vel conditio, vel metus gravis, vel fictus consensus, ut declaravit S. C. C. 23 martii anni 1644, quùm in omnibus sic contrahentibus deficiat consensus omnis, vel saltem qualis requiritur.

S. Cong. Concilii per decretum editum jussu Leonis XIII, 13 Martii 1879, « declarat ac statuit matrimonium civile in locis ubi promulgatum

---

(1) Cap. unic., de *Despons.* in VI°. — V. Liguori, *Op. Mor.*, l. VI, n. 1061 et seqq. Sed oritur relatè ad ejus consanguineos, cùm exceptio sit tantùm inducta in favorem personæ primo desponsatæ.

est decretum Concilii Tridentini, impedimentum justitiæ publicæ honestatis non producere. »

Art. XIII. — DE IMPEDIMENTO DISPARITATIS CULTUS

I. — Sicut disparitas cultûs . *imperfecta* impedit tantùm matrimonium, ità *perfecta* cultûs disparitas (1) inter baptizatum, et non baptizatum illud dirimit. Ratio est quia, elevato ad dignitatem Sacramenti matrimonio, non decet ipsum a baptizatis iniri cum non baptizatis qui nullius sacramenti capaces sùnt. Hùc accedunt periculum tùm subversionis conjugis baptizati, tùm pravæ educationis filiorum, aliaque gravissima incommoda, quæ Tertullianus graphicè describit, lib. 2, ad Uxorem cap. 2.

II. — Hoc impedimentum est tantùm juris ecclesiastici, et quidem non scripti , sed consuetudinarii. Nam non est juris naturalis; quùm cultûs disparitas non repugnat matrimonii naturæ; eâ enim extante conjuges obligari invicem possunt ad cohabitationem , debiti redditionem et prolis educationem.

Non est juris divini positivi. Quamvis enim non desint qui ex aliquibus locis S. Scripturæ, præsertim 1â et 2â ad Cor. VI, matrimonium inter fidelem et infidelem nullum esse volunt; nihilominùs possunt optimè prædicta loca explicari de simplici prohibitione matrimonii quæ de regulâ generali vigeat. In lege veteri aliqui fideles cum infidelibus conjugii fœdus inierùnt, ut Joseph cum filiâ Putipharis; Esther cum Assuero ; et etiam in novâ lege primis Ecclesiæ seculis ejusmodi non desunt exempla : sic Cæciliá nupsit Valeriano adhuc ethnico, Monica Patritio infideli ; Clotildis regi Francorum Clodoveo adhuc pagano; quin Ecclesia ejusmodi matrimonia concubinatûs notâ inusserit, vel etiam improbaverit. Paulatim ex periculis et incommodis quæ derivant ex conjugio fidelium cum infidelibus, praxis unius et alterius Ecclesiæ fuit eâ nulla traducere; quæ praxis evasit tractu temporis universalis , et induxit naturam legis universalis Ecclesiæ, quæ proindè omnes homines ligat eo ipso quo per baptismum cœtui fidelium adscribuntur , etiamsi illis in regionibus morentur, ubi religio primùm propagatur. Can. *Cave* causa 28, et Can. *Si quis*, ibid. Ben. XIV, in Const. *Singulari.*

Ex eo quod hujusmodi impedimentum sit lex pro totâ Ecclesiâ, ab eo potest dispensare solummodò Romanus Pontifex, qui est suprà jus,

____

(1) De hoc impedimento legi debet Epistola *Singulari nobis* Bened. XIV data die 9 febr. 1749. Consule etiam Inst. Austriacam, apud Mansellá, lib. cit. p. 78.

exclusis omninò Episcopis absque speciali delegatione. Hanc facultatem constat concessisse Gregorium XIII Missionariis Japoniæ, et nostris quoque temporibus passim tribuitur Vicariis Apostolicis et quibusdam Episcopis Americæ, et etiam Angliæ, per organum S. Congregationis de Propagandâ Fide. Episcopis qui non sunt in loco missionum rarò conceditur. (1).

Ex pluribus instructionibus, quæ habentur etiam apud Perrone, (1) hæ præscriptæ reperiuntur conditiones in dispensationibus quoad matrimonia inter baptizatos et non baptizatos servandæ : 1° ut cohabitatio cum infideli non adducat aut contumeliam Creatoris, aut periculum perversionis; 2° ut proles instituatur in christianâ religione; 3° ut dispensatio gravibus tantùm de causis concedatur, adeò ut potiùs dispensatur in impedimentis consanguinitatis seu affinitatis, si hoc pacto vitarentur matrimonia cum infidelibus; 4° additur aliquandò, si adsit probabilis spes de conversione contrahentis infidelis.

An calvinistæ et lutherani in illis partibus degentes, quorum baptisma dubium aut suspectum est, infideles habendi sint ità ut inter eos et catholicos disparitatis cultûs impedimentum dirimens adesse censeatur? Feria 4 die 17 novembris 1830 in Congregatione generali S. R. U. Inquisitionis proposito supra scripto dubio, decretum est : 1° Quoad hæreticos quorum sectæ Ritualia præscribunt collationem baptismi absque necessario usu materiæ et formæ essentialis, debet examinari casus particularis; 2° quoad illos qui juxta eorum Ritualia baptizant validè, validum censendum est baptisma. Quod si dubium persistat etiam in primo casu, censendum est validum baptisma in ordine ad validitatem matrimonii; 3° si autem certè cognoscatur nullum baptisma ex consuetudine actuali illius sectæ, nullum est matrimonium.

ART. XIV. — DE IMPEDIMENTO CRIMINIS

I. — Crimen quod constituit impedimentum dirimens matrimonium triplex est, scilicet : adulterium vel homicidium conjugis, aut utrumque simul, modò certæ concurrant conditiones quæ in jure canonico exprimuntur. Ratio hujus impedimenti est, magis fovendi amorem inter conjuges, et fidem maritalem tutandi, quùm perfractæ maritalis fidei nullum futurum esset emolumentum ex denegatâ validitate ineundi inter eos conjugii.

---

(1) *Collect. ad usum missionariorum ad exteros.*
(2) Perrone, de Mat. chr. L. II, s. 1, c. VI.

A. — ADULTERIUM SOLUM

Duplici modo potest incurri ex hoc capite impedimentum.

1° Per adulterium verum formale, et consummatum, cum promissione acceptatâ futuri matrimonii. Requiritur autem. *a.* Ut adulterium sit *verum*, *formale*, *consummatum*. Et quidem *verum*, id est, ut alteruter saltem fornicator sit legitimo matrimonio conjunctus. Deindè *formale* et quidem ex utrâque parte, id est, ut uterque cognoscat alterutrum saltem esse conjugatum. Tandem *consummatum*, intercedente nempè copulâ carnali perfectâ. *Ità communiter.* — *S. Lig. n.* 1036. *b.* Ut adsit *promissio* matrimonii facta ab uno adultero et acceptata ab altero, saltèm aliquo signo, sive hæc promissio præcedat, aut comitetur, aut sequatur adulterium ; sed si præcedat, requiritur ut retractata non fuerit. Probabilius autem non requiritur repromissio. *c.* Ut tùm *promissio* matrimonii, tùm *adulterium* fiant *vivente priori conjuge*, seu durante eodem matrimonio. — Ità ex variis locis juris can., v. g., can. *Si quis vivente*, 5, Caus. 31, *quæ* 1. — Item *can. Propositum*, 1, *de eo qui dux.* etc. *S. Lig. n.* 1037 *et seq.*

2° Per adulterium verum, formale et consummatum, conjunctum cum attentato matrimonio quod æquivalet promissioni, c. 1 et 5, *de eo qui duxit.* Matrimonium attentatum illud est quod cum nullitatis scientiâ contrahitur. Alii tradunt tale esse quoque matrimonium , omissâ formâ Tridentinâ, contractum, quale est matrimonium civile ; alii negant (1).

B. — HOMICIDIUM SOLUM

Tres conditiones requiruntur ut adsit impedimentum :

1° *Mutua conspiratio ;* undè non sufficit ut conjux conjugem suum occidat, si persona quâcum matrimonium initurus est, hanc actionem ignoret, aut ei non consentiat. *S. Lig. n.* 1033.

2° *Intentio matrimonii ;* quamvis in jure non sit expressum. Ratio est, quià finis legis est ne quis spe matrimonii propriam vel alterius conjugem occidat. Quidam requirunt ut intentio illa aliquo modo fuerit alteri manifestata. Sufficere autem dicunt, ut indicia quædam hujus intentionis præcesserint, v. g. familiaritates, epistolæ amatoriæ, etc. —

---

(1) D'Annibale, *op. cit.* p. 3 n° 309. Sanchez, *de matrimonio* lib. VII tit. 19 n° 8. Schmalg lib. IV, tit. 7, n° 15, etc.

Ità communiter. S. Lig. n. 1033, 1034. Juxtà alios, intentio semper præ sumitur et onus probandi est complicibus. (1) Si tamen cædes conjugis alio ex fine facta fuerit, v. gr. ut superstites liberiùs vocarent libidini, ut vexatione conjugis occisi carerent, non autem contrahendi intentione conjugii, impedimentum, nedùm in foro interno, sed neque in externo locum haberet, nisi ex magnis probaretur conjecturis opposita intentio, quo casu vinceretur præsumptio.

3° *Mors realiter secuta*, ex actione physicâ vel morali alterutrius complicis. — *Ita communiter.* Hoc confirmatur ex *cap.* 1, *de convers. infidel.* ubi Cœlestinus III. Saracenis, qui ex mandato et consilio uxorum christianorum, viros earum interfecerunt, quamvis dein per ipsas ad fidem conversis christianam, interdicit matrimonium cum illis viduis, citato Triburiensi Concilio. — Aliter autem eadem decretali decernit Pontifex de matrimoniis contractis a Saracenis ad fidem conversis cum uxoribus Christianorum in bello occisorum, et a Christianis cum mulieribus Saracenarum viduis item in bello ab aliis interfectorum, postquam saracenæ mulieres fuerant sacro baptismatis regeneratæ lavacro. Ejusmodi enim conjugia licita et valida declarantur, ex eo quod tales non procuraverint virorum defunctorum interitum.

C. — UTRUMQUE SIMUL

Quandò crimina adulterii et conjugicidii reperiuntur unita, non requiritur mutua conspiratio ad conjugicidium, nec promissio matrimonii; sed hæc tria sufficiunt : 1° Adulterium tale quale suprà expositum est. Hinc præcedere debet conjugicidium; non tamen necesse est ut præcedat mortis machinationem.

2° Machinatio mortis ab uno adulterorum intuitu matrimonii habita; quæ semper præsumitur in foro externo. — *Ita Gousset, n.* 824. — *Carrière, n.* 739. — *Collet*, etc.

3° Mors ex machinatione unius adulterorum secuta, sicuti pro homicidio solo. — *Vide S. Lig. n.* 1036.

Sic paucioribus verbis, ad constituendum criminis impedimentum requiritur et sufficit :

a. Adulterium cum promissione matrimonii ab altero acceptatâ, vel adulterium cum attentato matrimonio. *b. Homicidium* ex communi

---

(1) **Bonnal**, *Inst. theol.* 15a éd. T. **IV**, p. 628.

conspiratione et cum intentione contrahendi, saltem ab uno habità, et manifestatâ. *c. Utrumque simul* intuitu matrimonii, quamvis sine conspiratione et matrimonii promissione.

III. — Illud impedimentum nec jure naturali, nec divino inductum fuit, sed tantùm jure ecclesiastico, quod omnes admittunt.

Ben. XIV in cit. epistolâ *Ætas anni* docet « nullo exemplo constare Pontificem dispensare in impedimento hujusmodi publico... Si impedimentum sit occultum, major Pœnitentiarius dispensat in matrimoniis, tùm contractis, tùm contrahendis pro foro interno, commisso adulterio, sed neutro machinante : verùm si impedimentum oriatur ex adulterio, utroque vel alterutro machinante, sitque occultum, habet quidem major Pænitentiarius facultatem dispensandi, raro tamen et semper pro foro tantùm interno, his quoque servatis, ut gravis concurrat necessitas, aut grave immineat periculum, et casu in plenâ Congregatione aut Pœnitentiariæ signaturâ proposito. »

CAPUT TERTIUM

De impedimento quod formam contractûs respicit

ART. XIV. — DE IMPEDIMENTO CLANDESTINITATIS

§ I

De impedimento clandestinitatis in genere

In hoc capite agitur de clandestinitate antè Concilium Tridentinum et de introductione hujus impedimenti per Concilium Tridentinum.

PUNCTUM PRIMUM

De clandestinitate in genere antè Concilium Tridentinum

Matrimonium clandestinum simpliciter illud intelligitur quod præsentiâ parochi et testium caret.

1° Benedictio nuptialis semper fuit usitata, etiàm in primis Ecclesiæ sæculis : patet ex textibus et ex aliis monumentis quæ legi possunt apud Benedictum XIV, de Synodo diœces., lib. 8, cap. 12.

Hinc matrimonia fidelium occulta, sine benedictione sacerdotali celebrata, semper fuerunt odiosa Ecclesiæ, ab ipsâ prohibita, ac proindè graviter illicita, sicut probant hæc verba Tertulliani, 1. *de Pudicitiâ*, c. 4 : « Ideò penes nos occultæ quæque conjunctiones, id est, non priùs

» apud Ecclesiam professæ, juxtà mœchiam et fornicationem judicari
» periclitantur; » Cf totum titulum *de clandestinâ desponsatione*. Matrimonium celebrari debebat coram parocho et testibus. « Prius conve-
niendus est sacerdos in cujus parochiâ nuptiæ fieri debent, in Ecclesiâ
coram populo, » prout legitur in Capitularibus Regum Francorum à
Baluzio collectis tom. 1. Parochus sedulò investigare debebat, nùm
huic matrimonio aliquod obstaret impedimentum, donec lex promul-
gationum præmittendarum lata est.

2° Attamen antè Conc. Trid. matrimonium clandestinum validum
erat, licèt illicitum. Si uterque contrahens revelabat matrimonium
clandestinè contractum, hoc recipiebatur ab Ecclesiâ prouti si fuisset
ab initio coràm Ecclesiâ publicè celebratum, nisi aliquod obesset impedimentum; si uterque juramento negabat matrimonium initum inter
eos fuisse, uterque solutus habebatur ; si unus affirmabat et alter negabat, onus probandi erat asserenti (1).

PUNCTUM SECUNDUM

De introductione impedimenti per Concilium Tridentinum

1. — DE DECRETO CONCILII TRIDENTINI CONTRA CLANDESTINITATEM. —
Ex hac disciplinâ quisque videt plurima mala, corruptelas et abusus oriri
potuisse, et de facto oriebantur : nam non obstante prohibitione Ecclesiæ
multa fiebant matrimonia clandestina, et non rarò contingebat quòd
idem conjux relictâ alterâ parte, aliam duceret et cum eâ in perpetuo
adulterio viveret, vel, post inita matrimonia, Ordines sacros impunè
susciperet.

Concilium Trid. ut omnibus his malis obviaret, annuens precibus oratorum Regis Galliarum post multas disceptationes in plurimis congre-
gationibus habitas, tulit impedimentum dirimens clandestinitatis sequentibus verbis expressum, sess. 24, cap. 1, de *Reform. Matrim.*

« Tametsi dubitandum non est clandestina matrimonia, libero
» contrahentium consensu facta, rata et vera esse matrimonia, quamdiù
» irrita Ecclesia non fecit, et proindè jure damnandi sint illi, ut eos
» sancta Synodus anathemate damnat, qui ea rata ac vera esse negant...
» Qui aliter quàm præsente parocho, vel alio sacerdote, de ipsius paro-
» chi seu Ordinarii licentiâ, et duobus vel tribus testibus, matrimo-
» nium contrahere attentabunt, eos sancta Synodus ad sic contrahen-

---

(1) De Angelis, *op. cit.* p. 85 et seqq.

» dùm omninò inhabiles reddit; et hujusmodi contractus irritos et nullos
» esse decernit, prout eos præsenti decreto irritos facit et annullat. »

Ergò matrimonia clandestina, id est, sine hâc formâ Conc. Trident.
inita, non tantùm illicita sunt, sed etiam irrita atque nullâ ratione ipsius
contractûs, ac consequenter ratione quoque sacramenti. Nec valent
quidem ut sponsalia, uti docet Benedictus XIV, Inst. 46, n.23, constanti
sacræ Congregationis Concilii, et unanimi theologorum ac canonistarum
consensui innixus.

II. — DE NECESSITATE PROMULGATIONIS DECRETI CONCILII TRIDENTINI. —
Ipsum Conc. Trid. l. c. in fine determinat modum illud promulgandi,
qui est prorsus singularis, nempe ut in unaquâque Parochiâ publicetur,
et vim non habeat nisi post 30 dies à primâ publicatione. Ratio fuit
quià P. Lainez in ipso Concilio observavit hæreticos huic decreto
non esse obtemperaturos ; undè innumera adulteria secutura erant, et
magnâ confusio quoad legitimas successiones. Conc. Trid. putavit
hæc incommoda avertere, si exigeretur hujus legis promulgatio in
unaquâque parochiâ (1) ; dùm enim lex publicabatur in locis, quæ vel
atholici exclusivè incolebant, vel in quibus catholici potiores partes
habebant, ea publicanda non prævidebatur in locis ab hæreticis, aut
exclusivè, aut principaliter occupatis.

Quæritur quomodò probetur promulgationem in Parochiâ reverà
factam fuisse. Si habeatur documentum peractæ promulgationis, nulla
difficultas adest. Si verò non adsit documentum, imo si memoria factæ
promulgationis nulla habeatur, ibi facta præsumitur ejusdem decreti
promulgatio ubicùmque constat jam usu receptum esse, ut matrimonia coram Parocho, et duobus vel tribus testibus tanquam in obser-
vationem decreti Conc. Trid. celebrentur. Hæc tradit Ben. XIV de
Syn. lib. 12, cap. 5 n. 6, ubi refert S. C. C. die 26 sept. 1602 declarâsse
« publicationem præsumi, ubi id decretum fuerit aliquo tempore in
Parochiâ tamquam decretum Concilii observatum (2). »

In hâc re tanti momenti, nullus relinqui debet locus possibilis igno-
rantiæ ; idcircò promulgandum est decretum linguâ vernaculâ, ut à
populo intelligatur : et hoc sub pœnâ nullitatis. V. collectaneam, etc,
n° 991). Insuper hoc decretum est promulgandum, non tanquam lex
particularis Episcopi, aut Concilii Provincialis, sed tanquam decretum

---

(1) Hic verò agitur de parochiâ canonicè erectâ. Quando diœcesis et parochia non
sunt canonicè erectæ, hoc decretum publicari nequit sine S. Sedis facultate obtentâ.

(2) **Gasparri**, Prœl. Jur. can. Decret. L. IV. T. III, p. 68.

ipsius Conc. Trid. Non sufficeret, statutum diœcesanum verbis Concilii accommodatum, præsentiam parochi et testium sub pœnâ nullitatis præscribens, et in cunctis ecclesiis denuntiatum, quùm nemo infrà Rom. Pont. aut generale Concilium possit impedimenta dirimentia ferre. Eo sensu respondit S. Congr. Conc. die 2 decembris 1628, ad constitutiones synodi provincialis Ruthenæ, et Urbanus VIII eam decisionem approbavit die 20 martii an. 1629 apud Ben. XIV, de Syn. lib. XII, cap. 5, n° 6 et seq.

III. — De facto promulgationis decreti concilii tridentini. — Quænam sint loca in quibus decretum Concilii promulgatum est, quæstio est potius facti quam juris. Certum est illud non fuisse promulgatum in regionibus, eo tempore quo latum est, hæresi dominanti subjectis, ut in Angliâ, Sueviâ, Saxoniâ, Daniâ et pluribus Germaniæ et Helvetiæ partibus.

In plerisque autem ecclesiis catholicis tunc exstantibus paulò post fuit promulgatum, juxtà ipsius tenorem, sicut patet, pro Galliâ, ex Conciliis et Synodis, et ex Ritualibus Galliæ diœcesium. Elenchum horum locorum dedit Perrone *de Matr. Christ.* lib. 2, sect. 1, cap. 6, art. 6, quem deinde perfecerunt Mansella, op. cit. p.1, cap. 4, art. 4 et Zitelli, *Enchiridion ad sacrarum disciplinarum cultores,* p. 198, Romæ, 1880.

Aliquando decretum Conc. Trid. promulgatum fuit ex parte tantum est, quoad præsentiam testium, non autem quoad præsentiam Parochi.

§. II

De iis qui decreto clandestinitatis subjiciuntur

In primis loquemur de catholicis; deindè de hæreticis.

PUNCTUM PRIMUM

*Quinam ex catholicis decreto Concilii Tridentini subjiciantur
vel non.*

I. — In locis, in quibus promulgatum fuit hoc decretum, obligat omnes, *etiam peregrinos* (1); undè clandestina matrimonia irrita sunt. Dixi: *etiam peregrinos,* quod verificatur, etiamsi apud illorum regionem promulgatum aut receptum non fuerit Conc. Trid. Sic v. gr.

---

(1) *Peregrinus* ille est qui accidentaliter versatur in loco, in quo nec domicilium nec quasi-domicilium habet. *Incola* ille est qui in loco originis permanet. *Advena* ille est qui extrà ocum originis domicilium vel quasi dsmicilium habet. *Vagus* ille est qui nullibi domicilium nec quasi domicilium habet.

Ang us qui transit in Galliam, ibidem invalide contrahit matrimonium, non adhibito parocho ac testibus.

Excipe : (a) si Parochus adiri non potest, sicut accidit in Galliis tempore publicæ perturbationis. Ingens enim datur discrimen inter hanc irritationem et alia matrimonii impedimenta ; et quidem meritò, quià qui impedimentis detinentur, alias personas sibi non consanguineas nec affines, etc., invenire possunt : qui autem liberum non habent recursum ad parochum, nullo modo nubere possent, si lex strictè eos obligaret. Matrimonium tunc validum est sine præsentiâ Parochi, dummodò tamen celebratum sit coram duobus vel tribus testibus. Id pluriès declaraverunt SS. CC. RR. et tempore publicæ perturbationis in Galliâ confirmatum fuit à Pio VI in Epist ad Episcopum Lucionensem an 1793, et in Epist. ad Episcopum Genevensem an 1795. Ratio est quià in hoc casu lex est physicè vel moraliter impossibilis quoad Parochum, est autem possibilis quoad testes : igitur non obligabit quoad Parochum, obligabit verò quoad testes sub poenâ nullitatis (1). S. C. O. nuper declaravit facultatem celebrandi validè ac licitè matrimonium cum duobus testibus sine præsentiâ Parochi tùm adesse cum per mensis spatium accessus ad eumdem tutus non sit. (Ballerini ad Gury, n° 840).

Nonnulli casui etiam particularis impossibilitatis præfatam hypothesim congruere putant. (Ballerini ad Gury l. c). Attamen communiter dicunt eam non subsistere, nisi impossibilitas sit generalis in loco (2). Imò hâc ipsâ existente, nihilominus lex tridentina dicenda est attingere eum, pro quo Parochum, vel Ordinarium, vel alterutrius delegatum adeundi impossibilitas non existit.

(b) Si in loco Conc. Trid. decretum « *nunquam observatum, tanquam ejusdem Concilii decretum, vel si quandòque observatum fuit, longo dein temporis intervallo in desuetudinem abiit.* » Pius VII in Epist. ad Archiep. Mogunt. die 8 Jan. 1803.

(c) Si decretum in eo loco publicatum, auctoritate S. Sedis revocatum fuit vel ex toto, vel ex parte, id est quoad Parochi præsentiam.

(d) Infideles (uti patet), et etiam quandoque hæretici ab hoc decreto eximuntur, ut inferius explicabitur ; ac proinde tunc etiam matrimonia clandestina mixta illicita sunt, sed valida propter individuitatem contractûs et communicationem privilegii.

---

(1) D'Annibale, *op. cit.*, p. 3, n° 326, notâ 39.
(2) Joder, *Formulaire matrimonial*, p. 50.

II. — In locis in quibus Decretum trid. promulgatum non fuit, nemo eodem ligatur ; ac proindè matrimonia clandestina licet illicita, valida sunt.

Quid verò de peregrinis qui è loco, ubi viget decretum Trid. adveniunt in locum ubi non viget illud decretum ? Plures hypotheses fingi possunt : (a) Si Gallus, cujus in regione vim habet decretum Tridentinum, se confert ad locum ubi idem decretum nec promulgatum nec in usu est, ibique contrahat cum incola illius loci clandestinum conjugium , valide contrahit. Ratio est quia , causa individuitatis contractûs, alter sponsus privilegio gaudet sui consortis, ex omnium sententiâ ; sicut parochus sponsi proprius est etiam proprius sponsæ, cum contrahentes sunt ex diversis parochiis.

(b) Si Gallus et Galla ad locum transeunt, in quo Tridentinum decretum promulgatum non est aut non viget, dummodò se transferant animo ibi verum domicilium vel quasi-domicilium figendi, etiam cum intentione fraudis, matrimonium ibidem sine parocho ac testibus ab iis initum valet. Ratio est quià jam per domicilium vel quasi-domicilium facti sunt incolæ illius loci, in quo Tridentinum decretum non obligat. Hoc enim non est fraudem facere, sed conditionem ponere à Tridentino requisitam (1).

(c) Si iidem in prædictum locum a Tridentini decreti obligatione exemptum se conferunt sine intentione domicilii aut quasi domicilii ibidem figendi, *non tamen cum fraude*, idest intentione contrahendi clandestine, validè ibi eos contrahunt, quamvis inito conjugio nec parochum nec testes adhibuerint ; fraus autem in foro externo præsumitur. Ità ex communiori sententia cum Sanchez, Pontio tenent Reiffenstuel, Engel, Leurenius, Barbosa et Schmalzgrueber, qui etiam rationes contra ejusmodi sententiam allatas planè diluunt. Ratio est, quia peregrini non adstringuntur patriæ legibus quandò extra eam vagantur ; et præsertim quoad contractus, cujusmodi est matrimonium, cum in hisce subjiciantur legibus forumque sortiantur locorum, in quibus versantur (2).

(e) Si autem iidem ad locum exemptum ab obligatione decreti se conferunt *in fraudem legis*, scilicet intentione clandestinum contrahendi matrimonium, quin animum habeant acquirendi ibidem domicilium vel quasi-domicilium, eorum matrimonium, etiam coram parocho loci ac testibus celebratum, nullum est atque irritum. Dolus enim et fraus nemini debent patrocinari (3).

---

(1) Bened. XIV, Const. *Ab hino*, an. 1758, 19 Mart.
(2) **Mansella**, *op. cit.*, p. 144.
(3) Id., p. 145.

III. — Tandem in locis in quibus dubitatur, utrùm decretum Trid. publicatum sit, nemo pariter eodem tenetur, quia lex dubia non obligat; undè illa matrimonia clandestina, licet illicita, valida sunt. Ità S. C. O. 22 Julii 1840, causâ Promontorii Bonæ Spei.

PUNCTUM SECUNDUM.

Quomodo hæretici decreto clandestinitatis subjiciuntur.

Imprimis præ oculis habeantur hæc verba Pii VII ad arch. Mogunt. in Litteris jam relatis : « Illorum opinio docentium matrimonia hæreticorum, coràm ministro acatholico inita, nulla esse, atque adeò validas fore secundas nuptias, si modo coràm catholico parocho contrahantur, nec undiquè vera est nec satis tuta, neque idcircò in praxi quibuscumque in casibus indiscriminatim sequenda...... Hinc factum est ut præfata opinio quæ matrimonia inter hæreticos contracta coràm ministro acatholico generatim nulla et irrita esse propugnat, adversarios semper habuerit et numero plures, et auctoritate præstantissimos, adeò ut vix aliquem retinuerit probabilitatis gradum, maximè post editam à Bened. XIV. an. 1741 pro matrimoniis Hollandiæ celeberrimam declarationem. Cave igitur, venerabilis frater, tuoque exemplo tuisque monitis edoce Episcopos suffraganeos tuos ne in præfatis matrimonialibus causis expendendis ac dijudicandis, pravis hisce doctrinis, ac fallacibus rationibus decipiantur, etc. »

Duplex casus fingi potest : I. Si hæretici in loco constituunt parochiam propriam, separatam à parochiis catholicis, publicè recognitam, inter Doctores acriter controvertitur utrùm ipsi Tridentinâ lege ligantur. Non agitur hic de parochiis hæreticis, quæ jam ab an. 1563 existebant, quo latum fuit Conc. Trid. decretum, quod in eis certè non fuit publicatum, sed de illis parochiis hœreticis, quæ subintraverunt in locum parochiarum catholicarum, in quibus decretum Conc. Trid. publicatum fuerat. Quæstio adhuc sub judice est, sed nobis magis arridet sententia negativa, id est hos hœreticos non teneri lege Tridentinâ. Utriusque sententiæ argumenta fusè exponit Vechiotti vol. 3, nᵒ 107 qui pro praxi ità concludit : « usquedum aliter à S. Sede non sit definitum, sequamur oportet propositam sententiam, quâ decernitur in casu matrimonia hœreticorum ac mixta clandestina nullo pacto esse valida in regnis catholicis, societates acatholicæ per se stent. Undè monitos volumus Parochos, ut si de matrimonio convalidando apertè agatur, consensum, coram Parocho et testibus renovare curent ; sin minùs, ut cautè procedant, nihilque agant, inconsultâ S. Sede quæ omnibus attentè consideratis, videbit, an expediat nullitatem matrimonii declarare, vel potius satius sit contrahentes in bonâ fide relinquere. »

II. Si hæretici in loco non constituunt parochias distinctas, seu catholicis *mixti* vivunt, ligantur lege Tridentinâ (1), licet etiam in parochiis catholicis degentes fortè statum civilem Gubernio probatum habent, aut etiam religionis suæ cultum in propriis templis cum propriis ministris exerceant. S. C. C. die 8 Jan 1678, probante Innocentio VI, declaravit hæreticos quoque, ubi decretum est publicatum, teneri præscriptam formam observare, ac præterea etiam ipsorum matrimonia absque formâ Concilii, quamvis coram ministro hæretico, vel magistratu civili contracta irrita et nulla esse. Et sæpè alias S. C. C recripsit nulla esse matrimonia hæreticorum absque præsentiâ Parochi et testium contracta in iis locis, in quibus Concilii decretum fuit promulgatum. Sic Pœnitentiaria die 28 Martis 1834, et S. C. O. 1855, speciatim pro Galliis.

III. Attamen matrimonia clandestina hœreticorum inter se, aut mixta, certè valida sunt in tribus sequentibus casibus : (*a*) In locis, de quibus Ben. XIV in declaratione, *Matrimonia*, 4 Nov. 1741. Quæsitum fuerat sub Pontificatu Clem. XII an matrimonia clandestina hœreticorum inter se vel mixta in Statibus Fœderatis Belgii et Hollandiæ valida essent, licet illicita. Testatur Benedictus XIV, de Synodo diœces., lib. 6, cap. 6, n. 4, tribunalia Curiæ Romanæ, ac SS. Congregationes plurimùm favisse opinioni quæ eä nulla irritaque esse tenebat (2). Verùm illustris Pontifex declarat se huic opinioni nunquàm acquievisse, et ad cathedram B. Petri evectus, celebrem edidit declarationem, *Matrimonia* die 4 nov. 1741, in quâ statuit 1° matrimonia inita vel ineunda in locis Hollandiæ et Belgii Fœderatorum Ordinum dominio subjectis, inter duos conjuges hæreticos, sine catholici parochi præsentiâ, esse valida : 2° valida similiter esse, propter individuitatem contractûs, matrimonia inter duas partes, quarum una est catholica et altera hæretica : 3° id extendi quoque ad civitatem Trajecti ad Mosam, nec non ad matrimonia contracta ab iis, qui addicti sunt militaribus copiis, quæ ab iisdem Fœderatis ordinibus transmitti solent ad custodiendas muniendasque arces conterminas, dummodo uterque conjux ad easdem copias pertineat. Igitur hæc declaratio non respicit

---

(1) **Joder,** *op. cit.* p. 49-50.
(2) Cf **d'Annibale** *op. et loc. cit.* N° 333 ; de **Angelis,** *op. cit.* lib. IV, tit. 3, n° 8.

catholicorum matrimonia inter se, quæ in formâ Tridentinâ celebrari adhuc debent, ut docet ipse Ben. XIV De Synodo, lib. 6, cap. 7, et in Const. *Redditæ sunt*, 17 Sept. 1746. Notemus quod declaratio ista non intrinsecam iis matrimoniis firmitatem seu valorem dedit, sed merè extrinsecam, id est, declaravit authenticè quid jam essent et quid censendum de ipsis foret, non autem effecit, ut intrinsecè talia, id est valida essent. Ex adverso autem, defectus declarationis non efficit ut sint invalida, sed tantummodò ut de eorum validitate nobis authenticè non constet (1).

(b) In aliis locis, ad quæ S. Sedes benedictinam declarationem extendit. Nam præfata declaratio non potest aliis locis applicari, nisi auctoritate Sedis Apostolicæ, etiamsi eædem militent rationes (2). Elenchus locorum ad quæ Sedes apostolica illam extendit, habetur in Mansellâ, op. et l. cit.

(c) In locis pro quibus S. Sedes, quin propriè extenderet benedictinam declarationem, tamen indulsit, ut matrimonia mixta valida forent sicut Coloniæ, in Bavariâ, in Hungariâ. etc., etc. (3)

CAPUT TERTIUM

De præsentiâ parochi

PUNCTUM PRIMUM

Quis parochus matrimonio assistere debeat?

1. — Juxta Conc. Trid. decretum validè matrimonio assistit Parochus *proprius* alterutrius contrahentium : *proprius* autem parochus est 1° Parochus domicilii, aut quasi domicilii, non verò originis, aut simplicis habitationis.

Domicilium est locus perpetuæ habitationis (4), seu est *habitatio* in loco cum *animo* ibi perpetuò manendi, si nihil avocet. Unde acquiritur facto actualis habitationis, et animo perpetuò ibidem manendi; qui

---

(1) Gury-Ballerini, *op. cit.* p. 595, in notâ.
(2) Lehmkuhl *op. cit.* T. II, p. 555 ; Knopp, *de Mat.* p. 307 ; cf Bengen, von Schulte, Sim. Achner, *op. cit.*
(3) Gasparri *op. cit.* p. 78 .
(4) D'Annibale, *op. cit.* Proleg. n° 88. Planchard. *Dispenses Matrimoniales,* n°ˢ 328-383, Joder, *op. cit.* p. 51-52.

animus vel ex propriâ confessione desumitur, vel ex aliis adminiculis, ex. gr. si per decennium, aut etiam minus, sed notabile tempus ibidem quis commoratus fuerit, si omnià bona illùc transferat cum familiâ etc. Et statim ac eò devenerit cum hoc animo, domicilium acquirit, nec semel quæsitum amittit, nisi cum discedit non amplius reversurus. « In eodem loco singulos habere domicilium non ambigitur, ubi quis » larem, rerumque ac fortunarum suarum summam constituit : unde » rursùs non sit discessurus, si nihil avocet : unde cùm profectus est » peregrinari videtur, quod si rediit, peregrinari jam destitit (l. 7 C. » de Incolis).

Nec requiritur ut in eo loco per integrum annum commoretur, sed sufficit, si per majorem anni partem, aut per dimidiam vel quasi ibidem maneat : unde in duobus locis domicilium habere potest.

Quasi domicilium est commoratio in loco cum animo ibidem manendi non perpetuò, sed per majorem saltem anni partem, (1) ex. gr. si quis studiorum causâ alicubi degat, aut domum conducat per majorem anni partem, etc. Undè rursus acquiritur *facto* et *animo*. *Facto* : ideo necesse est ut eo reverà deveniat ; at cùm eo devenerit, quasi-domicilium statim acquirit : amittit autem, non cùm ex eo loco discedere constituit, sed quandò reverà discessit non reversurus. *Animo* manendi per majorem saltem anni partem : secùs quasi domicilium non acquiritur, licet quis per plures annos ibidem commoretur (2). Hic animus vel ex ipsius confessione, vel ex aliis conjecturis desumi debet, ut pro domicilio.

Non contrahitur quasi domicilium, si quis aliquem locum petit, solo rurandi animo, ut pluriès declaravit S. Cong. Conc. ex. gr. 1 dec. 1640 (3).

Nonnulli docuerunt quasi domicilium acquiri per commorationem unius mensis *taxative* : et innituntur præsertim Epistolâ Ben. XIV ad Archiep. Goanum datâ die 19 Martii 1758 ; in quâ cùm docuisset nullum atque irritum habendum esse matrimonium, in fraudem proprii parochi coram parocho alterius loci contractum, in quo ille qui contrahit, legitimum domicilium vel quasi-domicilium reverà adeptus anteà non fuerit, subjungit : ad validitatem matrimonii in casu satis videri quod « an- « tequam matrimonium contrahatur, spatio saltem unius mensis ille, qui

---

(1) d'Annibale, l. cit. n° 84 ; Sanchez, disp. 23, aliique plures contrà Schmalg. lib. 2, Decr. tit. 2 n° 19, aliosque qui falsò putant sufficere notabilem anni partem.

(2) Cf. Sanchez, de Mat. lib. 3, disp. 24 ; d'Annibale, l. cit. aliosque fusim.

(3) Ben. XIV, *Inst. eccl.* n° 7.

« contrahat, habitaverit in loco ubi matrimonium celebratur. » Sed immerito, neque enim Pontifex ibi statuere voluit, aut 1° moram unius mensis sufficere quoad eum, qui animum non habeat acquirendi domicilium aut quasi-domicilium, aut 2° eum, qui hunc animum habeat prius non posse validè contrahere, quam mensis elabatur, aut 3° denique mensis spatium sufficere ad domicilium vel quasi-domicilium acquirendum ; sed merè indicium tradere voluit, quo satis præsumi possit animum acquirendi saltem quasi domicilium contrahenti fuisse, atque adeo, nisi quid secus suadeat, pro valore matrimonii judicandum esse (1).

Id autem ex eo evidenter colligitur, quod mox Pontifex subdat, nolle se quæstionem dirimere, an præter præcedentem mensis habitationem requiratur insuper post contractas nuptias subsequens habitatio ad aliquod temporis spatium. Si enim definivisset spatium mensis sufficere *taxativè* ad illud quasi-domicilium constituendum quo posset ibidem validè matrimonium contrahi, eo ipso etiam definivisset subsequentem habitationem ad aliquod temporis spatium nullatenus esse necessariam. Hinc decipi hoc in puncto videtur Perrone (2) qui adductâ præfatâ Benedicti XIV epistolâ, *taxativè* dictum tenuit spatium unius mensis sufficere ad quasi-domicilium (3).

Aliis verbis, hæc habitatio unius mensis de quâ agitur, est tantummodò *præsumptio juris* pro intentione manendi, quæ elidi potest probationibus contrariis, sed efficit ut onus probandi non adesse quasi-domicilium, incumbat matrimonii impugnatori. (4).

Et huic opinioni consonare videtur ipsa decisio S. Congr. Concilii de quâ loquitur Ben. XIV, l. c., à Fagnano relata « Cum vir et mulier
» Trajectenses timentes impedimentum à parentibus, ad vicinam urbem
» Aquisgranensem se contulissent, et ibi aliquamdiu morati matri-
» monium contraxissent, S. Congregatio consulta super validitate
» censuit exprimendum tempus quo contrahentes Aquisgranae manse-
» runt : quod si fuerit saltem unius mensis, dandam esse decisionem
» pro validitate; alias, *de novo referendum in Congregatione.* » Igitur ex eo quod non adsit habitatio saltem unius mensis, non sequitur matrimonium necessario esse invalidum, sed ad S. Cong. Concilii referendum, quæ inquirere debet an adsint aliqua indicia exteriùs manifestata de intentione manendi.

---

(1) Ballerini, *notis* ad Gury, p. 814.

(2) Pro statibus fœderatis Americæ Septentrionalis vide Zitelli, App. J. eccl., p. 307.

(3) (4) Mansella, *op. cit.* post. 2, discept. 1, n° 28. *Votum* Tarquini, apud Acta S. Sedis, T. XI, p. 567, 11 jan. et 2 Maii 1868.

Hæc omnia, quæ de quasi-domicilio dicta sunt, confirmantur ex Instructione S. Cong. S. Off. datâ die 7 Junii 1867, ad episcopos Angliæ et Fœderatorum statuum Americæ, in quâ hæc leguntur :

« Ad constituendum quasi-domicilium quod in hisce casibus neces-
» sariò adipiscendum est (nempè, ubi viget Lex Tridentina), duo hæc
» simul requiruntur : habitatio in loco ubi matrimonium contrahitur,
» atque animus ibidem permanendi per majorem anni partem. Quapro-
» pter, si legitimè constet vel ambos, vel alterutrum ex sponsis animum
» habere permanendi per majorem anni partem, ex eo primùm die quo
» hæc duo concurrunt, nimirùm, et hujusmodi animus et actualis habi-
» tatio, judicandum est quasi-domicilium acquisitum fuisse et matrimo-
» nium quod proindè contrahitur esse validum. »

« Verùmtamen si de prædicto animo non constet, ad indicia recur-
» rendum est quæ præsto sint, quæque moralem certitudinem pariant.
» In re autem occultâ et internâ difficile est hujusmodi indicia habere
» quæ judicem securum faciant. Indè est quod maximè adhiberi debet
» regula à Benedicto XIV confirmata, ut inspiciatur utrùm antè matri-
» monium, spatio saltem unius mensis alteruter in loco matrimonii
» habitaverit. Quod si factum fuisse deprehendatur, censendum est ex
» præsumptione juris intentionem permanendi per majorem anni par-
» tem exstitisse....... proindèque matrimonium validum esse.......
» At, si præsumptio hæc contrariis probationibus elidatur quibus
» liquidò constet prædictum animum nullo pacto exstitisse, tunc con-
» trarium proferri debere judicium manifestum est....... Prætereà
» manifestum quoque est actualem habitationem inaptam esse ad quasi-
» domicilium pariendum, si quis in eâ regione more vagi et itinerantis
» commoretur, non verò propriè, quemadmodùm cæteri solent qui in
» eodem loco verum proprièque dictum domicilium habent (1). »

Cui accedit decisio S. C. Inq. quæ sic se habet. « Responsa S. Con-
» gregationis S. Romanæ et Universalis Inquisitionis ad Postulata
» Synódi Manutinæ. Feriâ IV die 2 maii 1877. »

« Ad postulatum primum de proprio matrimonium contrahentium
parocho. »

« Emi ac Rmi DD. ad primum postulatum decreverunt.

« Respondetur : Parochum proprium habendum esse Parochum domi-
» cilii vel quasi-domicilii contrahentium. Ad dignoscendum verò quasi-
domicilium, attendendam esse regulam traditam in Instructione Feriæ

---

(1) **Planchard**, *des Dispenses mat.*, p. 292-293.

IV° diei 7 Junii 1867 Episcopis Hiberniæ transmittendam (1) ». Hic agitur de Instructione superiùs relatâ.

2° Pro vagis qui nempe nullibi habent domicilium aut quasi-domicilium, Parochus proprius est Parochus loci in quo morantur, ut
pluriès declaravit S. Cong. Conc.

II. — Præter Parochum validè matrimonio assistit Ordinarius loci
domicilii, aut quasi-dominicilii, aut commorationis, si de vagis
agatur, nam ex verbis relatis Conc. Trid. ipse potest alium delegare
sacerdotem qui matrimonio assistat : ergo poterit et ipse assistere per
se, quum nemo possit plus juris transferre in alium, quam sibi competere
dignoscatur (regula 79 juris in VI°). Ordinarius verò qui assistendi potestatem habet est : 1° Episcopus in suâ Diocœsi; 2° Vicarius Generalis,
nec Episcopus eum prohibere potèst ex declaratione S. Cong. Conc.
apud Lacroix ; 3° Vicarius Capitularis, sede vacante ; 4° Abbates juri-
dictione quasi-episcopali pollentes in suo territorio; 5° Archiepiscopus
in Diocœsi suffraganeorum tempore visitationis ; 6° Nuntius Apostolicus
in suo territorio.

III. — Sive Parochus proprius, sive Ordinarius potest delegare alium
sacerdotem, quicumque ipse sit qui matrimonio assistat, uti tradit Conc.
Trid. verbis relatis. Hæc licentia debet esse *expressa*, non retractata :
undè non sufficit *tacita* seu *supposita*. Quid verò si parochus præsens
esset, dùm alius sacerdos jam matrimonio assistit, potens facile
contradicere? controvertitur (2). Nec *præsumpta*, quâ quis secum ipse
putat parochum ratum habiturum esse posteà, id quod agit. Delegatus ad munera parochiali in genere obeunda, potest assistere matrimoniis, et assistendi potestatem alteri demandare : delegatum ad
aliud munus parochiale, ex. gr. ad baptisma conferendum patet neutrum
posse; delegatus ad assistendum tali matrimonio alterum subdelegare
nequit; tandem delegatus ad assistendum matrimoniis in genere potest
in casu particulari alium subdelegare, utpote delegatus ad universali-
tatem causarum.

PUNCTUM SECUNDUM

De præsentiâ parochi et testium

Parochus et una simul cum eo duo saltem testes matrimonii celebra-
tioni interesse debent, et non sufficit, ut singillatim intersint. — Tri-

---

(1) *Nouvelle Revue théol. de Tournai*, t. XII, p. 578.
(2) *Feije, loc. cit.*, p. 186.

dentinum namque decretum simultaneam exigit parochi ac testium præsentiam.

Debent autem interesse non tantùm physicè seu corpore, sed moraliter, idest, animo et cum advertentiâ, ita ut intelligant quid agatur. Non enim jure præsens esse censetur, qui modo non adest humano, intelligens et advertens quid agatur. Sed sufficit ut aliquo sensu id percipiant sive visu, sive auditu; vel signa saltem videant et intelligant quæ mutuum significent utriusque partis consensum. Id autem maximè de parocho tenendum est, qui, ut ait Benedictus XIV « interest matrimonio tanquam testis *authorizabilis* pro Ecclesia... idcirco parochi præsentiam voluit, ut in illius probitate maximum veritatis fundamentum statueret. » De Synodo, lib. XIII cap. 23, n°·6.

Si parochus ipse sibi causa fuit cûr non videret et audiret, quia vel *aures sibi obstruxit, vel faciem velavit,* validum erit matrimonium, quia æquum non est, ut ab arbitrio factoque parochi pendeat matrimonii libertatem impedire. Non autem rèquiritur, ut parochus atque testes ad hoc vocati seu rogati intersint, sed sufficit eos casu supervenire, vel etiam omnino invitos, reclamantes, vi vel dolo detentos interesse. Sive enim sponte sive invitè intersint, possunt item intelligere atque testari de his quæ geruntur (1). Valet matrimonium celebratum coram parocho, etiam in aliena parochia, quia non est propriè actus jurisdictionis voluntariæ. Ita declaravit S. Congregatio Concili.

SECTIO TERTIA

De dispensatione ab impedimentis matrimonii

Ex impedimentis dirimentibus alia sunt quæ ab Ecclesiâ dispensari non possunt; alia quæ in quibus dubiûm est utrùm Ecclesia dispensare queat; alia in quibus potest quidem, sed dispensare non solet; alia denique in quibus passim dispensat. Ad primam classem pertinent impedimenta, quæ ex jure divino vel ex jure naturæ proficiscuntur, et ideò Ecclesia non habet potestatem dispensandi ab eis. Talia sunt ætas usu rationis destituta, impotentia antecedens et perpetua, consanguinitas lineæ rectæ saltem in primo gradu, et generatim ea omnia quæ ipsi matrimonii essentiæ adversantur, ut vis, error, ligamen,

---

(1) Hisce de rebus videndus est Ben. XIV, op. lib. et cap. cit. qui plures affert declarationes S. Cong. Conc. easque doctissîmè pro more evolvit.

conditio. At quoad impedimentum ligaminis divino jure inductum, ipsum hoc jus exceptionem statuit circa matrimonia rata et non consummata fidelium, quæ, vel invito altero conjuge, tùm solemni professione religiosâ, tùm R. Pontificis auctoritate ob causam gravem sive publicam sive privatam, aliquandò dissolvuntur. Idipsum contingit in matrimoniis infidelium consummatis, quorum alter ad fidem convertitur, alter verò nec converti vult, nec pacificè et sine contumeliâ Creatoris cum converso habitare.

Secundam classem impedimentorum illa constituunt de quibus controvertitur an ex jure divino proveniant, idèoque Ecclesia nunquam in illis dispensat. Hujusmodi sunt primus consanguinitatis gradus lineæ transversæ et primus affinitatis gradus lineæ rectæ ex connubiali copulâ (1).

Ad tertiam classem pertinet clandestinitas, saltem cùm de matrimonio contrahendo agitur, impedimentum criminis utroque vel alterutro machinante, saltem quando machinatio publica est; et item rarò dispensatur impedimentum publicum primi gradus affinitatis lineæ rectæ ex copulâ illicitâ. Quoties autem venia ista conceditur, sollicitè ad omnem æquivocationem amovendam opportunæ adhiberi solent cautelæ, quarum prima est dari gratiam sub eâ conditione, dum modò nimirum sponsa nata sit antequam sponsus cum matre sponsæ rem habuerit. Altera vero cautela adhibetur in casu quo conjunctio illicita, unde orta est affinitas, putatur vulgò legìtima, ut contingere solet ubi viget conjugium civile; tunc nempe si forte urgeat causa dispensandi in foro externo, adjicitur conditio ut ante dispensationis executionem opportunè caveatur, ne in vulgo oriatur erronea persuasio dispensatum fuisse in impedimento primi gradûs lineæ rectæ ex legitimâ conjunctione. Rarò etiam conceditur dispensatio ab impedimento disparitatis cultûs fidelibus inter catholicos populos degentibus, faciliùs fidelibus constitutis inter barbaras gentes. Dispensationem ab impedimento Ordinis sacri vel professionis solemnis aliquandò S. Sedes concessit, nunquam tamen nisi ex gravissimâ causâ et publicâ, nec unquam episcopo, vix unquam presbytero.

Tandem quoad quartam classem dispensari solet facilè in remotio-

---

(1) Missionarii Apostolici quibus per Indultum conceditur facultas dispensandi in gradibus consanguinitatis jure divino non prohibitis, nullatenus dispensare possunt cum infideli ad fidem converso super impedimento primi gradûs consanguinitatis lineæ transversæ, ut ducere possit germanam cum quâ inierit sponsalia in infidelitate, neque enim præsumere licet R. Pontifices auctoritatem delegâsse, quâ ipsi nunquam usi sunt.

ribus, difficiliùs in proximioribus gradibus consanguinitatis et affinitatis gradibus, in publicâ honestate, in cognatione spirituali et legali.

In hâc materiâ tria sunt consideranda : 1° de potestate dispensandi in dispensante ; 2° de causis justis dispensationis ; 3° de præcipuis clausulis. Undè.

Caput I

De potestate dispensandi

Tridentinum novatores damnavit asserentes Ecclesiam dispensare non posse in impedimentis, in iis nempè quæ sunt ecclesiastici juris; et meritò ; qui enim legem condidit, ab eâdem dispensare potest.

I. — R. Pontifex dispensare potest ab omnibus impedimentis ecclesiasticis : 1° validè in omni casu, quià primarius superior est ; 2° licitè, si de justâ causâ faciat : hoc enim recta gubernatio requirit.

Solet autem Romanus Pontifex suam dispensandi potestatem exercere per Tribunalia Romæ constituta. Et pro foro quidem externo, cùm nempè agitur de impedimentis publicis, aut quæ in notitiam aliorum ventura prævidentur, utitur Datariâ Apostolicâ, vel si agatur de impedimentis ortis ex publico delicto (ex. gr. quandò polygamia aut crimen publicum intercessit), S. Congregatione S. Officii. Pro foro verò interno, quandò nimirum agitur de occultis, R. Pontifex utitur Sacrâ Pœnitentiariâ, per quam etiam dispensationes dantur etiam in publicis impedimentis, quando dispensatio à pauperibus postulatur. In locis S. Cong. de Propâ. Fide subjectis dispensationes ab eâdem S. Cong. petuntur et obtinentur.

II. — Parochus nequit dispensare, nisi potestas ei delegata fuerit, neque in impedientibus, neque in dirimentibus impedimentis, excepto vetito ab ipso facto.

Quid verò si, omnibus paratis ad nuptias, Parochus detegit impedimentum dirimens, ita ut matrimonium differri nequeat, et non sit tempus recurrendi ad Episcopum ? Si impedimentum notorium et publicum sit, matrimonium differri debet : si verò impedimentum est occultum cujus manifestatio scandalum et infamiam affert, auctores inter se non conveniunt, et est casus, uti vocant, *perplexus*. Si utraque pars est in bonâ fide, et agatur de impedimento in quo S. Sedes dispensare solet, bona fides turbanda non est, matrimonium celebratur, et deinde petitur à S. Sede dispensatio cum sanatione *in radice*. Si verò nupturiens conscius sit impedimenti, nonnulli putant matrimonium posse celebrari,

eoque conjuges uti, quià impedimentum in casu non existit : alii
docent eós admitti posse ad celebrationem matrimonii, vetito tamen
ejus usu ; alii alia proferunt remedia. Cf. Feije l. c. 640 et sequ.

III. — Neque Episcopus jure proprio dispensare potest in impedimentis dirimentibus, quùm sint leges universales Ecclesiæ ; sed indiget
delegatione (1) Hæc autem delegatio potest esse vel *expressa* vel *præsumpta*.

Delegatio *expressa* seu *Indultum* habetur in rescripto dispensationis
quod à Sede apostolicâ obtinetur. Indultum est facultas plus minusve
ampla à S. Sede Episcopo concessa dispensandi super impedimenta (2).

Delegatio *præsumpta* pro matrimonio contrahendo habetur, (a) si
impedimentum est occultum, et publicari nequit sine scandalo, et infa-
miâ personarum,(b) si adest gravis causa pro dispensatione,(c) si tempus
non est adeundi Apostolicam Sedem (3). Hanc eamdem potestatem
probabilius habet quoque Vicarius Capitularis, sede vacante, non verò
Vicarius Generalis ex generali mandato.

Delegatio *præsumpta* habetur pro matrimonio contracto « si simul
concurrant sex circumstantiæ. Primò, scilicet ut jam matrimonium
fuerit contractum in faciem Ecclesiæ omnibusque adhibitis solemnitatibus. Secundò, ut contractum fuerit in bonâ fide ex juris et
facti ignorantiâ (4). Tertiò, ut sit consummatum. Quartò, ut impedimentum sit occultum. Quintò, ut non facilè possit adiri prima
Sedes, seu dispensatio à Papâ obtineri ob conjugum paupertatem,
rusticitatem, locorum distantiam, aliasque similes causas; sexto
denique, ut non possit, separatio fieri sine scandalo... Notant
itidem iidem Doctores dispensationem ab Episcopo in prædictis circumstantiis obtentam prodesse duntaxat pro foro conscientiæ, non
autem pro foro externo. Quocircà si impedimentum anteà occultum
posteà detegatur, et deducatur ad forum contentiosum, opus erit novâ
dispensatione à Summo Pontifice impetrandâ. » (Ben. XIV de Syn
lib. 9. Cap. 2, n° 1 et sequ.).

In impedimento dirimenti dubio plures casus distinguendi sunt. Vel

---

(1) Feije, De imp. et disp. matr. n° 612 et sequ.

(2) Citare oportet Indultum de Propagendâ, Indultum die 15 nov., Indulta pro casibus
urgentibus, Indulta *Perindè valere*, Indultum quinquennale S. Pœnitentiariæ, pro impedimentis occultis.

(3) Scavini, 1. c. Attamen si tempus suppetat, necesse est, ut Episcopus ad S. Sedem
dispensationem petat ; Cf. Feije, 1 c., n° 636.

(4) Saltem ex unâ parte

dubium est de existentiâ impedimenti, et tunc Episcopus, si tempus est, recurrat ad S. Sedem, nisi agatur de dubio pro quo S. Sedes remittere solet ad doctrinam auctorum; si verò tempus non est, ipse dispensat, vel juxtà alios, tantùm declarat procedi posse. At si dubium sit juris, et agatur de impedimento juris divini vel naturalis, non videtur matrimonium contrahi posse, nisi accedat S. Sedis declaratio. Vel constat de impedimento, et dubium est; an dispensatio obtenta sit, tunc matrimonium iniri nequit. Nec Episcopus ullo modo potest dispensare. Quod si dubitetur tantùm de validitate dispensationis obtentæ, præsumptio est pro validitate. Vel constat de matrimonio, et dubium est an cessaverit, ex. gr. per mortem conjugis et tunc præsumitur perdurare, et Episcopus dispensare nequit. Vel denique dubium est an matrimonium contractum validum sit, obstante aliquo impedimento, præsumptio est pro matrimonio, ideòque, validum haberi debet, donec contrarium non demonstretur, nec Episcopus aliud statuere potest (1).

In impedimentis verò impedientibus Episcopus ex consuetudine potest subditos dispensare, imò et alteri dispensandi potestatem committere; excipe: 1. Vetitum latum à Pontifice vel ab alio superiore, putà ab Archiepiscopo in appellationis causâ: vel a canonico jure, propter alterius hæresim; nam in matrimoniis mixtis solus R. Pontifex dispensat; 2. Sponsalia, quià agitur de jure tertii cujus remissio necessaria est; 3. Votum absolutum vel ingrediendæ Religionis vel perpetuò castitatis servandæ, quià id sibi R. Pontifex reservavit; 4. Solemnitatem nuptiarum in tempore feriato (2), et etiam solemnem benedictionem nuptialem. Ità in causâ montis Albani, 14 aug. 1858, et Imolen, 26 mart 1859.

Caput II

De justis causis dispensationis et de iis quæ in substantiâ exprimi debent.

Præter potestatem dispensantis, requiruntur *justæ causæ dispensationis*, ità ut dispensatio concessa sine justâ causâ à R Pontifice sit

---

(1) **Feije**, *op. cit.* Nᵒˢ 636 et seq.
(2) **Bened. XIV**, Inst. 80.

illicita sed valida , ab illius delegato sit illicita et invalida. Insuper necesse est ut in precibus veritas necessaria exprimatur; et falsitas taceatur ; secùs dispensatio erit nulla ob vitium *obreptionis* , vel *subreptionis*.

Quum verò hæc omnia nullibi melius declarentur, quam in Instruc-tione datâ a S. Cong. de Propâ. Fide die 9 Maii 1877 , hinc eam referre opportunum est.

Instructio super dispensationibus matrimonialibus.

Cum dispensatio sit juris communis relaxatio cum causæ cognitione , ab eo facta , qui habet potestatem , exploratum omnibus est dispensa-tiones ab impedimentis matrimonialibus non esse indulgendas, nisi legitima et gravis causa interveniat. Quinimo facile quisque intelligit , tanto graviorem causam requiri , quanto gravius est impedimentum , quod nuptiis celebrandis opponitur. Verum haud raro ad S. Sedem per-veniunt supplices litteræ pro impetrandâ aliquâ hujusmodi dispensa-tione, quæ nullâ canonicâ ratione fulciuntur. Accidit etiam quandoque, ut in hujusmodi supplicationibus ea omittantur, quæ necessario exprimi debent, ne dispensatio nullitatis vitio laboret. Idcirco opportunum visum est in præsenti Instructione paucis perstringere præcipuas illas causas , quæ ad matrimoniales dispensationes obtinendas, juxta cano-nicas sanctiones et prudens ecclesiasticæ provisionis arbitrium , pro sufficientibus haberi consueverunt; deinde ea indicare, quæ in ipsâ dispensatione petenda exprimere oportet.

Atque ut a causis dispensationum exordium ducatur, operæ pretium erit imprimis animadvertere, unam aliquando causam seorsim acceptam insufficientem esse, sed alteri adjunctam sufficientem existimari; nam quæ non prosunt singula juvant, *arg. l. 5. C. de probat.* Hujusmodi autem causæ sunt quæ sequuntur :

1. *Angustia loci* sive absoluta sive relativa (ratione tantum Oratricis), cum scilicet in loco originis , vel etiam domicilii cognatio fœminæ ita sit propagata, ut alium paris conditionis, cui nubat, invenire nequeat, nisi consanguineum vel affinem , patriam verò deserere sit ei durum.

2. *Ætas fœminæ superadulta*, si scilicet 25um ætatis annum jam egressa hactenus virum paris conditionis, cui nubere possit, non invenit. Hæc verò causa haud suffragatur viduæ, quæ ad alias nuptias convolare cupiat.

3. *Deficientia aut incompetentia dotis*, si nempe fœmina non habeat actu tantam dotem , ut extraneo æqualis conditionis, qui neque con-

sanguineus neque affinis sit, nubere possit in proprio loco, in quo commoratur. Quæ causa magis urget, si mulier penitus indotata existat, et consanguineus vel affinis eam in uxorem ducere, aut etiam convenienter ex integro dotare paratus sit.

4. *Lites super successione bonorum jam exortæ*, vel *earumdem grave aut imminens periculum*. Si mulier gravem litem super successione bonorum magni momenti substineat, neque adest alius, qui litem hujusmodi in se suscipiat, propriisque expensis prosequatur, præter illum qui ipsam in uxorem ducere cupit, dispensatio concedi solet; interest enim Reipublicæ, ut lites extinguantur. Huic proxime accedit alia causa, scilicet *dos litibus involuta*, cum nimirum mulier alio est destituta viro, cujus ope bona sua recuperare valeat. Verùm bujusmod causa nonnisi pro remotioribus gradibus sufficit.

5. *Paupertas viduæ*, quæ numerosâ prole sit onerata, et vir eam alere polliceatur. Sed quandoque remedio dispensationis succurritur viduæ eâ tantum de causâ, quod junior sit, atque in periculo incontinentiæ versetur.

6. *Bonum pacis*, quo nomine veniunt nedum fœdera inter regna et principes, sed etiam extinctio gravium inimicitiarum, rixarum et odiorum civilium. Hæc causa adducitur vel ad extinguendas graves inimicitias, quæ inter contrahentium consanguineos vel affines ortæ sint, quæque matrimonii celebratione omnino componerentur; vel quando inter contrahentium consanguineos et affines inimicitiæ graves viguerint, et, licet pax inter ipsos inita jam sit, celebratio tamen matrimonii ad ipsius pacis confirmationem maxime conduceret.

7. *Nimia, suspecta, periculosa familiaritas, nec non cohabitatio* sub eodem tecto, quæ facile impediri non possit.

8. *Copula* cum consanguineâ vel affine vel aliâ personâ impedimento laborante præhabita, et *prægnantia, ideoque legitimatio prolis*, ut nempe consulatur bono prolis ipsius et honori mulieris, quæ secus innupta maneret. Hæc profecto una est ex urgentioribus causis, ob quam etiam plebeiis dari solet dispensatio, dummodo copula patrata non fuerit sub spe facilioris dispensationis: quæ circumstantia in supplicatione foret exprimenda.

9. *Infamia mulieris*, ex suspicione orta, quod illa suo consanguineo aut affini nimis familiaris, cognita sit ab eodem, licet suspicio sit falsa, cum nempe nisi matrimonium contrahatur, mulier graviter diffamata, vel innupta remaneret, vel disparis conditionis viro nubere deberet, aut gravia damna orirentur.

10. *Revalidatio matrimonii*, quod bonâ fide et publice, servatâ Tridentini formâ, contractum est : quia ejus dissolutio vix fieri potest sine publico scandalo, et gravi damno, præsertim fœminæ, *c. 7, de consanguin.* At si malâ fide sponsi nuptias inierunt, gratiam dispensationis minime merentur, sic disponente Conc. Trident. *sess, XXIV cap. V. de reform. matrim.*

11. *Periculum matrimonii mixti,* vel *coram acatholico ministro celebrandi.* Quando periculum adest, quod volentes matrimonium in aliquo etiam ex majoribus gradibus contrahere, ex denegatione dispensationis ad ministrum acatholicum accedent pro nuptiis celebrandis, spretâ Ecclesiæ auctoritate, justa invenitur dispensandi causa, quia adest non modo gravissimum fidelium scandalum, sed etiam timor perversionis et defectionis a fide taliter agentium, et matrimonii impedimenta contemnentium, maxime in regionibus, ubi hæreses impune grassantur. Id docuit hæc S. Congregatio in Instructione die 17 apr. 1820 ad Archiepiscopum Quebecensem datâ. Pariter cùm Vicarius apostolicus Bosniæ postulasset, utrum dispensationem elargiri posset iis catholicis, qui nullum aliud prætexunt motivum, quam vesanum amorem, et simul prævidetur, dispensatione denegatâ, eos coram judice infideli conjugium fore inituros. S. Congregatio S. Officii in fer. IV. 14 aug. 1822 decrevit : « respondendum Oratori, quod in exposito casu utatur facultatibus sibi in Form. II. commissis, prout in Domino expedire judicaverit ». Idem dicendum de periculo, quod pars catholica cum acatholico matrimonium celebrare audeat.

12. *Periculum incestuosi concubinatûs.* Ex superius memoratâ Instructione an. 1820 elucet, dispensationis remedium, ne quis in concubinatu insordescat cum publico scandalo atque evidenti æternæ salutis discrimine, adhibendum esse.

13. *Periculum matrimonii civilis.* Ex dictis consequitur, probabile periculum quod illi, qui dispensationem petunt, eâ non obtentâ, matrimonium dumtaxat *civile,* ut aiunt, celebraturi sint, esse legitimam dispensandi causam.

14. *Remotio gravium scandalorum.*

15. *Cessatio publici concubinatûs.*

16. *Excellentia meritorum,* cùm aliquis aut contra fidei catholicæ hostes dimicatione, aut liberalitate erga Ecclesiam, aut doctrinâ, virtute, aliove modo de Religione sit optime meritus.

Hæ sunt communiores, potioresque causæ, quæ ad matrimoniales dispensationes impetrandas adduci solent; de quibus copiose agunt theologi ac sacrorum canonum interpretes (1).

Sed jam se convertit Instructio ad ea, quæ præter causas in litteris supplicibus pro dispensatione obtinendâ, de jure vel consuetudine, aut stylo Curiæ exprimenda sunt, ita ut si etiam ignoranter taceatur veritas, aut narretur falsitas, dispensatio nulla efficiatur. Hæc autem sunt:

1. *Nomen et cognomen* Oratorum, utrumque distincte ac nitide ac sine ullâ litterarum abreviatione scribendum.

2. *Diœcesis originis* vel *actualis domicilii*. Quando Oratores habent domicilium extra diœcesim originis, possunt, si velint, petere, ut dispensatio mittatur ad Ordinarium diœcesis, in quâ nunc habitant.

3. *Species* etiam *infima* impedimenti, an sit consanguinitas vel affinitas, ortæ ex copulâ licitâ vel illicitâ; publica honestas originem ducens ex sponsalibus vel matrimonio rato; in impedimento *criminis*, utrum provenerit ex conjugicidio cum promissione matrimonii, aut ex conjugicidio cum adulterio, vel ex solo adulterio cum promissione matrimonii; in cognatione spirituali, utrum sit inter levantem et levatum, vel inter levantem et levati parentem.

4. *Gradus consanguinitatis* vel *affinitatis* aut *honestatis* ex matrimonio rato, et an sit simplex vel mixtus, non tantum remotior, sed etiam propinquior, uti et linea, an sit recta vel transversa; item an Oratores sint conjuncti ex duplici vinculo consanguinitatis, tam ex parte patris, quam ex parte matris.

5. *Numerus impedimentorum*, e. gr. si adsit duplex aut multiplex consanguinitas vel affinitas, vel si præter cognationem adsit etiam affinitas, aut aliud quodcumque impedimentum sive dirimens sive impediens.

6. *Variæ circumstantiæ*, scilicet an matrimonium sit contrahendum vel contractum; si jam contractum, aperiri debet, an bonâ fide, saltem ex parte unius, vel cum scientiâ impedimenti; item an præmissis denuntiationibus, et juxta formam Tridentini; vel an spe facilius dispensationem obtinendi; demum an sit consummatum, si malâ fide, saltem unius partis, seu cum scientiâ impedimenti.

7. *Copula incestuosa* habita inter sponsos ante dispensationis executionem, sive ante sive post ejus impetrationem, sive intentione facilius dispensationem obtinendi, sive etiam seclusâ tali intentione,

---

(1) Inter ceteros consulendi **Pyrrhus Corradus.** *Praxis dispensationum apostolicarum* ib. *VII* et *VIII*, ac **Vincentius De Justis** *De dispensationibus matrimonialibus* lib. *III.*

et sive copula publice nota sit, sive etiam occulta. Si hæc reticéantur, valebit nihilominus dispensatio; ità ex decreto S. C. O. diei 25 junii 1885, in quo legitur : « dispensationes matrimoniales posthac concedendas, etiamsi copula incestuosa vel consilium et intentio per eam facilius dispensationem impetrandi reticita fuerint, validas futuras : contrariis quibuscumque etiam speciali mentione dignis minime obstantibus. » In petendâ vero dispensatione super impedimento affinitatis primi vel secundi gradus lineæ collateralis, si impedimentum nedum ex matrimonio consummato cum defuncto conjuge Oratoris vel Oratricis, sed etiam ex copulâ antematrimoniali seu fornicariâ cum eodem defuncto ante initum cum ipso matrimonium patratâ oriatur, necesse non est, ut mentio fiat hujusmodi illicitæ copulæ, quemadmodum patet ex responso S. Pœnitentiariæ diei 20 martii 1842, probante s. m. Greg. XVI ad Episcopum Namurcensem, quod generale esse, idem tribunal litteris diei 10 decembris 1874 edixit.

Hæc præ oculis habere debent non modo qui ad S. Sedem pro obtinendâ aliquâ matrimoniali dispensatione recurrunt, sed etiam qui ex pontificiâ delegatione dispensare per se ipsi valent, ut facultatibus, quibus pollent, rite, ut par est, utantur.

Datum ex Ædibus S. C. de Propâ. Fide die 9 maii 1877.

Caput III

De præcipuis clausulis in rescripto dispensationis appositis

In rescripto dispensationis plures clausulæ apponi solent, quæ debent omninò verificari ut exequutor rescriptum exequi valeat.

Primo : Clausulæ matrimonii contrahendi explicatu maxime necessariæ, sunt sequentes (1) :

1° *Si ita sit, si preces veritate nitantur :* quarè executor investigare debet, nùm verum sit factum; nùm vera causa, aliaque necessaria adjuncta : quæ omnia tamen non est necesse, ut verificata fuerint, quandò Romæ scriptum fuit; sed satis est ut vera fuerint et quandò Romæ dispensatur, et quandò dispensationem delegatus exequitur (2).

2° *Auditâ prius sacramentali Confessione :* ideò necessaria est pœnitentis Confessio ad ipsum *validè* dispensandum, etsi jam priùs alteri confessus fuerit.

---

(1) **Scavini**, *Theol, Moralis*, t. IV, *de Matrimonio*, p. 633.
(2) Cf. Maschat, *Inst. can. de disp. mat.*, n° 20.

3° *Sublatâ occasione peccandi* : intelligitur occasio voluntaria et proxima, quæ de facto est tollenda. Si verò occasio sit necessaria, auferri debet saltem ex animo, atque ex proximâ fieri remota.

4° *Dummodò impedimentum sit occultum :* si dicat *omninò* occultum, ut solet poni in impedimento criminis, tunc non est ampliùs tale, si possit per duos testes probari. Si dicat *simpliciter* occultum, tunc non obstat juxtà Fagnanum, si notum sit 4 aut 5 personis loci; imò alii dicunt esse occultum, si cognitum sit 7 aut 8 personis in civitate. — Benedictus XIV docet in supplicatione aperiendum esse si delictum in loco, quo est contrahendum matrimonium, sit occultum, sed alibi sit publicum.

5° *Injunctâ pœnitenti pro suo gravi crimine gravi pœnitentiâ salutari* : id est juxtà vires pœnitentis, quod quidem determinatur, habitâ ratione personarum, conditionis, ætatis et sexûs.

6° *Et aliis de jure injungendis; aliudque non obstet.* 1° Respicit obligationes et pœnitentias; 2° præcipit inquirendum esse, an aliud subsit impedimentum.

7° *Et ut dispensatio in foro externo nullatenus suffragetur;* undè si impedimentum fiat publicum, ad scandalum vitandum conjuges separentur, donec pro externo foro a Datariâ obtineatur dispensatio: attamen secretò uti conjuges haberi possunt; quià reverà impedimentum sublatum est.

8° *Præsentibus laceratis sub pœnâ excommunicationis latæ sententiæ,* ne scilicet occultum pœnitentis peccatum in lucem veniat : hæc laceratio facienda est statim, id est saltem intra triduum ab executione dispensationis, vel saltem a matrimonio celebrato.

Secundo : Clausulæ speciales quæ omninò verificari debent ad dispensandum in jam contracto matrimonio, hæ sunt :

1° *Si separatio fieri non possit absquè scandalo et eœ cohabitatione de incontinentiâ probabiliter timeatur.* Quæ clausula turbare non debet Confessarium; cùm vix in praxi aliter res esse possit : undè rarissimè aut nunquam erit necessarium experiri, an conjuges possint separari et honestè vivere tanquam frater et soror.

2° *Certioratâ parte de nullitate prioris matrimonii;* sed ità cautè ut oratoris delictum nunquam cognoscatur (1). Consensus autem comdispartis sic exigi potest : si nullum sit periculum alterius conjugis iræ, cordiæ et sævitiarum, apertè dicat sponsa parti ignaræ : *nullum est matrimonium nostrum propter aliquod impedimentum :* vel *dixit mihi*

---

1) Lehmkuhl, *loc. cit.*, t. II, p. 825.

Confessarius nullum esse ; ideò renovemus consensum. Quià tamen id rarò fieri potest, cum rarò conveniat monere partem ignaram : hinc assignantur communiter duo alii modi, qui nobis arrident : 1° ut sponsa dicat : « *Quando nupsi tecum, non satis curavi de vero consensu; nunc verum præstare volo : vis præstare et tu ?* » Sine mendacio id dicit ; quia consensus invalidè præstitutus est nullus ; 2° ut hæc verba proferat : « *Scrupulis angor de valore matrimonii nostri, ideoque renovemus consensum* » id enim satis est, ut altera pars ponat consensum novum independentem à primo (1). — Quod si Confessarius videat hanc conditiónem non posse verificari, nec spem adesse obtinendi novum consensum, uti si, v. g., in discordiis vivant conjuges, id ab initio Pœnitentiariæ exprimat ; vel posteà ad eam scribat, ut obtineat dispensationem in radice.

3° *Uterque inter se de novo secretè ad evitanda scandala, contrahere valeat ;* id est sine præsentià Parochi et testium cùm jam conjuges legi Tridentinæ satisfecerunt.

Hæc indicavisse sufficiat. Multi auctores de dispensationibus matrimonialibus egerunt inter quos maximè consuli debent Planchard, *des dispenses matrimoniales*, Feije, *de impedimentis et dispensationibus matrimonii*, Téphany, *des dispenses de mariage*, Joder, *Formulaire matrimonial*, et Zitelli, *de dispensationibus matrimonialibus*.

SECTIO QUARTA

De revalidatione matrimonii

Matrimonium invalidum esse potest : 1° ob defectum consensûs ; 2° ob defectum formæ prescriptæ ; 3° ob inhabilitatem partium.

CAPUT I

De revalidatione matrimonii irriti ob defectum consensûs

Certum est 1° matrimonium nullum ob solum defectum consensûs revalidari posse per simplicem consensûs renovationem.

---

(1) Alius modus est, si accedat copula, maritali affectu habita, ex parte conjugis conscii impedimenti per dispensationem jam sublati, intendendo sic exprimere novum consensum ad matrimonium de novo contrahendum ; nam ex alterâ parte insciâ jam exercetur copula eo affectu ex primo consensu præstito usque tunc in effectu perseverante. Hic tamen modus quem non reprobat Benedictus XIV, notificatione L. XXXVIII, n. 74, tunc tantum sufficeret quando non esset locus modis aliis ; et insuper immineret periculum gravis damni. — V. Liguori, *Op. Mor.*, T. VI, n. 147.

Certum est 2° requiri renovationem consensûs utriusque partis, si utraque non verè consentit : et saltem illius qui non consentit, dummodò tamen alia consensum præstitutum non revocaverit. Ad hanc verò revocationem adstruendam non sufficit scire partem non esse consensuram si nullitatem cognosceret, sed requiritur argumentum revocationis.

ARTICULUS II

De revalidatione matrimonii irriti ob defectum formæ præscriptæ

I. — Matrimonium invalidum ratione clandestinitatis ineundum est coràm Parocho et testibus, nisi obtineatur à S. Pontifice dispensatio à lege Conc. Trid., quæ concedi non solet.

II. — 1° Si ambo conjuges non renuant se sistere coràm Parocho et testibus, coràm eis revalidandum erit matrimonium vel *publicè* vel *occultè*, prout nullitas matrimonii publica aut occulta fuerit. Ratio est, quià in *priori* casu scandalum est removendum, in *posteriori* verò cavendum est, ut fama sponsorum servetur (1). Id manifestum est omissis aliis argumentis, ex declaratione *Card. Caprara*, legati à latere in Galliis, *in Instructione* de matrimoniorum irritorum revalidatione, editâ die 25 apr. 1803; « Si nullitas matrimonii occulta sit, seu com-
» muniter ignoretur, matrimonium coràm proprio Parocho, adhibitis
» saltem duobus testibus confidentibus, secretò ad vitanda scandala
» contrahendum est, adnotatâ deindè particulâ in secretorum matri-
» moniorum libro. Si nullitas matrimonii publica sit, ad scandalum
» removendum matrimonium publicè, servatâ formâ Conc. Trid., cele-
» brandum est. Quòd si Ordinarius ob peculiares circumstantias
» judicaverit expedire ut secretò coràm proprio Parocho et duobus
» testibus potiùs celebretur, secretò celebrari poterit, dummodò tamen
» publicum scandalum aliâ ratione removeri possit, et quamprimùm
» removeatur. »

2° Quod si unus renuat contrahere coram parocho, tunc si ista renuentia, ut subdit idem Card. Caprara in cit. *Instr.*, oriatur « ex ignorantiâ vel aliquo errore contra leges aut doctrinam Ecclesiæ circa impedimenta matrimonium irritantia, renuens, debitâ cum prudentiâ et in charitate instruatur. Et quatenus adhuc renuat matrimonium

---

(1) **Gury,** *Comp. Theol. Moralis,* t. II, *de Matrimonio,* p. 500.

suum in facie Ecclesiæ convalidare, tunc satagendum est, ut specialem procuratorem constituat, qui ejus nomine matrimonium contrahat de more, aut saltem expresso consensu de præsenti per epistolam directam proprio parocho vel alteri sacerdoti, Ordinarii aut parochi licentiam habenti, matrimonium renovetur.... Si hactenus præscripta obtineri nullatenus possint et pars una ad celebrationem matrimonii juxta superiùs tradita faciendam adduci nequeat...; ad dispensationem in *radice* matrimonii, seu ad matrimonii sanationem in *radice* in casibus particularibus deveniri posse judicamus, ita ut saltem innocentis partis animæ saluti, prolis legitimationi et familiarum tranquillitati omnino consultum sit, et quamprimum etiam renuentis animæ saluti provideri possit. »

CAPUT·III

De revalidatione matrimonii irriti ob inhabilitatem partium

ART. 1. — DE REVALIDATIONE MATRIMONII MODO ORDINARIO.

Quoad consensum. — Si uterque conjux sit conscius impedimenti, uterque tenetur consensum renovare, obtentâ dispensatione ad matri monium revalidandum. Ratio est, quià scientia nullitatis matrimonii, stante impedimento dirimente, necessariò legitimum consensum in matrimonium excludit.

Si una pars tantùm impedimentum cognoverit, illa certò tenetur consensum suum renovare, saltem sola seorsìm. Theoricè loquendo, controvertitur, ut refert Bened. XIV, Inst. LXXXVII, N° 61-74. Practicè loquendo, standum est verbis Rescripti S. Pœnitentiariæ, quæ consensûs renovationem requirit, certioratâ primùm parte ignarâ de nullitate prioris consensûs : quod si graviora incommoda ex eo sequi debent, S. Pœnitentiaria concedere potest, ut omissâ tali certioratione, renovetur consensus juxtà regulas à probatis auctoribus traditas. Vide superiùs dicta, p. 73.

Quoad modum renovandi consensum. — Quando impedimentum est publicum, dispensatio obtenta irrita erit, nisi matrimonium publicè iteretur, servatâ Tridentini formâ, etiamsi hæc fuisset prius ritè servata. Quòd si impedimentum sit occultum et matrimonium contractum fuerit in facie Ecclesiæ, renovandus erit consensus secretò, juxtà regulas à probatis auctoribus traditas, et nullatenus requiritur præsentia parochi.

ART. II. — DE REVALIDATIONE MATRIMONII CUM DISPENSATIONE IN RADICE

Dispensatio *in radice* est revocatio legis ecclesiasticæ quæ impedimentum induxit in casu particulari, conjuncta cum irritatione omnium effectuum qui etiam anteà ex lege subsecuti sunt.

Hæc igitur dispensatio effectum suum producit, tollendo de medio impedimentum legis effectus qui ob matrimonii nullitatem antè inductam dispensationem, ac etiàm in ipso contrahendi actu, producti fuerint. Bened. XIV; de Synodo lib. 13, cap. 13, n° 7.

Hinc differt dispensatio simplex à dispensatione in radice in eo quòd prior effectum suum non habet, nisi *à tempore quo conceditur*, seu *ex nùnc*, nec proindè eximere potest a consensûs renovatione ; imò per se ex vi novi consensûs, non vi consensûs prioris matrimónium valet. Posterior verò convalidat matrimonium *à tempore matrimonii*, seu *ex tùnc*, id est, per fictionem juris ascendit ad radicem seu originem matrimonii, et ponit res in eodem statu ac si impedimentum nunquàm exstitisset. Hinc dicitur dispensatio *in radice*, ex eo quòd destruat effectum impedimenti *à radice* seu à principio matrimonii, scilicet : 1° sanando vitium consensûs ab initio dati ; 2° validitatem matrimonio tribuendo ; 3° legitimitatem filiis conferendo in ordine ad effectus spirituales, et etiam ad effectus civiles, ex. gr. idonei fiunt ad beneficia, sacros ordines, atque ecclesiastica officia, et habiles ad successiones obtinendas aliaque jura civilia.

Potest R. Pontifex dispensare *in radice* matrimonii quoàd omnia impedimenta juris ecclesiastici. Ratio est : 1° Quià dispensare *in radice* nihil aliud est, quàm tollere impedimentum quoad effectus quos produxit in præteritum, ità ut coràm Ecclesiâ habeantur quasi nunquàm exstiterint. In his autem nihil est quod potestatem R. Pontificum superet ; 2° Quià constat ex praxi Ecclesiæ, quæ a pluribus sæculis tales dispensationes concedere consuevit. Primus sic dispensâsse legitur Bonifacius VIII, ann. 1301 ; recentioribus autem temporibus frequentiùs dispensârunt in radice Pius VI, Pius VII, et Leo XII, aliique Pontifices nostris temporibus, etc. Olim aliquibus Episcopis, quamvis rarò, potestas dispensandi *in radice* concessa fuit ; paucis verò abhinc annis non ampliùs Románus Pontifex hanc facultatem concessit (1), nisi quibusdam episcopis à Româ valdè distantibus. (Konings, *Comp. theol. mor.*)

Quatuor autem conditiones requiruntur ut matrimonium ope dispensationis *in radice* convalidari possit, scilicet :

1° Ut conjunctio conjugum *habuerit speciem extrinsecam justi matrimonii*, neque fuerit manifestè fornicaria. Ratio est, quià secùs non adesset verus consensus, et proindè nullo modo posset adesse matrimonium, seu non adesset radix matrimonii, ut loquitur Bened. XIV. Quæst. can., n° 174.

---

1) **Gury**, *Comp. Theol. Moralis*, t. II. *De Matrimonio*, p. 507.

2° Ut consensus *utriusque perseveraverit*, quià non videtur quòd Ecclesia possit convalidare consensum retractatum, etiàm ex unâ parte tantùm, nisi fortè sit tantùm retractandi quædam inefficax velleitas. Aliundè idem Pontifex exigit in Rescripto, ut constet de permanenti consensu utriusque partis per appositionem hujus clausulæ : « *dummodò perseveret consensus.* »

3° Ut adsit *urgens et gravissima causa*. Sic Benedictus XIV, *l. c.* In triplici autem casu præcipuè hæc haberi potest; nempe : 1° quandò una pars ad renovationem consensûs adduci nequit, et exhibet tamen de præsenti consensum remanendi in matrimonio ; 2° quandò uni tantùm parti notum est impedimentum quod sinè gravibus incommodis alteri manifestari non posset ; 3° quandò urgens adest ratio non monendi conjuges de nullitate eorum matrimonii et simul non relinquendi eos in bonâ fide.

4° Impedimentum sit juris ecclesiastici in quo Ecclesia solùm dispensat.

APPENDIX I.

Quænam sint impedimenta canonica in jure Gallico admissa. (1)

I. Amentia. — Includitur illud impedimentum in art. 146, cùm amentia tollat consensum. Hinc cùm hodie interdictio non feratur nisi ob triplicem causam assignatam, art. 489, *un état habituel d'imbécillité, de démence ou de fureur*, non valeret jure civili matrimonium interdicti, etiamsi haberet intervalla lucida, quia coram lege præsumitur incapax consensûs.

II. Error. — Illud impedimentum, quòd oritur ex jure naturali, agnoscit Codex civilis, art. 146 : « Il n'y a pas de mariage, lorsqu'il n'y » a point de consentement ; » et art. 180, in quo agitur de nullitate postulandâ propter errorem circa personam. Sed ultrà non progreditur.

III. Vis seu metus. — Standum pariter regulis juris naturalis, et principiis quæ statuuntur de contractibus generatim, art. 1109-1115,

IV. Impotentia, et ætas. — De impotentiâ prorsùs silet Codex civilis. Quoad ætatem verò hæc statuit. Vir ante annum ætatis xviii completum, mulier ante an. xv nubere nequeunt; art. 144. Illud impedimentum nititur tum præsumptione incapacitatis, tum imperfectione consensûs et motivo boni ordinis.

---

(1) Carrière, *Praelect can.*, p. 276.

V. LIGAMEN. — Illud impedimentum agnoscit Codex civilis, art. 147 : « On ne peut contracter un nouveau mariage avant la dissolution du » premier. » Idem supponit art. 188. — Duo tantùm notabimus. 1° Ex omni et solo matrimonio civili oritur istud impedimentum civile ligaminis. 2° Mulier non potest novum inire matrimonium, nisi post decem menses evolutos a dissolutione prioris matrimonii, art. 228 : sed matrimonium antea initùm haberetur ut validum ex jurisprudentiâ satis constanti tribunalium, quamvìs adsint rationes satis graves illud habendi tanquam irritum.

VI. VOTUM. — Lex hodie non agnoscit vota solemnia, nec proinde impedimentum voti.

VII. ORDO. — Olim erat impedimentum dirimens, etiam in foro civili ; hodie de eo prorsùs silet Codex civilis : sed per decisionem Gubernii, an. 1806 et 1807, cautum est ne officiarii civiles tolerarent matrimonia sacerdotum, qui a tempore Concordati anni 1801 communione conjuncti fuerant cum suo episcopo. An 1813, in concilio Statûs determinatum fuit ferendam esse legem quâ irritum declararetur matrimonium eorum qui sacros ordines susceperant ; sed paulò post immutato rerum politicarum statu, lex illa lata non fuit.

Quæ cum ita sint, exorta est quæstio, *an hodie ordo sit apud nos impedimentum dirimens civile ?*

In varias opiniones abierunt jurisperiti. Non pauci affirmârunt : quorum alii id deducunt præcipuè ex *Concordato*, ut dicitur, anni 1801, et ex lege latâ 18 *germinal* an. x (8 avril 1802), (quâ continentur articuli vulgò dicti *Articles organiques*), quæ. art. 6 et 26, supponit vim canonum qui ad clerum spectant : alii nitebantur præcipué articulo sexto legis fundamentalis (*la Charte de* 1814) : « La religion catholique, » apostolique et romaine est la religion de l'Etat. »

Multi contrà docuerunt impedimentum ordinis hodie non vigere coram lege : tum quia ita expressè coram Cœtu legislativo asseruit PORTALIS, motiva legis exponens, sive de Concordato, sive de Matrimonio ; tum quia decisio Gubernii, suprà indicata, et ea quæ peracta sunt an. 1813 in Concilio Statûs, satis ostendunt agnitum non fuisse tunc impedimentum dirimens ordinis-sacri, sed illud admittunt ut prohibens.

Eadem quæstio pluries coram tribunalibus occurrit. Anno 1818, discussa fuit occasione cujusdam presbyteri, nomine *Martin :* pro matrimonii nullitate judicavit curia regia Parisiensis, 18 mai 1818 : et cùm appellatum fuisset ad curiam supremam, nihil de hoc puncto pronuntiatum fuit. Sed quæstio discussa fuit præsertim occasione nimiùm famosi

Dumonteil. Repulsam passus coram tribunali et curiâ regiâ Parisiensi an 1828, tandem causam obtinuit coram eodem tribunali Parisiensi 26 mart. an 1831 ; sed judicium illud irritum fecit curia regia 14 jan. 1832, a quâ non dissensit curia suprema 21 febr. 1833, cujus verba afferre juvat : « La cour (*après délibération en la chambre du conseil*), » attendu qu'il résulte des articles 6 et 26 de la loi organique du Con-» cordat de germinal an XI, que les prêtres catholiques sont soumis aux » canons qui alors étaient reçus en France, et par conséquent qui pro-» hibaient le mariage aux ecclésiastiques engagés dans les ordres » sacrés ; attendu que le Code civil et la Charte ne renfermant aucune » dérogation à cette législation spéciale, l'arrêt attaqué, en interdisant » le mariage dont il s'agit, n'a violé aucune loi ; rejette, etc. »

Anno 1830 interrogatum Gubernium respondit officiariis civilibus quæstionem, casu occurrente, deferendam esse ad tribunalia, quorum est leges interpretari. Tandem anno 1886, 30 jan. Curia Ambianensis pronuntiavit ordinem non esse impedimentum ; sed illud judicium ad Curiam supremam delatum fuit.

Apud Curiam Ambianensem validitatem matrimonii stabilire sic enixus est Procurator generalis Reipublicæ :

La question qui est soumise à la cour a partagé la jurisprudence et la doctrine.

Division singulière. D'un côté, toute la doctrine, et de l'autre la juris-prudence. Et dans la jurisprudence elle-même, notons comment se répartissent les diverses décisions. Il semble que les tribunaux infé-rieurs, plus en contact tous les jours avec les difficultés de la vie, se montrent plus favorables à la liberté du mariage des prêtres. Les tribu-naux supérieurs, au contraire, moins en rapport avec ces mêmes diffi-cultés, et cédant à des considérations dont je vais vous démontrer l'inanité juridique, ont plus volontiers accédé à la thèse contraire. C'est là d'ailleurs un dissentiment assez fréquent. Ainsi la cour sait ce qui s'est passé dans la dot mobilière de la femme dotale. Après la promul-gation du Code civil, jamais on n'aurait pensé à ériger en principe l'inaliénabilité de la dot mobiliere. C'est peu à peu qu'on a formulé cette prétention. Les tribunaux inférieurs ont d'abord résisté. Les cours se sont montrées plus faciles, et c'est ainsi qn'on est arrivé à obtenir de la Cour suprême des arrêts qui auraient fait horreur aux rédacteurs du Code civil, et qui refusent à des créanciers malheureux, ruinés peut-être le droit d'exécuter leurs titres sur les revenus de la femme dotale, même pour les dépenses de luxe de la femme, même pour ses plaisirs, même pour ses prodigalités.

Revenons à notre question. Comment est-elle née ? Comme celle dont je vous parlais à l'instant, personne n'aurait osé la soulever au lendemain de la promulgation du Code. Une réprobation unanime eût accueilli, si elle eût été faite au moment où le Concordat venait d'être voté, une proposition semblable à celle admise par la Cour de Cassation Ce ne fut qu'au lendemain qu'elle fut émise. Timidement d'abord. On n'osa point aborder de front la difficulté. On se borna à prétendre que l'engagement dans les ordres constituait un empêchement prohibitif. Et ce fut ainsi qu'on obtint ces arrêts, obscurs comme des oracles, concis comme eux, et posant en principe, mais sans en donner de raisons, qu'il y avait effectivement là un empêchement de cette nature, Puis, plus tard, quand la première résistance fut vaincue, quand les esprits furent habitués à ces idées inexactes et qui devaient remplacer les véritables, quand on eut obtenu que la question fût traitée au point de vue religieux et des canons de l'Égiise, quand une jurisprudence se fut formée, affirmant sans prouver, on voulut aller plus loin encore. Les décisions de la Cour suprême formaient déjà comme une barrière infranchissable à de nouvelles recherches, à une étude approfondie de la question, et ce serait s'être mal rendu compte de nos tendances et de notre esprit que de ne pas vouloir reconnaître avec quelle malheureuse facilité nous nous habituons à tenir pour vrai ce qui a été dit avant nous. Et c'est ainsi qu'on arriva en 1868 à obtenir de la Cour suprême l'arrêt si célèbre, rendu sur le rapport de M. le conseiller Lepelletier, et aussi sur les conclusions de M. l'avocat général Robinet de Cléry. Oui, pour la première fois, l'on vit l'organe du ministère public abandonner les traditions du parquet, et demander la subordination du pouvoir civil au pouvoir religieux, et, pour ce premier essai, entraîner la Cour de Cassation plus loin qu'elle n'avait encore jamais été, et l'amener jusqu'à décider que l'engagement dans le sacerdoce constituait un empêchement dirimant.

Je ne crains pas de le dire, cet arrêt causa dans le monde judiciaire un véritable frémissement. Qui donc eût pu penser en effet que nous reviendrions si vite à voir les règles de la théologie gouverner notre état social, et que nous perdrions ainsi, du même coup, le bénéfice des conquétes si laborieusement acquises depuis la Révolution ?

La cause actuelle nous offre l'occasion, qui n'avait point paru depuis lors, de revenir sur cette question. Examinons donc, avec tout le respect et toute la déférence qui sont dus aux décisions de notre plus haute cour de justice, ce que vaut la théorie de la cour suprême, et ce que valent les arguments sur lesquels elle est basée.

On dit que le mariage du prêtre est nul au point de vue civil. Et pourquoi? Où trouve-t-on le fondement d'une telle assertion ? N'avons-nous point, tout d'abord, une législation civile qui contient toutes les règles sur la matière. Est-ce que cette loi générale, qui réglemente avec soin tous les empêchements au mariage, n'a point abrogé tout ce dont elle n'a point parlé. Non, dit-on. Il existerait une loi spéciale qui, n'étant point spécialement abrogée, doit, même depuis la promulgation du Code civil, produire encore tous ses effets.

C'est là un des arguments retenus par la Cour de Cassation. Pouvez-vous vous y arrêter un seul instant ? Est-il admissible que les rédacteurs du Code aient pu être assez inattentifs pour oublier de mentionner le sacerdoce parmi les empêchements au mariage, s'ils y avaient vu un empêchement. Et cette inattention, si elle était prouvée, serait-elle encore suffisante ? Comment, en une matière aussi grave que celle qui touche à l'état des personnes, et spécialement au mariage, pourrait-on faire résulter du silence du législateur un empêchement dirimant, c'est-à-dire un obstacle à la liberté de 30 à 40,000 prêtres ! Et ce qu'on n'oserait pas faire dans une matière peu importante, ne touchant qu'à de petits intérêts, on pourrait le faire dans une matière aussi grave que celle du mariage ! Vous vous contenteriez de l'affirmation et de l'habileté d'un commentateur pour admettre que l'oubli prétendu du législateur devrait être interprété en faveur d'une thèse restrictive de la liberté des personnes.

Mais il n'y a eu là aucun oubli, vous en pouvez être assurés. Nous avons, à cet égard, le langage du législateur lui-même. Eclairons, en recourant aux travaux préparatoires de la loi, ses intentions à cet égard.

M. le procureur général cite ici les déclarations si connues de Portalis, qui, on le sait, s'est très nettement prononcé à deux reprises, et dans les travaux préparatoires du Code, et dans son rapport du Concordat, pour reconnaître que les prêtres avaient incontestablement le droit de se marier.

Il cite encore l'opinion d'un autre rédacteur du Code civil, M. Bouteville, qui s'exprimait ainsi devant le Tribunat.

« La loi ne considère, dans le mariage, que le contrat civil. »

Donc, reprend M. le procureur général, j'ai le droit de le dire, l'indépendance de l'état, au regard de la loi religieuse, voilà le grand progrès voulu et atteint par le Code civil. C'est la base de la famille et de la société, la pierre fondamentale de notre ordre social, la condition du respect et de son indépendance et de sa liberté. Il faudrait un grand aveuglement ou une passion bien profonde pour en décider autrement.

Vous ne trouverez donc rien dans le Code civil qui favorise la thèse que je combats. Aussi la Cour de Cassation cherche-t-elle ailleurs des arguments, et elle croit en avoir trouvé dans le Concordat et dans les articles organiques. En effet, dit l'arrêt du 26 février 1878 (S. 78,1,241), il résulte des art. 6 et 26 de la loi organique du Concordat de germinal an X, que les prêtres catholiques sont soumis aux canons qui étaient reçus en France.

Il faut pourtant bien le reconnaître, ce n'est là qu'une affirmation, et rien de plus. Est-il possible de trouver, dans les textes cités, quoi que ce soit de relatif au mariage des prêtres ? C'est en vain que nous les relisons et que nous les étudions. Y voyons-nous même que le législateur se soit préoccupé de la question ? Non pas. Il a déclaré que pour les fautes ou les abus des représentants de l'Église, il y aurait recours au Conseil d'État ; que l'État conserverait un certain droit de contrôle sur les conditions d'ordination des prêtres et d'exercice du culte. Et après ? Où y a-t-il dans ces textes une obscurité quelconque susceptible d'une interprétation plus ou moins difficile ? Sera-ce dans cette ligne : « Les cas d'abus sont... l'infraction des règles consacrées par les canons de l'Église et les règles qu'ils consacrent sont évidemment une seule et même chose ? Mais enfin, est-ce que ces mots peuvent signifier que l'État entend faire revivre toutes les règles autrefois reconnues dans l'État ?

Mais, pour l'admettre, il faudrait perdre de vue le sens et la portée des lignes qui précèdent celle-ci et des lignes qui la suivent, et qui, toutes, contiennent autant de règles dirigées contre les fautes que pouvaient commettre les ministres du culte. Par cette ligne unique, ainsi placée isolément dans un document dont l'histoire et la rédaction répugnent à cette interprétation, l'État aurait dit : « Vos règles, que la Révolution a rejetées, elles vont reprendre force de loi dans l'ordre social, et c'est moi, État qui m'engage à les faire exécuter ! » Et cela sans aucun engagement pris en retour par l'Église. Est-ce possible ? Mais le législateur l'a-t-il dit au moins ? Vous savez bien que non. La vérité, la voici. Par la loi du 18 germinal an X, et par son art. 6, l'État a voulu conserver la police des cultes ; c'était son droit, son devoir. Il l'a et la gardera.

Il aurait le droit d'user de cette loi et de cette phrase pour réprimer les atteintes portées par les représentants de la religion aux règles ecclésiastiques. En voulez-vous un exemple ? Dans tous les séminaires, on doit enseigner la déclaration de 1682. On ne l'enseigne dans aucun, ou, s'il en est question, c'est pour la combattre. L'État pourrait intervenir et poursuivre comme d'abus. Mais renverser la proposition, dire qu'il est lié envers l'Église à l'observation de ses règles religieuses et qu'il doit lui prêter son concours pour les faire respecter, je ne puis l'admettre.

Est-ce dans l'art. 26 de cette même loi que les partisans de la nullité du mariage des prêtres trouveront un argument plus sérieux ? Mais cet article s'occupe des choses les plus simples et les plus naturelles, de questions d'administration ? Où donc la Cour de Cassation a-t-elle trouvé le droit d'affirmer que cet article, comme le précédent, avait ressuscité les canons de l'Église ? Et alors tous les canons seraient donc applicables en vertu de ces articles, dans toute leur étendue, et dans des conditions telles que toutes les fois que la vie civile amènerait un conflit entre eux et les lois civiles, le pouvoir civil serait appelé à intervenir pour prendre la défense des intérêts de l'Église, et monter la garde à la porte de la forteresse religieuse ! Mais si l'on admet la doctrine ne la Cour de Cassation, on ne saurait s'arrêter en route. Toute infraction aux canons devra être réprimée par l'État. Tous les fidèles auront le droit d'en revendiquer le bénéfice. C'est le retour à l'ancien régime tout entier. la subordination complète à l'Église du bras séculier, C'est l'écroulement en un instant, et sous un seul mot, de l'édifice de nos libertés, si laborieusement et si difficilement acquises depuis tant d'années.

Au surplus, et sur ce point encore, n'avons-nous point l'opinion bien précise et bien nette du législateur. Portalis ne s'en est-il pas encore formellement expliqué comme il l'avait fait lors de la rédaction du Code civil. Il suffit de se reporter à son rapport sur les travaux du Concordat pour être pleinement convaincu.

Quelle a d ailleurs été, après la promulgation du Code et du Concordat la pratique du gouvernement? Est-ce que trois ou quatre arrêts obtenus à grand'peine, sur les travaux préparatoires empruntant leurs sources les uns aux autres, et reposant sur l'obéissance prétendue aux canons de l'Église, pourraient prévaloir contre l'interprétation donnée au Code et au Concordat par celui qui en fut l'inspirateur, le rédacteur et le négociateur, par le Premier Consul devenu le tout-puissant empereur Napoléon? Comment, ce Concordat. si diversement apprécié par lui-même et par les divers historiens de sa vie, ce Concordat qu'il s'est si souvent reproché d'avoir signé, ce Concordat aurait fait revivre les canons de l'Église! Et cependant quand l'empereur tout-puissant voulait faire poursuivre tous les anciens prêtres qui, après être entrés dans les ordres pour se soustraire au service militaire, les quittaient et se mariaient, il reconnaissait qu'aucune loi n'interdisait ces mariages.

Est-ce que cet aveu n'est pas la preuve la plus irréfutable qu'on peut prendre envers l'Église des engagements qui ne sauraient être résiliés en ce qui la concerne, mais qu'on n'abdique jamais sa liberté d'homme et de citoyen ?

Donc, nous arrivons à cette conclusion qui s'impose : la loi civile ne reconnaît aucun empêchement résultant de vœux ou d'engagements quelconques. Qu'on le veuille ou qu'on ne le veuille pas, la législation civile n'a rien à faire sur point.

A quels obstacles, à quelles difficultés presque insolubles se heurte le système contraire !

Que sera-ce dans notre organisation sociale que ce caractère sacerdotal, subsistant, malgré sa renonciation la plus complète, sur le citoyen français qui a voulu rentrer dans les rangs de la vie civile. Je suppose un prêtre ayant quitté depuis aussi longtemps que vous le voudrez, la vie sacerdotale. Il commet un de ces délits pour lesquels la loi considère la qualité de ministre du culte comme circonstance aggravante. Qui osera relever cette circonstance aggravante, le poursuivre et requérir de ce chef? quels juges oseront le condamner? J'en suppose un autre, ordonné à l'étranger. Il veut se marier. L'officier de l'état civil refuse d'office de procéder à son union, l'évêque peut-être interviendra pour l'empêcher. Mais si ce prêtre nie son ordination, ou s'il soutient qu'elle n'est pas valable : à qui donc appartiendra-t-il d'examiner le bien fondé de ces prétentions ? comment donner compétence à nos tribunaux pour les résoudre. Nons lancerons-nous dans des discussions aussi longues qu'inextricables ?

Sachez-le d'ailleurs. En pratique aujourd'hui, les officiers de l'état civil procèdent au mariage, l'empêchement prohibitif n'existe pas. Nous aurons donc, au hasard des consciences aussi bien qu'au hasard des convoitises et des cupidités, des mariages respectés et d'autres attaqués. Est-ce ce trouble dans les familles qu'a voulu le Concordat, œuvre de conciliation et de paix ?

Autre conséquence. Je suppose, — et l'espèce qui vous est soumise vous montre que ce n'est point une hypothèse aléatoire, — deux mariages successivement contractés par un ancien prêtre. Des enfants sont issus de chacune de ces unions. L'un de ces mariages est attaqué, et déclaré nul. L'autre est respecté. Ainsi dans le premier cas les enfants sont bâtards, et dans le second légitimes. Et pourquoi cette différence ? Pourquoi cette conséquence injuste ?

Parce que d'avides collatéraux, dissimulant leurs appétits sous l'apparence d'une grave question de principes, auront eut intérêt à contester la validité d'un de ces mariages, et point celle de l'autre.

Après avoir ainsi examiné les différentes hypothèses, que nous reste-t-il? En droit, la thèse adverse n'est fondée ni sur le texte de la loi, ni sur la pensée du législateur. L'histoire de la question la combat, les mobiles qui ont présidé à la négociation du Concordat s'opposent à son admission : faut-il maintenant combattre les considérations qu'on a fait valoir relativement à l'État, à la famille, à la religion ? _

Ce n'est pas avec des considérations, si élevées qu'elles soient, qu'il serait permis d'attaquer un mariage. Voyons cependant le mérite de celles produites.

Et, d'abord, la religion est-elle intéressée au célibat du prêtre? est-elle ntéressée surtout à ce que l'ancien prêtre soit maintenu dans l'obligation du célibat? Je ne le sais, et peut-être y aurait-il beaucoup à dire à cet égard. Mais, dans tous les cas, nous, pouvoir civil, nous n'avons pas à intervenir, et à retenir un homme dans des liens dont il ne veut plus. Ah! s'il s'agissait de circonstances essentielles à l'existence de la religion, peut-être en serait-il autrement ? Peut-être alors l'Église pourrait-elle revendiquer l'application du Concordat et demander le concours de l'État pour assurer le maintien de son existence menacée. Mais il n'en est pas ainsi. Tout le monde sait que le célibat des prêtres est d'institution relativement récente, et que le clergé d'Orient ne reconnaît point cette règle. Ce ne sont donc là que des règles contingentes, et qui ne sauraient motiver l'intervention et l'assistance du pouvoir civil.

La famille a le même intérêt que la religion. Et je ne crois pas, pour ma part, que le ministre du culte ne pourrait exercer son ministère s'il avait la faculté de se marier et de créer une famille. Ne peut-on même reconnaître que la profession de charité et de dévouement faite par le prêtre au début de sa carrière ne lui permettraient pas de triompher dans des luttes où d'autres succomberaient, moins bien préparés.

L'État enfin ? Il a fait, il y a un siècle, la laïcisation de la société civile. Il a établi une barrière infranchissable entre elle et la religion, C'est grâce à cette démarcation que depuis lors nous avons eu la paix et la tranquillité. Depuis lors, plus d'hérésies, plue de sacrilèges, mais aussi plus de troubles, plus de dissentiments religieux. Plus de ces procès effrayants et épouvantables qui devaient attrister autant l'Église qu'ils avaient fini par attrister l'État, lorsque les coupables étaient déférés au bras séculier. Cette liberté, il ne faut pas la perdre. Je m'étonne, quand je pense à la situation étrange dans laquelle la jurisprudence ne tendrait rien moins qu'à nous faire tomber.

Vous le savez. On enseigne dans les établissements religieux le dédain et l'inobservation des articles organiques, qui n'ont jamais cessé d'être l'objet de protestations de la part des autorités religieuses. Alors que l'on fait un crime à l'État de les avoir fait adopter, qu'on les combat dans l'enseignement, dans les brochures, dans la chaire, peut-être même dans le confessionnal, vous permettriez qu'on en fît sortir au contraire la subordination du pouvoir civil au pouvoir religieux ! Je ne crois pas que la cour puisse se rallier à un pareil système; et, pour moi, j'entends autrement la fierté du patriotisme.

Je conclus à l'infirmation du jugement déféré à la cour.

En 1878, le 26 février, M. l'avocat général Robinet de Cléry, à la Cour de cassation, avait conclu en ces termes dans le sens contraire:

La véritable question du procès est celle que soulève le deuxième moyen. L'empêchement résultant de l'engagement dans les ordres sacrés reconnu comme prohibitif par votre jurisprudence, est-il dirimant ? Qu'il soit tel en droit ecclésiastique, cela ne peut, il me semble, souffrir aucun doute. Dans quelle mesure le pouvoir civil, sous l'ancien régime, sanctionnait-il cette prohibition? C'est là également un point historique qui ne peut faire sérieusement difficulté. A l'époque du Concordat, cette question soulevait, il est vrai, de telles passions, que Merlin allait jusqu'à nier que cet empêchement eût jamais eu un caractère dirimant dans notre ancien droit. En vain les textes formels des canons des deux conciles de Latran et du concile de Trente, les arrêts des Parlements, le témoignage et l'autorité de Pothier, affirmaient-ils que « les ordres sacrés, qui sont la prêtrise (et, à plus forte raison, l'épiscopat), le diaconat et le sous-diaconat, formaient un empêchement absolu empêchant les personnes qui y sont engagées de pouvoir valablement contracter mariage depuis leur ordination ». — « La puissance séculière en France ajoutait Pothier, a adopté et confirmé la discipline ecclésiastique à cet égard : les Parlements, conformément à cette discipline, regardent les ordres sacrés comme un empêchement dirimant de mariage «. — Merlin dans ses conclusions devant la cour de cassation, contestait, même dans le passé, une vérité si certaine (V. *Questions de droit*, v° *Mariage*, n° 5). Mais, contrairement à son avis, deux arrêts de la section civile de la cour de cassation, en date des 12 prair. an 11 et 3 flor. an 13, décidèrent que, « conformément aux lois et à la jurisprudence qui étaient en vigueur en 1788, l'incapacité civile résultant des vœux religieux entraînait la nullité absolue du mariage ». — « Il faut reconnaître, dit M. Demolombe, que cette usage et cette jurisprudence étaient constants, unanimes, et faisaient, en ce temps, véritablement loi ».

Il est non moins certain que les lois révolutionnaires ont entendu abroger les interdictions canoniques. Le 13 avril 1790, l'Assemblée constituante protestait encore « *de son attachement au culte catholique, apostolique et romain* ». Mais les évènements allaient se précipiter. Le 12 juill. 1790, elle décrétait la constitution civile du clergé. Depuis cette époque jusqu'au Concordat de 1801, l'Église catholique a vécu en France sous un régime de persécution. Pendant cette période, des lois nombreuses ont favorisé le mariage des prêtres, punissant de la déportation quiconque y apporterait obstacle, et assimilant ce mariage à l'accomplissement d'un devoir civique. Une loi du 23 brum. an 2 ordonnait alors de tenir un registre pour recevoir les déclarations des ecclésiastiques abdiquant leur qualité. Cette législation de persécution, à laquelle faisaient cortège les massacres de la prison des Carmes, la guillotine de la place Louis XV, les noyades de Nantes, les déportations de Sinnamary, a tout entière disparu avec le Concordat.

Cependant, dit on, le texte du Concordat ne prononce aucune abrogation. Il ne contient que dix-sept articles, rédigés en termes très-généraux, auxquels le Gouvernement français a ajouté des articles organiques que l'Église n'a jamais voulu reconnaître. La vérité est que l'interprétation du Concordat est autant une question historique qu'une question juridique. Nul n'ignore combien la discussion en a été difficile. Les moindres expressions soulevaient des susceptibilités violentes et compromettaient l'œuvre de la réconciliation. « L'esprit religieux, écrit le cardinal Consalvi dans ses Mémoires, et surtout l'idée de n'importe quelle dépendance extérieure, — y compris, bien entendu, celle de la cour de Rome, — avaient disparu presque totalement du pays ».

Il ne faut pas attendre d'un pareil document la précision et la réglementation détaillée des lois ordinaires. Prononce-t-il l'abrogation de la constitution civile et du clergé? — Il n'en parle pas. — Qui oserait soutenir qu'elle lui a survécu? Le Concordat abroge ce qui est en contradiction directe avec son objet, c'est-à-dire avec le rétablissement légal de la religion catholique. L'Église, puissance spirituelle, traite avec l'État; puissance temporelle, elle fait toutes les concessions compatibles avec ses dogmes et le principe même de son existence. Quel sera le prix de ces concessions? « *La religion catholique, apostolique et romaine, sera librement exercée en France* ». Vis-à-vis des simples citoyens, fidèles ou incrédules, catholiques ou appartenant à d'autres cultes, l'État ne garantit à l'Église que cette liberté. Du moins suffit-elle pour que tombent, par le fait même, toutes les lois de persécution religieuse. Mais, pour ce qui concerne la discipline intérieure de l'Eglise, pour sa hiérarchie, pour ses ministres, les engagements pris par l'État ont un caractère bien plus étroit. « Quelques personnes se plaindront peut-être, disait Portalis dans son rapport au Corps législatif, de ce que l'on n'a pas conservé le mariage des prêtres. Quand on admet ou que l'on conserve une religion, il faut la régir d'après ses principes ». A l'extérieur, la liberté de la religion catholique est garantie par le Concordat ; en même temps, ses canons pour la discipline intérieure et pour la hiérarchie sont adoptés et confirmés par la puissance séculière. De cette confirmation légale devait dériver nécessairement, aux yeux du pouvoir civil, l'interdiction du mariage des prêtres. L'Église, et ceux qui la représentent légitimement, sont dans le concordat parties contractantes. Le traité est connu. Celui qui, par ses vœux de sous-diacre, accepte le caractère sacré et indissoluble de ministre de l'Eglise se soumet par là même aux conséquences de l'engagement contracté en 1801 pour le présent et pour l'avenir. Il n'est plus un citoyen ordinaire ; il est membre de l'Église catholique, rattaché à elle par un lien qu'il ne peut plus rompre. Le Concordat a été passé en son nom : il peut se prévaloir de toutes les stipulations qu'il contient ; il doit, par conséquent, en accomplir toutes les obligations. Il est prévenu ; il ne peut exciper de son ignorance.

Avec quelle sollicitude, en effet, au moment de ses vœux définitifs, l'Église, par l'organe de l'évêque, prend soin de l'avertir des conséquences de son engagement. Il les connaît déjà par les études et par les épreuves prolongées du séminaire. « Mes fils bien-aimés, dit le prélat consécrateur, qui allez entrer dans l'ordre sacré du sous-diaconat, vous devez considérer attentivement et à maintes reprises le fardeau dont vous allez vous charger. Jusqu'ici, en effet, vous êtes libres, et il vous est permis à votre gré de contracter des liens terrestres. Si vous entrez dans cet ordre, vous ne pourrez plus revenir en arrière. Il faudra jusqu'à la fin de votre vie servir Dieu, et, avec son aide, garder la chasteté, être attachés pour toujours au ministère ecclésiastique. Par conséquent, quand il en est encore temps, réfléchissez ! « *Iterum atque iterum considerare debetis attente... Hactenus enim liberi estis... Si hunc Ordinem susceperitis, ampliùs non licebit à proposito resilire. Proinde, dùm tempus est, cogitate...* » C'est alors seulement qu'un appel solennel est adressé au futur sous-diacre : » *Si in sancto proposito perseverare placet, in nomine Domini, huc accedite !* » Quand, ainsi interpellé au nom de Dieu, il a fait ce pas en avant, il est mort au mariage, non-seulement pour sa conscience et aux yeux de la religion, mais aux yeux de la loi civile qui a garanti la discipline intérieure de l'Église catholique. On veut qu'un tel engagement, sanctionné par les canons de l'Église et par le Concordat, n'ait d'autre signification que celle-ci : Il en

sera ainsi tant qu'il me plaira ! « *Quamdiù placuerit !* » Ce serait faire
revivre la loi du 23 brum. an 2, prescrivant aux autorités constituées de
recevoir des ecclésiastiques la déclaration « qu'*ils abdiquaient leur
qualité* », comme si elle pouvait subsister seule au milieu des lois de
persécution révolutionnaire des lois dont elle fait partie intégrante et
qui ont disparu avec le Concordat. — En vertu des canons de l'Eglise, à
laquelle le prêtre appartient vis-à-vis de la loi civile elle-même, cette
qualité est indélébile et elle ne peut être abdiquée. « Si cet argument
est fondé, répond M. Serrigny, je me fais fort d'en faire sortir logiquement l'ancien régime tout entier ! » Et M. Demolombe ajoute : « N'est-ce
pas, en effet, par les canons de l'Église qu'étaient autrefois défendus
les mariages, en ligne collatérale, jusqu'au huitième degré, les mariages
d'un chrétien avec une juive, d'un fiancé avec les parents de sa fiancée ?
N'étaient-ce point encore les canons de l'Église qui exigeaient que le
mariage fût célébré par un prêtre ?... Si le Concordat a remis en
vigueur les canons prohibitifs du mariage des prêtres, il a aussi nécessairement, et du même coup, rétabli tous les autres empêchements... »
Quelles exagérations ! Ces canons n'ont été consacrés par la jurisprudence que pour la discipline intérieure de l'Église ; ils ne créent, aux
yeux de la loi civile, d'obligation que pour les ecclésiastiques. La liberté
des autres citoyens reste entière.

Il est de principe d'ailleurs, que les clauses obscures d'un traité s'in-
terprètent par leur exécution. C'est une règle additionnelle au droit des
gens. Rien n'est plus normal. Les parties font connaître elles-mêmes
l'étendue de ce qu'elles se sont réciproquement concédé, par l'exécution
qu'elles donnent à leurs accords. Or, à l'époque même du traité avec le
saint Siége, dans les actes par lesquels la puissance temporelle entendait revendiquer et garantir son indépendance, dans les fameux articles
organiques qui contenaient des dérogations si graves aux conventions
arrêtées avec la puissance spirituelle, l'autorité des canons, ainsi
limitée, n'était pas méconnue. Les articles organiques ne sont pas un
traité, mais une loi émanant du pouvoir civil, édictée et promulguée par
lui. L'art. 26, sur lequel s'appuie la jurisprudence de la cour de cassation, prescrivait aux évêques « de n'ordonner aucun ecclésiastique qui
ne réunissait pas les qualités requises *par les canons reçus en France* ».
L'art. 6 déférait au conseil d'État « toute infraction aux règles consacrées *par les canons reçus en France* ». Locré et Favard de Langlade
reproduisent le texte de plusieurs lettres écrites en 1806 et 1807 par
Portalis, ministre des cultes, sur l'ordre de Napoléon, en exécution du

Concordat ; un projet de mariage formé par un ecclésiastique y est qualifié *de délit contre la religion et la morale dont il importe d'arrêter les funestes effets dans leur principe.*

La thèse juridique, qui était alors celle du Gouvernement, est très nettement exprimée dans une de ces lettres : « Une décision du Gouvernement, intervenue sur le rapport du grand juge et du ministre des cultes, porte que l'on ne doit pas tolérer le mariage des prêtres qui, *depuis le concordat, se sont mis en communion avec leur évêque et ont continué ou repris les fonctions de leur ministère. On abandonne à leur conscience ceux d'entre les prêtres qui auraient abdiqué leurs fonctions avant le Concordat,* et qui ne les ont plus reprises depuis ». « Ainsi, fait observer Locré, l'engagement dans les ordres sacrés est un obstacle au mariage, aussi bien que l'engagement dans les liens d'un mariage préexistant ». Cette comparaison est fort exacte. Elle a été souvent employée pour définir l'engagement sacerdotal tel qu'il a été reconnu par le Concordat. Les articles organiques prohibaient l'admission dans les ordres sacrés : 1° sans l'autorisation du pouvoir civil ; 2° sans la justification d'un revenu de 300 fr. ; 3° et à un âge inférieur à vingt-cinq ans. Ces conditions, que le saint-siége n'avait jamais acceptées, furent abrogées par un décret du 28 févr. 1810. Pénétré de cette pensée que le sacerdoce est un mariage contracté avec l'Église catholique, Napoléon Ier voulut, par un article du nouveau décret, consacrer cette assimilation : « Aucun ecclésiastique, dit l'art. 4 du décret du 28 févr. 1810, ayant plus de vingt-deux ans et moins de vingt-cinq, ne pourra être admis dans les ordres sacrés qu'après avoir justifié du consentement de ses parents, *ainsi que cela est prescrit par les lois civiles pour le mariage des fils âgés de moins de vingt-cinq ans accomplis ».* — A ne chercher dans ce texte que la pensée du Gouvernement, si autoritaire et si absolu, qui avait négocié le Concordat, on y trouve la preuve évidente qu'à ses yeux l'engagement dans les ordres sacrés devait être entouré des mêmes précautions que le mariage, parce qu'il devait produire les mêmes effets.

Cette pensée n'a pas été seulement celle d'un homme, bien peu disposé cependant à incliner sa puissance devant la souveraineté de l'Église. La loi française, à toutes les époques, en réglant les matières pour lesquelles elle accorde le plus difficilement la moindre concession, a reconnu implicitement l'indissolubilité de l'engagement dans les ordres sacrés. Je veux parler des lois militaires. S'il est un privilége de la puissance publique que Napoléon Ier ait défendu avec passion, c'est celui de lever des soldats. Il disposait, avec un soin jaloux, de l'immense force que lui donnait la loi du 19 fruct. an 6, d'après laquelle tout Français se devait à la défense de son pays pendant un temps de sa vie. « Suivant la nécessité, dit M. Thiers dans son *Hitoire de la Révolution*, le Gouvernement appelait les hommes en commençant par la première classe, celle de vingt ans. Il pouvait successivement appeler les cinq classes, en commençant par les plus jeunes, au fur et à mesure des besoins. En temps de paix les conscrits étaient forcés de servir jusqu'à vingt-cinq ans : ainsi la durée du service des soldats variait d'une année à cinq, suivant qu'ils avaient été pris de vingt-cinq à vingt ans. En temps de guerre cette durée était illimitée ; c'était au Gouvernement à délivrer des congés quand il croyait le pouvoir sans inconvénient. *Il n'y avait d'exemption d'aucune espèce, si ce n'était pour ceux qui s'étaient mariés avant la loi*, ou qui avaient déjà payé leur dette dans les guerres précédentes. Cette loi pourvoyait ainsi aux cas ordinaires ; dans les cas extraordinaires, lorsque la patrie était déclarée en danger, le Gouvernement avait droit, comme en 93, sur la population entière, et la levée en masse recommençait ». Telle était la loi de l'an 6, loi applicable pendant la durée du premier Empire, à tous les citoyens français. Le Concordat n'en avait pas prononcé l'abrogation pour les ecclésiastiques, et cependant, le service militaire étant, d'après les canons de l'Église, incompatible avec les obligations résultant des ordres sacrés, Napoléon Ier reconnut lui-même que le Concordat avait en cela dérogé, implicitement et nécessairement, à la loi de l'an 6. Il admit la dispense que ne prononçait aucune loi. Il y eut, paraît-il, quelques abus. Napoléon, fort irrité, résolut de combattre les vocations fictives qui se produisaient en trop grand nombre au moment de la conscription. Songea-t-il pour cela à contester la dispense résultant du Concordat ? Non. Mais il voulut donner une sanction pénale à l'indissolubilité du sacerdoce. Le conseil d'État fut saisie d'un projet de loi appliquant les peines *de la bigamie* au sous-diacre qui aurait quitté pour se marier les ordres sacrés. Les évènements ne laissèrent pas le temps de voter ce projet. Cependant la même pensée se retrouve, avec une rigueur moindre, dans nos lois militaires de 1818, de 1832, de 1868 et de 1872.

Une différence profonde sépare, en effet, les dispenses accordées aux ecclésiastiques des autres dispenses. Ces quatres lois dispensent du service militaire : 1° les élèves de l'école normale et les membres de l'instruction publique qui contractent devant le conseil de l'Université l'engagement de se vouer pendant dix ans à ce service ; 2° les élèves ou jeunes de langues, les élèves de l'école polytechnique, de l'école centrale, de l'école des chartes et de l'école de Rome ; 3° les professeurs des sourds-muets et des jeunes aveugles ; « sous la condition qu'ils perdront le bénéfice de la dispense s'il abandonnent leurs études, ou s'ils ne sont point admis dans le service auquel ils se préparent, ou s'ils le quittent avant le temps qui est fixé pour le service militaire ». Là même dispense est accordée par les mêmes lois « aux élèves ecclésiastiques désignés à cet effet par les archevêques et les évêques ». A quelle condition ? « Sous condition qu'ils perdront le bénéfice de la dispense s'ils n'entrent pas *dans les ordres sacrés* (loi de 1818) ». Sous la condition que, *s'ils ne sont pas entrés dans les ordres majeurs* à l'âge de vingt-cinq ans accomplis, ils seront tenus d'accomplir leur temps de service militaire (lois de 1832 et de 1868) ». « Sous la condition que, s'ils cessent les études en vue desquelles ils auront été dispensés, ou si à vingt-six ans ils ne sont pas entrés *dans les ordres majeurs*, ils seront assujettis au service militaire (loi de 1872) ». Pour eux, d'après ces textes, dès que l'engagement vis-à-vis de l'Église est devenu indissoluble conformément aux canons, la dispense est acquise. Le séminariste, entré dans les ordres majeurs ou sacrés, c'est-à-dire devenu sous-diacre, n'appartient plus à l'État. La loi militaire l'abandonne, quelle que soit sa conduite ultérieure. Définitivement affranchi de ses obligations militaires, il est, en revanche, définitivement lié à l'Église. Toutes ces lois, votées et promulguées sous la Restauration, sous le Gouvernement de Juillet, sous l'Empire, sous la République, semblent être un écho de l'avertissement solennel donné par l'évêque : « *Amplius non licebit à proposito resilire* ».

Aussi, malgré les hésitations et les contradictions de la doctrine, jamais la jurisprudence ne lui a permis de s'affranchir des conséquences de son engagement ; c'est un pacte contracté, vis-à-vis de l'Église et sanctionné par l'État : *Non licet à proposito resilire*. Nos mœurs ne sont pas telles, Dieu merci, que de semblables procès se présentent fréquemment : on en compte une dizaine en quatre-vingts ans. Par des décisions devenues définitives, le tribunal de la Seine et le tribunal d'Agen, les cours de Bordeaux, de Turin, de Paris, de Limoges, d'Alger et de Rennes, ont déclaré « qu'à partir de la promulgation du Concordat les prêtres catholiques avaient été replacés sous l'empire des canons qui étaient reçus en France concernant la collation des ordres sacrés, et conséquemment de ceux qui interdisaient le mariage aux personnes engagées dans les ordres ». La jurisprudence a reçu la consécration de deux arrêts de rejet, rendus par la cour de cassation en 1833 et en 1847. Un arrêt de la chambre des requêtes du 26 nov. 1844, rendu au rapport de M. Madier de Montjau et conformément aux conclusions de M. Delangle, a déclaré licite l'adoption par un prêtre catholique, en donnant

pour motif « que l'adoption n'était pas défendue aux prêtres catholiques
par ceux des canons de l'Église qui, reçus dans le royaume, ont FORCE
DE LOI ».

Cette interprétation si persévérante du pouvoir judiciaire, attribuant
force de loi aux canons de l'Église reçus en France, notamment à ceux
qui prohibent le mariage des prêtres, est confirmée par une interprétation non moins significative du pouvoir législatif. Une pétition ayant
été adressée, en 1848, à l'Assemblée constituante, pour demander une
loi qui autorisât le mariage des prêtres catholiques, le comité des cultes
auquel cette pétition fut renvoyée, conclut à l'ordre du jour par des
considérations tirées du Concordat, des articles organiques, de la morale
publique et de l'intérêt de la société. L'Assemblée législative fut saisie
à son tour de la question, en 1850, par une proposition ainsi conçue du
représentant Raspail : « Il est interdit à tout maire, ou autre fonction-
naire public, de s'opposer désormais à la célébration du mariage d'un
citoyen en état de satisfaire à toutes les conditions énoncées au tit. 5,
liv. Ier du Code civil, à quelque profession religieuse que ce citoyen
appartienne, et quelque vœu de chasteté qu'il ait précédemment fait ».
M. Moulin, au nom de la commission à laquelle cette proposition avait
été soumise, présenta un rapport dont voici les conclusions : « Il a paru
à votre commission que l'Assemblée n'avait pas à se préoccuper sérieusement de la triste et malheureuse question soulevée, après tant de
décisions contraires, par la proposition de M. Raspail. Nous vous
demandons à l'unanimité de ne pas la prendre en considération ». Sur
ces conclusions, la proposition fut écartée par la question préalable à la
majorité de 457 voix contre 154.

MM. Aubry et Rau, qui citent ces précédents législatifs, n'hésitent
pas à considérer l'engagement dans les ordres sacrés comme constituant un empêchement prohibitif. Cependant, les éminents auteurs ne
vont pas jusqu'à y voir un empêchement dirimant. Comment est-il possible de faire à ce sujet une distinction ? On invoque, il est vrai, les
paroles de Portalis en deux circonstances : 1° lors de la présentation au
Corps législatif de la loi du 18 germ. an 10 promulguant le Concordat :
« Pour les ministres que nous conservons et à qui le célibat est ordonné
par les règlements ecclésiastiques, la défense qui leur est faite du mariage par ces règlements n'est pas consacrée comme empêchement dirimant dans l'ordre civil. Ainsi leur mariage, s'ils en contractent un, ne
serait point nul aux yeux des lois politiques et civiles et les enfants qui
en naîtraient seraient légitimes... » ; 2° dans l'exposé des motifs du
titre : *Du Mariage* : « L'engagement dans les ordres sacrés, le vœu

monastique et la disparité du culte, qui, dans l'ancienne jurisprudence, étaient des empêchements dirimants, ne le sont plus ». — L'opinion de Portalis ! voilà le grand argument de ceux qui veulent distinguer entre l'empêchement prohibitif et l'empêchement dirimant. Portalis était certainement un grand jurisconsulte, mais dans les négociations relatives au Concordat il a été surtout homme politique et, comme tel, il faut bien le reconnaître, il a souvent varié. Dans ses rapports de l'an 10, il reconnaissait qu'il fallait interdire le mariage des prêtres, parce que, disait-il, « quand on admet ou que l'on conserve une religion, il faut la régir d'après ses principes ». Mais, ajoutait-il, pour satisfaire ses contradicteurs, « *l'empêchement ne sera pas dirimant* ». En l'an 11, il ne reconnaissait même plus l'empêchement prohibitif. « La prêtrise, écrivait alors Portalis, n'est point un empêchement au mariage. Une opposition au mariage fondée sur ce point ne serait pas reçue et ne devrait pas l'être, parce que l'empêchement provenant de la prêtrise n'a pas été sanctionné par la loi civile ». Et, cependant, c'est ce même Portalis, ministre des cultes, qui signait, en 1806, les circulaires prescrivant « d'arrêter dans leur principe les funestes effets des mariages des ecclésiastiques », les qualifiant de « *délits contre la religion et la morale* ».

Laissons donc l'opinion de Portalis, si considérable qu'elle paraisse, et faisons application des principes généraux de notre droit. Qu'est-ce qu'un empêchement dirimant ? C'est celui qui a sa source dans l'incapacité personnelle d'un des contractants, — incapacité à raison de l'âge, de la parenté, d'un premier mariage valable, de la nécessité d'un consentement complétant l'insuffisance de la volonté de la partie qui s'engage. Dans tous les cas, l'empêchement est dirimant. Il n'est que prohibitif quand, la partie étant capable de contracter, elle n'accomplit pas toutes les conditions qui lui sont imposées. La jurisprudence a classé parmi les empêchements prohibitifs, couverts par le fait du mariage : 1° l'obligation pour une femme qui se remarie d'attendre l'expiration des dix mois de son veuvage ; 2° l'obligation pour un militaire de produire l'autorisation du ministre de la guerre ; 3° l'obligation pour les majeurs, ayant capacité pour se marier malgré le refus de leurs ascendants, de produire les sommations respectueuses qu'ils ont dû faire notifier. Or, où est le principe de l'empêchement apporté au mariage du prêtre si ce n'est *dans sa qualité même*, qualité indélébile d'après les canons de l'Église auxquels il s'est soumis, qui ont à son égard, disent les arrêts, *force de loi en France* ? Si cet empêchement n'était que prohibitif, il serait à la fois une dérision et une iniquité : une

dérision, car la prohibition serait à la merci du mauvais vouloir de
l'officier de l'état civil ; une iniquité, car la rigueur des lois ne peut être
acceptée qu'à la condition d'être égale partout et pour tous. Le maire
qui refuserait de célébrer le mariage d'un prêtre serait dans son droit.
Et, cependant, dans la commune voisine, — peut-être dans la même
ville, — des mariages semblables, obtenus par supercherie ou célébrés
par complaisance, produiraient publiquement tous leurs effets légaux.
Ce serait le règne de la plus scandaleuse inégalité dans la prohibition,
livrée à l'arbitraire sans sanction des officiers de l'état civil. Disons
donc avec M. Demolombe, si opposé cependant à l'existence d'un empêchement quelconque, que « la doctrine, qui enseigne que la prêtrise est
un empêchement du mariage simplement prohibitif, est une contradiction, puisque, si cet empêchement existait en vertu des canons de
l'Église, il ne pourrait être que dirimant... Aussi, ajoute t-il, en est-on
venu à décider qu'il est tel et que les magistrats doivent prononcer la
nullité du mariage, contracté par un prêtre, lorsqu'un officier de
l'état civil, par erreur ou autrement, l'a célébré... La doctrine est
ainsi devenue plus logique sans doute et plus conséquente avec
elle-même ».

Il faut bien le dire, ce qni domine tous ces arguments et toutes ces
discussions, c'est la pensée que l'interdiction du mariage des prêtres
porte atteinte à la liberté de conscience. Qu'est-ce donc que la liberté
de conscience, celle qui est inviolable et sacrée, et que la loi elle-même
est tenue de respecter sous peine de devenir tyrannique et injuste ?
C'est le droit de ne jamais être contraint par un pouvoir civil à accomplir un acte que réprouve la conscience religieuse. Ce n'est pas le droit
de manquer à des engagements librement contractés, à l'âge d'homme,
après mûre réflexion, sous la sanction de la loi civile accordant en
échange des avantages matériels. Si le prêtre déserte les devoirs du
sacerdoce, il n'y a plus contre lui ni peine, ni contrainte séculière. Mais
il n'a pas pour cela le droit de faire consacrer par les tribunaux la violation du pacte qu'il avait librement consenti. S'il en était autrement, la
conscience serait lésée dans ses droits les plus essentiels. Je ne parle
pas de la douleur des catholiques qui verraient la loi et la justice
ratifier l'oubli des serments auxquels ils ont cru ; de leur inquiétude,
lorsque le prêtre, confident de toutes leurs misères, à qui ils ont apporté
leurs secrets les plus intimes, préluderait par la liberté de ses mœurs à
la liberté de son existence reconquise. C'est une considération grave
cependant, puisqu'elle intéresse la majorité des citoyens français, pro-
fessant la religion catholique. — Je ne veux m'occuper que de ceux pour

lesquels on réclame si bruyamment le privilège de la liberté de conscience, du prêtre marié et de sa compagne. Peut-être, suivant la pente la plus mauvaise de la nature humaine, ce prêtre en viendra-t-il à haïr chaque jour davantage ceux qu'il a offensés. Peut-être voudra-t-il, comme Mathan, « anéantir le Dieu qu'il a quitté ». Mais peut-être aussi, avec l'âge, les désillusions et les chagrins de la vie, le remords viendra-t-il, sinon à lui, du moins à la jeune femme ou à la jeune fille, entraînée, ignorante, inexpérimentée, qui a consenti à l'épouser. Ce n'est pas là une vaine hypothèse. Depuis quatre-vingts ans, la nullité de trois mariages de prêtres, consommés malgré l'empêchement, a été poursuivie devant les tribunaux. Dans l'un de ces trois procès, c'était la femme qui, saisie d'effroi lorsqu'elle avait compris, avait voulu rompre. Et le tribunal d'Agen, par un jugement rendu en 1860, lui donna gain de cause : « La morale et le bon sens s'opposent, dit ce jugement, à ce qu'une femme puisse être réduite à vivre, d'après ses principes religieux, dans un adultère continuel, et à faire constamment à sa conscience une semblable violence ». En 1865, devant le tribunal de la Seine, c'était un homme, jeune encore, qui venait suivant l'expression de son avocat, « déposer aux pieds de la justice l'aveu public et humilié de sa faute passée ».

Prenez-y garde ! A l'indissolubilité du sacerdoce, la thèse que je combats substitue l'indissolubilité du mariage sacrilège ! La femme, à qui ce lien fait horreur, sera ramenée de force dans la maison du prêtre devenu son mari. Elle sera réintégrée, par arrêt de justice, à ce domicile conjugal sur lequel sa conscience lui montre suspendue la malédiction divine ! Je réclame pour les malheureux engagés dans de semblables unions la liberté du repentir, et je crois être en cela le défenseur véritable des droits de la conscience.

VIII et IX. Cognatio et Affinitas. — Triplex distinguitur cognatio, ut vidimus.

1° *De cognatione spirituali*, non curat hodie lex civilis.

2° *De cognatione naturali et affinitate*. Hæc duo quæ lex conjungit non disjungemus. Sic legitur art. 161 : « En ligne directe, le mariage » est prohibé entre tous les ascendants et descendants légitimes ou » naturels, et les alliés au même degré. » Art. 162 : « En ligne collaté- » rale, le mariage est prohibé entre le frère et la sœur légitimes ou » naturels, et les alliés au même degré. » Art. 163 : « Le mariage est » encore prohibé entre l'oncle et la nièce, la tante et le neveu. » De his, nobis sufficiat quædam observare. 1° Dubium est an, ut cognatio mere naturalis producat impedimentum, requiratur quòd sit legaliter agnita.

2° Declaravit Concilium Statûs, an 1801, sub art. 163 comprehendi *le grand-oncle et la petite-nièce* : idem dicendum de *la grande-tante et du petit-neveu;* uno verbo de iis qui inter se referunt imaginem parentum et liberorum.

3° *De cognatione legali* seu *adoptione*. Sic statuit art. 348 : « Le » mariage est prohibé entre l'adoptant, l'adopté et ses descendants ; — » entre les enfants adoptifs du même individu, — entre l'adopté et les » enfants qui pourraient survenir à l'adoptant ; — entre l'adopté et le » conjoint de l'adoptant , et réciproquement entre l'adoptant et le » conjoint de l'adopté. » Vulgò agnoscitur his exprimi impedimentum dirimens ; et quidem magìs extenditur quàm in jure Romano, cùm impediat matrimonium inter plures filios adoptivos ejusdem personæ.

X. Honestas publica. — Illud impedimentum, quatenus oritur ex sponsalibus, non admittit Codex civilis, cùm de iis omnino sileat : si verò ex matrimonio rato, locum habere potest aliquatenus sub titulo *affinitatis* (*alliance*), ad quam lex civilis non exigit ut matrimonium fuerit consummatum.

XI. Disparitas cultus. — In foro civili non viget,

XII. Conditio. — Cùm apud nos servitus non existat, impedimento locus non est. — Sed eâ occasione agebatur de morte civili. Verùm ampliùs non viget apud nos.

XIII. Raptus. — Illud impedimentum , quale statutum est jure canonico, non admittitur in jure civili : sed raptus violentiæ includitur in impedimento vis, cum aliquo tamen discrimine ; raptus autem seductionis qui præcipuè constituebatur per injuriam illatam parentibus, includitur in necessitate consensûs paterni.

XIV. Crimen. — Quando divortium pronuntiatur ob causam adulterii, conjux reus nubere non potest cum complice , art. 298 ; sed cùm lex nulli tribuat jus impugnandi tale matrimonium, impedimentum est tantùm prohibens. Non constat an illa dispositio applicanda sit seperationi, opinioni neganti consentanea est jurisprudentia curiæ supremæ, quæ non applicat separationi dispositiones pœnales spectantes ad divortium.

XV. Clandestinitas , seu defectus præsentiæ parochi, non attenditur in foro civili : sed aliâ viâ lex curat de publicitate matrimonii.

Nunc speciatim dicendum de duobus impedimentis Codici civili propriis.

XVI. Defectus consensus parentum. — Duo status filiorum sunt distinguendi.

1° *Ante majoritatem*, id est, ante annum vigesimum quintum completum pro viris, et vigesimum primum pro foeminis, consensus parentum art. 148 praescriptus, sub poenâ nullitatis propriè dictæ exigitur; patre et matre dissentientibus, consensus patris sufficit.

2° *Post majoritatem*, id est, post annum vigesimum quintum completum pro viris, et post annum vigesimum primum pro foeminis, actus reverentiæ, art. 151 exiguntur à lege, sed non sub poenâ nullitatis.

XVII DEFECTUS MINISTRI COMPETENTIS. — Præter plures formalitates quæ ad substantiam contractus civilis non pertinent, hæc duo essentialiter requiruntur, scilicet:

1° *Officiarius competens*, id est, loci in quo saltem unus ex sponsis suum habet domicilium.

2° *Publicitas*. Lex autem eam non determinat, et multa in eo puncto prudentiæ judicum relinquit.

APPENDIX II.

De Matrimonio Civili.

I. Matrimonium civile illud est quod initum coram civili Magistratu ad præscriptum legis ab iis personis, quarum legitimitas a Statu exclusivè eterminatur, unicè validum recognoscitur ad consequenda jura conjugalia, et effectus civiles. Incognitum toti antiquitati inter Christianos, initium habuit ex Protestantium hæresi, qui, negantes matrimonium levatum fuisse ad dignitatem sacramenti logicè deducebant illud unicè subjici potestati civili (1). Invaluit autem tempore gallicæ perturbationis et à recentioribus legislationibus omnium ferè nationum est introductum. Imò in nonnullis nationibus præceptum est, ut matrimonium civile ante matrimonium religiosum celebretur; et gravissimæ poenæ statutæ sunt præsertim contrà Parochos, qui ad matrimonium religiosum sponsos admittunt ante civilem contractum.

II. In locis in quibus Conc. Trid. decretum non viget, lex de civili connubio pro Christianis nullius est roboris; nam quùm illorum matrimonium sit sacramentum, non subest civili auctoritati. Fideles tenentur matrimonium religiosum celebrare; nam Ecclesia jure præcepit ut matrimonium, utpotè sacramentum, in formâ liturgicâ celebretur. At matrimonium civile, nisi aliud obsit impedimentum, est validum, atque etiam licitum, ut sponsi Christiani graviora mala evitent (2).

---

(1) Gasparri, *op. cit.*, p. 88.
(2) Mansella, *op. cit.*, p. 65.

In locis in quibus decretum Conc. Trid. viget, matrimonium civile, quamvis licitum esse possit, est nullum quoad illas personas, quæ eodem decreto tenentur.

Nonnulli D. docebant hoc matrimonium civile valere tanquam sponsalia, vel æquiparari posse matrimonio clandestino sed neutrum dici potest.

1° Matrimonium civile vim non habet sponsalium nec in sponsalia transit. Ut enim animadvertit Lambertinus : « Assensus de futuro, non autem de præsenti sponsalia constituit. Sic ea definivit Nicolaus Pontifex cum Bulgaris consilium petentibus responsum ferret « *Sunt futurarum nuptiarum promissio.* » Idem docet S. Thomas. Et contraria sententia ab eodem appellatur *nova insania*, quæ vel ab ignorantiâ vel à malitiâ proficiscitur, eidemque sententiæ nusquàm anteà propositæ, falsæ doctrinæ notam inurit. Cæterum pluribus. S. C. Concilii resolutionibus declaratum fuit, matrimonia de præsenti nulla ex defectu formæ à Tridentinâ Synodo præscriptæ, nec vim habere sponsalium, nec in sponsalia transire. Excipe matrimonium impuberum per verba de præsenti initum, quod non per se, sed ex dispositionibus juris communis, uti ex decretali Bonifacii VIII transit in sponsalia de futuro, quemadmodum docuit. S. C. Concilii, servatis tamen de jure servandis.

2° Neque matrimonium civile potest æquiparari matrimonio clandestino. Matrimonium enim civile, quantùm ad christifideles, qui legum necessitati parere coguntur, ne eorum sacrum ac verum jugale fœdus careat effectibus civilibus, ingenti familiæ ac bonorum fortunæ damno, licitum omnino est, dummodò intendant non contrahere matrimonium, sed meram civilem cœremoniam ponere, seu publicum actum in obsequium legislatoris (1). Constat ex declaratione S. C. quam declarationem ingeminat et confirmat Benedictus XIV. Idem docuit Pius VI. Sacra autem Pœnitentiaria jussu Pii IX, positâ legis necessitate, declaravit opportunum et *expediens* esse inire præter verum matrimonium, etiam civile. In pluribus etiam provincialibus synodis, ad majora mala vitanda, illud vel permittitur vel etiam præscribitur. Cùm igitur cærimonia seu matrimonium civile licitum sit, sponte sequitur, illud in sensu Eclesiæ, non esse matrimonium clandestinum, quod illicitum profectò est, districtè prohibitum, gravibusque pœnis subjectum. (2)

III. Imò conjuges fideles *indirecte* debent in conscientiâ hanc civilem cœremoniam non omittere. Nam ex unâ parte licita est ex dictis, et ex aliâ,

---

(1) Gasparri, *op. cit.*, p. 88.

(2) Mansella, *op. cit.*, p. 67. — Cf. S. C. C. 13 Mart. 1879, apud Acta. S. Sed. v. xii, p. 147 et seq.

si omittatur, gravia damna et pericula sequuntur tùm ipsis conjugibus, tùm proli, quæ conjuges speciali obligatione removere tenentur: « Seu spiritualia, quià alteri ab altero discederé integrum est, et ad alia vota civilia transire, tùm temporalia, quæ contingere possunt, tùm uxori quam vir alere cogi non potest, tùm futuris liberis, maximè si parentes eos posteà non agnoverint, et morientes non scripserint hæredes. Non sunt igitur civiles solemnitates prætermittendæ: et qui ea omittunt gravi culpâ non vacant, si quid opinor. » (1).

Quùm ex dictis matrimonium civile nullum sit, sequitur 1° filios illegitimos esse (Ben. XIV, in cit. Const. *Redditæ sunt Nobis.*) Qui proindè si alicubi adest consuetudo baptizandi legitimos ritu solemniori, ex. gr. pulsatis campanis, non debent eo ritu baptizari, nec legitimis in libro baptizatorum accenseri debent (S. C. C. 31 Julii 1867), nec mater jus habet ad benedictionem post partum (S. C. C. 18 Julii 1859), quæ licite in casu dari non potest; quippe concubinatùs quasi ratihabitio videretur (2). 2° Conjuges antè matrimonium religiosum debere maritalem consuetudinem, et nimiam inter se familiaritatem et cohabitationem sub eodem tecto evitare.

IV. Quùm verò hoc matrimonium in sensu exposito licitum sit, et *indirecte* obligatorium, sequitur Parochos curare debere, ut fideles illud non negligant, Hinc si agitur de matrimonio ineundo, Parochus, inconsulto Episcopo, non assistat matrimonio illorum, qui lege civili prohibentur, nec Episcopus id temerè permittat. Præterea curet Parochus ut priùs matrimonium religiosum celebretur, ut præcepit Bened. XIV, l. c. Sed ad illud non admittat fideles quos suspicatur legi civili parere nolle: nam timendum in genere est, eos ità velle matrimonio copulari, ut possint quotiescumque voluerint sese separare, et ad alia vota civilia transire. Excipe articulum mortis, quo Parochus matrimonio assistere potest etiam ante civilem cœremoniam. Et si leges civiles eam præcipiant ante matrimonium religiosum servandæ sunt, ac proindè Parochus ad matrimonium religiosum fideles non admittat, nisi exhibeant authenticum testimonium contracti matrimonii civilis, excepto pariter mortis articulo. Si agatur de matrimonio civili tantùm jam contracto, curet Parochus, ut quamprimùm verum matrimonium coram Ecclesiâ ineant; vivunt enim in concubinatu legali. Item si religiosum tantùm matrimonium fuit celebratum, conjuges possunt tutâ conscientiâ uti, imò graviter peccaret conjux, si conjugem desereret,

---

(1) D'Annibale, *op. cit.*, n° 334.
(2) D'Annibale, *op. et loco cit.*, n° 1.

aut conjugale debitum reddere detrectaret ; sed tamen satagat Parochus ob allatas rationes ut quamprimum etiam civilem cœremoniam ponant (1).

V. Quæritur utrùm sicuti fideles possunt, in sensu exposito, inire civile matrimonium, ità etiam officialis civilis posset in conscientiâ eidem assistere ? Ben. XIV, l. c. hanc quæstionem non solvit : et diversa profectò est conditio contrahentium qui obligantur ad matrimonium civile contrahendum, ut sibi consulant et proli, et conditio publici officialis qui assistit huic cœremoniæ. Attamen S. Sedes declaravit *tolerari* posse, ut officialis civilis assistentiam et operam præstet in celebratione matrimonii civilis, dummodò : 1° et ipse solùm intendat ponere civilem cœremoniam, 2° nihil agat aut suadeat contrà sanctitatem matrimonii, et necessitatem illud contrahendi coram Ecclesiâ (2).

Sed gravior casus potest verificari : supponamus illos, qui civilem adeunt Magistratum, aliquo impedimento dirimenti coram Ecclesiâ laborare, et tamen habiles esse coram lege civili ; aut supponamus contrahentes, ità malo animo esse dispositos, ut prudenter prævideatur ipsos non celebraturos esse matrimonium coram Ecclesiâ ; potestne Officalis civilis hisce in casibus matrimonio eorum civili in conscientiâ assistere ? Si adest scandalum, inter fideles ex assistentiâ et opere præstito ab officiali civili, in hoc casu quæstio solvenda esset juxtà doctrinas generales de scandalo. Hæc actio civilis Officialis in tàntùm est illicita, in quantum non impedit malum proximi ac proindè peccat contra legem charitatis. Quoniam verò charitas non obligat cum gravi incommodo, pro certâ regulâ teneri potest Officialem civilem tutâ conscientiâ hic operam dare, quandò adsit fundatum periculum se amissurum esse proprium officium, si deneget suam assistentiam ; sed prudenter monere debet, si possit, contrahentes eorum matrimonium in foro conscientiæ nullum esse. Clarissimus Santi per plures annos canonista S. Pœnitentiariæ, ac tandem illius Regens, hanc solutionem hujus difficilis quæstionis, tanquam certam tradit, licet timidus in propriis opinionibus : undè suspicantur eam hausisse ex praxi vel doctrinâ S. Pœnitentiariæ (3).

---

(1) Gasparri, *op. cit.*, p. 89.
(2) Gasparri, *op. cit.*, p. 89.
(3) Gasparri, *op. cit.*, p. 89.

APPENDICE I

LE DIVORCE [1]

M. Martin Feuillée, *Garde des sceaux, Ministre de la Justice et des Cultes.* Messieurs, bien que le projet de rétablissement du divorce n'ait pas été présenté par le Ministère, bien qu'il émane de l'initiative parlementaire, le Gouvernement a cru qu'il ne devait pas garder le silence dans un débat qui touche à de si graves intérêts, et il m'a chargé de vous faire connaître la solution qui lui paraît la meilleure.

Nous avons pensé que le divorce pouvait être établi dans notre législation pour causes déterminées, et dans les cas où la séparation de corps elle-même peut être prononcée.

Nous sommes d'avis, au contraire, que le divorce par consentement mutuel ne doit avoir aucune place dans notre législation.

Je crois, en effet, que les législateurs de 1792, et, aujourd'hui encore, beaucoup de partisans du divorce commettent une erreur grave, en prenant pour point de départ de leur argumentation l'idée que le mariage est un contrat ordinaire.

Les législateurs de 1792 avaient déclaré que le concours de volontés qui l'avait formé, pouvait le dissoudre. Ils étaient même allés plus loin ; ils avaient affranchi le mariage des règles qui régissent les contrats synallagmatiques ordinaires ; ils avaient admis que le mariage pouvait être dissous par la volonté d'un seul des contractants, sous prétexte d'incompatibilité d'humeur.

---

[1] Séances du 16 mai 1884 et jours suivants, au Sénat.

Les conséquences de cette législation furent déplorables; et bien souvent, depuis cette époque, — l'honorable M. Jules Simon n'y a pas manqué — bien souvent, dis-je, depuis cette époque, on a tiré de ces conséquences un des plus grands arguments contre le rétablissement du divorce.

On ne connaît pas exactement les résultats de cette législation en province, où il semble qu'elle ne pénétra guère ; mais on a recueilli ces résultats à Paris.

Dans les vingt-sept mois qui suivirent la promulgation de la loi, il y eut 5,994 divorces prononcés à Paris ; c'est un chiffre égal à celui des séparations de corps qui, à l'heure actuelle, se prononceraient, pendant la même période, dans la France toute entière.

Le mal alla grandissant. Dans les trois premiers mois de 1793, le nombre es divorces égala celui des mariages; dans le seul mois de pluviôse an III, il y eut 223 demandes de divorces, dont 205 formées par les femmes pour cause d'incompatibilité d'humeur.

Messieurs, le mal était devenu tel que, à la séance du 2 thermidor an III, le député Mailhe s'écriait, dans le langage imaginé et un peu emphatique de cette époque : « Vous ne sauriez arrêter trop tôt le torrent d'immoralité que roulent ces lois désastreuses. »

Enfin, en l'an VI, le nombre des divorces dépassa celui des mariages. (Rires sur plusieurs bancs).

Messieurs, il m'a paru utile de rappeler ces faits à l'appui de la thèse que je vais d'abord soutenir devant vous, et qui, je le répète, consiste à dire que le divorce par consentement mutuel doit être absolument banni de notre législation.

Non-seulement le mariage n'est pas un contrat ordinaire, mais il n'est même pas vrai de dire, en thèse générale, que tous les contrats peuvent se dissoudre par le concours des volontés qui les ont formés. Cette règle n'existe, à proprement parler, que dans les contrats à titre onéreux ; et c'est avec beaucoup de raison que M. Jules Simon, dans le discours qu'il prononçait à la dernière séance, vous a parlé du contrat d'adoption, qui est irrévocable. On doit placer en dehors des conventions révocables toutes celles qui touchent à l'état des personnes ; c'est ainsi qu'aucune convention ne saurait, dans aucun cas, dénouer les liens qui unissent les parents et les enfants, et les dégager des droits et des obligations qui en résultent.

J'ajoute, Messieurs, qu'il me paraît de l'essence même du mariage d'être contracté dans une pensée d'union perpétuelle.

Je me garderai bien, et pour cause, d'essayer de refaire devant vous cette délicieuse idylle des sentiments d'éternel amour que l'honorable M. Jules Simon improvisait, à votre dernière séance, en termes merveilleux; mais je vous dirai tout simplement, parce que cela me paraît dans la nature humaine, qu'on ne se marie pas avec l'arrière-pensée de se séparer; et j'ajouterai que, il y a déjà 2,000 ans, les jurisconsultes romains définissaient le mariage un *consortium omnis vitæ.*

J'admets donc en principe l'indissolubilité du mariage. Son indissolubilité absolue serait même l'idéal; et l'honorable M. Jules Simon nous a conduits, en effet, dans les sphères les plus élevées de l'idéal. Mais, enfin, les hommes ne sont pas des anges; ils ne sont même pas tous des sages et des philosophes; il faut compter avec les passions, avec les faiblesses et même avec les vices de l'humanité. Cela est si vrai que ceux-là mêmes qui proclament le plus haut le principe de l'indissolubilité du mariage, les adversaires les plus résolus du divorce, tous et de tout temps ont admis au moins un tempérament, la séparation de corps.

S'il en est ainsi, Messieurs, la véritable question à examiner sera celle de savoir quels sont les avantages et les inconvénients respectifs du divorce et de la séparation de corps. (Très bien! très bien! à gauche). La véritable question sera de savoir si, dans les cas où la séparation de corps est admise, on ne pourrait pas, sans inconvénient, et parfois même avec avantage, admettre le divorce. (Nouvelles marques d'approbation sur les mêmes bancs).

Eh bien, Messieurs, cette question, au moment où l'on procédait à la confection du Code, M. Treilhard en parlait en ces termes :

« La question, disait-il, doit recevoir une solution différente suivant le génie et les mœurs des peuples, l'esprit des siècles et l'influence des idées religieuses sur l'ordre politique. »

Ces paroles sont toujours vraies. Et l'honorable M. Jules Simon, non pas dans son discours prononcé à la dernière séance, mais dans un de ses livres, dans son très remarquable ouvrage sur la *Liberté civile*, l'honorable M. Jules Simon a exprimé la même pensée, en termes que je vous demande la permission de rappeler ; il a dit :

« Je commence par avouer deux choses : la première, c'est que l'interdiction complète et absolue du divorce peut très difficilement être maintenue dans la loi; la seconde, c'est que, suivant toutes probabilités, elle n'y sera pas maintenue, et que le jour où l'influence du catholicisme décroîtra, soit dans l'opinion, soit dans la législation, le divorce sera rétabli. » (Très bien! à gauche).

On ne saurait mieux poser la question que ne l'ont fait M. Treilhard, à l'époque de la confection du Code civil, et M. Jules Simon, en 1881, dans son livre : *De la liberté civile.*

M. Jules Simon. C'était en 1861.

M. le Ministre de la Justice et des Cultes. Oui, en 1864 ; je vous demande pardon de cette erreur.

M. Jules Simon. Je vous ferai observer que le livre dont vous parlez conclut contre le divorce.

M. le Ministre de la Justice et des Cultes. Je ne dis pas non. (Mouvements divers). Nous aurons donc à examiner, Messieurs, si dans la mesure restreinte où la séparation de corps elle-même est admise, où les tribunaux croient nécessaire de la prononcer, où il leur paraît indispensable de désunir les époux, on ne devrait pas, dans les mêmes conditions et avec les mêmes garanties, permettre le divorce.

Mais, avant d'aborder cette partie de mon argumentation, je veux en finir avec ma première proposition, celle qui consiste à dire qu'il ne faut en aucun cas inscrire dans notre législation le divorce par consentement mutuel.

Messieurs, je sais bien que de très bons et de très sages esprits vous diront : Nous ne demandons pas — et personne dans cette assemblée, je crois, ne le demande — nous ne demandons pas le retour à la législation de 1792, qui a été jugée à ses fruits ; mais nous demandons simplement qu'on admette le divorce par consentement mutuel dans les conditions où le Code civil l'avait admis.

Il ne paraît pas, je le reconnais, que dans les conditions où le Code civil l'avait admis, on ait vu se reproduire les abus que je signalais tout à l'heure ; le Code civil avait eu soin de l'entourer de formalités, de garanties importantes. Examinons, Messieurs, quelles sont, en définitive, ces garanties.

Il y en a une première, qui est tirée de la nécessité d'obtenir, quel que soit l'âge des époux, le consentement des ascendants. Je ferai observer, tout d'abord, qu'il y a un cas où cette garantie n'existera pas : celui où les époux n'ont plus d'ascendants vivants. Et puis, quelle est, en somme, la valeur de cette prétendue garantie ? Ici, Messieurs, je vous demanderai encore la permission de faire une citation. Voici ce qu'en pensait Tronchet, en l'an X ; il disait : « C'est une espérance bien vaine que celle qui fait croire que des ascendants tempèreront les passions et empêcheront le divorce, lorsqu'il ne sera pas réellement nécessaire. L'expérience a détruit depuis longtemps cette illusion. Qu'on interroge les magistrats, les hommes de loi, même ces individus qui vivent de divorces ; tous attesteront que l'intervention des familles est une ressource abusive. »

Messieurs, je partage absolument ce sentiment ; et sans vouloir renouveler ici cet argument, tiré de l'influence néfaste de la belle-mère, (Sourires) qu'on retrouve au Palais dans presque tous les procès de séparation de corps, et qui est devenu banal, peut-être à force d'être vrai, j'interrogerai à mon tour les magistrats, les avocats, les avoués, les hommes d'affaires, qui sont nombreux dans cette enceinte, et je dirai : N'est-il pas vrai que, dans les tristes confidences que vous avez reçues des mauvais ménages, vous avez constaté que les ascendants étaient trop souvent la principale cause de la désunion et le plus grand obstacle à la réconciliation des époux ?

Il y a encore dans le Code civil une seconde garantie pour le cas de divorce par consentement mutuel ; elle consiste à imposer aux parents l'abandon de la moitié de leur fortune à leurs enfants. Ici, je place deux observations préliminaires. D'abord, il est possible qu'il n'y ait pas d'enfants et très souvent, dans les mauvais ménages qui entraînent des divorces ou des séparations, il n'y a pas d'enfants; M. Naquet nous l'a appris. La garantie, alors, disparaît.

Il est possible aussi qu'il y ait des enfants, et qu'il n'y ait point de fortune à abandonner, cela arrivera même bien souvent; car, Messieurs, il est un renseignement qu'il est utile de vous donner.

Dernièrement, dans une de vos précédentes séances, j'interrompais un instant l'honorable M. Naquet pour préciser un chiffre, pour lui dire qu'en 1882, qui est la dernière année à laquelle s'arrête la statistique, il y a eu 2,800 séparations de corps; et je disais que les années précédentes accusaient sensiblement le même chiffre. J'ajoute aujourd'hui que, sur ces 2,800 séparations de corps, il y en a 1,670 qui ont été prononcées avec le bénéfice de l'assistance judiciaire, de telle sorte que, si vous faisiez abstraction de cet élément, vous n'auriez en moyenne en France que 1,100 séparations de corps par an, c'est-à-dire exactement le chiffre de l'année 1850, avant la loi du 24 Janvier 1851 sur l'assistance judiciaire.

Mais, enfin, je suppose que nous soyons en présence d'époux qui ont des enfants et qui ont de la fortune. Eh bien, que faut-il penser de cette garantie qui consiste à obliger ces époux à abandonner à leurs enfants la moitié de leur fortune ?

À la Chambre des députés, un député, M. Ganault, avait présenté un amendement qui avait pour objet d'imposer cette obligation dans tous les cas de divorce, aussi bien dans le cas de divorce pour cause déterminée que dans le cas de divorce pour consentement mutuel.

L'honorable M. de Marcère repoussa cet amendement dans son rapport, et il le repoussa dans des termes que je crois devoir rappeler :

« Le divorce brise le lien conjugal formé entre les deux époux, mais le Code civil maintient toutes les conséquences du mariage en ce qui concerne les rapports des père et mère avec les enfants nés de leur union. M. Ganault détruit du même coup la famille même : il ruine l'autorité paternelle ; il ouvre des successions du vivant des personnes ; il sépare violemment les enfants de leurs parents ; il crée entre eux des motifs de division choisis parmi les plus puissants et aussi les plus bas, la contrariété des intérêts : il enlève au père et à la mère la part de puissance paternelle que la nature leur a donnée, et il la transporte sur la tête d'un étranger qui sera peut-être un indifférent pour l'enfant, et pour les père et mère souvent un ennemi.

» Est-ce bien prendre l'intérêt de l'enfant que de l'isoler complètement de toute famille, de le soustraire à toute dépendance fondée sur les sentiments que la nature fait naître, que l'éducation féconde, et qui fortifient le lien social ?

» Cette faveur de l'avancement d'hoirie, qu'il ne semble pas qu'on doive encourager de notre temps, ne se retournera-t-elle pas contre lui ?

» Que feront les enfants de ce patrimoine qu'on leur aura taillé dans les biens de leur père et mère vivant encore et près d'eux ? »

Messieurs, je ne saurais rien ajouter à cette forte et honnête argumentation. Je suis de l'avis de l'honorable M. de Marcère : il est absolument contraire à la morale, il est contraire à l'esprit de notre législation d'ouvrir ainsi la succession de personnes vivantes. Mais si l'argument est bon, s'il est décisif quand il s'agit du divorce pour causes déterminées, il a évidemment la même valeur, quand il s'agit du divorce par consentement mutuel ; dès lors, il faut conclure — c'est là que je voulais arriver — il faut conclure que cette seconde garantie ne vaut pas mieux que la première.

Les partisans du rétablissement du divorce par consentement mutuel font observer en outre que le Code civil avait imposé des délais ; qu'il y avait des formalités nombreuses et difficiles à remplir ; qu'on ne sait même pas bien si, sous l'empire du Code civil, il y a eu des exemples de divorce par consentement mutuel. Si cela est vrai, Messieurs, la réponse vient tout de suite sur les lèvres : Alors, pourquoi l'établir ?

Mais on insiste, on suppose — et c'est le seul argument qu'on ait jamais invoqué en faveur du divorce par consentement mutuel — on suppose qu'il peut se rencontrer une cause grave de divorce, et qu'il y ait un intérêt considérable à ne pas la faire connaître au tribunal.

M. Léon Renault exprimait cette idée à la Chambre des députés ; dans un langage très éloquent, il disait : « Dans ce cas, le tribunal n'aura qu'à s'incliner et à dire : Je ne connais pas la cause pour laquelle le divorce est réclamé ; mais je suis sûr qu'elle existe. »

Je ne puis, Messieurs, m'associer à ce langage ; il bouleverse absolument toutes les idées que je me suis toujours faites de la Justice de mon pays. Je ne puis pas admettre que les tribunaux en soient réduits à une sorte d'obligation d'enregistrement, et d'enregistrement de quoi ? De la volonté, des fantaisies, des caprices des plaideurs. Quand il s'agit d'une affaire aussi grave que le divorce, l'État a incontestablement le droit d'intervenir, et il intervient tout naturellement par les magistrats qui le représentent.

Le consentement mutuel n'est point admis pour la séparation de corps. Pourquoi l'admettre pour le divorce ?

J'ajoute que dans la plupart des pays où existe le divorce, la législation repousse le consentement mutuel. Je citerai notamment l'Angleterre, la Hollande, la Suisse, la Bavière, le Brunswick, le Hanovre, Hambourg, la Saxe, le Wurtemberg, la Suède, la Russie, la Serbie ; tous ces pays, dont la législation reconnaît le divorce, repoussent le consentement mutuel ; ils n'admettent le divorce que pour cause déterminée ; et le Code prussien lui-même ne permet le divorce par consentement mutuel que dans le cas où il n'y a pas d'enfants. Enfin, Messieurs, à ces autorités, je serais presque tenté d'ajouter celle de l'honorable M. Naquet lui-même ; car, dans son discours, j'ai noté cette phrase bien significative : « Je préfère les désunions judiciaires aux désunions amiables. » Je suis de cet avis ; je veux même exclure complètement les dernières, et c'est pourquoi je demande que la justice intervienne dans tous les cas, et soit toujours appelée à apprécier les causes du divorce.

J'ai relu, Messieurs, les travaux préparatoires du Code, et il me semble que c'est avec une grande hésitation que les sages législateurs du Code civil ont admis le divorce par consentement mutuel ; la volonté du premier Consul pesa sur eux. Et puis, il faut se rappeler qu'à cette époque on était encore sous l'empire de la législation et des principes de 1792, qui admettaient le consentement mutuel, dans les conditions que j'ai rappelées ; on avait, il est vrai, constaté l'abus, on voulait le restreindre, mais on n'osait le détruire. On faisait une transaction avec l'esprit du temps, on essayait de détourner le courant que l'on n'avait pas encore la force de remonter. Aujourd'hui, la situation n'est plus la même : soixante-huit années se sont écoulées depuis que le divorce a été purement et simplement supprimé par la loi de 1816. Il s'agit de le rétablir, de déterminer dans quelle mesure on doit lui faire une place dans nos lois.

Dès lors, puisque les choses sont entières, je dis qu'il ne faut pas même prononcer le mot de consentement mutuel ; car le principe qu'il consacre est contraire à la nature du mariage, tel que je le comprends. C'est en vain que vous multiplieriez les formalités, les garanties ; le moment viendrait nécessairement où l'on vous demanderait d'être logiques et où l'on dirait : « Puisque vous avez admis le principe, ce n'est apparemment pas pour que l'application en soit impossible ; nous ne demandons pas qu'on la rende facile ; mais qu'on la rende seulement possible. » Et l'on réclamerait alors des atténuations aux formalités, aux garanties que vous auriez stipulées.

Sur cette pente glissante, on finirait par revenir à la législation de 1792. Les conséquences qu'elle produisit, se reproduiraient encore ; car le divorce par consentement mutuel a produit les mêmes effets dans tous les temps, sous les empereurs romains aussi bien qu'en 1792.

Peut-être même les conséquences seraient-elles plus graves que dans l'ancienne Rome ; car la famille était alors fondée sur la puissance paternelle, organisée comme elle ne l'est plus et comme elle ne peut plus l'être ; aujourd'hui la seule base de la famille est véritablement le mariage. Messieurs, j'en ai fini avec la première partie de mon argumentation, qui avait pour but de vous demander d'écarter le divorce par consentement mutuel.

Parmi ceux qui m'écoutent et qui ne veulent pas du divorce, il y en a peut-être qui m'accusent déjà d'être illogique et qui sont portés à me dire : La conséquence de la démonstration à laquelle vous venez de vous livrer, est que, dans aucun cas, le divorce ne doit être admis.

Je leur répondrai : Sans doute, l'union absolument indissoluble, l'union perpétuelle, je l'ai déjà proclamé, ce serait l'idéal.

L'honorable M. Jules Simon, dans son beau langage, nous a parlé de cette crise terrible qui trouble, à une certaine époque de la vie, l'union des époux ; puis, il vous a dépeint, lorsque le calme a succédé à la tempête, ce sentiment qui n'a pas de nom dans notre langue, mais qui est plus fort que l'amitié et qui supplée à l'amour des premières années.

J'ai admiré ce tableau ; mais enfin est-il vrai que la crise terrible soit toujours aussi heureusement traversée ? Est-il vrai que, dans cette tempête, il n'y ait pas de naufrages et des unions venant échouer aux pieds de la Justice, qui se voit dans la nécessité de les rompre ?

Le principe de l'indissolubilité reçoit alors une atteinte qu'il a bien fallu admettre dans tous les temps, que l'Église elle-même a reconnu. Me dira-t-on que la séparation de corps ne dissout pas le mariage ! Je sais bien qu'on le dit, mais c'est une fiction contraire à la réalité des choses. Tenez : pour s'en convaincre, il suffirait véritablement de relire les articles 242 et suivants, qui traitent des droits et des devoirs des époux :

« ART. 242. — Les époux se doivent mutuellement fidélité, secours et assistance.

» ART. 213. — Le mari doit protection à sa femme, la femme obéissance à son mari.

ART. 214. — La femme est obligée d'habiter avec le mari et de le suivre partout où il juge à propos de résider : le mari est obligé de la recevoir..... etc. »

Que deviennent ces prescriptions qui sont la définition même du mariage ; que deviennent les devoirs, les droits des époux, lorsque la séparation de corps a été prononcée ? N'est-il pas vrai qu'à ce moment le mariage est véritablement dissout ? N'est-il pas vrai qu'à ce moment, une atteinte profonde a été portée à l'indissolubilité du mariage ? De telle sorte qu'au fond, il n'y a entre le divorce et la séparation de corps qu'une différence : l'interdiction de se remarier et qu'on a pu dire que la séparation de corps est un divorce, — le mot a été employé dans certaines législations, — mais un divorce avec interdiction de se remarier.

M. Jules Simon a exprimé la même pensée dans le livre que je citais tout à l'heure : « La séparation de corps, dit-il, est la faculté de se démarier » — le mot est très juste ; quand on est séparé de corps, on est démarié ; l'indissolubilité du mariage a reçu une grave et définitive atteinte, — « la séparation de corps est la faculté de se démarier ; le divorce est la faculté de se remarier du vivant de son premier conjoint : voilà toute la différence. »

Nous sommes d'accord ; et maintenant il faut serrer de plus près le débat et examiner si cette interdiction de se remarier doit être maintenue dans un intérêt général et supérieur, ou si, au contraire, on peut admettre le divorce, sans un péril social, dans les cas où l'on admettrait la séparation de corps.

Cette question, Messieurs, a été examinée bien complètement par les deux orateurs qui m'ont précédé, par l'honorable M. Naquet et l'honorable M. J. Simon, au triple point de vue des époux, des enfants et de la société.

Je l'examinerai, à mon tour, et je serai bref, car il me semble que tout a été dit, et que, de part et d'autre, on reproduit nécessairement les mêmes arguments. Je me bornerai donc à les résumer.

Tout d'abord, Messieurs, au point de vue des époux, examinons une première hypothèse, celle des époux qui n'ont pas d'enfants. Leur union a été rompue par une décision de justice. Dans ce cas, incontestablement, le grand tort de la séparation de corps est de punir l'époux innocent autant et souvent plus que son conjoint coupable. Comment ! voilà un homme qui est dans la force de l'âge, et qui a dû se séparer d'une Messaline qui déshonorait son nom (Bruit à droite), et vous allez condamner à jamais cet homme à choisir entre l'isolement et une liaison que la loi ne reconnaît pas et que la morale condamne ! Voilà une femme, une jeune femme qui a été maltraitée indignement par son mari, ou, ce qui est pis encore, qui a reçu d'odieux outrages ; elle a dû demander la protection de la justice, et elle a obtenu la rupture du lien conjugal. Eh bien, Messieurs, cette femme, on vous l'a déjà dit, au point de vue de la gestion de ses intérêts, elle reste encore dans la dépendance de son mari ; il faut qu'elle aille solliciter des autorisations maritales, il faut qu'elle se soumette à une volonté qui n'est plus dirigée que par un sentiment de vengeance ou par des calculs bas et odieux !

Oh ! je sais bien que vous me dites : Mais on peut remédier à cela sans rétablir le divorce ; on peut modifier la législation en ce point ; on peut modifier les conditions dans lesquelles s'exerce l'autorité maritale après la séparation de corps. Soit ! vous pourrez faire cela ; mais ce que vous ne ferez pas, c'est que ce mari indigne ne poursuive sa jeune femme de ses soupçons injurieux ; sa vertu même ne la protégera pas toujours contre la médisance et la malignité publiques ; elle devra vivre comme une recluse ; elle devra faire le sacrifice de sa jeunesse ; il faudra qu'elle étouffe tous ses sentiments et qu'elle demeure dans cette situation de femme séparée, qui est assurément la plus fausse, la plus déplorable qu'on puisse imaginer. Elle ne sera pas soutenue par l'amour maternel, car j'ai supposé qu'elle n'avait pas d'enfant ; elle ne sera pas soutenue par le souvenir chéri du mort, comme cette veuve dont parlait si éloquemment M. Jules Simon, car le mari est vivant, et c'est un homme indigne contre lequel elle a été obligée de demander la protection de la justice. Eh bien, qu'a-t-elle donc pour la soutenir, cette femme, cette victime ? Oh ! je sais bien ce que me répondront les catholiques ; ils me diront : Elle a Dieu. Mais si son Dieu n'est pas le vôtre ; si son Dieu permet, autorise un nouveau mariage ; si son Dieu permet, autorise le divorce ? Qu'importe ! elle restera courbée sous votre loi implacable et inhumaine. (Très bien ! à gauche).

Dans l'hypothèse où je me suis placé, je crois qu'il ne saurait véritablement y avoir de doute, et je vais invoquer encore l'autorité de M. Jules Simon. Voici, en effet, ce que j'ai noté dans le discours qu'il a prononcé à la dernière séance et que j'ai relu avec attention, après l'avoir écouté avec admiration ; il vous a dit :

« S'il ne s'agissait que de comparer la situation des personnes vivant en état de séparation de corps avec la situation des personnes vivant en état de divorce, je conviendrais sur-le-champ avec lui, — M. Naquet, — parce que ce n'est pas même discutable, qu'il vaudrait mieux pour ces personnes ue le divorce fût établi. »

Je puis donc conclure qu'en faveur de ma première proposition j'ai l'autorité de M. Jules Simon lui-même, auquel je réponds.

J'en invoquerai une autre, celle d'un honorable sénateur qui n'est guère partisan du divorce, M. Eymar-Duvernay. Dans son projet, il a proclamé que le divorce devrait être admis pour les époux qui n'ont pas d'enfants. Si j'indique cette autorité à l'appui de cette partie de mon argumentation, cela ne veut pas dire que je me range au projet de M. Eymard-Duvernay, et que je sois disposé à accorder, en quelque sorte, la prime du divorce aux mariages stériles. Je crois, au contraire, qu'il est impossible de distinguer dans la législation entre les ménages qui ont des enfants et les ménages qui n'en ont pas ; (Très bien ! à gauche) et, par suite, je vais examiner maintenant la question au point de vue des enfants.

Le point de vue des enfants, c'est celui auquel M. Jules Simon s'est attaché davantage, je le comprends ; c'est là qu'il a trouvé peut-être les accents les plus éloquents ; mais, qu'il me permette de le lui dire avec tout le respect que j'ai pour son beau talent, dans cette partie de son argumentation, il me semble s'être placé constamment à côté de la véritable question. Il a comparé, en effet, tout d'abord, la situation des enfants des unions heureuses à celle des enfants des ménages divorcés. Sur ce point, Messieurs, la démonstration était trop facile. Puis, il a comparé la situation des enfants de veuve ou de veuf qui se sont remariés avec celle des enfants des époux divorcés, et il a soutenu — et je lui accorderai qu'il a démontré, — qu'en général la situation des enfants de la veuve ou du veuf qui se sont remariés, est supérieure à celle des enfants des époux divorcés.

Mais ce n'est pas la question. Ce qu'il fallait faire, c'était comparer la situation des enfants des époux séparés de corps avec la situation des enfants des époux divorcés. Cette comparaison, en écoutant M. Jules Simon, il me semblait bien qu'il ne l'avait pas faite. J'ai craint que ma mémoire ne fût pas fidèle ; en relisant son discours, je n'en ai pas trouvé trace ; il n'en a pas parlé ; et cependant là est la véritable question. La situation des enfants des époux séparés de corps est-elle meilleure que celle des enfants des époux divorcés ? Messieurs, je ne crois pas, pour ma part, qu'il y ait de situation plus déplorable, plus triste, plus affligeante que celle des enfants des époux séparés de corps. Sur ce point, je fais encore appel à l'expérience de tous les hommes d'affaires de cette Assemblée.

Messieurs, j'ai longtemps exercé la profession d'avocat, et je puis invoquer ma propre expérience. Qu'ai-je vu ? Que voit-on dans les séparations de corps ?

Vous avez vu le malheureux enfant devenir une sorte de champ de bataille, sur lequel les époux séparés continuaient leur triste combat. (Très bien ! très bien ! à gauche).

Vous les avez vus aimer cet enfant d'un amour composé en grande partie de toute la haine qu'ils ont pour le conjoint. (Nouvelle approbation sur les mêmes bancs).

Vous les avez vu s'efforcer, non pas seulement — ce qui serait bien naturel — de garder pour eux cet enfant, mais surtout de l'enlever à l'autre. (Très bien ! très bien ! sur les mêmes bancs).

Je vous demande ce qu'au milieu de ces tiraillements et de ces luttes peut être l'éducation d'un enfant et quels doivent en être les fruits.

Mais ce n'est pas tout. Il y a une autre hypothèse qu'il faut envisager : celle de ces liaisons dont on a parlé. Je suis bien obligé de revenir, en quelques mots, à ces liaisons coupables, qui sont trop souvent la suite des séparations de corps. M. Jules Simon nous a dit que ces liaisons coupables sont l'exception du côté de la femme, et il l'a merveilleusement démontré quand il s'agit de la veuve, de la veuve gardée par le souvenir de l'homme qu'elle a aimé ; mais il n'a pas parlé de cette femme séparée de corps qui ne se souvient de son mari encore vivant que pour le haïr. (Mouvements divers).

Les conditions sont bien différentes, et je croirai volontiers, avec M. Naquet, que les liaisons coupables sont alors fréquentes. S'il s'agit de personnes appartenant aux classes aisées, le mal sera grand, sans doute ; mais enfin, comme l'a dit l'honorable M. Léon Renault, dans son éloquent discours à la Chambre des députés, on pourra — ce sont ses propres expressions — jeter sur ces faiblesses un manteau d'or et de pourpre, et l'enfant sera encore respecté ; mais, dans les classes pauvres, où il y a une promiscuité qui est la conséquence fatale de la pauvreté, on a déjà demandé, — M. Jules Simon n'a pas répondu — je demande encore quelle sera la situation de l'enfant auprès de la maîtresse de son père ou de l'amant de sa mère ! (Très bien ! très bien ! à gauche).

Je vous demande si, pour l'enfant lui-même, surtout pour l'enfant, et pour sauver la dignité de ce triste foyer auprès duquel il doit grandir, s'il ne vaudrait pas mieux qu'une union nouvelle fût possible ? (Nouvelles approbations à gauche).

Je ne dissimule pas, Messieurs, que pour les enfants le divorce sera un mal, un très grand mal ; mais ce sera, j'en suis convaincu, un mal moindre que la séparation de corps.

Et alors, Messieurs, si pour les enfants et pour les époux, le divorce vaut mieux que la séparation de corps, il faudrait qu'il y eût en sens contraire un bien grand intérêt social pour le faire repousser.

M. Jules Simon nous a dit que le rétablissement du divorce changerait l'état moral du mariage.

Si cela est vrai, il en résulterait que le divorce rendrait le nombre des désunions plus considérable. Cependant M. Jules Simon n'a pas osé l'affirmer ; mais il l'a insinué, et il nous a représenté — avec des traits qui, je l'avoue, m'ont paru un peu grossis — cette jeune femme qui, au sortir de l'autel ou de la mairie, distingue déjà l'homme qu'elle préférera à celui qu'elle vient d'accepter pour mari (Sourires à gauche), et qui plus tard, devenue mère, fera de sa fille innocente le témoin de son amour croissant pour un homme qui n'est pas le père.

Messieurs, ces images, ces descriptions tendraient à établir que le principe du divorce aurait pour résultat d'encourager l'adultère de la femme. Je ne puis le croire. Tout au plus pourrait-on soutenir cette thèse, si, dans le retour que vous ferez — je l'espère du moins — à la législation du Code civil, vous effaciez l'article 298 qui ne permet pas que la femme, en cas d'adultère, puisse épouser son complice. Je sais bien que la Chambre des députés n'a pas admis cette disposition du législateur du Code civil ; mais je suis convaincu que le Sénat aura la sagesse d'y revenir. (Très bien ! sur divers bancs).

Je ne crois pas davantage que les perspectives du divorce soient tellement séduisantes, qu'elles entraînent un plus grand nombre de maris à battre ou à outrager leurs femmes.

Non, dans la réalité des faits, on ne se livre pas à de semblables calculs ; on est entraîné par ses passions, par ses vices ; mais si l'on calculait, on songerait qu'il n'est pas bon, après tout, de prendre dans un procès, soit en divorce, soit en séparation de corps, la situation de défendeur ; qu'on a contre soi l'opinion publique, qu'on est tenu de rendre la dot, que, s'il y a eu des avantages stipulés, ils sont révoqués contre l'époux coupable, tandis qu'ils sont maintenus au profit de la victime. On ne s'expose pas à cela par calcul. Je ne crois donc pas que le rétablissement du divorce ait pour résultat d'augmenter le nombre des désunions. M. Naquet, lui, qui est — on a dit le mot — l'apôtre du divorce, va plus loin. Il croit que le rétablissement du divorce aura pour résultat de diminuer le nombre des mauvais ménages. J'en doute. Je suis porté à croire que c'est une illusion ; mais je suis également convaincu que le rétablissement du divorce n'augmenterait pas le nombre des mauvais ménages. Je crois que la situation restera sensiblement la même ; et, sur ce point, les faits sont là pour démontrer que j'ai raison. En effet, la partie de l'argumentation de M. Naquet qui avait pour but de démontrer que le rétablissement du divorce serait sans influence sur le nombre des mauvais ménages, m'a paru irréfutable. Il a cité, avec une très grande force et un très grand à propos, l'exemple d'un peuple qui est à côté de nous, la Belgique ; il vous a montré que, dans ce pays où l'on peut obtenir soit le divorce, soit la séparation de corps, le nombre des divorces et des séparations réunis n'atteint pas, toutes proportions gardées, le chiffre des séparations de corps prononcées en France. Je puis dire de plus, Messieurs, que nous avons l'expérience de la législation du Code civil. Je sais bien que l'on n'a pas, sur ce point, de statistique bien exacte; mais nous avons la discussion de 1816.

A cette époque, au moment où l'on voulait abolir le divorce, si des abus s'étaient produits, on n'eût pas manqué de les signaler. On n'en a pas signalé un seul. Ce n'est pas sur ce terrain que l'argumentation des adversaires du divorce a porté. Enfin, j'ai un autre exemple à citer, qui rappelle de douloureux souvenirs : je veux parler de ces provinces d'Alsace et de Lorraine que nous avons perdues. En 1873, la loi allemande y a rétabli le divorce. Elle l'a rétabli dans les conditions où le Code civil l'avait réglementé. C'est le Code civil qui, au point de vue du divorce, régit, aujourd'hui, ces deux provinces. Quelles ont été les conséquences ? Je me suis procuré les statistiques. Les divorces ont eu lieu en Alsace-Lorraine dans la mesure où avaient lieu les séparations de corps antérieurement à 1873. Les chiffres sont restés les mêmes : ils sont inférieurs à ceux des séparations de corps en France. Mais pour faire une comparaison exacte, il convient de mettre Paris à part.

Paris, en effet, tient une très large place dans les chiffres des séparations de corps. En 1882 — et les chiffres antérieurs sont sensiblement les mêmes — en regard de 22,000 mariages célébrés à Paris, il y a eu, dans l'année, 725 séparations de corps ; et, pour tout le reste de la France, il n'y a que 2,000 séparations de corps en regard de 260,000 mariages célébrés. Ce qui prouve, en passant, que, chez nous, la proportion des mauvais ménages, abstraction faite de Paris, n'est pas bien forte ; elle est sensiblement la même que la proportion des divorces en Alsace-Lorraine. C'est une proportion de 7 p. 1,000. Elle est inférieure à celle de beaucoup d'États voisins.

L'honorable M. Jules Simon avait tort de répéter, après beaucoup d'autres, que, chez nous, le frein moral est moins puissant que chez les autres nations. (Très bien ! très bien ! à gauche). Nous avons depuis longtemps le travers de nous calomnier nous-mêmes ; et, lorsqu'on se donne la peine de pénétrer au fond des choses, on voit dans cette question du divorce et de la séparation de corps, comme on l'a vu dernièrement dans la discussion touchant la recherche de la paternité, que la moralité est, en France, au moins égale et souvent supérieure à la moralité des peuples voisins. (Très bien ! très bien ! a gauche). Mais, je le répète, nous avons le grand tort — et je reproche à l'honorable M. Jules Simon d'avoir suivi ce mauvais exemple, — nous avons le grand tort de dire volontiers du mal de nous-mêmes, tandis que nos voisins excellent à mettre en lumière leurs qualités et à cacher leurs vices. (Nouvelles marques d'approbation sur les mêmes bancs).

Messieurs, je ne crois pas qu'il soit véritablement bien utile, dans une question qui a été déjà si complètement traitée, d'insister davantage. Je crois avoir démontré qu'en se plaçant sur le véritable terrain de la discussion, qu'en comparant le divorce à la séparation de corps, on peut conclure qu'au triple point de vue des époux, des enfants, de la société, le divorce est, sans doute, un grand mal, mais moindre pourtant que la séparation de corps.

Alors, que reste-t-il ? Il reste un dernier argument : l'argument religieux, l'argument qui est tiré de l'impiété du divorce, et dont il faut bien que je parle ; car c'est le seul qui ait déterminé le législateur de 1816 à supprimer le divorce, et c'est encore à l'heure où nous discutons, l'argument qui détermine, je ne dirai pas tous, mais beaucoup de ceux qui combattent le divorce.

Je pourrais, Messieurs, faire remarquer tout d'abord que l'Eglise catholique n'a pas toujours proscrit d'une façon absolue le divorce. Je pourrais rappeler que, lorsqu'elle est montée sur le trône des empereurs romains, elle a immédiatement, je le reconnais, usé de son influence pour faire disparaître le divorce par consentement mutuel ; mais qu'elle a toléré pendant des siècles le divorce pour cause déterminée, que nous trouvons dans tous les documents législatifs des empereurs chrétiens, notamment dans le code de Justinien ; je pourrais rappeler qu'à cette époque la discussion, sur le principe même du divorce, était vive parmi les docteurs de la foi. On sait que Tertullien, saint Epiphane, l'évêque d'Amasie, admettaient le divorce pour cause d'adultère ; je pourrais rappeler encore que, dans un des documents les plus importants de la législation du moyen-âge et qui a subi dans une large mesure l'influence religieuse, *les Assises de Jérusalem*, le divorce est admis dans divers cas, et pour certaines causes déterminées.

Enfin, lorsque le Concile de Trente est venu proscrire définitivement le divorce, effacer dans l'Occident ses derniers vestiges, il a tenu compte néanmoins des réclamations des ambassadeurs de la sérénissime République de Venise qui demandaient une exception pour les îles grecques, pour les îles de Chypre, de Candie, où l'on appliquait toujours la législation des Assises de Jérusalem, et où notamment le divorce était admis pour cause d'adultère. Le Concile de Trente se rendit aux observations qui lui étaient soumises et fit une exception. Je la trouve consignée dans un ouvrage qui n'est pas suspect ; c'est un livre de M. Combier, docteur en droit, sur le divorce et la séparation de corps. M. Combier, dans ce livre, se déclare catholique et opposé au divorce. Eh bien, à la page 419 de ce volume, je lis ce qui suit :

« Le Concile de Trente respecta aussi la coutume des chrétiens de Chypre, de Candie, de Corfou, de Zanthe et de Céphalonie, qui leur permettait la répudiation des femmes adultères. On décida « de ne pas condamner ceux qui disaient que le mariage peut être rompu pour cause d'adultère, et que l'on peut en contracter un autre, comme l'ont dit saint Ambroise et quelques pères grecs et comme cela se pratique chez les orientaux ; mais d'anathématiser ceux qui disaient que l'Eglise erre, lorsqu'elle enseigne que le nœud du mariage n'est pas rompu par l'adultère, et qu'il n'est pas permis d'en contracter un autre. » Le Concile a donc permis le divorce pour l'adultère en Orient, et ne le permet pas en Occident. » (Mouvement et interruption).

M. de Gavardie. C'était une simple tolérance.

M. le garde des sceaux. Messieurs, si le Concile de Trente ne permet pas le divorce en Occident, il y a de nombreux cas de nullité. On vous a dit qu'ils étaient au nombre de quatorze ; je crois qu'il n'y en a que treize. Mais c'est déjà un chiffre important ; et, parmi ces causes de nullité, il y en a qui sont bien peu définies, et par suite singulièrement élastiques, comme la condition et l'honnêteté. Je sais bien que les casuistes me diront : « Mais cela ne fait rien, au point de vue du principe de l'indissolubilité du mariage ; le mariage n'est pas moins indissoluble ; car un mariage annulé est considéré comme un mariage qui n'a jamais existé. »

Cet argument, Messieurs, suffit aux casuistes du droit canon, et je reconnais qu'il touche aussi quelquefois les juristes du droit civil ; mais le monde ne pourra pas saisir cette distinction, trop habile et trop subtile, et lorsqu'il verra — pour rappeler un exemple qu'on vous a cité à l'une de vos dernières séances — lorsqu'il verra annuler un mariage princier pour cause de violence morale du consentement, après dix années écoulées et lorsqu'un enfant était né de cette union, eh bien, le public ne fera pas votre distinction de casuiste ; il dira que, même dans l'Eglise catholique, le principe de l'indissolubilité n'est pas absolu et qu'il y a des accommodements (Très bien ! très bien ! à gauche). Mais je n'insiste pas sur ce point.

M. de Gavardie. Dans le droit civil, c'est la même chose.

M. le garde des sceaux. Je n'insiste pas. Je veux bien accepter que la prohibition est absolue, qu'aujourd'hui et depuis le Concile de Trente, l'église catholique réprouve absolument le divorce. Soit. Si nous avions une religion d'Etat, l'argument serait considérable, décisif ; il n'y aurait rien à y répondre. Et c'est parce qu'il en était ainsi en 1816, qu'à cette époque on a aboli le divorce. Il est à remarquer, — et je le dis en passant, — que le projet d'abolition du divorce n'émanait pas du Gouvernement ; il vint de la Chambre des députés, et on se plaça uniquement sur ce terrain, à savoir que la religion catholique venait d'être proclamée de nouveau religion d'Etat.

M. Naquet a cité l'opinion du rapporteur, M. de Trinquelagues ; je ne reviendrai pas sur sa citation ; je répète, seulement parce qu'il est bon de préciser, sur ce point, je répète la conclusion de ce rapport : « C'est donc, dit M. de Trinquelagues, à la loi civile à céder, et l'interdiction du divorce prononcée par la loi religieuse doit être respectée par elle. » Toute l'argumentation est là. M. de Bonald avait dit de son côté : « La France vient de rétablir une religion d'Etat qui n'admet pas le divorce ; car c'est la religion catholique ; il faut donc que le divorce disparaisse du droit civil de la France. » Des abus, des inconvénients que le divorce avait pu produire, il n'en est pas dit un seul mot ; j'ai lu la discussion ; je n'en ai pas trouvé trace.

M. Eymard-Duvernay. Je vous demande pardon.

M. le garde des sceaux. Vous l'indiquerez. J'ai lu les rapports et les discours, et je n'en ai pas trouvé trace ; il n'est pas d'abus qu'on ait signalé ; je n'ai pas vu que l'on ait dit quelque part qu'il y avait eu un trop grand nombre de divorces prononcés sous l'empire du code civil ; on s'est borné à dire que la religion catholique était devenue la religion de l'Etat, et que, prohibant le divorce, il fallait le rayer du code...

M. de Gavardie. Il y avait d'autres raisons.

M. le garde des sceaux.... C'était absolument logique sous l'empire de ce principe et de la part de cette Chambre qui, vous le savez, a reçu dans l'histoire le nom de Chambre introuvable. Mais nous n'en sommes plus là ; il n'y a plus de religion d'Etat. L'argument fait donc complétement défaut.

Ah ! je sais bien qu'il y a en France beaucoup de personnes qui pratiquent le catholicisme ; je reconnais qu'il serait impolitique et même injuste de ne pas tenir compte de cette situation. Mais — et c'est là la première réponse que je veux faire —, on ne demande pas de supprimer la séparation de corps. La séparation de corps subsistera et, par conséquent, les époux catholiques pourront, après le rétablissement du divorce, s'en tenir à ce régime.

Trois hypothèses peuvent être envisagées : Ou bien les deux époux sont catholiques, croyants ; la solution est toute simple : ils ne demanderont pas le divorce ; ils demanderont la séparation de corps.

Ou bien l'un des époux — et c'est là que la difficulté commence — est attaché à la foi catholique, mais l'autre ne la partage pas ; il est d'une autre religion, ou c'est un libre-penseur. Ici encore, il faut distinguer si c'est l'époux coupable qui est attaché à la foi catholique, tandis que l'autre époux, qui ne partage pas ses croyances, demande le divorce ; je vous avoue qu'il me paraîtrait véritablement inouï qu'on le lui refusât par respect, par égard pour les convictions religieuses du conjoint coupable. Je ne m'arrête pas davantage à cette hypothèse.

J'en prends une autre, la troisième, qui est plus délicate. Voici une jeune femme pieuse, profondément croyante ; elle a été outragée, maltraitée par son mari ; malgré toute sa résignation, toute sa piété, la vie commune est devenue absolument insupportable ; elle est obligée de s'adresser aux tribunaux ! Eh bien, elle demandera la séparation de corps, et non le divorce.

Ah ! je sais bien qu'il y a, dans le code civil, un article 310. Vous examinerez, Messieurs, si vous devez ou si vous ne devez pas le rétablir, — c'est une question à résoudre au moment de la discussion des articles ; — moi, je suis d'avis de le rétablir. Cet article 310 porte qu'au bout de trois ans le défendeur pourra demander que la séparation de corps soit convertie en divorce.

Il ne le pourra pas toujours. Si c'est une femme adultère, elle n'en aura pas le droit, et le mari attaché à la foi catholique qui aura demandé la séparation de corps, pourra la maintenir à perpétuité. Mais je suppose qu'il ne s'agisse pas du cas d'adultère : l'époux défendeur, au bout de trois ans, vient alors demander que la séparation de corps soit convertie en divorce. Eh bien, si le conjoint attaché à la religion catholique veut — pour employer l'expression de M. Jules Simon — lui ôter la faculté de faire un péché mortel, il a un moyen bien simple : c'est de pardonner ; car il est écrit dans l'article 310 du code civil que la divorce ne pourra pas être demandé par le défendeur, si l'époux, demandeur originaire, offre de faire cesser la séparation.

M. Fournier (Cher). C'est interdire la séparation.

M. le garde des sceaux. C'est un moyen très chrétien, très catholique pour empêcher son conjoint, qui ne croit pas, de tomber, selon l'expression de l'honorable M. Jules Simon, en péché mortel. (Murmures à droite).

Mais si l'époux catholique n'en a pas le courage, s'il n'a pas une piété suffisante pour aller jusqu'au pardon, pourquoi, je le demande, empêcherait-on à jamais son conjoint de contracter une nouvelle union ? On vous l'a dit : aux yeux de l'époux croyant, de l'époux attaché à la foi catholique, cette nouvelle union n'existera pas. Elle sera considérée comme une de ces liaisons qu'on n'avoue pas, qu'on ne reconnaît pas ; quand à lui, il gardera sa foi et continuera de vivre comme un époux séparé de corps.

Il m'est impossible, Messieurs, à quelque point de vue que je me place, de voir dans cette situation une atteinte quelconque, si légère qu'elle soit, portée à la liberté de conscience des catholiques.

Ici encore, je suis bien heureux de pouvoir invoquer l'autorité de M. Jules Simon, dans un passage de son discours prononcé à la dernière séance : « Je ne crois pas, a dit M. Jules Simon, que le rétablissement du divorce soit une agression contre la liberté de conscience des catholiques. » Messieurs, nous voilà d'accord, au moins quant à cette partie de mon argumentation.

C'est qu'en effet il n'est pas possible d'admettre à notre époque, dans notre temps, qu'une religion puisse imposer ses lois à l'Etat ; sinon, nous rentrons en pleine théocratie. L'indépendance, la souveraineté du pouvoir temporel sont des conquêtes précieuses pour lesquelles les anciens rois de France ont bien souvent et bien longtemps combattu, et que la Révolution de 1789 nous a définitivement assurées (Très bien ! très bien ! à gauche).

Il ne faut jamais permettre d'y porter la main.

Messieurs, on ne doit pas plus repousser le divorce, parce que la religion catholique le défend, qu'il ne faudrait le voter par un sentiment de haine contre la foi catholique. Ce qu'il ne faut pas oublier, c'est que notre droit moderne a envisagé le mariage à un point de vue purement civil, c'est qu'il l'a sécularisé.

C'est dans cet ordre d'idées, Messieurs, et en dehors de toute espèce de préoccupation religieuse, que vous voudrez examiner cette grave question du divorce, et que, je l'espère du moins, vous déciderez qu'il y a lieu de passer à la discussion des articles (Très bien ! très bien ! et vifs applaudissements à gauche).

M. Allou. Messieurs, je n'ai pas la pensée d'aborder d'ensemble devant le Sénat la grande question qui vous est soumise. Je voudrais seulement dégager quelques impressions qui, chez moi, sont très vives, et les soumettre à votre appréciation.

Pour moi, la question est tout entière dans un point qu'il faut dégager dès la première heure. A mes yeux, l'indissolubilité du mariage est un élément considérable, est un élément essentiel de la moralité sociale (Très bien ! très bien ! à droite).

La question du divorce est une sorte de question d'honnêteté publique.

Tout à l'heure, M. le garde des sceaux vous disait qu'il s agissait surtout ici de savoir quels étaient les inconvénients de la séparation de corps comparés aux inconvénients du divorce, et que, si les inconvénients étaient, en définitive, à peu près les mêmes, il n'y aurait pas d'hésitation possible, et qu'il fallait rendre la liberté à tant de malheureuses victimes de l'association conjugale.

Il y a, Messieurs, une question plus haute que celle-là : c'est celle de savoir quelle peut être l'influence du divorce sur la moralité même du mariage... (Nouvelles marques d'approbation sur les mêmes bancs)... sur les conditions de l'association conjugale. A entendre le langage que tenait tout à l'heure M. le garde des sceaux, il me serait permis de dire que, si nous arrivons à établir devant vous qu'il y a, dans le rétablissement du divorce, une grave atteinte à la moralité générale, il n'y aurait pas d'hésitation possible pour le Sénateur sur la solution qu'il convient de donner au débat actuellement engagé devant lui.

Messieurs, il y a une première déclaration que je veux faire complète et entière. Il y a, dans ces souffrances de la vie conjugale troublée, d'épouvantables douleurs, d'épouvantables misères. Je croyais les connaître déjà par leurs aspects les plus saisissants, mais je déclare qu'après avoir traversé la commission du divorce, je me suis trouvé en présence de désespoirs plus effroyables encore que je ne l'imaginais.

Les réclamations arrivaient chaque jour à votre commission, ou directement à son président, les mémoires, les notes, les lettres, les prières, même les menaces !

A coup sûr, lorsqu'un homme, au début de la vie conjugale, voit s'éloigner, presque au lendemain de son mariage, celle à laquelle il a donné son nom et confié son honneur, qui l'abandonne pour se jeter dans le libertinage, c'est là une effroyable épreuve.

Lorsque la jeune fille, au premier jour du mariage, est souillée, dans la source même de la vie, par celui auquel elle a donné sa jeunesse et son âme, il y a là quelque chose d'effroyable. Lorsque les condamnations se révèlent, déshonorant l'époux et le père, qu'est-ce que cette vie qui s'arrête avant d'avoir commencé ? Et je ne parle ici que des faits attestés devant la commission par les déclarations de ceux qui lui adressaient leurs désespoirs et leurs prières.

Hélas ! Messieurs, tout n'est pas dit quand on a constaté de semblables douleurs. La législation, dans sa marche impitoyable, rencontre bien des situations individuelles dignes d'intérêt et de sympathie ; elle passe, et, en passant, souvent elle broie, elle écrase. Messieurs, elle représente un intérêt supérieur : elle représente l'intérêt de tous, et il y a des misères auxquelles elle ne peut donner que sa compassion.

Je vais plus loin : A coup sûr, — et ce n'est pas là une espérance que je jette dans le débat comme une manière de convertir quelques-uns de ceux qui pourraient être opposés aux idées que je défends devant vous, — l'heure pourra venir, l'heure devra venir où il y aura à examiner si le cercle, par exemple, des nullités de mariage ne pourrait pas être élargi dans une certaine mesure (Très bien ! à droite) et si l'on ne pourrait pas dégager quelques-unes de ces hypothèses saisissantes, menaçantes, dont on abuse dans cette discussion même, de manière à répondre aux objections les plus saisissantes.

D'un autre côté, on se plaint avec raison des conditions dans lesquelles la femme, après la séparation de corps prononcée, se trouve placée quant à l'administration de sa fortune. A l'heure où l'on recherchera de quelle façon pourraient s'étendre, dans une mesure raisonnable, les droits mêmes de la femme, il y aura lieu d'examiner s'il est possible de maintenir cette situation dans laquelle la femme est obligée, dans un intérêt d'administration équitable, raisonnable, de faire certains actes et d'aller demander au mari indigne, qui la lui vend, une autorisation qui lui est absolument nécessaire. Le jour où les partisans du divorce voudront aborder avec nous l'examen sérieux et attentif de ces différentes questions, je répète qu'on rencontrera de la part de tous, de la part des adversaires du divorce, comme de la part de ceux qui peuvent être ses partisans les plus ardents, une bonne volonté sincère et un empressement égal pour remédier, dans la mesure du possible, à ces douleurs, si dignes de sympathie, dont je vous parlais tout à l'heure (Très bien ! très bien ! à droite).

Mais la vraie question, encore une fois, est de savoir si un intérêt supérieur ne nous commande pas de passer tristement, mais sans pouvoir leur faire accueil, à côté de ces grandes douleurs, dont l'écho vient chaque jour jusqu'à nous. Je voudrais, d'abord, revenir un moment sur un point qu'il est quelque peu décourageant d'aborder après le beau discours de M. Jules Simon. Je ne regarde pas comme absolument établi et démontré, même après le discours de M. Naquet, que l'opinion publique réclame véritablement le rétablissement du divorce. Je ne crois pas que l'opinion publique demande le divorce ; — et vous allez peut-être me trouver bien téméraire, — mais je ne crois pas que l'opinion publique, même dans le passé, l'ait jamais sérieusement demandé.

Je remonte en arrière : est-ce que l'on nous dira, par exemple, qu'en 1789, dans le grand mouvement de la Révolution française, au début, la question du divorce tenait une place quelconque ? Elle n'est pas dans les cahiers des Etats ; on la trouve une seule fois dans les cahiers de Paris. En somme il est bien permis de dire que ce n'était pas une de ces questions qui préoccupaient l'opinion à l'origine de la Révolution française ; elle n'était pas dans les esprits ; elle n'était pas dans les besoins ; elle n'était pas dans les aspirations du pays. Où donc était-elle ? Elle est née des tendances philosophiques de l'époque ; elle n'était que dans la pensée de quelques esprits philosophiques qui, partant de ce point de départ, de cette idée, que l'homme avait reconquis sa liberté, disaient : « Il n'y a plus de contrat indissoluble ; le mariage est un contrat comme un autre ; ce contrat ne doit pas être respecté plus que ne le serait un autre. Si l'heure de le résilier vient dans certaines conditions où la résiliation s'impose, le mariage devra disparaître. »

Le divorce fut ainsi improvisé en 1792, dans l'espace de quinze jours, pas davantage ! Ce n'était pas la pression du dehors, ce n'était pas l'impulsion du sentiment public, ce n'était pas la préoccupation de l'opinion qui déterminaient l'introduction du divorce dans la législation nouvelle ; c'était le travail souterrain et mystérieux de ces esprits dogmatiques qui poursuivaient, avec la rudesse d'une logique impitoyable, la conséquence d'une formule et d'un principe.

Plus tard, lorsque disparut le divorce, à l'époque dont parlait tout à l'heure M. le garde des sceaux, en 1816, il y a une chose qu'il faut reconnaître et que je reconnais bien vite avec lui : c'est que ce fut la question religieuse qui, manifestement, domina tout et emporta tout ; non pas peut-être avec la rigueur de l'affirmation de M. le ministre de la justice : si mes souvenirs sont fidèles, je crois que M. de Bonald trouvait bien, à côté de la question religieuse, quelques explications qui touchaient au vice même du principe du divorce.

Mais enfin, M. le garde des sceaux avait raison, lorsqu'il disait que ce fut un grand courant de réaction religieuse qui emporta, en 1816, l'institution du divorce, et qu'alors que la religion d'Etat venait d'être rétablie, on se dit : Il n'y a plus à discuter, ne discutons pas ; le principe catholique est là, qui impose l'abandon du divorce ; il ne peut plus en être question. C'est vrai, ce fut là l'inspiration de la loi de 1816. Mais il y a une chose que je demande la permission de signaler au Sénat ; comment se fait-il donc qu'à cette époque, si le divorce appartenait si bien aux nécessités sociales, aux institutions sociales, comment se fait-il qu'aucune protestation ne se soit élevée ? Pas une ! Vous avez raison quand vous dites qu'on ne signale guère que de très loin les abus du divorce, comme une cause et comme un élément de sa suppression ; mais je vous assure que j'ai absolument raison de dire à mon tour qu'à cette époque aucune protestation véritable ne s'éleva des entrailles du pays, tirée des nécessités sociales auxquelles aurait répondu le divorce et de ce qu'il y avait d'étrange à faire disparaître de notre législation la ressource du divorce (Interruption à gauche).

Il y avait encore d'autres questions qui étaient abordées aussi, à ce moment, sous l'empire des mêmes préoccupations de réaction que l'on pouvait rencontrer dans l'examen de la question du divorce ; il y avait la question du droit d'aînesse, il y avait celle des substitutions ; le même sentiment, les mêmes inspirations animaient ceux qui, dans ces questions, représentaient le parti de la réaction. Est-ce que vous croyez, Messieurs, que ce qui était le sentiment public, l'opinion, ne se manifestait pas sous les formes même les plus impétueuses, les plus violentes, pour défendre une conquête qu'on considérait comme précieuse ?

Expliquez-moi donc comment et pourquoi, si le divorce était, pour ainsi dire, de nécessité sociale, à cette heure de 1816, quand la suppression en a été demandée, il ne s'éleva pas en réalité, dans l'opinion publique, de manifestation saisissante pour demander la conservation et le maintien du divorce dans nos lois ?

Voilà pour 1816. Lorsque, plus tard, après 1830, la question a été reprise dans différentes circonstances, j'ai le droit de dire encore, Messieurs, qu'il n'y eut ni ardeur, ni passion, ni entraînement ; il y avait là encore une doctrine, un ensemble d'idées, et lorsque, pour tâcher de rencontrer les éléments d'appréciation que je pourrais apporter devant le Sénat, je parcourais les discussions d'alors, je n'ai vu nulle part les vivacités, les ardeurs de la lutte qui auraient attesté que ceux qui demandaient le rétablissement du divorce et l'abrogation de la loi de 1816, représentaient véritablement, à leur tour, un courant, un entraînement d'opinion sérieux. Rien de semblable.

On n'a pas accueilli le rétablissement du divorce ; de longues années se sont écoulées, sans que la question surgît de nouveau ; elle a été relevée tout à coup par un homme d'infiniment d'esprit et d'une ténacité, d'une opiniâtreté admirables, — je le prie de croire qu'en disant cela je lui fais un compliment ; car la ténacité, l'opiniâtreté dans la défense des idées que l'on croit bonnes, c'est assurément un devoir pour l'homme convaincu.

Mais, enfin, c'est bien M. Naquet qui a créé cette question-là ; c'est bien lui qui a fait l'agitation sur la question du divorce (Oui ! oui ! sur divers bancs) ; il l'a dit, il l'a reconnu lui-même ; M. Jules Simon le rappelait dans son beau discours de l'autre jour, et, depuis, nous en avons eu la confirmation éclatante.

M. Naquet a été interrogé par un de ces journalistes qui aiment à aller chercher auprès des hommes considérables de la politique le secret de l'évolution de leur pensée, des préoccupations de leur esprit ; dans cette conversation, M. Naquet s'est étendu davantage, et, si les renseignements qu'on a donnés sont exacts, M. Naquet aurait été parfois assez mal reçu dans quelques-unes de ses expéditions en France. Comment, dans certaines localités, il nous dit que les femmes se demandaient quel sort il fallait faire au conférencier, et les menaces allaient leur train ! (Sourires).

J'imagine, Messieurs, que ces femmes-là ne faisaient pas partie de l'opinion publique qu'on invoque en faveur du divorce.

Il est vrai qu'elles peuvent avoir été converties depuis, comme notre honorable collègue M. Lafond de Saint-Mür (Hilarité). Mais enfin, franchement, ces adhésions-là ne comptent guère !

Messieurs, la vérité est que, lorsque la question a surgi pour la première fois, ainsi que M. Naquet l'a déclaré, la proposition du rétablissement du divorce a été accueillie avec un sentiment qui n'était même pas seulement de la surprise, qui était, il me permettra de le dire, — on le peut aujourd'hui en présence du progrès de ses idées, — qui était presque du dédain.

Il a persévéré, il a combattu, il a eu l'appui de la presse, de la presse heureuse de rencontrer par hasard une question de droit, une question de législation, toute pleine d'un attrait romanesque. De telle sorte que le rez-de-chaussée du journal répondait à la première page et lui faisait naturellement écho.

Il y a eu le travail du roman ; il y a eu le travail du théâtre.

Hélas ! Messieurs, il y a une chose que je puis bien promettre aux partisans du divorce ; c'est que le lendemain du jour où la loi nouvelle aurait été votée, ceux qui s'enrichiraient les premiers de la loi et des conséquences qu'elle produirait, ce seraient à la fois et les romanciers et les auteurs dramatiques... (Rires d'approbation à droite et au centre)... et qu'il ne sera pas difficile pour eux de faire sortir, du rétablissement du divorce, et le côté ridicule et le côté dramatique des conditions nouvelles faites à l'union conjugale (Très bien ! très bien ! sur les mêmes bancs). Il faut tenir compte aussi des doctrines de ceux qui regardent le divorce comme un héritage nécessaire de la théorie républicaine ; et puis il y avait le cœur désespéré des pauvres femmes qui se désolent et qui pleurent ! Voilà comment s'est formé ce mouvement, ce courant que je ne peux pas me résigner à considérer comme l'opinion publique.

Lorsque l'honorable M. Naquet nous parle des effets du divorce, mes préoccupations se tournent du côté du plus grand nombre, du côté des classes ouvrières et des populations des campagnes.

Est-ce que vous croyez vraiment que les classes ouvrières demandent le rétablissement du divorce ? J'ai cherché, moi aussi, à faire un peu de statistique avec mes souvenirs, à l'aide de chiffres recueillis un peu partout. Je fais appel, Messieurs, à vos impressions personnelles : est-ce que vous croyez que, dans les classes ouvrières, le divorce, lorsqu'il aura été demandé, sera habituellement et nécessairement suivi d'un nouveau mariage ? Moi, je ne le crois pas, pour la raison que voici : c'est que, dans les classes ouvrières, le second mariage, après le décès d'un des conjoints, est une chose infiniment rare. Hélas ! c'est à l'union libre que profite la liberté.

Certes, dans les classes ouvrières, on demandera le divorce comme on demande aujourd'hui la séparation de corps ; mais, le divorce obtenu, que fera-t-on de la liberté ? Croyez-vous que sur les débris de l'union disparue, anéantie, s'élèvera une union nouvelle ? Je ne le pense pas.

Et dans les campagnes, c'est bien autre chose ! Je ne crois pas que M. Naquet pût y aller impunément faire les conférences qu'il a faites dans certaines villes. Je crois pouvoir dire que les femmes, dans certaines provinces de France, s'attachent à cette discussion du divorce, en tant qu'elles peuvent la comprendre et la saisir, avec une véritable terreur ; et que la femme des champs, usée et flétrie par le travail, après quelques années d'une jeunesse bien fugitive, se demande avec épouvante quelle pourrait être, avec le divorce, parmi ses filles de ferme, celle qui succèderait à la ménagère (Très bien ! très bien ! à droite).

Non, vous ne représentez pas l'opinion ! Vous représentez des misères individuelles. Non, vous ne représentez pas un grand courant, un grand soulèvement de la pensée publique, vous représentez des souffrances privées qui ne sont pas l'intérêt social. Je l'affirme, nous ne sommes pas en présence d'un de ces grands courants, qui entraînent tout, qui débordent tout. Eh bien, il faut s'arrêter avec une hésitation respectueuse, lorsqu'il s'agit, en présence d'une situation pareille, de toucher à un intérêt qui est un grand intérêt social. Je voudrais qu'il ne pût être ébranlé que lorsqu'on aurait la démonstration et la preuve d'une nécessité impérieuse dans la sphère des idées, et, à la fin, le témoignage d'un entraînement irrésistible de la volonté publique !

L'idée jetée dans la circulation avec persévérance a été relevée dans des programmes politiques ; nous savons bien comment cela se passe ! (Assentiment à droite et au centre). Mais, dans les cahiers nouveaux — j'ai parlé des cahiers des Etats de 1789 ; eh bien, on a voulu faire aussi avec les professions de foi des élections récentes, des cahiers ; et M. Naquet parlait de l'influence qu'a exercée, aux dernières élections, la question du divorce — eh bien, j'ai relevé le chiffre des professions de foi dans lesquelles cette question a été posée ; et — je ne crois pas me tromper, mais, si je commets une erreur, l'honorable M. Naquet pourra la rectifier — il y en a, en tout, 47 ; pas davantage.

M. Naquet. Je demande à l'honorable M. Allou la permission de l'interrompre pour une simple observation : il oublie que, si un très grand nombre de candidats n'ont pas mentionné le divorce dans leurs professions de foi, 227 députés qui se représentaient aux élections, et qui avaient voté le divorce, ont été réélus (Exclamations à droite).

M. Allou. Si vous mettez de votre côté ceux qui n'ont pas fait de profession de foi du tout sur la question, permettez-moi de vous dire que vous en prenez un peu à votre aise ; j'aurais le droit, moi aussi, avec leur silence, de les placer avec moi.

M. Emile Labiche, *rapporteur*. Ils avaient voté le divorce.

M. Allou. Soit, mais je vous prie de remarquer qu'ils ne se sont pas fait une arme de leur vote, qu'ils n'en ont pas fait un élément de leur triomphe, que ce n'a pas été pour eux une plate-forme électorale.

Un sénateur à droite. Au contraire, ils ont caché leur vote.

M. Allou. Permettez-moi de vous dire dès lors que l'opinion publique, par conséquent, ne s'est pas reflétée dans le vote, en présence de déclarations formelles, puisqu'il n'y en avait pas.

M. Marcel Barthe. Les candidats se sont bien gardés d'en faire.

M. Allou. Voilà la conclusion que je voulais tirer du petit nombre de professions de foi dans lesquelles il avait été question du divorce ; et je crois que ce résultat me reste acquis.

Maintenant, Messieurs, j'aborde le débat lui-même, car ce que je viens de dire n'était que l'historique de la question dont vous êtes saisis.

Je demande la permission de toucher à mon tour, et avec beaucoup de discrétion et de réserve, à quelques-unes de ces questions si délicates que le Sénat doit s'étonner un peu de voir aborder à sa tribune ; à quelques-unes de ces questions intimes, psychologiques, comme disait l'honorable M. Jules Simon.

Chez nous, Messieurs, le respect est grand de la pureté de la femme. Eh bien, ce qui fait la chasteté, la pudeur, l'honneur de la femme, c'est qu'elle n'appartient qu'à un seul.

C'est là son honneur ; c'est là sa fierté (Très bien ! très bien ! à droite et au centre).

Dans les pays d'Orient, la femme est gardée par la servitude ; chez nous, elle se garde par sa dignité personnelle (Nouvel assentiment sur les mêmes bancs). En dehors de la question des secondes noces en cas de veuvage — et vous savez que cette question n'a rien à faire avec celle que je traite en ce moment, — est-ce que vous croyez que c'est chose toute simple, que de voir cette femme, affranchie par le divorce, appartenant tour à tour à deux hommes, vivants tous deux le lendemain dans le couple d'hier et celui d'aujourd'hui ? Avec les divorces successifs, je pourrais dire davantage : c'est la polygamie successive.

Les deux époux seront vivants. Tous deux, encore une fois, et la femme passera rougissante.... (C'est cela ! très bien ! à droite et au centre), et les deux époux se rencontreront eux-mêmes ! (Très bien ! très bien ! sur les mêmes bancs). Ah ! je réponds bien que, dans notre société française, délicate, impressionnable, il n'y a pas place que pour les railleries, il n'y a pas place que pour le dédain, en présence d'une situation pareille.

Vous ne ferez jamais accepter, dans notre société qui ne l'acceptait, pas dans le passé, — si vous interrogez les souvenirs de nos grand'mères, —

comme une situation régulière, la situation d'un mari et d'une femme ayant abandonné le foyer domestique et cherchant à s'en constituer un second (Nouvelle approbation sur les mêmes bancs).

Il y a là quelque chose de cruel, de pénible, de douloureux pour la dignité de la femme. L'honorable M. Jules Simon avait bien raison de le dire, dans les paroles qu'il adressait l'autre jour au Sénat (Très bien ! très bien ! à droite et au centre).

Je fais un pas de plus, toujours dans cet ordre d'idées d'une analyse raffinée, mais bien vraie. La parole peut rester pure, par l'élévation de l'idée et la hauteur de l'inspiration.

Est-ce que vous croyez — je suis bien là sur le terrain où s'est placé M. Jules Simon et où se plaçait M. le garde des sceaux — est-ce que vous croyez que vous n'enlevez pas quelque chose, par l'idée même du divorce, à la pureté du mariage, de tous les mariages ?

L'indissolubilité est une barrière, un frein, un obstacle ! Vous comprenez bien ce que je veux dire. Quand la pauvre femme est là qui se débat, quand la pauvre âme assiégée est aux prises avec les entraînements de la passion, en lutte avec le sentiment intime du devoir, est-ce que vous croyez que ce n'est pas quelque chose que de pouvoir se dire, avec la loi du divorce : non ce n'est pas la faute ; non ! ce n'est pas la déchéance ; non ! ce n'est pas la chute, mais c'est la prison qui s'ouvre, et c'est le commencement d'une union nouvelle qui sera à son tour sainte, respectée, et consacrée par la loi.

Messieurs, vous allez faire disparaître l'obstacle du caractère immuable du mariage, et laisser le sophisme servir les calculs de la passion (Très bien ! à droite).

J'ajoute ceci : L'honorable M. Jules Simon, dans une partie importante de son discours, vous disait ce qu'il fallait penser de ces transactions qu'on fait en ménage, de ces sacrifices communs. Je n'y veux toucher qu'à peine. Après le tableau si complet qu'il vous en a fait, c'est une simple esquisse légère que je place sous vos yeux. Mais enfin l'idée est bien juste, ramenée aux termes que voici, que le mariage vit de concessions mutuelles. Est-ce que vous croyez que l'indissolubilité du lien conjugal n'est pas l'inspiration secrète, inconsciente peut-être de ces concessions mêmes ? Mais, dès le premier jour, les caractères sont en lutte ; je ne parle pas de cette période de bonheur, d'ivresse, qui a une durée plus ou moins longue ; je parle de ces moments où les caractères peuvent se trouver en contact, de l'heure où la femme est irritable, impressionnable, et le mari impatient ; tout cela finira cependant, tout cela s'apaisera.

Pourquoi ? Parce que le mariage est une union indissoluble. Mais si le contrat n'est qu'un contrat ordinaire, si le mariage peut-être dissous par le divorce, permettez-moi de vous dire que les choses changeront bien vite. Ce n'est pas dès le premier jour que le mot de divorce sera prononcé ; mais soyez sûrs qu'il sera prononcé bientôt, et ce jour-là les choses iront vite.

La statistique, dont je suis bien disposé quelquefois, je l'avoue, à médire un peu, établit que les demandes de divorce sont, la plupart du temps, formées dans les premières années du mariage ; plus tard, quand les aspérités se sont usées par le contact, la demande de divorce n'est pas formée ; les impatiences premières, celles qui se seraient apaisées avec le sentiment du caractère irrévocable du mariage, ces premières susceptibilités, elles aboutiront de suite à ce mot terrible : nous ne nous entendons pas, le divorce est là, nous allons aller chacun de notre côté ! C'est là l'heure terrible. Si l'indissolubilité est maintenue, dans le souvenir même des années passées en commun, avec le rapprochement des caresses sur la tête des enfants, l'harmonie se refait touchante, durable (Très bien ! très bien ! à droite).

Voilà des considérations intimes, terre à terre, mais bien vraies, je vous l'assure. J'ai vu ces désaccords passagers s'apaiser, parce que l'union ne pouvait se rompre pour arriver à une union nouvelle ; je m'effraie, pour la paix domestique, de cette liberté de remplacer une première épreuve par une épreuve nouvelle.

Messieurs, ces considérations ne suffisent pas encore, à mes yeux ; ce n'est pas là qu'est le grand intérêt du débat. Avec l'indissolubilité du mariage disparue, c'est la constitution même de la famille qui est ébranlée. Tous les contrats peuvent être brisés ; mais la famille est une société qu'on ne peut pas ébranler. Ce n'est pas un contrat à temps, viager, limité : ce n'est pas un contrat qui intéresse seulement les deux parties contractantes, l'époux et l'épouse. C'est une société qui intéresse leurs ascendants, sous les auspices desquels le mariage s'est fait, et qui y ont vu une garantie éternelle qui intéresse leurs descendants, ceux qui vont naître de cette union.

Il y a une chaîne dont les anneaux se déroulent, embrassant le passé et l'avenir ; c'est là la famille : en arrière, les traditions communes ! en avant, les espérances communes ! tout se tient ! tout s'enchaîne ! C'est là ce que vous allez briser.

Voici le ménage : un mari et une femme, un seul mari et une seule femme ; voici les enfants, frères et sœurs entre eux.

Il y a des exceptions qui pourront résulter des secondes noces, je ne l'oublie pas ; mais je parle de la situation générale. Qu'est-ce que vous faites de tout cela avec le divorce ? Il semble, à entendre ceux qui sont les partisans les plus ardents du divorce, que le lendemain du jour où l'on aura brisé une union mauvaise, on va, avec ces débris épars, constituer immédiatement deux ménages nouveaux qui seront excellents (Sourires à droite).

Je suis persuadé qu'avec le divorce, au lieu d'un mauvais ménage, on en aura trois, et même davantage. Dans le mariage qui aboutit au divorce, il y a un époux coupable, il y en a souvent deux ! Quelle garantie pour les unions nouvelles ! Vous comprenez bien ce que je veux dire. Le premier mauvais ménage, c'est celui qui se dissout par le divorce, vous ne pouvez pas le contester, puisqu'il aboutit à l'affranchissement...

M. Émile Labiche, *rapporteur*. Il n'existe plus.

M. Allou. Il n'existe plus ! Vous vous trompez : il existe encore par les enfants, ils sont là le témoignage vivant de la première union (Très bien ! très bien ! à droite). Il existe toujours dans la personnification des enfants qui sont les représentants de la première famille ; et, à côté de ce premier ménage, qui subsiste, qui survit par les enfants, vous avez le ménage de la femme divorcée, qui épouse un nouveau mari, et celui du mari qui épouse une nouvelle femme. J'ai donc le droit de dire qu'il y a trois ménages, trois unions ; il pourrait y en avoir davantage avec de nouveaux divorces ! A travers tout cela, dans ce croisement étrange, que devient la famille ? Que devient la race ? Que devient le patrimoine ?

Voilà les conditions dans lesquelles apparaît alors l'intérêt des enfants dont parlait tout à l'heure M. le garde des sceaux. L'intérêt des enfants, c'est le lieu ici d'en parler.

On vous a dit : voyez ce qui se passe dans les séparations de corps. La femme pourra avoir une vie irrégulière, si elle a la garde de ses enfants, le mari également. Mais alors quelle est la sécurité de ces pauvres créatures, de ces pauvres enfants abandonnés ? Il faut bien dire que les garanties seront, la plupart du temps, dans la réserve nécessaire pour le mari et la femme, même dans l'organisation d'une vie qui ne serait pas absolument pure. Est-ce que je n'ai pas le droit de dire, avec tous mes souvenirs que je puis invoquer comme le faisait tout à l'heure M. le garde des sceaux, que la femme, même atteinte dans sa conduite, à l'occasion de la séparation de corps prononcée, garde dans sa maternité le respect de ses enfants ? Est-ce que je n'ai pas le droit de dire cela ? Mais voyez donc ce que fait le divorce ?

Comment, voilà des enfants qui représentent la première union, l'union brisée, les voilà, à la suite du divorce qui a rompu le lien qui unissait leur père et leur mère, les voilà ballottés, eux, les enfants de cet homme et de cette femme, entre le nouveau mariage de la femme et le nouveau mariage du mari, entre le mariage de leur père et le mariage de leur mère, chacun de leur côté !... Je vous demande où il y a place pour eux ?

Voix à gauche. Et dans la séparation ?

M. Allou. J'entends murmurer de ce côté (de gauche) : Et dans la séparation ? Je viens de vous montrer précisément que, dans la séparation il n'y avait pas ces éléments-là. Je reconnais bien qu'on rencontre là les éléments furtifs d'un ménage irrégulier organisé ; mais je dis qu'il n'y aura jamais pour les enfants la douleur d'un ménage régulier définitif, contracté par la femme et par le mari ; ils seront écrasés, broyés entre ces unions multiples qui ne leur laissent ni protection, ni affection (Très bien ! à droite).

Est-ce que vous croyez qu'à côté des enfants de ces deux unions nouvelles, il y aura une place sérieuse pour les enfants nés du premier mariage ?

M. Naquet disait : « Que voulez-vous, il sera encore bien heureux pour une pauvre femme, de trouver un mari qui va devenir le protecteur de ses enfants ; il y a là une force virile nécessaire pour la direction des enfants. Les enfants du premier mariage trouveront tout cela dans la deuxième union ; pour l'union du mari est-ce qu'il n'est pas vrai de dire qu'il y aura, là aussi, une même protection, le même appui, le même secours ? J'ai peur ; et je ne crois pas du tout que, lorsque des enfants seront nés du second mariage de la femme ayant eu un nouveau mari, ou du second mariage du mari ayant pris une autre femme, qu'il reste même une petite place au foyer domestique pour les enfants de la première union. »

Mais le père et la mère sont vivants ! mais les luttes intestines sont là plus ardentes encore que lorsqu'il s'agit de la séparation de corps.

Dites, Messieurs, si vous le voulez, que le droit des époux est un droit supérieur et qu'on peut lui sacrifier celui des enfants ; mais ne dites pas que la situation des enfants est sauvegardée davantage par le divorce, dans les conditions où vous avez la prétention de le rétablir.

Et si nous parlons des conditions des classes élevées ou seulement aisées, il y a évidemment des conditions qui peuvent atténuer peut-être et adoucir. Mais dans la vie ouvrière, est-ce que vous croyez que les enfants des époux malheureux, qu'on aura traînés de la première union dans l'union nouvelle de la femme ou dans l'union du mari, est-ce que vous croyez que ces enfants auront leur place au foyer ?

Les considérations que j'ai développées restent donc avec toute leur portée et toute leur signification. Le divorce, c'est la famille désorganisée ; c'est la famille supprimée et perdue. (Oui ! oui ! à droite. — Murmures à gauche).

M. le rapporteur. Il n'y a donc pas de famille en Allemagne, en Suède et en Belgique ?

M. Allou. Attendez, Monsieur le rapporteur ; vous êtes le représentant, dans la commission, de l'opinion d'un seul membre de la commission.

J'ai rencontré vos opinions dans la commission ; je me suis efforcé d'y répondre, et j'y répondrai ici encore. Je parle en ce moment-ci de la constitution de la famille chez nous, dans les précédents, dans les traditions de la race française.

Elle vit de l'enchaînement des générations successives, se succédant dans une unité qui constitue ce qu'on appelle la famille. C'est cette unité que vous brisez, que vous mettez en lambeaux par la constitution de ces ménages distincts et séparés dans lesquels je ne retrouve plus ce qui fait le respect et la dignité de la famille !

Messieurs, je disais tout à l'heure que je ne laisserais pas de côté l'objection tirée des conditions dans lesquelles ailleurs le divorce peut être pratiqué.

D'abord je contesterai un point qu'on a regardé comme beaucoup trop facilement acquis à la cause des défenseurs du divorce ; c'est que là où le divorce existe, la situation de la femme divorcée soit sacrée et respectée ; à ce point que l'honorable M. Naquet nous disait que la femme divorcée était plus recherchée que la femme veuve ou la jeune fille.

Je n'en crois absolument rien, et permettez-moi de dire que ce n'est pas la situation de la femme divorcée en Angleterre, pour prendre un grand exemple, qui atteste la position éclatante dont vous parliez ; en Allemagne, elle n'a non plus rien d'enviable ; la situation n'est nulle part telle que vous la dépeignez ; elle est partout difficile, embarrassée. Je ne dis pas que la femme intègre, dans sa vie délicate, dans son existence, ne puisse pas reconstituer autour d'elle une atmosphère de pureté et de dignité. Mais cette situation de femme divorcée est partout, je ne dirai pas une flétrissure, ce mot serait injuste et étrangement exagéré, mais une situation délicate encore une fois !

M. Naquet. C'est une garantie pour vous. Cela vous prouve que le divorce ne sera pas si attrayant !

M. Allou. J'arrive au divorce à l'étranger. La statistique m'épouvante avec ses affirmations.

J'ai relevé dans l'ouvrage de M. Glasson beaucoup d'erreurs des statistiques sur lesquelles vous vous appuyez. Mais enfin ! c'est un terrain de discussion très difficile. Quand vous me direz, avec des chiffres cabalistiques, qu'en Allemagne, que dans le Hanovre, il y a eu tant de mariages et tant de divorces, comment voulez-vous que j'aille discuter vos chiffres ? Où sont les éléments sacrés qui peuvent déterminer ma conviction ?

Les pays dont vous parlez sont d'origine germaine, saxonne, flamande. Permettez-moi de dire qu'on ne peut pas traiter si dédaigneusement, comme on l'a fait, l'argument de l'honorable M. Jules Simon. On a beau jeu, dans une Assemblée française, de parler de la dignité de notre race et de sa valeur morale ; mais enfin il est impossible de se dissimuler que dans les pays dont vous parlez toujours, le frein religieux ne soit un contrepoids sérieux. Pour l'Angleterre, il y a un autre frein, c'est la complication et le chiffre effrayant de la procédure nécessitée par le divorce. Il y a là des obstacles qui, par les difficultés de procédure et par les exigences très coûteuses qu'il faut s'imposer et auxquelles il faut donner satisfaction, donnent la raison du petit nombre des divorces en Angleterre.

Je ne veux pas m'égarer dans ces recherches à travers des pays lointains ; je trouve que ces comparaisons sont inutiles ; je ne dis pas qu'il ne faut pas en tenir compte dans une certaine mesure ; mais je dis qu'elles sont dangereuses, et alors, qu'est-ce que je vous propose ? C'est de chercher au moins des analogies voisines. Chez les peuples de race latine et non pas de race flamande ou saxonne, montrez-moi donc le divorce !

M. le garde des sceaux disait tout à l'heure, en citant l'opinion de Treilhard, qu'il fallait consulter le tempérament de la race, le milieu dans lequel la question du divorce s'agitait. C'est ce que je fais, quand j'admets la comparaison entre les populations que vous citez et notre situation à nous-mêmes.

Je dis que chez les peuples de race latiné, vous ne voyez pas le divorce, et que, chez nous, là où nous l'avons vu fonctionner, il a fonctionné dans les conditions les plus désastreuses, les plus lamentables, les plus honteuses.

La première partie du discours de M. le garde des sceaux en était le témoignage éclatant : il citait tout à l'heure, à différentes reprises, M. Jules Simon ; je pourrais à mon tour citer le discours que prononçait tout à l'heure M. le ministre de la justice.

Il a été plus loin qu'il ne le croyait, il a condamné le divorce, en rappelant la loi de 1792 et ses effets.

Mais le doute n'est pas possible sur le caractère de cette première épreuve.

C'est Maleville qui disait qu'avec la loi nouvelle, on se précipita dans le divorce et qu'on vit cent fois plus de divorces que de séparations de corps. C'est, en l'an V, Reynaud qui disait au conseil des Cinq-Cents : Il n'y a plus de mariage, il est changé en concubinat successif ! — En l'an IX, à Paris, sur 4,000 mariages, il y avait 700 divorces ; en l'an X, sur 3,000 mariages, 900 divorces ! Et Mercier, qui avait été le défenseur ardent du divorce, appelait sous le Directoire, le divorce, le sacrement de l'adultère. (Très bien ! et rires à droite).

Je réponds bien vite à l'objection qui est au fond de la pensée, non pas seulement de mes contradicteurs, mais de ceux même qui peuvent accepter mes idées. C'était alors la loi de 1792 ; nous ne vous proposons pas son rétablissement ; nous vous proposons un système de divorce restreint qui ne sera pas même le divorce du Code civil, mais son atténuation, son amoindrissement, comme s'il fallait des ménagements pour faire accepter par l'opinion publique, si ardente, dites-vous, une solution à laquelle elle tient si fort !

L'objection ne vaut rien, et voici pourquoi. Ce que je cherche dans le souvenir de l'effet produit par la législation de 1792, c'est le témoignage de la précipitation avec laquelle on pouvait, chez nous, pour employer une expression violente, se ruer dans le divorce, dès que le divorce a été rétabli.

Je ne m'inquiète pas de savoir si le divorce s'obtenait alors plus facilement, ou si, aujourd'hui, il s'agirait d'un divorce moins facile ; le divorce rétabli, on se précipita dans le divorce, comme parle Maleville ; c'est le témoignage des impatiences, des ardeurs, non pas des peuples voisins, mais du peuple même auquel vous voulez appliquer la loi du divorce qui vous est proposée.

Voilà ce que j'avais à répondre à ces comparaisons empruntées à des législations voisines, et je crois que la réponse est sérieuse. (Très bien ! très bien ! à droite). Messieurs, je veux finir ; je crois qu'il y a là une grande question de moralité sociale.

M. Emile Labiche, *rapporteur*. Messieurs, nous touchons à la solution d'une des questions les plus importantes qui puissent être soumises au Sénat.

La discussion générale va être close tout à l'heure ; vous allez être appelés à voter sur le principe même de la réforme, c'est-à-dire sur la question de savoir s'il faut opposer une fin de non-recevoir absolue à tous les projets de réforme, ou si, au contraire, vous pouvez en adopter le principe, sauf à réserver les questions d'application.

Sur le principe, il y a eu dans la commission une majorité, et cette majorité a été d'avis que la loi de 1816 ne doit pas être maintenue.

Quant aux questions d'application, des divergences se sont manifestées ; les uns sont d'avis que l'application devrait être celle du Code civil ; un autre pense qu'il conviendrait de restreindre la législation de 1803.

En ce moment, l'examen de ces questions est prématuré ; nous n'avons à résoudre que la question de principe, et elle se posera sur l'article 1er.

Il est entendu que le principe résolu n'engagera pas la solution définitive ; car si l'accord n'arrivait pas à se faire sur les questions d'application, le vote d'ensemble ferait disparaître l'article 1er, c'est-à-dire l'abrogation de la loi de 1816.

Messieurs, en l'état de la question, le rôle du rapporteur est d'examiner si, depuis que le débat est engagé devant le Sénat, ce débat a amené des éléments nouveaux qui soient de nature à modifier les conclusions premières de la commission.

Les éléments nouveaux introduits dans le débat, vous les connaissez ; je passerai rapidement sur ceux qui sont favorables à nos conclusions premières.

Je dois d'abord signaler un discours de M. Lafond de Saint-Mür qui, parti d'idées absolument différentes des nôtres, est arrivé par la réflexion et par l'étude, à la conclusion qu'il n'y avait pas lieu de maintenir l'abrogation absolue du divorce ! Dans un langage aussi élevé que littéraire, M. Lafond de Saint-Mür vous a loyalement expliqué les motifs de sa conversion.

A ces différents titres, son discours est un élément favorable ; son adhésion inattendue est, pour nous, une conquête précieuse.

Vous avez ensuite entendu l'honorable M. Naquet. Il est absolument inutile de revenir sur l'exposé si clair, si complet, si logique, qu'il vous a présenté avec autant de conviction que de talent.

Son intervention a été un nouveau service pour la cause qu'il défend depuis tant d'années avec une constance, avec un dévouement dignes des plus grands éloges !

Dans cet éloquent discours, la commission n'a pu trouver que des motifs de persévérer dans ses conclusions premières.

Nous avons ensuite entendu l'honorable M. Jules Simon : comme sur beaucoup de points son argumentation se rapproche de celle de notre éminent collègue M. Allou, je vous demanderai d'examiner en même temps

ces deux discours, afin de discuter successivement les objections développées par les deux orateurs.

Toutefois, avant d'aborder cet examen nous avons à vous signaler un
élément considérable qui s'est produit dans le débat.

C'est l'intervention du Gouvernement, intervention qui, jusqu'à présent,
n'avait pas eu lieu. Cette intervention a d'autant plus d'importance qu'au
point de vue de l'opportunité de la réforme il ne peut y avoir de juge plus
compétent...

M. de Gavardie. Pourquoi ne l'a-t-il pas proposée, alors ? (Exclamations à gauche).

M. le président. N'interrompez pas, monsieur de Gavardie.

M. le rapporteur. Je dis que l'intervention de M. le garde des
sceaux a apporté, à l'appui des conclusions de la commission, des considérations puissantes. Au point de vue de la question de l'opportunité, qui
avait une première fois arrêté le vote de la Chambre, il est incontestable
qu'une délibération favorable du conseil des ministres doit avoir sur vos
décisions une influence considérable.

Il est certain, en second lieu, que, par son intervention, M. le garde des
sceaux, le représentant de la magistrature française... (Interruptions et
murmures à droite).

M. Emile Labiche. ...le représentant autorisé de la magistrature
française... (Très bien ! très bien ! à gauche) ...le rapporteur vous a
apporté, avec l'élévation de sa pensée, avec sa science juridique incontestable, un élément d'appréciation qui doit peser d'un grand poids dans le
débat.

Il est vrai que l'adhésion de M. le ministre au système de la commission
n'est pas absolue. Sur un point, M. le garde des sceaux fait des réserves :
au lieu d'adhérer aux moyens d'application dont l'honorable M. Eymard-
Duvernay a pris l'initiative, soit à ceux qui auraient eu la préférence de
quatre des membres de la commission (le retour pur et simple au code
civil), M. le garde des sceaux nous demande de ne reprendre le système du
code civil qu'avec une exception ; il nous propose de supprimer les dispositions relatives au divorce par consentement mutuel.

Je n'insisterai pas sur ce point, car en ce moment, il est absolument
accessoire au débat. Ce n'est, je le répète, qu'un des moyens d'application
d'un principe général.

Or, à ce moment, je dois m'en tenir à l'examen du principe, et, si, comme
je l'espère, vous l'adoptez, je ne doute pas que nous ne nous mettions bientôt
d'accord avec le Gouvernement ; car nous poursuivons le même but, le rétablissement d'une institution qui sauvegarde les intérêts des époux malheureux, sans porter aucune atteinte à la moralité publique. En effet, Messieurs,
la majorité de la commission n'est pas composée de membres intransigeants
ayant la résolution de faire triompher quand mêmes toutes leurs idées
personnelles ou de n'accepter aucune réforme.

L'honorable M. Jules Simon a agréablement plaisanté la commission sur ses décisions. Ces variations de la commission ne prouvent qu'une chose, c'est sa bonne foi, et c'est le désir des membres favorables au rétablissement du divorce d'arriver à constituer une majorité, pour apporter ici une solution acceptable par le Sénat. Si, pour expliquer la conduite de la majorité des membres de la commission, j'avais à invoquer des précédents parlementaires, c'est à l'expérience de mon honorable contradicteur, que je ferais appel : je lui rappellerais que les exemples de transactions analogues à celles qui ont excité sa verve, sont fréquents, et que la première de nos lois, la Constitution elle-même, a eu plusieurs dispositions qui n'ont été votées que par esprit de conciliation et de transaction.

Afin d'arriver à une solution favorable à nos idées, nous n'avons pas cru devoir être plus intransigeants dans la commission que les républicains ne l'ont été, il y a quelques années, dans la commission de la constitution, afin d'assurer l'établissement de la République (Très bien ! à gauche).

Nous ne nous montrerons pas plus intransigeants, quand nous aurons à apprécier les propositions de M. le ministre ; nous sommes disposés à sacrifier nos idées personnelles pour assurer le succès de la réforme.

Maintenant, Messieurs, j'arrive à l'examen des discours des deux contradicteurs, aux objections qu'ils ont présentées aux conclusion de la commission.

Ce que vous proposent MM. Jules Simon et Allou, ce n'est pas une modification à nos propositions de réforme, c'est une fin de non-recevoir absolue, repoussant tout examen, tout débat, toute réforme... (Dénégations à droite).

Oui ; je dis : « tout débat, » car il est certain que, si l'article 1er des divers projets qui vous sont soumis était rejeté, la discussion serait terminée au Sénat.

La question pourrait renaître, renaîtrait certainement à la Chambre ; mais quant à présent, elle serait résolue négativement ici.

J'avoue qu'en entendant l'admirable discours de notre éminent collègue M. Jules Simon et, le lendemain, l'éloquent plaidoyer de l'honorable M. Allou, en me laissant aller au charme de leur parole, je n'étais pas sans éprouver un sentiment d'inquiétude, d'avoir à répondre aussi aux objections formulées par ces illustres maîtres de la parole. Mais la première partie du discours de l'honorable M. Jules Simon m'a complètement rassuré ; j'ai constaté que nous n'étions pas aussi divisés que je le craignais. L'importance que nous attachons tous ici à ses opinions, m'a fait considérer comme un devoir d'analyser toute cette première partie de son discours, afin de vous démontrer que, loin d'y rencontrer les motifs défavorables au principe de la réforme, nous pouvons y trouver des préoccupations qui peuvent se concilier avec nos projets.

Dans cette première partie, M. Jules Simon ne se montre donc pas un adversaire irréconciliable, et plusieurs de ses opinions peuvent être invoquées à l'appui de cette thèse.

44

M. Buffet *et d'autres sénateurs à droite.* Comment ! mais pas du tout !

M. le rapporteur. Quelle est, en effet, la première déclaration que nous a faite l'honorable M. Jules Simon ? En commençant son remarquable discours, il s'adresse ainsi à l'honorable M. Naquet :

« Je ne crois pas à l'utilité du divorce, et je crois encore moins à son opportunité. Il n'en résulte pas que je conteste tout ce qu'a dit l'honorable M. Naquet. Sur plusieurs points je suis d'accord avec lui. »

Quels sont ces points ?

« Je pourrais — continue M. Jules Simon — faire quelques observations sur certains points. Mais, Messieurs, outre que je suis partisan de la loi civile, je ne crois pas que l'établissement du divorce soit une agression contre la liberté de conscience des catholiques. »

J'appelle toute votre attention sur cette déclaration loyale faite par un adversaire de notre proposition :

« Je ne crois pas que l'établissement du divorce soit une aggression contre la liberté de conscience des catholiques. »

Si vous établissiez le divorce sans maintenir à côté la séparation de corps, je ferais immédiatement des réserves graves ; mais, vous maintenez la séparation de corps. M. Naquet, à plusieurs reprises aujourd'hui, et même je crois, hier, nous a parlé de son respect pour la liberté de conscience ; je suis convaincu que ce respect est sincère, et j'ai le droit de dire que personne ne peut me regarder comme suspect dans une pareille matière.

« Je laisse donc de côté tout ce qui regarde la question religieuse. »

Voilà, Messieurs, une première déclaration très nette, très formelle, qui nous met à l'aise ; nos contradicteurs le reconnaissent : dans notre projet, il n'y a pas d'agression contre la liberté de conscience des catholiques ; et cette déclaration est applaudie par la droite aujourd'hui.

Quel progrès, Messieurs ! quand je pense que la loi dont l'abrogation est aujourd'hui en discussion, a été précisément votée presque uniquement — l'honorable M. Allou l'a loyalement reconnu — par ces considérations religieuses qu'on met aujourd'hui de côté ! Ne suis-je pas en droit de me féliciter que le progrès des idées libérales ait été assez considérable pour que la raison d'être invoquée par les instigateurs de la loi de 1816 soit aujourd'hui désavouée par tous ceux qui s'en font les défenseurs ! (Très bien ! très bien ! à gauche).

Et ce n'est pas seulement sur le principe général de la loi que nous avons le bonheur d'être d'accord avec l'honorable M. Jules Simon ; c'est même sur plusieurs questions d'application.

Voici, en effet, ce que nous trouvons un peu plus loin dans son discours :

« S'il ne s'agissait, comme le supposait M. Naquet, que de comparer la situation des personnes qui vivent en état de séparation corps à la situation des personnes qui vivent en état de divorce, je conviendrais sur le champ avec lui, parce que ce n'est pas même discutable, qu'il vaudrait mieux pour ces personnes-là que le divorce fût rétabli. Il est clair, en effet, que le divorce leur laisserait toutes les libertés qu'elles ont, et qu'il en ajouterait une autre.

« S'il s'agissait aussi d'examiner la situation des personnes qui vivent en état de séparation et pour lesquelles M. Naquet éprouve un intérêt que j'éprouve moi-même, je dirais que d'un côté, je trouve très pénible d'être privé du droit de se remarier, quand le premier mariage a été un malheur; que, d'autre part, notre législation française me semble dure pour les séparés, et qu'il y aurait peut-être lieu de la modifier sur certains points. »

Ainsi, Messieurs, la commission a le bonheur de se trouver d'accord avec l'honorable M. Jules Simon sur le principe général.

M. Buffet. Mais pas du tout !

M. le rapporteur. M. Jules Simon constate, aux applaudissements de la droite, que la liberté religieuse n'est pas engagée dans la question ; qu'il ne s'agit pas de fortes atteintes à la liberté des catholiques ; qu'il n'y a pas, dans notre projet de réforme, une tentative de violence contre le culte catholique.

Permettez-nous donc de nous féliciter d'être d'accord avec lui, non-seulement sur le principe général, mais aussi sur ce point que, si nous envisageons la situation des époux séparés, le divorce est infiniment préférable à la séparation (Dénégations à droite).

M. Buffet. Il n'y a rien de cela !

M. le rapporteur. Je vous demande pardon. Les conclusions que je tire du discours de M. Jules Simon, ne résultent pas d'une analyse de ses paroles, mais d'une citation textuelle que je reproduis, puisque vous en contestez le sens :

« S'il ne s'agissait, comme le supposait M. Naquet, que de comparer la situation des personnes qui vivent en état de séparation de corps à la situation des personnes vivant en état de divorce, je conviendrais sur-le-champ avec lui, parce que ce n'est pas même discutable, » — vous l'entendez, M. Buffet ? — « qu'il vaudrait mieux pour ces personnes-là que le divorce fût rétabli. Il est clair, en effet, que le divorce leur laisserait toutes les libertés qu'elles ont, et qu'il en ajouterait une autre. »

Ainsi, posant la question au point de vue pratique : Vaut-il mieux pour les époux séparés, pour leur intérêt, vaut-il mieux recourir à la séparation ou au divorce ? — M. Jules Simon n'hésite pas, et nous avons le bonheur de nous trouver d'accord avec l'orateur dont la droite accueillait l'autre jour les déclarations avec des applaudissements répétés.

Voilà déjà deux points sur lesquels je constate qu'aucun désaccord n'existe entre nous et notre éminent contradicteur.

Maintenant, la situation actuelle est-elle tolérable ? Y a-t-il quelque réforme à apporter? — C'est à cette préoccupation qu'est dû notre projet de réforme. M. Jules Simon se pose la question :

Si la situation actuelle était bonne, on pourrait nous dire : Votre projet de réforme est inutile; mais les déclarations de l'honorable M. Jules Simon, comme celles de l'honorable M. Allou sont, sur ce point, aussi convaincantes que possible.

Ils reconnaissent que la situation est mauvaise; qu'il faut réformer la séparation; pourquoi ? Pour éviter toute dénégation, je ne veux pas analyser les déclarations de nos contradicteurs, je préfère les citer textuellement :

« Vous avez parlé de l'erreur sur la personne. Je crois que notre jurisprudence n'admet que l'erreur sur la personne physique; je ne sais pas, quant à moi, si l'on ne devrait pas aller plus loin, et si l'erreur sur la qualité du citoyen ne pourrait pas être admise comme une erreur entraînant la nullité du contrat. Vous croyez épouser un citoyen, et vous épousez un infâme : c'est une erreur sur la personne, et une erreur d'une nature telle qu'il faut au moins réfléchir sur la question et voir si l'on ne pourrait pas ajouter quelques nullités à celles qui existent. »

La nullité du mariage motivée pour cause d'erreur sur la personne morale, voilà donc encore un élément de réforme important. Aussi, lorsque l'honorable M. Naquet entendait l'autre jour cette déclaration, il me demandait si par cette concession M. Jules Simon n'allait pas nous accorder, sous le nom de nullité pour cause d'erreur sur la personne morale, la dissolution du mariage que nous demandons aujourd'hui au moyen du divorce.

En effet, si l'erreur sur la personne morale, sur les qualités morales, est interprétée dans un sens libéral, nous arrivons à la dissolution du mariage pour cause postérieure à sa célébration, c'est-à-dire au divorce.

Pourquoi restreindrait-on la nullité aux condamnations antérieures au mariage, puisque l'infamie du conjoint, frappé d'une condamnation postérieure au mariage, rend la vie commune aussi pénible que si elle avait eu lieu auparavant ?

Par conséquent, avec cette conscience qu'il peut y avoir des cas de nullité de mariage pour causes postérieures à la célébration de mariage nous aurons, sous un autre nom, le divorce dont nous sollicitons le rétablissement.

Quant à l'état des séparés, les appréciations de nos contradicteurs sont satisfaisantes pour nous (Interruption au centre).

M. Jules Simon ne se fâchera pas de l'importance que j'attache à son opinion ; j'aurais ardemment désiré qu'il mît au service de notre cause son admirable talent, le charme de sa parole pleine d'onction et de poésie.

Ainsi voilà encore une partie de l'argumentation de notre honorable collègue dans laquelle nous trouvons une adhésion aux réformes que nous demandons (Rires à gauche).

Un sénateur à droite. Vous vous trompez, il n'y a là aucune adhésion à vos idées !

M. le rapporteur. Comment ! M. Jules Simon demande à la transformation de la séparation les réformes que nous réclamons et que nous voulons réaliser par le rétablissement du divorce, et vous ne voulez pas que je m'empare de cette adhésion partielle à nos idées ? Il m'excusera de m'emparer de l'assentiment qu'il a bien voulu donner aux critiques que nous adressons à la séparation de corps.

M. Jules Simon. Il y a vingt-cinq ans que j'ai demandé la réforme de la séparation de corps, et le maintien de la loi contre le divorce.

M. le rapporteur. Je voudrais arriver à démontrer que, sous des noms différents, vous n'êtes pas éloigné de poursuivre le même résultat que nous.

Permettez-moi donc de continuer mes citations.

« De même pour la situation des séparés. La femme séparée de corps et de biens ne peut pas agir comme maîtresse de ses biens sans l'autorisation du mari séparé. Elle ne peut pas faire un certain nombre d'actes judiciaires sans son consentement; elle porte nécessairement son nom. Il y a aussi des dispositions graves et dures sur la survenance des enfants. J'admettrais, avec M. Naquet, l'utilité de voir si nos lois n'ont pas besoin d'être revisées sur ces points et sur quelques autres. (Très bien ! à droite et au centre.) »

Un sénateur à droite. Eh bien ?

M. le rapporteur. Eh bien, mes citations démontrent que sur bien des points nous avons le bonheur d'être d'accord avec notre contradicteur......

M. Buffet. Pas du tout !

M. le rapporteur Comment, pas du tout ? M. Jules Simon déclare que, selon lui, notre projet du rétablissement du divorce n'est pas une aggression de la liberté de conscience des catholiques;

Que, dans l'examen de notre proposition, il faut laisser de côté tout ce qui regarde la question religieuse ;

Que les cas de nullités admis par notre législation civile sont beaucoup trop restreints;

Que notre code se montre, à tort, plus sévère que la loi ecclésiastique;

Que la séparation de corps présente des inconvénients très graves;

Qu'il ne faut pas admettre que la femme séparée continue à porter le nom de son mari ;

Qu'il convient qu'elle cesse d'être assujettie, pour les actes principaux de l'administration de ses biens, à demander l'autorisation de son mari;

Qu'en un mot, il ne faut pas qu'on maintienne ce joug auquel la soumet le régime de la séparation, quand la vie commune a disparu....

Mais tout cela, Messieurs, nous, partisans du divorce, nous le réclamons, et vous ne voulez pas que nous constations que ces concessions nous donnent presque complète satisfaction, car elles constituent presque tout le divorce....

A droite. Non!

M. le rapporteur.... presque tout le divorce, excepté une chose: la faculté de se remarier. (Exclamations à droite.)

M. Naquet. Et encore, dans les cas de nullité, les seconds mariages sont possibles.

M. Poriquet. La faculté de se remarier, c'est ce qu'il y a de plus grave.

M. le Rapporteur. L'honorable M. Poriquet me fait remarquer que la question du remariage est considérable.

M. Buffet. C'est toute la question.

M. le Rapporteur. C'est toute la question, dites-vous? Je crois que vous vous trompez. M. Naquet vient en effet de me faire observer avec raison que, dans le cas de nullité qu'on paraît à droite disposé à étendre, les seconds mariages ne sont pas prohibés, même lorsqu'il y a des enfants. (Nouvelles dénégations à droite.)

Je demande pardon à mes contradicteurs; dans l'un des exemples qui nous ont été apportés, et dont l'exactitude n'a été contestée par personne, on nous a cité cette espèce d'un mariage princier, celui de madame la princesse de Monaco, qui, après dix ans d'union conjugale et ayant un enfant, a vu son mariage annulé par l'autorité ecclésiastique pour cause de défaut de consentement.

Eh bien, la nullité prononcée, rien n'a mis obstacle à ce que la princesse de Monaco convolât à de nouvelles noces. Pourtant elle avait un enfant.

Je suis donc autorisé à dire que, lorsque, dans les cas de nullité, vous admettez le second mariage, même quand il existe des enfants, vous ne devriez pas être si sévères pour l'accepter dans les cas de divorce; car, en réalité, entre le divorce et certains cas de nullité admis par l'église, il n'y a guère qu'une différence de mots, qui ne change rien à la réalité des situations. Ainsi nous ne sommes pas aussi loin d'être d'accord que vous le supposez (Rumeurs à droite). J'ajoute que, dans ce débat, nous ne sommes séparés que par la question du second mariage, quand il y a des enfants. Votre opinion ne doit pas être considérée comme une objection absolue notre proposition d'abroger la loi de 1846, et de rétablir le divorce; vous devez admettre le principe en votant le système de M. Eymard-Duvernay, qui, lui, accepte la plupart des réformes que vous désirez, en y mettant la même restriction que vous pour le second mariage, quand il y a des enfants, — et je suppose, des enfants mineurs ; car toutes les objections qu'on a fait valoir avec tant de talent à l'occasion de la situation des enfants, ne peuvent s'appliquer aux enfants majeurs, qui, eux, ont une existence indépendante de leurs parents.

M. Jules Simon. Je vous demande pardon de vous interrompre, mais je ne voudrais pas être obligé de vous répondre ; et pour cela il faut absolument me combattre seulement sur ce que j'ai dit, et non pas sur une doctrine à côté de la mienne. J'ai combattu le principe du divorce, et il n'y a rien dans mon discours qui permette de dire que je suis favorable au divorce, s'il a lieu entre des époux sans enfants.

Vous me prêtez, mon cher collègue, une doctrine beaucoup plus douce que celle que j'ai soutenue.

M. le rapporteur. Vous avez raison, Monsieur Jules Simon; vous n'avez pas dit que vous étiez partisan du divorce, quand il n'y avait pas d'enfants.

Je me contente de tirer argument des concessions que vous avez bien voulu faire, pour établir que la doctrine du divorce avec intervention du second mariage, quand il y a des enfants, est la conséquence nécessaire de votre argumentation (Exclamations ironiques à droite).

M. Jules Simon. Alors, c'est différent. Ce n'est plus qu'une appréciation.

M. le rapporteur. Oui, ce n'est qu'une appréciation ; reste à démontrer si elle est justifiée. Quand le plus éminent de nos contradicteurs vient dire : Je reconnais que la situation des époux séparés de corps est intolérable; que celle des divorcés vaut mieux ; qu'il y a des modifications profondes à apporter à cette situation ; — quand nous constatons que les modifications qu'on énonce, sont précisément presque toutes celles qui résulteraient de l'application du divorce, je me crois autorisé à dire que, sauf le mot, nous sommes bien près d'être d'accord sur tous les points, excepté sur la faculté du second mariage, quand il y a des enfants, puisque c'est l'intérêt des enfants qu'on invoque surtout pour repousser cette faculté de second mariage (Dénégations à droite). Je suis si heureux des adhésions indirectes à notre doctrine que je rencontre dans le discours de M. Jules Simon....

M. Buffet. Il n'y en a pas !

M. le rapporteur. ...que je crois rencontrer, si l'on veut, dans le discours de M. Jules Simon, que, afin d'éviter l'accusation d'être un traducteur infidèle, j'ai toujours soin de faire des citations textuelles.

Voici ce que dit notre honorable collègue, pour résumer les appréciations qui précèdent : « J'ai fait ces remarques pour vous montrer que je viens ici, non pas avec les opinions de l'honorable M. Naquet, — il le verra tout à l'heure, — mais avec des sentiments qui se rapprochent des siens à beaucoup d'égards. Quant à ce qui est de la sympathie que vous éprouvez, soit pour les époux séparés, soit pour les enfants adultérins que vous avéz défendus, sur tous ces points, au moins, mes sentiments sont absolument d'accord avec les vôtres. »

La première préoccupation de M. Jules Simon, après nous avoir fait ces concessions, préoccupation qui a été partagée et qui a été développée avec un talent incontestable par l'honorable M. Allou, est celle-ci : Est-ce que vous ne craignez pas que le rétablissement du divorce n'augmente le nombre des désunions conjugales?

Sur cette question, M. Jules Simon déclare qu'il n'a pas d'opinion arrêtée; il a été frappé des considérations invoquées par l'honorable M. Naquet; mais ces considérations n'ont pas apporté la certitude dans son esprit, pas plus que dans celui de l'honorable M. Allou. Il en est au doute. Voici comment il conclut :

« Je vous fais cette objection ; savez-vous ce que j'en conclus? J'en tire la conclusion la plus modérée du monde; je n'en conclus pas du tout que le rétablissement du divorce augmenterait certainement le nombre des désunions; j'en conclus seulement que le contraire n'est pas prouvé. Il y a donc un doute; et vous venez nous proposer le rétablissement d'une pareille loi, en présence de ce doute ? »

Ainsi donc, sur ce point capital de la question, l'honorable M. Jules Simon en est au doute. Ce doute lui suffit pour refuser aux infortunés, aujourd'hui victimes du régime odieux de la séparation, l'amélioration de leur situation. Ce doute est-il justifié?

Examinons les arguments apportés pour convaincre notre honorable collègue.

La meilleure preuve, disons-nous, que le rétablissement du divorce n'aura pas pour résultat nécessaire d'augmenter le nombre des désunions conjugales, c'est que, si nous examinons l'état des peuples qui ont admis le divorce, nous voyons, en Europe, que chez eux le nombre des désunions conjugales est généralement moindre qu'en France, où le régime de la séparation de corps existe seul. Or, comme on peut dire *à priori* que la nature humaine est la même d'un côté de la frontière que de l'autre côté, on doit admettre que le divorce n'a pas, pour effet nécessaire, d'augmenter le nombre des cas de désunions légales, et nous apportons les statistiques dressées en Suisse, en Hollande, en Angleterre, en Allemagne.

Que répond-on à cela ?

M. Allou nous a dit : Mais ce sont des protestants ! — C'est exact! mais cette différence de religion est-elle une explication suffisante, surtout après avoir constaté, avec des développements sous le charme desquels je suis encore, ce qu'il y a de puissance dans le sentiment religieux des femmes catholiques en France? N'y a-t-il pas quelque injustice à dire que les protestants ont plus de respect du mariage, moins d'entraînement au divorce, parce qu'ils sont protestants, eux qui, selon vous, ne sont pas retenus par un lien religieux aussi fort que les catholiques de France ?

La circonstance que les protestants ont une religion qui admet le divorce, devrait, ce me semble, multiplier les demandes de rupture du lien conjugal (Adhésion à gauche).

Admettons cependant l'argument : ce sont des protestants. Mais en cherchant d'autres exemples, on vous en apporte un pris à côté de nous, celui d'un peuple chez lequel l'empire de la religion catholique est plus considérable qu'en France, chez lequel le gouvernement est très souvent entre les mains du parti catholique. C'est la Belgique. Là nous trouvons des conditions absolument semblables à celle où se trouve la France, et M. Naquet nous a apporté la comparaison, fournie par la statistique, entre la population du département du Nord et la population de la Belgique ; il résulte de la statistique que les cas de désunion légale ne sont pas plus fréquents, qu'ils sont, au contraire, moins fréquents en Belgique que dans le département du Nord.

M. Allou nous répond : Les Belges ne sont pas Français! Cela est vrai; comment donc faire pour vous satisfaire, pour vous établir une comparaison dans des conditions d'analogie plus grande que celle qui existe entre des populations voisines qui ont même origine, même religion, mêmes mœurs?

Si vous voulez une comparaison entre deux populations également françaises, il est possible de l'établir. Nous n'avons qu'à nous reporter à l'état de la France de 1803 à 1816, et à comparer le nombre des désunions conjugales, pendant cette période où existait le divorce, avec notre temps où la séparation de corps est seule pratiquée.

Cela fait, il s'agit bien d'une comparaison entre Français. La suppression du divorce a-t-elle amené une réduction dans le nombre des dissolutions du lien conjugal? Non, il n'y a aucune réduction. Il faut conclure qu'il n'y avait pas, sous le régime qui a subsisté de 1803 à 1816, cet entraînement vers le divorce que l'on pouvait supposer.

Il faut en conclure que le divorce n'a pas été une cause d'augmentation du nombre des désunions légales, ce nombre, depuis lors, étant resté sensiblement le même qu'il était auparavant, avec une seule différence dont M. le ministre vous a expliqué la cause.

Le nombre des séparations de corps n'a augmenté, dans ces derniers temps, que par suite de l'application de la loi sur l'assistance judiciaire qui a admis aux bienfaits de la séparation un très grand nombre de ménages pauvres, auxquels l'accès des tribunaux était refusé par l'impossibilité de supporter les frais de justice.

Par conséquent, si nous constatons d'une façon positive que nulle part, ni en France de 1803 à 1816, ni dans les pays qui nous environnent, il n'est résulté de la faculté de divorcer une augmentation du nombre des dissolutions du lien conjugal, nous devons supposer que le changement proposé n'aura pas d'influence sensible.

M. Naquet. Et l'Alsace?

M. le rapporteur. L'honorable M. Naquet a raison ; voilà des populations qui hier encore étaient françaises, régies par nos lois n'admettant que la séparation de corps, et qui, françaises encore de cœur, sont soumises à une législation qui a supprimé la séparation de corps et qui n'admet plus que le divorce ; eh bien, malgré ce changement de régime, le nombre des désunions légales n'a pas sensiblement varié.

Il n'y a pas, en Alsace, dans cette population française, plus de divorces qu'il n'y avait de séparations de corps avant les événements cruels qui nous ont séparés de nos frères (Très bien ! à gauche).

Dans ces conditions, Messieurs, nous pouvons dire que le doute qui arrête l'honorable M. Jules Simon, n'a pas de raison d'être, que ses inquiétudes ne sont pas justifiées par les faits, et que M. Naquet a apporté au Sénat la preuve, autant qu'il est possible de l'apporter dans des discussions de ce genre, que le divorce n'augmente pas sensiblement les désunions légales.

D'ailleurs, Messieurs, permettez-moi d'ajouter que cette question de statistique relativement au nombre des désunions légales, ne doit avoir en réalité qu'une importance absolument secondaire dans le débat qui nous occupe. Ce qui importe, en effet, ce n'est pas que le nombre des désunions légales soit un peu plus, un peu moins considérable ; ce qui importe, c'est que le nombre des désunions effectives le soit très peu (Très bien ! au centre et à gauche).

Aussi, quand bien même le divorce devrait avoir pour résultat d'amener dans la statistique une certaine augmentation du nombre de désunions légales, il n'y aurait à tirer de là aucun argument contre notre loi ; car ce qui importe c'est l'union effective des ménages.

Est-ce que vous croyez, par exemple, que si nous supprimions absolument la séparation de corps, comme le Parlement a le droit de le faire, les désunions cesseraient immédiatement ? Est-ce que quelqu'un se fait l'illusion qu'il résulterait de cette diminution des désunions légales une amélioration dans l'état de la moralité publique ? (Très bien ! très bien ! à gauche).

Croyez-vous, Messieurs, que parce que vous auriez ainsi supprimé, dans la statistique du ministère de la Justice, tous les cas de séparation, il faudrait monter au Capitole et dire : La vertu règne sur la terre, il n'y a plus que des ménages unis ?

Non, Messieurs, il faut reconnaître qu'à côté de ces désunions légales, il y a des désunions effectives qui ne sont pas constatées par les statistiques, parce qu'elles n'ont pas été prononcées par les tribunaux, mais qui ne doivent pas moins être prises en considération, quand on veut constater l'état de la moralité. Il faut donc reconnaître que, quelles que soient les modifications que vous apportiez à la législation, il y a des cas où le législateur est impuissant pour réagir contre la nature même des choses.

Si vous supprimiez toutes les désunions légales, en supprimant la séparation, il n'en résulterait pas que vous n'auriez dans votre société française que des ménages unis (Très bien ! à gauche).

En effet, quand le mariage n'existe plus que par une fiction de la loi, par un mensonge légal ; quand, au lieu de cette union parfaite que l'honorable M. Simon nous a décrite l'autre jour, avec un charme qui a ému tous les cœurs, par la faute, par l'indignité d'un des époux, le mariage n'existe plus en réalité ; quand, à la place de l'estime réciproque, du dévouement mutuel, de l'union parfaite, qui sont l'essence même du mariage, ont surgi le mépris, la haine, l'antipathie irréconciliable d'un des conjoints pour l'autre, peut-on dire que le mariage existe encore ?

La moralité publique est-elle meilleure, parce que vous maintiendrez, par une sorte de fiction légale, une union qui, incontestablement, n'existe plus en réalité ?

Dans ce cas, vous n'avez pas un ménage de plus dans la société, mais un mensonge de plus (Assentiment à gauche).

Sur l'impuissance du législateur à faire violence à la nature humaine, je vous demande la permission de citer une autorité qui n'a pas encore été invoquée dans le débat : c'est celle d'Odilon Barrot.

Voici comment s'exprime le rapporteur du projet de la loi de 1834, répondant aux objections fondées sur la nécessité de respecter l'indissolubilité du lien conjugal :

« Votre commission a été frappée de cette considération que les lois civiles, pour être obéies, ne doivent pas faire une violence trop absolue à notre nature qui sait toujours se venger du despotisme des lois, soit par le crime qui est une réaction violente, soit par la corruption qui est une protestation lente et successive contre le despotisme.

» La loi civile qui dit à deux époux : Le lien qui vous unit est indissoluble, quelles que soient les circonstances dans lesquelles vous serez placés, alors même que le lit conjugal aura été souillé par les plus sales débauches, alors que le pain de vos enfants aura été prodigué pour alimenter l'adultère, alors que dans le délire de sa passion, l'un de vous aura attenté à la vie de l'autre, et que, saisi dans son crime par les ministres de la loi, il aura été flétri de l'infamie, vous resterez toujours unis !

» Votre supplice durera jusqu'à votre dernier jour, et ce supplice sera un supplice de tous les instants. Votre cœur sera flétri, votre vie empoisonnée ; la misère et le vice, les maladies viendront assiéger votre foyer, et vainement vous demanderez à la loi de briser le lien qu'elle a formé : elle sera pour vous sans pitié !...

» Eh bien ! cette loi est une loi violente contre laquelle la nature protestera toujours. Dans certains cas, ce sera le crime qui sera l'instrument de cette révolte de la nature ; vos annales criminelles en font foi : dans d'autres, et ce sont les plus nombreux, ce seront les vices et la corruption qui, se jouant des prescriptions légales, se substitueront avec scandale à l'union légitime l'union adultère.

« Ne vaut-il pas mille fois mieux que la loi abandonne quelque chose de ses rigueurs, et qu'elle se départe d'un absolu qui enfante le crime et propage la corruption ?

C'est avec ces éloquentes paroles que M. Odilon Barrot entraînait le vote de la Chambre des députés, qui à quatre reprises différentes, en 1831, en 1832, 1833, 1834, votait, à des majorités considérables, l'abrogation de la loi de 1816 et le retour à la législaiion du code civil.

Nous arrivons aux objections positives que j'ai rencontrées dans le discours de M. Allou et dans celui de M. Jules Simon. Nous allons avoir à examiner si ces objections sont de nature à modifier les conclusions que votre commission vous a proposées avant l'ouverture du débat.

La première de ces objections est, je le dirai, une objection à l'usage des gens du monde. L'honorable M. J. Simon nous a parlé, et il a fait rire l'assemblée, de la situation ridicule dans laquelle se trouvait le second mari d'une femme divorcée, quand il rencontrerait l'ancien époux de cette femme.

Un sénateur au centre. Son confrère.

M. Buffet. Son prédécesseur.

M. le rapporteur... son prédécesseur, si vous le voulez. (Rires.) Le compte-rendu constate que le récit de M. Jules Simon a beaucoup égayé la droite. M. Allou a présenté la même hypothèse, à un point de vue plus tragique. Il nous a fait un tableau émouvant du sentiment de révolte qui existerait dans le cœur du mari, quand il verrait au bras d'un autre la femme qui a été la sienne, ou quand il rencontrerait l'ancien mari de sa femme.

Je n'ai qu'une chose à répoudre : c'est que, si ces sentiments existent en réalité dans le cœur de ces époux, ils auront une chose bien simple à faire : ce sera de ne pas se remarier ; le second mariage n'est pas une conséquence nécessaire du divorce ; il n'est obligatoire pour personne.

Le divorce dissout complètement les liens du premier mariage ; à ce titre il est préférable à la séparation, soit qu'on use ou qu'on n'use pas de la faculté de se remarier.

Mais est-il bien exact que ces sentiments ardents, que nous peignait d'une manière si émouvante l'honorable M. Allou, existent d'une façon aussi générale qu'il suppose ?

Permettez-moi d'en douter, et voici mes raisons. D'abord vous n'êtes pas émus des hypothèses que vous invoquez pour repousser le second mariage des divorcés, quand il s'agit d'un second mariage des époux dont le mariage a été frappé de nullité. Pourquoi ?

La situation n'est-elle pas absolument semblable ? Est-ce que madame la princesse de Monaco, dont l'Eglise a annulé le premier mariage, n'est pas exposée à rencontrer son ancien conjoint ?

Cette situation, que vous considérez comme intolérable pour les divorcés, ne vous amène pas cependant à renoncer aux nullités prononcées par l'Église catholique ! (Murmures à droite. — Très bien ! très bien ! à gauche.)

Vous avez, dites-vous, étudié profondément le cœur humain. Je crains que vous ne l'ayez pas étudié sur l'ensemble de l'humanité, pas même sur l'ensemble de la France ; car ces situations, qui vous paraissent inadmissibles, en France, eh bien, on les admet en Allemagne, en Belgique et en Suisse, et ces révoltes ou ces ridicules qui ont paru à MM. Jules Simon et Allou, deux arguments, puisqu'ils l'invoquent tous les deux, ne paraissent pas empêcher les seconds mariages des divorcés en Allemagne, en Suisse, en Belgique.

Peut-être répondrez-vous encore : Ces gens-là ne sont pas des Français. Eh bien, prenons notre exemple en France. Si sortant de la classe dans laquelle vous vivez habituellement, vous voulez bien vous demander ce qui se passe souvent chez nos paysans, dans notre classe ouvrière, vous verrez que ces sentiments d'ardente jalousie qui ont ému vos cœurs, ces sentiments ne sont pas aussi fréquents que vous supposez.

J'ai vu souvent une fille-mère épouser un autre homme que le père de son enfant; j'ai vu souvent la femme mettre pour première condition de son mariage la légitimation de l'enfant né avant le mariage, et, dans ces cas, plus fréquents que vous ne paraissez le supposer, comme dans les seconds mariages après veuvage, les enfants du premier lit ne sont pas toujours sacrifiés, comme vous le croyez, aux enfants du second mariage.

Ne condamnez donc pas notre loi d'une façon absolue, parce que des seconds mariages dont on peut toujours s'abstenir, exposeront les époux à des situations que vous considérez comme intolérables.

Le second argument — et je n'insisterai qu'un instant sur ce point ; car tout a été dit et très bien dit par l'honorable M. Naquet — est tiré de l'intérêt des enfants.

L'intérêt des enfants, qui ne vous empêche pas d'accepter les nullités de mariage que vous ne répugnez pas à rendre plus faciles, empêcherait-il d'accepter le divorce, qui n'est qu'une nullité d'une espèce particulière ? Dans tous les cas, et ce n'est pas le moment de discuter la question des enfants, si vous pensez que cet intérêt exige que les époux renoncent au mariage d'une façon absolue, vous devrez en conclure, non qu'il y a lieu de refuser le divorce, mais d'interdire le second mariage, au moins jusqu'au jour que les enfants que vous voulez protéger, seront devenus majeurs: vous devrez, par conséquent, vous rallier au système de M. Eymard-Duvernay.

J'arrive maintenant à une troisième objection qui a paru capitale à nos

contracdicteurs, et que M. Jules Simon a développée dans la dernière partie
de son discours. La déclaration d'hostilité absolue à la réforme a été surtout
déterminée par la considération suivante : quelle serait l'influence que le
divorce aurait sur les ménages unis ? La crainte de M. Jules Simon et de
M. Allou est, du jour où disparaîtra de notre législation l'impossibilité de
contracter un nouveau mariage, immédiatemement les femmes de France
ne penseront qu'à la perspective qui leur est offerte.

M. Jules Simon a même supposé que, pendant la célébration de leur
mariage, nos jeunes filles chercheront dans l'assistance quel second mari
elles pourront avoir. (Sourires à gauche.)

C'est le premier exemple que vous avez donné, mon cher collègue, et
vous ne devez pas vous étonner qu'à raison de l'importance que j'attache à
vos paroles, j'aie tenu à ne négliger aucune des considérations qui ont déterminé vos convictions.

L'honorable M. Jules Simon a fait une seconde hypothèse qui m'a paru
également invraisemblable. Il a supposé qu'une épouse, jusqu'alors heureuse dans un ménage parfait, après plusieurs de ces lunes de miel dont il
vous a fait un tableau si poétique ; il a supposé qu'une femme qui n'a
aucun reproche sérieux à faire à son mari, qui, au contraire, a toujours été
heureuse comme épouse et comme mère, parce que nous aurons inséré
dans notre législation une disposition permettant aux époux malheureux
de recourir au divorce, renoncera tout à coup aux joies de la maternité, à
l'honneur de sa vie, au lien qui l'unit à son mari qui l'a rendue si longtemps heureuse, pour penser à contracter un second mariage.

Comment cela ? Par quel singulier phénomène expliquer cette aberration ?

Ah ! me dit mon honorable contradicteur, vous ne connaissez pas la
crise ? (Très bien ! et rires à gauche.) « C'est la crise ! » Eh bien ! J'avoue
mon ignorance. (Nouveaux rires.) Je ne connaissais pas la crise, mais je
m'incline — je n'ai pas besoin de le dire — devant l'expérience de mon
honorable contradicteur.

M. Jules Simon. Ce n'est pas l'analyse de mes opinions, c'est leur
caricature !

M. le rapporteur. Je n'ai jamais été professeur de morale, et,
malgré l'expérience qu'ont pu me donner les nombreuses correspondances
adressées à la commission par des époux malheureux, correspondances que
mon honorable collègue a si agréablement plaisantées, j'avoue qu'avant
de l'avoir entendu, je n'avais pas la pensée de l'intensité, de la généralité
de cette crise qui, à ce qu'il paraît, vient tout d'un coup atteindre, dans un
certain monde, des femmes que leur passé, leur caractère, leur situation
sembleraient mettre absolument à l'abri des tentatives malsaines.

Vous invoquez la crise ! Etes-vous bien certain, mon honorable collègue,
que vous n'avez pas généralisé des situations qui ne se rencontrent que

dans une sphère peu étendue? Etes-vous bien certain que chez nos ouvriers, nos paysans, nos bourgeois même, on soit souvent exposé à voir se produire ce phénomène singulier, cette aberration étrange, qui fait que, tout à coup, sans grief sérieux contre son mari, une femme abandonne ses principes religieux, dont vous nous avait fait un tableau si saisissant, renonce à tout ce qui a fait son honneur et son bonheur dans le passé ? Et dans quel but ?

Pour aller devant les tribunaux exposer qu'elle voudrait bien convoler à de nouvelles noces ! (Approbation à gauche.) Quand même cette aberration existerait chez quelques femmes atteintes de cette crise... (Murmures à droite). Je dis que, quand même cette aberration existerait dans l'esprit de quelques femmes atteintes de cette crise, le danger que vous craignez n'existerait pas : il y aurait un remède que vous oubliez : nous ne vous proposons pas la répudiation à volonté.

Le divorce ne peut être prononcé que pour causes graves dont les tribunaux sont juges. Avez-vous perdu confiance dans les magistrats de France ? (Très bien ! et rires à gauche.) Supposez-vous que tous ces magistrats se feront les complaisants de ce caprice d'une femme affolée ? Croyez-vous que, dans les circonstances que vous avez supposées, on rencontrera devant les tribunaux français cette condescendance, qui permettra à toutes les femmes, — car c'est un péril social que vous redoutez, — de rêver de convoler en secondes noces ? Non, sans aucun doute, mes chers collègues, vous calomniez la femme française, quand vous supposez que la crise que vous redoutez, pourra devenir un mal général dans la société française, un mal pouvant augmenter le nombre de désunions légales. Quand vous supposez qu'il suffirait d'offrir aux femmes la perspective de nouvelles noces, pour leur faire renoncer à tout ce qui les honore, les rend grandes et heureuses, je dis que vous calomniez la femme française. (Vive approbation à gauche).

M. Naquet. Et l'homme également.

M. le rapporteur. Je ne puis pas, du reste, me dissimuler que ce sentiment général de méconnaître le caractère français, ce sentiment de défiance est dans l'esprit de mes contradicteurs. Oui, ce sentiment-là est dans leur esprit, quand ils supposent que, parce que ce sont des catholiques, parce qu'ils appartiennent à la race latine, les Français sont incapables de pratiquer, sans abus, des institutions qui existent, depuis longtemps, sans dommage et sans inconvénient, chez les peuples voisins.

Vos suspicions isolent la France de l'humanité, quand vous dites que ce qui existe en Allemagne, en Suisse, en Angleterre, sera la fin de la moralité en France ! (Nouvelle approbation sur les mêmes bancs.)

M. Jules Simon. Ce que vous m'attribuez là, est le contraire de ma pensée.

M. le rapporteur. Je cite les propres paroles de M. Allou, qui, avec une chaleur, un talent que je voudrais avoir pour défendre devant vous la cause des victimes de notre législation, pour soutenir ce que je crois être la vérité, s'écriait hier : « Que deviendra la famille, que deviendra la moralité ? » C'est à cette question que je n'ai pu me défendre de répondre : Est-ce qu'il n'y a ni famille ni moralité au-delà de nos frontières ? Est-ce qu'il n'y a pas de familles en Belgique, en Hollande, en Allemagne ? Si, dites-vous.

Alors vous supposez que le peuple français est incapable, par tempérament, — le mot a été dit hier — de pratiquer les institutions que les autres peuples pratiquent.

M. Naquet. On a dit cela aussi autrefois, pour les libertés politiques !

M. de Gavardie. Il y a un mouvement contre le divorce dans tous les pays protestants ! (Bruit à gauche.)

M. le président. Monsieur de Gavardie, veuillez ne pas interrompre.

M. le rapporteur. Les interruptions de M. de Garvardie ne me gênent pas : je le remercie de me donner occasion de répondre à une objection qui n'avait pas encore été faite.

Il y a, dites-vous, un mouvement contre le divorce chez tous les peuples protestants. A quelles manifestations a donc donné lieu ce mouvement ?

Pourrez-vous en citer une seule ?

Ce que je sais, monsieur de Gavardie, c'est que nous avons à nos portes un peuple catholique dont le gouvernement a souvent été entre les mains du parti catholique, et que jamais, jamais, entendez-vous ? un mouvement de réaction ne s'est manifesté dans ce peuple contre l'institution du divorce.

Non, jamais les catholiques au pouvoir en Belgique, n'ont pensé un seul instant à détruire la loi du divorce...

M. de Gavardie. Vous vous trompez complètement ! (Réclamation à gauche.)

M. le rapporteur. Les affirmations de M. de Gavardie ont une grande autorité ; mais ce qui en a encore plus pour moi, c'est l'histoire, c'est la vérité. Je répète, de nouveau, qu'il n'y a jamais eu en Belgique, une proposition de la loi quelconque apportée par le parti catholique, soit au pouvoir, soit dans l'opposition. N'est-ce pas là, Messieurs, la démonstration la plus significative que le divorce ne porte aucune atteinte à la morale, à l'esprit religieux, à la liberté de conscience ? Tandis qu'au contraire la loi de 1816 a abrogé le divorce, pourquoi ? Vous le savez ; je n'ai pas à développer, à vous apporter ici ce que j'ai démontré dans mon rapport, en reproduisant tous les documents à l'appui, c'est-à-dire la citation textuelle des motifs apportés à l'appui de leur proposition par les instigateurs de la loi de 1816.

Je peux donc affirmer, sans crainte d'être contredit, que cette loi a été édictée, non pas pour remédier à une situation regrettable, contraire à la morale, et résultant de l'application du code civil, mais qu'elle a été faite uniquement dans un but politique et, pour employer les expressions mêmes des auteurs de la loi, afin de mettre la loi civile en harmonie avec la constitution politique c'est-à-dire avec la charte qui proclamait la religion catholique religion de l'État.

Ces hommes, qui ont proposé la loi de 1816, étaient logiques quand ils disaient : La charte établit une religion d'État; nons ne pouvons tolérer que la loi civile soit en contradiction avec la loi fondamentale de la monarchie.

De même étaient logiques les hommes politiques qui, au lendemain du jour où cette charte a disparu, où a disparu de nos lois la religion d'État, ont réclamé à leur tour que la loi civile fût mise en harmonie avec la constitution. Dès le lendemain de la révolution de 1830, les protestations ont commencé.

Vous avez vu la série de propositions de lois successivement adoptées par la Chambre des députés en 1831, 1832, 1833, 1834.

Aussi, un homme, dont l'autorité ne sera méconnue par personne, Berryer, le grand Berryer, reconnaissait qu'au point de vue de la logique la proposition d'abroger la loi de 1816 ne pouvait rencontrer d'objection, puisque cette abrogation était la conséquence nécessaire de l'application d'un système qu'il déplorait, mais qui, étant proclamé, devait produire ses résultats.

Voici ce que disait Berryer (*Officiel* de 1831). « La Charte de 1814 contenait dans son article 6 une disposition qui a été abrogée. L'article 6 de la Charte de 1814 proclamait la religion catholique religion de l'État.

« Avec cette disposition de la Charte, de la loi fondamentale, sans faire une chose exorbitante, mais en limitant l'exemple qu'ont donné tous les peuples de la terre, de ne jamais autoriser par la loi civile ce qui est défendu par la loi religieuse du pays, il était nécessaire de mettre la loi civile en harmonie avec les lois de la religion, qu'on déclarait religion de l'État; il était nécessaire d'abolir le divorce, et le divorce fut aboli. »

Et il conclut :

« Vous avez changé cet état de choses : en proclamant la liberté des cultes, vous avez déclaré seulement que la religion catholique était la religion de la majorité des Français. Vous avez par là ouvert une très large carrière, dont vous êtes bien loin d'avoir atteint toutes les conséquences. »

Ce que j'ai voulu seulement établir par cette citation, c'est que, de l'aveu de Berryer, la loi de 1816 n'a point été proposée et votée pour remédier à des abus, pour mettre fin aux spectacles dont l'honorable M. Allou a fait, hier, le tableau si émouvant, aux scandales publics de ces unions multipliées, de ces divorces dont le nombre était plus grand que celui des mariages. Non, messieurs, toute cette fantasmagorie... (Exclamations à droite. — Très bien ! — Parlez ! à gauche.) Si ce mot, échappé à l'improvisation, offense mon honorable collègue, M. Allou, je le retire ; il sait bien que personne n'a plus que moi d'admiration pour son talent, plus de sympathie pour sa personne. (Très bien ! sur plusieurs bancs.)

Je dis qu'en appliquant à la loi de 1803 ce tableau des effets des lois révolutionnaires, mon honorable contradicteur a commis une erreur. Il n'est pas plus juste d'imputer le scandale des lois révolutionnaires de 1793 au code civil qu'il ne serait juste, par exemple, d'argumenter contre le mariage à cause des scandales de la Régence, d'argumenter contre la liberté à cause des crimes de la Terreur.

La législation révolutionnaire et le code civil sont des choses absolument différentes.

Une autre considération invoquée par notre honorable collègue et de nature à avoir influence sur les cœurs sensibles, est que notre loi est faite contre les femmes. En vérité, nous nous serions bien trompés ; car je puis vous affirmer que jamais une pensée semblable n'a existé chez les partisans de la proposition.

Voyons ! le divorce est, dites-vous, une loi contre la femme ? La statistique suffit à faire justice de cette allégation.

Quelles sont les personnes qui ont recours aux tribunaux, qui invoquent la protection de la loi ? Ce sont, sans doute, celles qui sont opprimées. Eh bien ! la statistique établit que sur 1,000 séparations il y en a, savez-vous combien qui sont demandées par les femmes ? 895 ! — 895 ! sur 1,000 !

Ces femmes ont recours aux tribunaux pour obtenir le seul remède que notre législation leur offre, la séparation, parce qu'elles en ont besoin pour sortir d'un état intolérable.

La séparation, nous la reconnaissons, est un remède insuffisant ; en substituant à ce remède celui plus efficace qui résulte du divorce, il est incontestable que nous venons en aide aux victimes des mariages malheureux ; et, la statistique le prouve, les victimes les plus nombreuses sont les femmes.

On ne peut le méconnaître, Messieurs ; la situation de la femme malheureuse en ménage est infiniment plus pénible, plus douloureuse que celle du mari. Quand la joie manque au foyer conjugal, tout est perdu pour l'épouse.

En autorisant la dissolution complète du mariage, nous venons donc bien plus au secours de la femme que nous ne venons en aide au mari. (Très bien ! très bien ! à gauche.)

Il fait rarement appel aux tribunaux pour obtenir la séparation. Pourquoi ? vous le savez bien ; c'est qu'il n'en a guère besoin ; les mœurs lui permettent la plus grande liberté ; ce n'est pas au foyer conjugal que sa vie est surtout retenue, et il peut trouver au dehors la liberté et les plaisirs faciles dont la femme sait s'abstenir par sentiment de dignité.

Votre grande crainte, Messieurs, c'est que le remède que nous mettons à la disposition des opprimés, soit un remède trop attrayant. Rassurez-vous. L'état de divorcé ne sera jamais un état digne d'envie.

Si vos craintes étaient fondées, ce n'est pas seulement le divorce qu'il faudrait refuser aux époux ; loin d'améliorer, comme vous pensez qu'il y a lieu de le faire, l'état des époux séparés, il faudrait rendre la séparation encore plus pénible, afin qu'on fût encore moins tenté d'y avoir recours.

J'ai fini, Messieurs, l'examen des considérations qui vous ont été présentées par mes collègues. Je le répète, je n'y ai rien trouvé qui puisse porter atteinte aux conclusions que la commission vous a proposé d'adopter.

Il me reste maintenant à appeler votre attention sur la gravité du vote que vous avez à émettre. Nous devons vous rappeler que nous ne vous demandons pas d'introduire dans notre législation une institution nouvelle qui n'aurait pas l'épreuve de l'expérience.

Nous vous proposons de rétablir une institution qui a fait ses preuves en France, une législation qui a été édictée par les auteurs du code civil, c'est-à-dire par les jurisconsultes les plus éminents, par les esprits les plus sages.

Nous vous conjurons de ne pas déclarer par votre vote, que le peuple français est indigne d'une législation qui existe, qui est pratiquée sans inconvénient par presque tous les peuples civilisés ; qui va être établie en Italie, où le gouvernement fait une proposition qui est déjà acceptée par la commission de la Chambre. De telle sorte, Messieurs, qu'il n'y aura bientôt plus que deux contrées au monde : la péninsule Ibérique et la France, dont les habitants soient incapables de supporter l'exercice de l'institution du divorce.

M. Buffet. Ce sera un honneur pour les deux pays.

M. le rapporteur. Je crois qu'il est impossible de parler comme le fait mon honorable collègue M. Buffet, quand nous voyons, chez tous les peuples voisins, la pratique du divorce ne porter aucune atteinte à la famille et à la dignité de la femme. Du reste, nous avons ici des personnes qui sont autorisées à parler de la morale.

Je suis autorisé à me prévaloir de l'opinion d'un homme qui a le droit de donner son avis en pareille question. L'honorable M. de Pressensé adhère au principe du divorce, et il ne considère pas que ce principe du divorce soit une cause d'immoralité.

M. de Pressensé. Le divorce restreint !

M. le rapporteur. Je viens de dire que vous acceptiez le principe.

Le rétablissement du divorce du code civil est-il de nature à inspirer les terreurs qu'ont manifestées mes honorables collègues ?

Je ne veux pas quitter cette tribune sans vous montrer combien les entraînements d'une argumentation peuvent porter les esprits les plus justes à des exagérations.

Vous avez entendu M. Allou dans ses prévisions contre les conséquences, inévitables selon lui, de l'application du code civil. Eh bien, pour faire justice de ces appréciations pessimistes, je vous demande la permission de faire appel à des professeurs de morale dont l'autorité ne sera pas suspecte pour mes collègues de la droite ; car c'est à Saint-Sulpice que je les trouve.

Voici ce que M. Hogan, professeur de morale à Saint-Sulpice, dit du divorce du code civil. Naturellement il ne lui est pas favorable, mais vous verrez combien il est plus juste que l'honorable M. Allou, qui cependant a pratiqué souvent au palais, et qui devrait mieux connaître que lui les principes du code civil.

Voici donc ce que dit M. Hogan, professeur de morale à Saint-Sulpice. J'emprunte cette citation à M. l'abbé Vidieu, docteur en théologie, qui a fait un ouvrage contre le divorce :

« Toutefois, dit M. Vidieu, on pourrait se demander si le divorce, rarement autorisé et demeurant le remède des maux extrêmes, serait à craindre.

» Des voix plus autorisées que la mienne ont répondu à cette question.

» Si le respect religieux dont le mariage doit être entouré, nous était garanti pour toujours, le divorce, tel qu'il a existé dans le code civil, ne causerait pas grand mal ; mais rien ne nous garantit le maintien de ce respect.

» Les idées de liberté amèneraient de nouveaux cas de divorce dans la loi, et l'on finirait par remplacer les sages lenteurs et les embarras salutaires de notre ancien droit par la facilité déplorable qui existe dans certains États d'Amérique, où il suffit d'une simple déclaration des époux pour faire prononcer le divorce. »

Ainsi, ce que redoute le professeur de morale de Saint-Sulpice, ce n'est pas tant l'application du code civil dont il reconnaît les sages prescriptions ; ce qu'il redoute, ce sont les entraînements auxquels pourraient donner lieu plus tard le divorce et l'imitation des mœurs américaines.

Quant à M. l'abbé Vidieu, voici plus loin, à la page 147, son appréciation personnelle :

« Sous l'Empire, grâce aux difficultés dont fut entouré le divorce par la loi de 1803, de tels abus ne se présentèrent pas. »

Chose singulière, nous trouvons donc plus de modération dans l'appréciation de la législation du code civil sur le divorce, chez les auteurs ecclésiastiques, que nous n'en trouvions hier dans les appréciations passionnées de mon honorable collègue. (Rumeurs à droite. — Approbation à gauche.)

M. Chesnelong. Vous ne prétendez pas, sans doute, que l'abbé Hogan se soit prononcé en faveur du divorce ?

M. Schœlcher. Le rapporteur a commencé par vous le dire.

M. Buffet. Eh bien, alors ?

M. le rapporteur. J'ai commencé par dire que je trouvais plus de justice dans les adversaires religieux du divorce qui siégeaient à l'école Saint-Sulpice, que je n'en avais rencontré dans les appréciations de quelques uns de nos collègues républicains qui, selon moi, se sont montrés d'une sévérité bien excessive à l'égard du code de 1803.

J'ai fini :

Nous touchons au moment du vote ; je vous demande la permission d'appeler une dernière fois votre attention sur la gravité de la décision que vous allez prendre.

Il s'agit, je vous demande la permission de le rappeler, non pas d'une institution nouvelle à expérimenter, mais d'une institution ancienne à rétablir. Il s'agit de savoir s'il se trouvera, dans cette assemblée, des juristes pour venir désavouer l'œuvre de Treilhard, (Interruptions et rumeurs à droite. — Très bien ! très bien ! à gauche), si nous trouverions dans cette Assemblée des bonapartistes pour répudier la législation de l'empire... (Rumeurs à droite.)

M. Buffet. Il n'y a pas là une question de parti politique : c'est un appel vulgaire...

M. le rapporteur. Mon argumentation ne convient pas à l'honorable M. Buffet : j'en suis fâché.

M. Buffet. Je ne dis rien ; je parlais à un voisin !

M. le rapporteur. Comment ! vous ne dites rien, et je vous entends ! (Sourires et approbation à gauche.) Vos impressions sont plus éloquentes que vous ne pensez, puisqu'elles parviennent jusqu'à moi.

Je dis, Messieurs qu'il s'agit de savoir si, au moment où nous allons statuer sur une loi qui est l'œuvre de la Chambre introuvable de 1816, il se trouvera ici une majorité républicaine pour venir sanctionner... (Interruptions à droite.)

A gauche. C'est cela ! très bien !

M. Testelin. Vous trouverez des républicains qui voteront contre ! Ce n'est pas une loi de politique, c'est une loi de moralité. (Marques d'approbation. — Applaudissements à droite.)

M. le rapporteur. Je n'ai pas demandé tout à l'heure, si nous trouverons dans cette enceinte quelques républicains, mais si nous trouverons une majorité républicaine pour venir déposer un verdict négatif contre les vœux réitérés de la Chambre des députés en 1831, en 1832, en 1833 et en 1834.

Il n'y a pas de prescription contre le droit, contre la justice. (Très bien ! très bien ! à gauche.)

Je demande s'il se trouvera ici, dis-je, une majorité républicaine contre une proposition adoptée l'an dernier à une majorité de 337 voix contre 138, par la Chambre des députés, interprète des vœux du pays ? (Interruptions à droite.)

Je crois ne pas dire une chose excessive, en disant que la Chambre peut, au même titre que le Sénat, être l'interprète des vœux du pays.

Je demande, enfin, si les républicains du Sénat de 1884 accepteront de se faire les éditeurs responsables de la loi de 1816. (Interruption à droite et au centre. — Très bien ! très bien ! à gauche.)

Car, ne l'oubliez pas, Messieurs, c'est cette loi-là seulement que nous mettons en ce moment en question dans l'article 1ᵉʳ. Nous ne posons qu'un principe, et nous réservons les questions d'application plus ou moins étendue que vous voudrez lui donner ; vous allez décider tout à l'heure si, même sous la direction de MM. Jules Simon et Allou, la majorité républicaine consentira à approuver, à sanctionner l'œuvre de réaction politique et religieuse de la Chambre introuvable de 1816. (Exclamations à droite. — Vifs applaudissements à gauche.)

M. le président. Personne ne demande la parole ?...

Je mets aux voix la clôture de la discussion générale.

M. le marquis de Maleville, *de sa place.* Je demande la permission d'opposer un précédent, suivant moi significatif, à ceux qui viennent d'être affirmés par l'honorable préopinant. En 1848, en plein régime républicain, le Gouvernement provisoire avait annoncé, et l'honorable M. Crémieux avait rendu un décret déclarant qu'une proposition de loi rétablissant le divorce serait présentée à l'Assemblée nationale. Il n'a pas été donné suite à cette proposition devant les manifestations de l'opinion publique, et en particulier, devant la répugnance que l'Assemblée nationale manifesta contre le rétablissement de cette institution. S'il y a un précédent significatif, c'est celui-là. (Très bien ! et applaudissements à droite.)

M. Jules Simon. L'assemblée républicaine de 1848 ne voulait pas du divorce. C'était le temps des républicains libéraux.

M. le président. Personne ne demande plus la parole ?...

Je mets aux voix la clôture de la discussion générale.

(La clôture de la discussion générale est prononcée.)

M. le président. Nous arrivons au contre-projet présenté par M. Griffe et plusieurs de ses collègues.

Je donne lecture de l'article unique de ce contre-projet :

« La loi du 8 mai 1816 est abrogée. »

Plusieurs sénateurs. Aux voix ! il y a une demande de scrutin. (Bruit.)

M. le président. Messieurs, il y a des orateurs inscrits contre le contre-projet ; vous ne voulez pas que je fasse voter, avant que ces orateurs aient été entendus.

Voix diverses. On demande la division !

M. le président. Il ne s'agit pas, en ce moment, de voter.

Je fais observer de nouveau qu'il y a des orateurs inscrits contre le contre-projet de M. Griffe et de ses collègues ; par conséquent, il faut que je donne la parole à ces orateurs, à moins qu'ils n'y renoncent.

Je relis le texte du contre-projet présenté par M. Griffe :

« La loi du 8 mai 1816 est abrogée.

« Les dispositions du code civil abrogées par cette loi sont rétablies, à l'exception de celles qui sont relatives au divorce par consentement mutuel. »

La parole est à M. le vicomte de Lorgeril.

M. le vicomte de Lorgeril. Messieurs, je suis âgé, je ne suis pas avocat et je crains que ma mémoire... (Bruit).

M. le président. Monsieur de Lorgeril, attendez le silence. Je prie Messieurs les sénateurs de vouloir bien écouter l'orateur.

M. le vicomte de Lorgeril. Messieurs, je suis âgé, je ne suis pas avocat et je crains que ma mémoire me fasse défaut ; je vous prierai donc de me permettre de vous lire les quelques réflexions que je veux vous présenter... (Bruit de conversations.)

M. le président. Messieurs, la séance n'est pas levée ; elle n'est même pas suspendue ; veuillez faire silence.

M. le vicomte de Lorgeril. Messieurs, je viens combattre le paragraphe 1er du contre-projet de MM. Griffe et Salneuve, l'article 1er du contre-projet de M. Eymard-Duvernay, l'article 1er du contre-projet de M. Bernard et l'article 1er du projet de la Chambre des députés. C'est-à-dire que je combats le rétablissement du divorce sur toutes ses formes, aussi bien le grand que le petit et que le moyen. (Hilarité.)

M. le vicomte de Lorgeril, *lisant* : « En adoptant le principe de la dissolubilité du mariage qu'elle avait d'abord repoussé, si vous adoptez l'article 1er, en entr'ouvrant ainsi une porte qui s'ouvrira bientôt dans toute sa grandeur, pour livrer passage au projet de la Chambre, on a quelque autre projet semblable, plus large que celui de M. Eymard-Duvernay et que celui du gouvernement, et par conséquent plus propre à satisfaire des impatiences naguères sagement contenues par la loi, aujourd'hui surexcitées par la propagande. Votre commission a prouvé que les meilleurs esprits pouvaient se laisser entraîner par cette espèce de courant fébrile que l'on s'est efforcé de créer en faveur du divorce. Quelqu'un qui s'est livré entièrement à ce courant, c'est l'honorable rapporteur de la commission : tous ses efforts tendent, non à faire adopter le projet édulcoré de M. Eymard-Duvernay, mais à substituer, à une loi protectrice de la société et de la famille, une loi dangereuse pour l'une et pour l'autre, et dont les principales dispositions ont déjà été repoussées après expérience faite. Si vous voulez entrer dans la voie qu'il vous indique, vous recueillerez promptement des fruits bien amers de cette impétuosité avec laquelle nous nous précipitons, en France, sur les codes pour en arracher des pages ou pour en insérer de nouvelles, et qui provient sans doute de l'effrayante versatilité de cette multitude en évidence qui veut nous imposer des lois, et que l'on a grand tort d'appeler la nation française ; car elle n'en est que la partie la plus imprévoyante et la plus tumultueuse. L'enthousiasme et l'amour de la nouveauté sont les mobiles de presque tous ses actes : quant à la raison, quant à la conviction, elle les écoute sans doute quelquefois par boutade ; mais presque toujours, dès qu'elle les aperçoit, elle les éconduit brusquement, ou les raille avec une impitoyable étourderie. Sait-elle, cette multitude aussi fantasque qu'impérieuse ? Rarement, car elle se garde bien d'apprendre ; mais, en revanche, elle se livre volontiers à ceux qui se vantent de tout savoir et qui savent surtout abuser de sa crédulité. L'un d'eux l'a-t-il trompée une fois grossièrement et sans art, elle a déjà pour lui une certaine considération et le regarde comme propre à quelque chose. La trompe-t-il toujours avec une superbe désinvolture, l'audace du tribun ou la faconde du rhéteur, oh ! alors, elle a pour lui plus que de l'estime ; elle a de la vénération ; elle lui prodigue ses applaudissements pendant qu'il vit, et lui réserve, après sa mort, des statues et des apothéoses.

Si ce sont là quelques-uns des principaux traits du caractère de cette multitude, que devons-nous penser de la philosophie qui dirige ses actes, de ses aspirations les plus vives, de ses sentiments sur le divorce par exemple ? Que ce sont tout simplement des modes que des hommes d'infiniment d'esprit, mais beaucoup trop amoureux du paradoxe, s'efforcent de lui faire adopter et qui durent... ce que durent les modes. Panthéisme, éclectisme, saint simonisme, fouriérisme, rationalisme : nous avons vu tout cela, et nous en verrons bien d'autres, pourvu que Dieu nous prête vie. L'athéisme, qui est, à mon sens, l'une des principales causes des efforts que l'on fait aujourd'hui en faveur du divorce, parce qu'il rompt tous les liens qui unissent l'homme à Dieu, à ses semblables, par suite à la femme, l'athéisme est en ce moment de mise . c'est, si vous me permettez cette expression, un vêtement bien porté, presque une parure. Mais attendez quelque temps, et vous ne le trouverez plus que dans la poussière de quelque vieille friperie, à moitié rongé par les mites et par les rats. Soyez biens convaincus que, si vous adoptiez aujourd'hui l'article qui nous occupe, il ne se passerait pas deux ans, avant que la grande majorité des journalistes, des auteurs dramatiques et des romanciers s'efforçassent de démolir votre œuvre, comme leurs devanciers démolirent, par leur ironique bon sens, la loi de 1792 et les articles du code de 1804 sur le divorce.

Le sort que je prédis à votre loi est, du reste, celui qui attend la plupart des innovations qui n'ont pas une suffisante raison d'être. La vogue les soutient un instant, mais le bon sens qu'elle a chassé ; reparaît tôt ou tard. Je ne dis pas qu'il revienne toujours au galop, comme le naturel dont parle le poète ; mais ne marchât-il que comme la tortue de la fable, il finit par arriver. A Dieu ne plaise que je prétende qu'une fois de retour il ne repartira plus ; car j'ai vu trop souvent le peuple s'étonner et se repentir des actes insensés qu'il a commis, la veille du jour où il va en commettre de plus insensés encore.

Quoi qu'il en soit, il me semble que le champ des folies est assez vaste, pour qu'on puisse éviter les rechutes aux points reconnus comme dangereux et profiter de l'expérience acquise. Les tentatives faites en faveur du divorce à la fin du siècle dernier et au commencement de celui-ci, n'avaient pas réussi. Pourquoi faut-il qu'on n'en tienne aucun compte ? Sommes-nous donc fatalement destinés à tourner toujours dans le même cercle, en recherchant avec une inexplicable prédilection les ornières profondes dans lesquelles le char de l'État a déjà endommagé ses roues ?

En 1792, le divorce entra dans nos lois à la suite du refroidissement des sentiments religieux et du relâchement des mœurs. Le catholicisme semblait sérieusement ébranlé par le doute; les vieux principes politiques semblaient dissous par la ferveur des idées révolutionnaires. Alors on ne parlait que de liberté, et ce mot, quoique assez mal défini pour servir, comme aujourd'hui, de masque à la tyrannie, à la persécution et à l'asservissement, avait cependant assez d'influence sur un grand nombre d'hommes pour les pousser à chercher partout à rompre des fers et des esclaves à émanciper. L'adultère, qui avait inspiré à nos vieux conteurs un peu trop grivois, et à nos inimitables auteurs comiques, tels que Molière et Regnard, tant de traits plaisants sur les maris trompés et les femmes trompeuses, l'adultère tournait au sentimentalisme. Sous la plume des romanciers et des philosophes, il excitait l'intérêt et les larmes en faveur d'héroïnes incomprises, généralement fidèles à des amants pleins de mérite et vaillamment infidèles à des époux pleins de barbarie. Trop longtemps ces victimes frémissantes avaient gémi sous des liens indissolubles, et attendu leur délivrance pour voler à de nouveaux hyménées, sans avoir à redouter la longueur de nouveaux martyres.

La loi de 1792 vint sécher leurs larmes et mettre un terme à leurs souffrances. Grâce à quelques formalités insignifiantes, à quelques démarches qui n'avaient rien de gênant, elles purent sortir du mariage comme on sort d'un appartement dont on a résilié le bail. Cela devint bien commode : on s'épousait à peine, on s'essayait simplement. Voyons, se disait-on, jusqu'à quel point nos humeurs sont compatibles. L'essai loyal une fois fait, si nous reconnaissons que nous ne nous convenons point, si les produits de nos amours ne sont pas satisfaisants, si le cœur vous pousse d'un côté et moi de l'autre, eh bien ? rien de plus simple : nous dénouerons ici, et nous nouerons là ; avec le divorce, cela va tout seul, on se dit bonsoir aussi aisément et d'aussi bonne amitié que l'on s'est dit bonjour.

Voilà ce qu'alors, comme aujourd'hui, on disait être impérieusement exigé par la liberté et par la dignité humaines. C'était aussi, il faut le reconnaître, une agréable préparation à la promiscuité qui, plus ou moins déguisée, se trouve au fond des doctrines de tous les novateurs et de tous les philosophes de cette époque et de la nôtre. C'est encore cette promiscuité qui semble le but vers lequel des hommes parfaitement libres de tout préjugé et de tout scrupule veulent pousser la législation en France. Ah ! me diront les partisans de la loi en discussion, on n'atteindra pas plus ce but en France qu'il n'a été atteint dans les autres pays où le divorce est réglé par la loi. Quand on parle ainsi avec un optimisme plein de candeur, on ne songe pas à la différence qui existe entre l'instruction donnée à ces différents peuples et celle qu'on s'efforce en ce moment de donner au peuple français.

Chez les autres nations, la base de l'instruction est le principe de l'existence de Dieu et de l'immortalité de l'âme. Chez nous, c'est la négation de Dieu et la spontanéité de la matière. Pour moi, je dis que le but déplorable dont je parlais, ne peut manquer d'être atteint dans un pays où l'air est officiellement imprégné de matérialisme, où l'on s'empresse de tous côtés d'expulser Dieu de la création du monde, de la Croix, et de la société des hommes.

Et en effet, Messieurs, réfléchissez-y un instant ; si, comme on l'enseigne un peu partout à la jeunesse, dans les chaires des savants et dans les conférences des érudits, l'homme n'est qu'un grumeau de matière organisée, de quel droit vous, simple grumeau, iriez-vous entraver votre semblable dans ses attractions et ses affinités à l'égard de ce charmant grumeau de matière organisée qu'on appelle la femme ? Ils sont donc parfaitement dans la logique et conséquents avec eux-mêmes, ceux qui, après avoir voulu l'enseignement athée et matérialiste, veulent aujourd'hui l'union athée et matérialiste de l'homme et de la femme, ou si vous aimez mieux, le mariage dissolu et dissoluble qui nous occupe. Si par là on parvient au saint-simonisme, au mormonisme, à la polygamie d'abord, à la promiscuité ensuite, il ne faudrait ni vous en étonner, ni vous en plaindre. On a tort de gémir sur les conséquences, lorsqu'on a posé soi même les prémisses.

Ah ! n'allez pas vous y tromper, Messieurs, et croire que, du moment que vous aurez promulgué une loi favorable au divorce, tout sera fini. Dans l'état où se trouvent la morale et la société en France, à l'heure où je vous parle, le divorce n'est qu'un premier pas. Vous allez, si vous me permettez cette expression, enlever la première pierre de l'édifice social que l'on démolira bientôt après, pour macadamiser la grand'route de la prostitution. Du moment, en effet, que vous ne considérez le mariage que comme une transaction purement humaine dont Dieu n'est plus appelé à resserrer les liens, ce mariage devra naturellement être soumis à toutes les modifications que l'esprit humain voudra lui imposer, jusqu'à ce que, de transformation en transformation, on arrive à faire disparaître tous les obstacles qui s'opposent à l'union libre de l'homme et de la femme. Mais avant d'arriver à cette phase suprême et pour nous y préparer, nul doute que nos jeunes législateurs, si féconds en réformes, n'aient toutes prêtes des réglementations du mariage appropriées au mouvement de la population comme aux aspirations et aux exigences de l'amour moderne, et assurant à celui-ci tous les *modus vivendi* désirables. L'histoire et l'utopie s'unissent pour lui fournir des exemples à suivre dans les différents cas qui peuvent se présenter. Me permettrez-vous de vous en citer quelques-unes ? (Bruit de conversations.)

M. le président. Veuillez parler moins haut, Messieurs, je vous prie. J'entends mieux vos conversations que je ne puis saisir les paroles de l'orateur. Ce n'est pas tolérable. On comprend que la commission ait des conférences à tenir ; mais elle peut, pour cela, quitter la séance.

M. le vicomte de Lorgeril. « Si, dans un état, comme il est arrivé assez souvent, le nombre des femmes est supérieur à celui des hommes (Le bruit continue).

M. le président. Monsieur Naquet, je vous prie en grâce de faire silence !

M. le vicomte de Lorgeril... Ce sera le cas d'imiter la République d'Athènes qui, à une certaine époque, s'étant aperçue que le nombre des défenseurs de la patrie diminuait sensiblement, voulut y porter remède et enjoignit à tous les hommes nubiles d'épouser deux femmes. A cette époque vivait le célèbre poète tragique Euripide. Il fut, pour sa part, muni de deux véritables mégères qui s'efforcèrent avec une odieuse émulation de lui rendre la vie insupportable. Mais, à quelque chose, paraît-il, bigamie et malheur sont bons ; car ce furent ces deux femmes qui lui inspirèrent ces peintures si éloquentes et si pathétiques du désespoir, que nous trouvons dans ses œuvres et qui font l'admiration de tous les amis de la belle poésie.

Si le nombre des hommes est beaucoup plus grand que celui des femmes, il sera bon de s'assimiler la pensée de l'auteur de l'*Histoire des Sevarambes*, livre aujourd'hui fort recherché des bibliophiles. Cet écrivain imagine qu'un grand nombre d'hommes et un plus petit nombre de femmes ont fait naufrage sur une île déserte. L'amour, qui perdit Troie, vient bientôt exercer ses ravages sur la colonie naissante. Pour faire cesser les nombreuses querelles qu'il suscite, le chef de la troupe organise ainsi les mariages. D'abord, il choisit parmi toutes les femmes celle qui lui semble la plus aimable et la plus jolie, et la prend naturellement pour lui. Après cet acte de charité bien ordonnée, il procède par altruisme et dispose deux par deux les hommes des couches supérieures. A chaque paire d'hommes il attribue une femme, comme s'il avait lu les *Confessions de J.-J. Rousseau*, qui dit avoir trouvé le bonheur dans une association de ce genre, lorsqu'il partageait avec le valet de Mme de Warens les faveurs de cette femme vraiment libérale. Enfin, il forme des groupes de cinq hommes des couches inférieures et donne une femme à chaque groupe. La colonie devint ainsi florissante, en attendant qu'un changement dans la population permît une modification dans les mariages.

Si le nombre d'hommes est à peu près égal à celui des femmes, on pourrait, à la rigueur, suivre la méthode usitée en France et dans la plus grande partie de l'Europe. Mais des savants, et même des ignorants, ont prétendu que la monogamie engendrait la monotonie ; il sera donc plus prudent de prendre modèle sur les anciens Bretons qui, dit Hume, dans ses *Essais*, non pas dans son *Histoire d'Angleterre*, se mariaient d'une manière fort originale. Ils se réunissaient par groupe de dix ou douze hommes, et formaient entre eux alliance offensive et défensive, ce qui, à cette époque de barbarie, était peut-être nécessaire pour assurer leurs existences et leurs possessions. Pour resserrer d'autant plus les liens qui les unissaient, ils prenaient en commun un nombre égal de femmes. Les enfants qui naissaient de ces mariages originaux, étaient considérés comme appartenant à la communauté et élevés par elle. Ainsi la monotonie était suffisamment écartée.

Nul doute que nos législateurs ne profitent de ces différents exemples dans leurs réglementations, et au besoin n'inventent des métamorphoses nouvelles. Mais, quoi qu'ils fassent, ils n'échapperont point, et peut-être ne veulent-ils pas échapper aux conséquences du coup porté à la morale et à la famille par le rétablissement du divorce, et ils arriveront, un peu plus tôt, un peu plus tard, à la destruction du mariage lui-même, c'est-à-dire à un système d'union libre de l'homme et de la femme.

Du moment que de semblables innovations germent dans les esprits, n'est-il pas du devoir du Sénat de s'opposer à leur développement, à moins que vous ne vouliez voir la France devenir un de ces vastes phalanstères rêvés par nos novateurs contemporains, où sont étudiées et réglées avec le plus grand soin toutes les choses qui concernent les appétits de la chair réhabilitée, mais où l'on daigne à peine s'occuper des enfants nés de toute cette fantasia matrimoniale ? Et cependant le sort fait par une loi aux plus nombreux et aux plus faibles, doit singulièrement intéresser ceux qui sont chargés de voter cette loi. Nous ne pouvons pas admettre, par exemple, que les enfants atteints par le divorce, qui appartenaient à une famille et auxquels cette famille appartenait par droit de naissance, soient privés des soins qui leurs sont dus par leurs parents (Bruit de conversation).

Je demande encore une fois à mes collègues de bien vouloir m'écouter.

M. le président. L'orateur, Messieurs, réclame le silence, et avec raison.

A gauche. On n'entend rien !

M. le président. On n'entend rien, parce que l'on tient des conversations qui couvrent la voix de l'orateur.

M. le vicomte de Lorgeril. Je ne reviendrai pas, Messieurs, sur ce qui a été dit et si bien dit à cette tribune, à l'égard des enfants des divorcés. Nos éloquents collègues, M. Jules Simon et M. Allou, ont fait bonne justice des étranges prétentions de l'honorable M. Naquet, qui ressemblent un peu à un dithyrambe orné de statistique, sur le bonheur de ces pauvres êtres, lorsqu'ils quittent la maison paternelle pour aller chez le nouvel époux que leur mère a conquis, grâce à la force de nuptialité développée en elle par le divorce.

A entendre notre honorable collègue, on serait presque tenté de divorcer pour assurer une existence heureuse et une bonne éducation aux enfants que l'on aime. Nous n'étions pas habitués à cette nouvelle manière d'envisager les choses, et nous nous demandions, où ces enfants malheureux d'être nés trouveront-ils ces attentions délicates, ces tendres caresses presque aussi nécessaires à leur jeune âge que le pain et le lait qui les nourrissent? Nous nous demandions si un père pouvait éprouver une affection bien vive pour le fils de celle qu'il a haïe jusqu'au point de la chasser du domicile conjugal pour lui donner une remplaçante ; si une mère pouvait prodiguer ses caresses, en face de son nouveau mari, au fils de celui qui l'a humiliée et irritée par le scandale de ses déportements publics et l'outrage d'une demande de divorce. D'ailleurs, nous disions, nous, dans notre ignorance de la statistique transcendante : Des nouveaux mariages naîtront de nouveaux enfants, et alors il arrivera, avec une aggravation excessive, ce qui est arrivé dans presque tous les seconds mariages où les enfants du premier lit voient leurs intérêts et leur éducation négligés pour ceux des enfants du second lit ; et cependant leur père a pu aimer tendrement sa première femme et être entièrement dévoué à ses enfants avant qu'un nouvel hymen et de nouveaux devoirs se fussent superposés à son premier hymen et à ses premiers devoirs. Je puis en dire autant de la mère. Et si cependant, dans ce cas, les désordres que je signale, ont lieu sans cesse, que ne sera-ce pas lorsque la haine, et non la mort, aura brisé des liens jusqu'alors indissolubles ? Et nous concluions ainsi : Ah ! l'on a eu raison de le dire : le divorce ne devrait point être permis dans un état bien organisé ; car sous les points de vue moraux, il brise l'unité morale ou l'union des cœurs, en introduisant plusieurs sociétés dans une famille et plusieurs intérêts dans une maison. Et voilà pourquoi le divorce a des résultats bien autrement redoutables que la séparation légale, qui certes présente les plus graves inconvénients, mais qui, ne fournissant pas de nouveaux mariages, ne fait pas naître des dangers tels que ceux que je viens de signaler (Bruit persistant).

M. le président. L'orateur, Messieurs, fait tous ses efforts pour être entendu, et vous semblez faire tous les vôtres pour couvrir sa voix. Je vous en prie encore, gardez le silence et reprenez vos places.

M. le comte de Lorgeril. Ces dangers vous les exagérez singulièrement, me dira quelque partisan de la loi votée par la Chambre des députés. Notre projet de loi n'en présente aucun, il est aussi parfait que puisse l'être une œuvre humaine ; nous avons circonscrit le divorce dans des limites qu'il ne pourra franchir ; nous avons pris à la loi de 1792 et au code civil de 1804 ce qu'ils avaient de vraiment raisonnable, et de vraiment pratique ; nous n'y avons ajouté que ce qui était trop clairement exigé par les principes qui forment la devise de la République : Liberté, égalité, fraternité. Voyez plutôt : dès le commencement, nous avons agrandi les droits de la femme, en l'autorisant à demander le divorce, dans tous les cas d'adultère où le mari peut le demander. Ceci pourra contrarier un peu le mari, habitué à se croire affranchi de bien des sujétions hors des limites du domicile conjugal ; mais rien de plus conforme au principe d'égalité ! D'un autre côté, et par une sorte de compensation, nous avons étendu les droits du mari, en lui permettant de répudier sa femme, même lorsqu'elle aura plus de quarante-cinq ans d'âge et vingt ans de mariage. Cela pourra déplaire à cette pauvre vieille ; mais rien de plus conforme au principe de liberté ! Nous avons ouvert un asile agréable aux amours illicites et adultères, qui se régulariseront sans doute dès que le conjoint gênant aura été évincé. Cela pourra chagriner le conjoint gênant et lui sembler un peu opposé aux règles de la saine morale ; mais rien de plus conforme aux trois principes de la liberté, de la fraternité et de l'égalité ! Que voulez-vous de mieux ? Nous avons de plus, mus par un sentiment que vous ne pouvez manquer d'approuver, permis les rapprochements entre les époux divorcés, lorsqu'aucun mariage n'est survenu depuis le divorce. Je le reconnais : sur ce point, vous avez agi sagement. Je dirai même : votre réserve ne pourrait-elle pas être diminuée dans les cas où la mort d'un des nouveaux conjoints rendrait la liberté aux anciens époux ? Si, comme l'a voté la Chambre des députés, dans les cas de divorce pour cause d'adultère, vous permettiez à l'époux coupable d'épouser son complice, ne serait-il pas beaucoup plus décent, beaucoup plus conforme à la dignité de nos mœurs, de voir deux époux qui avaient divorcé pour des motifs d'une gravité secondaire et peut-être pardonnable, des sévices, des injures, etc., se réconcilier, après avoir essayé l'incompatibilité d'autres humeurs et le poids d'autres liens brisés à propos par la mort, que d'assister désarmé au triomphe de l'adultère venant s'installer à la place de l'innocent, le front ceint d'une couronne provisoire de fleurs d'orangers, en attendant une autre couronne qui ne lui manquera pas sans doute ? J'entends une couronne de soucis... ou peut-être une couronne de martyre.

La loi romaine était sur ce point beaucoup plus large que la nôtre : elle permettait les rapprochements, même après un nouveau mariage ; aussi produisait-elle de très remarquables résultats. Vous savez tous ce qui arriva à l'un des hommes les plus illustres et les plus austères que la République romaine ait offerts à l'admiration de la postérité, à celui qui mérita ce vers de Lucain :

> Victrix causa Diis placuit, sed victa Catoni.

C'est, en effet, de Caton d'Utique que je veux vous parler.

La mauvaise conduite de sa première femme Attilia le força de divorcer avec elle (Le bruit continue).

M. le vicomte de Lorgeril. Ecoutez pour Caton, je vous prie, si ce n'est pour moi-même ! (Rires.)

M. le président. Je vous prie de faire silence, Messieurs. Je ne puis pas moi-même entendre l'orateur. On me fait observer qu'il énonce des propositions qui, peut-être, pourraient faire l'objet d'une observation de ma part. Je demande donc le silence.

M. le vicomte de Lorgeril. Je n'ai rien dit de répréhensible, monsieur le président.

M. le président. J'ai dit: « peut être ». Je n'ai rien entendu; par conséquent, je ne puis pas faire d'observations. (Rire général).

M. le vicomte de Lorgeril. Je vous remercie, monsieur le président.

M. le président. Ce n'est pas votre faute, mais celle de vos collègues qui n'écoutent pas.

M. le vicomte de Lorgeril. Cela les fait rire beaucoup.

M. de Gavardie. Il est certain que c'est un mauvais précédent que d'empêcher un orateur, même de lire un discours, et vous avez raison, monsieur le président, de maintenir la parole à l'orateur. (Hilarité).

M. le président. Monsieur de Lorgeril, continuez. Je vous en prie, Messieurs, veuillez faire silence.

M. le vicomte de Lorgeril. Alors il épousa Marcia, fille de Lucius Philippus, qui vécut en parfaite intelligence avec lui et lui donna tout le bonheur qu'on peut attendre d'une femme belle, sage et aimable. Il y avait déjà plusieurs années qu'ils étaient mariés, et il en avait eu deux enfants, lorsqu'un personnage consulaire, Quintus Hortensius, rival de Cicéron et grand admirateur de Caton, se mit à admirer la femme de celui-ci avec non moins d'enthousiasme, et voulant orner sa famille des rejetons d'une matrone aussi accomplie, il supplia Caton de vouloir bien la lui céder. Caton, persuadé que les hommes de bien en se communiquant des femmes vertueuses, contribuent très efficacement à la propagation de la vertu dans les familles, n'hésita pas à accéder à la demande de son ami, ne mettant pour condition que le consentement de Lucius Philippus. Ce consentement obtenu, la cérémonie eut lieu avec toute la gravité et toute la pompe imaginables. Au dîner nuptial, Caton fit, en l'honneur des deux époux et suivant son habitude, des libations copieuses à Bacchus, son dieu de prédilection. Marcia resta avec Hortensius jusqu'à la mort de celui-ci. Au commencement des guerres civiles, Caton la reprit pour femme avec d'autant plus de satisfaction qu'elle était grandement enrichie de la fortune d'Hortensius. Comme une nouvelle cérémonie eut lieu à chaque nouveau mariage, on ne peut pas dire que Caton ait prêté sa femme à Hortensius. Il ne fit que profiter de la liberté absolue du divorce laissée par la loi à tous les Romains. Pourquoi voudriez-vous que la loi française fût moins libérale que la loi romaine? Pourquoi nos jeunes législateurs, qui n'ont peut être pas tous la même éloquence qu'Hortensius , ne pourraient-ils pas se piquer de la même générosité que Caton envers les personnages consulaires ? Ils y trouveraient honneurs et profit, deux choses qu'on ne dédaigne pas généralement dans ce temps de République.

La loi de 1792 était sur ce point en rapport avec la loi romaine. Parmi des effets qu'elle produisit, j'en citerai un fort intéressant. Voici ce que disait, dans un discours prononcé le 24 nivôse an V devant le conseil des anciens, le savant jurisconsulte Favart de Langlade.

« Une jeune citoyenne se marie avec l'assurance de recueillir tous les biens d'une vieille grande tante. Survient la loi du 14 nivôse, et la jeune mariée se trouve frustrée dans ses espérances. Alors son mari et elle conviennent de divorcer d'un commun accord. L'opération faite, le jeune homme épouse la tante qui, comme la loi le lui permettait, lui fait donation de toute sa fortune par contrat de mariage ; puis, comme elle avait alors quatre-vingt quatre ans, elle ne tarda pas à mourir, et le jeune veuf reprit sa première femme ».

N'y a-t-il pas là un mélange touchant d'affection de tante, de dévouement conjugal et d'abnégation bien propre à faire réfléchir les partisans du divorce et à les décider à faciliter les rapprochements entre époux divorcés, plus encore que la Chambre des députés ne l'a jugé nécessaire ? Voilà ce qui me semble bien probable ; mais ce qui est positif, certain, ce qui ne peut manquer d'arriver, c'est que, lorsque vous aurez fixé les cas qui rendront le divorce légitime, les raisonnements, par analogie, qui afflueront de tous côtés , vous forceront d'en augmenter l'énumération. Si vous admettez, par exemple, comme une cause de divorce, la stérilité reconnue, vous passerez rapidement à l'infirmité habituelle, de l'infirmité habituelle à l'infirmité périodique, de l'infirmité périodique à l'infirmité temporaire, mais prolongée, etc.

Il fallait bien moins chez les Romains ; pourquoi serions-nous moins favorisés qu'eux par la loi ? D'ailleurs ne sommes-nous pas le peuple chez lequel on répète sans cesse, en vers comme en prose, cet adage partout si répandu dans les sphères les plus hautes comme dans les plus basses : il faut qu'une porte soit ouverte ou fermée. La porte entrebaillée est ouverte tout au grand par le moindre courant d'air.

Lorsque cela aura lieu pour le divorce, on pourra voir clairement ses effets sur notre société moderne. Aujourd'hui nous ne pouvons que les prévoir ; mais nous devons les prévoir, puisque nous sommes chargés de voter la loi qui doit trancher la question du divorce. Pour aider notre sagacité dans une telle entreprise, devons-nous consulter les vaines imaginations des rêveurs, ou nous en rapporter aux faits réels tels que les racontent les historiens ? Poser la question, c'est la résoudre. Consultons donc l'histoire. Denys d'Halicarnasse, dans les Antiquités romaines, après avoir fait l'éloge des anciennes lois qui interdisaient le divorce, ajoute : Alors il régnait entre les époux une amitié constante produite par l'union durable des intérêts. On n'était point alors obligé de faire des lois pour enjoindre le mariage aux patriciens, comme lorsque le divorce eut grandi dans la corruption et dans les excès de luxe. Vers cette dernière époque, c'est-à-dire sous les empereurs du temps de Néron, Sénèque déclare que la perspective du divorce était le principal attrait du mariage ; Juvénal exerce sa verve sur les dames romaines qui trouvaient, dit-il, le moyen de se marier huit fois dans cinq ans. Mais voici qui est bien autrement remarquable.

Ecoutez ce fait, Messieurs, il est caractéristique (Rires).

« Saint Jérôme raconte, dans une lettre, avoir vu à Rome les funérailles d'une dame qui avait eu vingt-deux maris. Quand elle fut séparée du vingt et unième, était-ce par la mort ou par le divorce ? Je ne saurais le dire ; elle chercha avec soin un homme qui fût digne d'elle. Elle fut assez heureuse pour le rencontrer dans un Romain qui avait eu vingt femmes, et l'épousa (Nouveaux rires). » Vous voyez, Messieurs, voilà ce qu'on gagne à écouter (Hilarité générale). « Le Sénat et le peuple romain prirent le plus vif intérêt à cette union extraordinaire, et de tous côtés des paris considérables furent faits sur la manière dont elle se terminerait. La mort de la femme trancha la question. Alors le Sénat et le peuple romain décrétèrent, pour fixer mieux ce fait important dans la mémoire du peuple que le veuf suivît les funérailles de sa digne épouse, sur un char de triomphe, une branche de laurier à la main. »

Cette femme aux vingt-deux maris laisse bien loin derrière elle la Samaritaine à laquelle Notre-Seigneur Jésus-Christ reprochait d'en avoir eu cinq. La différence des chiffres peut servir jusqu'à un certain point à mesurer la marche accomplie par le divorce, de la fin du règne d'Auguste à la fin du règne de Théodose.

Mais pour ne parler que de ce qui concerne plus particulièrement la France et le temps où la loi de 1792 était en vigueur, si l'on consulte les tableaux dressés à cette époque dans les départements pour constater le nombre des mariages, des divorces et des naissances, on pourra se rendre compte du coup porté à la morale par le divorce, des progrès qu'il avait faits en peu de temps, du discrédit dans lequel le mariage tombait de jour en jour, par suite de la corruption résultant de la dissolubilité de ses liens, et de la faveur qu'obtenait au contraire le concubinage. Dans la circonscription de Paris, l'an IX de la République, le nombre des mariages fut de 4.000 (en chiffres ronds), le nombre des divorces de 700. L'année suivante, c'est-à-dire l'an X, le nombre des mariages fut de 3.000, chiffres ronds, et le nombre des divorces de 900. Vous le voyez, plus le nombre des divorces augmentait, plus le nombre des mariages diminuait. Quant aux unions illégitimes, leur nombre dépassait celui des légitimes, si l'on s'en rapporte au chiffre des enfants naturels.

Vous le voyez, Messieurs, il suffit d'avoir un peu lu l'histoire et réfléchi sur ses enseignements, pour ne pas se laisser convaincre par les beaux discours des partisans du divorce, qui ne craignent pas d'affirmer qu'à lui seul il suffirait presque pour rétablir la pureté des mœurs, tant il imposerait de réserve aux gens mariés! Si les faits n'étaient pas là pour démontrer le contraire, une réflexion bien simple suffirait pour fixer votre conviction.

Et, en effet, Messieurs, quelle est la cause de la plupart des séductions, des chutes et par suite de la naissance des enfants naturels ? La promesse du mariage. Eh bien! la promesse du mariage, après divorce, serait encore assurément une source féconde d'adultères n'attendant à se produire que la promulgation de votre loi.

On a appelé la statistique à l'aide du projet adopté par la Chambre, et l'on a dit : Il faut rétablir le divorce, parce que par là se trouvera considérablement diminué le nombre des enfants adultérins qui proviennent des séparations légales. Mon Dieu, oui, sans doute, ce nombre-là diminuera; je ne dis pas le contraire ; mais le nombre des enfants qui ne sont pas adultérins uniquement à cause de ce précepte de la loi *is pater est quem nuptiæ demonstrant*, ne sera-t-il pas augmenté d'une manière effrayante ? Vous n'empêcherez pas les femmes d'être assez convaincues de l'éclat et de l'irrésistibilité de leurs charmes pour ne pas douter des beaux serments de leurs adorateurs. Vous n'empêcherez pas les Lovelaces de notre époque d'être assez perfides, assez hypocrites pour faire, au profit de leur vanité ou de leur passion, tous les serments les plus solennels qu'ils ne tiendront jamais ; car ils savent trop bien à quelle peine du talion ils seraient exposés, et quelle menace, plus désagréable peut-être que l'épée de Damoclès, serait suspendue sur leur tête.

Et nous aussi, nous pourrions nous appuyer sur la statistique pour combattre le divorce. Mais la morale et la raison nous suffisent. N'a-t-il pas été démontré, preuves en main, que là où le divorce était en vigueur, le nombre des mariages diminuait? Nous avons parlé des Romains, forcés d'édicter une loi invitant les patriciens à se marier, et, lorsque votre loi sera votée, croyez-vous que des parents un peu soucieux de l'avenir et de la dignité de leur fille, seront bien empressés de la marier, lorsqu'elle n'aura pas la certitude de rester avec son mari ? Quelle affection, quel dévouement peut apporter à une famille la jeune fille qui peut douter d'en faire longtemps partie ? Pour moi, je ne connais rien de plus difficile à concilier que les intérêts de deux époux, lorsque le lien qui les unit, peut être rompu par la passion ou le caprice de l'un d'eux.

L'indissolubilité du mariage crée la considération, la stabilité, la paix des familles, tandis qu'un mariage sujet à être dissous et ne différant que bien peu d'un concubinage habituel, ne peut rien ni pour leur dignité ni pour leur bonheur. Il contribue beaucoup plus à la corruption qu'à la pureté des mœurs. Il n'est personne de bonne foi qui ne le reconnaisse, et n'avoue en même temps que la faculté de faire divorcer, si vous l'accordez, ne servira guère qu'aux puissants et aux riches, c'est-à-dire à ceux-là même qui n'ont déjà que trop de facilité pour secouer le joug des convenances et pour éluder les lois.

Le peuple, qui vit de son travail, est trop occupé pour se livrer aux énervantes imaginations de la paresse, et pour rêver le luxe des unions temporaires. Rarement ceux qui vivent au prix de leurs sueurs, seront tentés de profiter de l'affranchissement que notre honorable M. Naquet leur prépare. Les efforts de ce grand libérateur ne serviront guère, je suis désolé de le lui apprendre, qu'à favoriser le vice et à contrister la vertu. En effet, dans les cas les plus fréquents de demandes de divorce, ceux provenant des incompatibilités d'humeur, je vous laisse à penser quelle sera la situation de celui qui aura assez d'amour-propre bien placé, assez de dignité pour ne pas céder au violent caprice du plus exigeant. A quelle rancune, à quelle persécution ne sera-t-il pas en butte ? Comment ! vous voulez faire cesser les discordes dans le mariage, et voilà que vous les suscitez partout ! Vous voulez éteindre le feu, et voilà que vous l'allumez là où il n'existe pas déjà, et que vous l'attisez où il aurait pu s'éteindre !

Fort bien, me dira-t-on ; mais vous ne voyez les choses que sous un point de vue ; vous ne pensez au divorce que pour le combattre ; vous ne nous parlez jamais de cette liberté aussi nécessaire à l'homme que l'air qu'il respire et sans laquelle il est comme s'il n'était pas. De quel droit enfin voulez-vous imposer à votre semblable la perpétuité d'une chaîne qu'il a pu rechercher autrefois, mais qu'il abhorre aujourd'hui, lorsque vous pouvez, gracieusement, l'en délivrer par quelque phrase de votre loi ? Je répondrai : Oui, l'amour de la liberté est naturel à l'homme. Mais il ne lui est pas moins naturel de se soumettre à la nécessité et de renoncer à une inclination qu'il ne peut satisfaire. Oui, l'amour, qui, comme le dit le fabuliste, a presque toujours la folie pour guide, exige la liberté dans ses caprices ; mais l'amitié qu'accompagnent presque toujours la raison et la sagesse , n'est jamais plus solide que lorsqu'un grand intérêt en a formé le lien. Or, lequel de ces deux sentiments est le plus essentiel dans le mariage, chose sérieuse s'il en fut jamais ? L'amour, comme vous le savez, est un oiseau de passage qui s'envole le plus souvent, dès qu'il aperçoit une porte entr'ouverte, et ne reparaît plus, tandis que l'amitié, quand elle est sincère, grandit avec les années, et, de deux volontés ne faisant qu'une force, triomphe plus facilement des obstacles que nous rencontrons sans cesse sur le chemin de la vie.

N'y a-t-il pas, du reste, dans l'idée du divorce un sentiment d'injustice qui ne peut manquer de vous frapper ? Lorsque l'association domestique se forme, les apports de l'homme et de la femme ne sont pas les mêmes ; lorsqu'elle se dissout, les résultants ne sont pas égaux. L'homme entre dans l'association avec son autorité, la femme avec sa dignité. Quand il en sort, l'homme conserve toute son autorité ; la femme a perdu non-seulement sa dignité, mais encore l'appui nécessaire à sa faiblesse, et presque toujours sa beauté et la fécondité de sa jeunesse. Devenue veuve et stérile, elle pourra être chassée du domicile conjugal, et obligée de quitter la maison habitée par les enfants auxquels elle a donné l'existence. Est-ce qu'une transaction qui, en se résolvant, laisse les contractants dans une position si différente où tous les avantages sont du côté du plus fort, tous les désavantages du côté du plus faible, peut être considérée comme un contrat ordinaire, et n'est-ce pas un acte de haute raison et de haute morale d'en avoir rendu les liens indissolubles ?

Mais, dira-t-on, le divorce est favorable à la population ; sans lui, bon nombre de familles ne pourraient se continuer. Écartons ce dernier argument ; car l'intérêt de quelques familles ne peut être supérieur à l'intérêt général.

Quant à cette affirmation : le divorce est favorable à la population, je nie formellement qu'elle soit vraie.

Non, le divorce n'est pas favorable au développement de la population ; bien au contraire. Et, en effet, lorsque l'idée et le désir des ruptures faciles aura pénétré dans les masses autant que vous le souhaitez, et que la perspective du divorce sera devenue, grâce à vos prédications, le principal attrait du mariage, comme au temps de Sénèque, les enfants seront considérés comme un obstacle : on ne tiendra plus à en avoir, et à leur donner les soins nécessaires à leur conservation. L'ombre de Malthus doit sourire de loin, en ce moment, aux efforts des partisans du divorce ; mais, Messieurs, vous ne donnerez pas à ce terrible économiste, un nouveau sujet de triomphe posthume : le mal est déjà trop grand, pour que vous cherchiez à l'accroître. Vous réfléchirez avant de vous laisser convaincre par cette déclaration, si peu honorable pour notre pays, sur laquelle nos adversaires fondent une partie de leurs espérances : « La France est mûre pour le divorce ? »

Mûre pour le divorce, pourquoi ? Est-ce parce que le respect a presque disparu des familles ? Est-ce parce que l'adultère est devenu si commun que les journaux regorgent d'histoires d'infidélités scandaleuses ? Est-ce parce que partout on trouve l'appel au libertinage : dans les tableaux, les nudités et les attitudes lascives, dans les livres, les descriptions passionnées ou obscènes, les provocations dans les rues, dans les théâtres ? Ah ! si, pour être mûr pour le divorce, il s'agit de marcher dans l'impudence vers la dépravation, oui, la France peut être bien mûre pour le divorce ; mais n'est-elle pas mûre aussi pour autre chose, pour la décomposition sociale et pour l'asservissement ? Et cette maturité, comment l'a-t-on si fort avancée, si ce n'est en brisant les liens qui unissent d'abord l'homme à Dieu, ensuite l'homme à ses semblables ? Le mariage indissoluble maintenait encore dans la famille, et par conséquent dans la société, quelques-uns des liens les plus indispensables. Mais si on les brise, on arrivera promptement à la désorganisation, à la corruption et à la mort.

Comment, la mort ? me direz-vous ; mais la France est pleine de vie ! Oui, sans doute, il y a encore de la vie en France, malgré toutes les expériences dangereuses faites sur elle comme sur une âme vile ; mais si vous continuez, ces essais délétères déjà tentés sur la magistrature, sur l'armée, sur l'instruction publique, si vous les étendez jusqu'au foyer domestique et à la famille, il n'est pas loin le jour où il n'y aura plus d'autre vie en France que celle que l'on peut constater, lorsqu'on approche l'oreille de l'un de ces cercueils où les vers et les insectes se disputent les débris de quelque cadavre (Très bien ! très bien ! et applaudissements sur plusieurs bancs.— Rires ironiques à gauche).

* * *

Mgr Freppel (1). Messieurs, au moment où l'indissolubilité du mariage va disparaître très probablement de la loi française pour faire place au divorce, je considère comme un devoir de prendre la parole une dernière fois dans cette question, pour m'élever contre une aussi grave atteinte à la civilisation chrétienne, et cela, au nom de l'Église, au nom des meilleures traditions de la France, et, s'il m'était permis de l'ajouter, au nom de la démocratie elle-même... (Oh ! oh !) entendue au sens le meilleur et le plus élevé du mot.

Et d'abord, au nom de l'Église, car il est évident que c'est elle, sa doctrine et sa législation qui se trouvent directement visées et immédiatement atteintes par l'établissement du divorce. (Interruptions.)

M. Letellier, le rapporteur de votre commission, ne s'en cache pas, c'est une étape de plus sur la voie de la laïcisation. Or, tout le monde sait ce que veut dire ce mot dans le vocabulaire moderne : cela signifie tout simplement la déchristianisation de la France. (Très bien ! très bien ! à droite.)

Oui, Messieurs, c'est la gloire, c'est la grandeur de l'Église catholique d'avoir ramené le mariage aux conditions primordiales de son institution, de l'avoir dégagé des imperfections de la loi mosaïque, d'en avoir fait un lien plus fort et plus puissant que tous les caprices et toutes les passions de l'homme.

Appuyée sur les conséquences du droit naturel, sur le droit divin positif, sur le droit ecclésiastique, sur le droit civil lui-même, l'Église était parvenue à faire triompher dans le monde civilisé le principe de l'indissolubilité conjugale.

Pour arriver à ce grand résultat, elle avait dû lutter pendant des siècles contre l'empire romain, qui, comme le disait Martial, avait organisé l'adultère à la faveur du divorce, contre les Césars de Byzance, vos véritables précurseurs à vous, républicains français, dans ce relâchement et dans cette rupture du lien matrimonial. (Très bien ! très bien ! à droite.)

---

(1) Séance du 16 mai 1884, à la Chambre des Députés

Pour faire triompher ce principe dans le monde, l'Église avait lutté contre les barbares impatients de tout frein, contre les mœurs de la féodalité, contre le despotisme des princes, contre les Caribert de Neustrie, les Dagobert Ier, les Philippe Ier, les Philippe-Auguste, tous ces souverains qui avaient oublié que l'Évangile oblige les grands comme les petits, les forts non moins que les faibles. (Très bien ! très bien ! à droite.)

Plutôt que de fléchir sur ce point capital, l'Église avait mieux aimé voir l'Angleterre se détacher d'elle, à la suite d'Henri VIII, ce contempteur cynique de l'indissolubilité du mariage.

C'est après de tels efforts, au prix de tels sacrifices, grâce à dix-huit siècles de luttes persévérantes, héroïques, mêlées de revers et de succès, mais toujours admirables de grandeur et de beauté morale, que l'Église est parvenue à maintenir dans le monde civilisé le principe de l'indissolubilité conjugale.

Et voici que, méconnaissant ce résultat, l'un des plus élevés de la civilisation, vous allez y porter atteinte à votre tour, au risque de renier, avec la doctrine de l'Église, les meilleures traditions de la France ! (Très bien ! très bien ! à droite.)

Car, Messieurs, la France, elle aussi, d'accord avec l'Église, avait su garder intact dans tout le cours de sa longue histoire, jusqu'au 20 septembre 1792, et depuis 1816 jusqu'à nos jours, le principe de l'indissolubilité conjugale.

Avec le sentiment de l'honneur, de la fidélité, de la générosité, de la délicatesse morale qui le distinguent à un si haut degré, ce pays avait admirablement compris que la polygamie successive, moins sans doute que la polygamie simultanée, mais enfin que la polygamie successive, elle aussi, est une déchéance de l'idée morale. Il avait compris qu'en dehors de l'union indissoluble il n'y a ni dignité pour les époux, ni éducation pour les enfants, ni discipline pour la société. (Très bien ! très bien ! à droite.)

Ce pays avait compris que la faculté de rompre l'engagement conjugal est une prime d'encouragement au désordre, à la violation de la foi jurée, aux instincts les plus bas et les plus égoïstes de la nature humaine. (Aux voix !) Ce pays avait compris que le divorce est un piège tendu à la plus faible des deux créatures unies par le mariage, et qu'à l'égard des enfants, il est de la part des parents une injustice et un abus scandaleux de la force.

Voilà ce que ce noble et généreux pays avait admirablement compris ; et c'est pour n'avoir jamais séparé du mariage l'idée d'un dévouement à toute épreuve et d'un sacrifice perpétuel, qu'il s'était maintenu à la tête de la civilisation.

Les nations protestantes avaient bien pu céder sur ce point capital, sous l'influence d'une doctrine personnifiée au début dans la personne d'Henri VIII d'Angleterre et du landgrave Philippe de Hesse ; mais c'était l'honneur de la France de n'avoir pas consenti à cet abaissement de l'idée du devoir devant la passion coupable, et de s'être refusée à faire du mariage un marché à terme que l'intérêt et le caprice pourraient résilier à leur gré. (Très bien ! très bien ! à droite.)

Eh bien ! c'est à ces nobles traditions, à ces traditions si éminemment françaises, à ces principes implantés depuis des siècles au cœur de la nation que vous allez renoncer ; vous allez ravir à ce pays sa supériorité morale et l'un de ses plus beaux titres de gloire (Très bien ! très bien ! à droite.)

Et au profit de qui ? Ce n'est certes pas de la démocratie. J'aurais voulu qu'un représentant plus autorisé que moi de la démocratie montât à cette tribune, pour protester en son nom contre cette grave atteinte portée à la civilisation française.

Car enfin, messieurs, qui vous demande le divorce ? Sont-ce les populations de nos campagnes ? Le divorce leur fait horreur ! (Très bien ! très bien ! à droite.)

Ce n'est pas non plus l'ouvrier de nos villes, car, je le dis à sa louange, l'ouvrier de nos villes entend maintenir à son foyer domestique, si modeste, si pauvre soit-il, l'honneur de sa femme et de ses enfants. Le divorce est un luxe aristocratique qu'il ne songe pas à se procurer. (Très bien ! très bien ! à droite.)

Qui donc vous a demandé le divorce ? qui, messieurs ? Quelques femmes écervelées... (Exclamations et rires à gauche), quelques romanciers qui se font un jeu des mœurs et des lois. (Bruit.)

Voilà ceux qui vous ont demandé le divorce et auxquels vous sacrifiez le grand principe de l'indissolubilité du mariage.

Un membre à gauche. Et M. Naquet !

Mgr Freppel. Je vais en parler. (On rit.)

Et dans cette campagne antifrançaise, anticatholique, sur qui se sont-ils appuyés ? Je voudrais ne blesser personne, mais enfin il faut appeler les choses par leur nom, il faut dire comment elles se sont passées : pour faire aboutir la loi du divorce, ils se sont appuyés sur une poignée d'Israélites... (Exclamations à gauche. — Très bien ! très bien ! à droite.)

M. Papinaud. On s'est appuyé sur les quatorze cas de nullité de mariage de l'Église catholique !

Mgr Freppel. Il n'y a aucune espèce de rapport entre une sentence qui déclare qu'un mariage n'a jamais été valide et une sentence qui prétend briser le lien d'un mariage validement contracté.

Je reprends. Le mouvement qui va aboutir à la loi du divorce est, dans le véritable sens du mot, un mouvement sémitique (Interruption à gauche. — Nouvelle approbation à droite), un mouvement qui a commencé à Crémieux pour finir à Naquet......

A gauche. Ah ? Ah !

Mgr Freppel.... à travers toute une série d'Israélites fauteurs et promoteurs du divorce. (Très bien ! très bien ! à droite.) Ailleurs, dans le reste de l'Europe, il se produit des mouvements antisémitiques ; et j'ai à peine besoin de vous dire, messieurs, que je ne les approuve en aucune façon, malgré les imprudences qui ont pu les provoquer. Ici, au contraire, nous assistons à un mouvement sémitique qui va triompher dans la question du divorce, (Interruptions et rires à gauche) et que vous allez probablement consacrer par votre vote !

M. Jules Roche. Le Christianisme n'est pas autre chose qu'une religion sémitique.

Mgr Freppel. Eh bien ! messieurs, il me reste assez d'honneur français et de fierté chrétienne pour ne pas abaisser, en ce qui me concerne, devant les Israélites les barrières de la civilisation chrétienne. (Vives marques d'approbation à droite. — Interruptions à gauche.)

M. Louis Guillot (Isère). Ce sont vos ancêtres, les Israélites ! Vous êtes leurs continuateurs !

Mgr Freppel. Et aux prix de quels sacrifices montrez-vous cette condescendance pour le mouvement sémitique dont je viens de parler ?

Voix à gauche. Berreyer n'était pas un sémite, et il était partisan du divorce !

Mgr Freppel. Au prix des plus grands intérêts que vous ayez mission de sauvegarder dans l'ordre politique et social. Je suis encore sous l'impression du discours que prononçait à cette tribune, le 8 février 1881, l'honorable M. Brisson, qui préside cette assemblée, et je puis le louer avec d'autant plus de liberté que je ne cours pas risque en ce moment de blesser sa modestie. (Très bien ! très bien ! à droite.) Ce sera l'honneur de sa vie d'avoir fait ce discours... (Nouvelle approbation à droite) ; car, à certains égards, ni dans cette enceinte, ni au Sénat, il ne s'est jamais rien dit de meilleur sur cette question. (Très bien ! très bien ! à droite.) Eh bien, que vous disait M. Brisson ?

« Prenez garde ! vous disait-il. Vous allez ébranler notre institution maîtresse, la véritable molécule sociale de ce pays-ci, le seul élément solide autour duquel vous puissiez grouper vos autres institutions. Vous livrer à une expérimentation sur l'unique molécule sociale qui vous reste, la famille, ce n'est pas le fait d'hommes politiques. »

Eh bien, messieurs, m'appuyant sur ces belles et nobles paroles, je vous dis à mon tour : Si depuis soixante ans les révolutions ont pu passer sur ce pays sans atteindre, sans troubler plus profondément sa vie politique, sa vie morale, sa vie sociale, c'est que, en dépit de tous ces bouleversements périodiques, il possédait dans la famille indissoluble un élément incomparable de fixité, de solidité, de stabilité, de persévérance. (Très bien ! très bien ! à droite.) C'est cela qui lui a permis de traverser tant de crises redoutables, sans y laisser son honneur ni sa fortune. Que si maintenant, à tant de causes d'inconstance et de mobilité, vous allez encore ajouter les incertitudes, les défaillances, les tiraillements, les ébranlements, les déchirements du foyer domestique, je me demande en vérité quelle sera dans l'avenir la destinée de ce pays. (Très bien ! très bien ! à droite.) Ce qu'elle sera dans l'avenir ? Ah ! je ne le prévois que trop ; je n'apprends rien à personne, je réponds au contraire au sentiment de tout le monde en disant que la dépopulation de la France est la plus vive, la plus cruelle et la plus poignante de toutes nos préoccupations patriotiques. La statistique a fait là-dessus des calculs qui m'épouvantent pour l'avenir. (Interruptions à gauche.)

Eh bien, est-ce que vous croyez, par hasard, qu'avec votre loi du divorce vous aller favoriser les mariages? Oui, vous verrez cela ! quelle sera donc la jeune fille sérieuse et avisée qui, cette loi une fois votée, n'hésitera pas à s'engager dans les liens du mariage ?...

Un membre à l'extrême gauche. Si vous la dirigez ! (On rit.)

Mgr Freppel....... à la pensée que, à quelques années de là, elle pourra être abandonnée, elle et ses enfants, non pas irrégulièrement, — cela s'est toujours vu, par malheur — mais régulièrement, mais légalement, normalement par celui auquel elle aura donné sa foi et sa vie. (Applaudissements à droite.)

Et quels sont donc les parents — oh ! je vous dirai tout ! — quels sont les parents vraiment dignes de ce nom qui n'éprouveront pas dorénavant les plus vives angoisses au moment où ils confieront ce qu'ils ont de plus cher au monde à un homme qui, à quelque temps de là, la loi à la main, pourra chercher un prétexte toujours facile à trouver, pour rompre un lien qui lui pèse? (Interruption à gauche. — Applaudissements à droite.)

Messieurs, le résultat le plus clair et le plus certain, le résultat incontestable de votre loi, sera une diminution sensible dans le nombre des mariages. Ne vous faites aucune illusion à cet égard.

Eh bien ! est-ce qu'à défaut de toute autre motif, cette raison-là, cette raison si éminemment française et patriotique, ne devrait pas suffire pour vous faire repousser un projet de loi aussi contraire aux intérêts du pays ?

Encore messieurs, si le projet qui vous revient du Sénat respectait au moins la liberté de conscience, la liberté religieuse !

Voix à gauche. Ah ! ah ! Nous y voilà !

Mgr Freppel. Mais, par l'article 340, vous foulez manifestement aux pieds les droits des catholiques.

Un membre à gauche. Mais non, ils ne sont pas forcés de divorcer !

Mgr Freppel. Voici ce que porte l'article 340 :

« Lorsque la séparation du corps aura duré trois ans, le jugement pourra être converti en jugement de divorce sur la demande formée par l'un des époux », c'est-à-dire même par l'époux capable, qui pourra de la sorte bénéficier de sa faute.

M. Léon Renault. Vous faites une conclusion !

Mgr Freppel. … bénéficier de son crime, contrairement à toutes les notions de la justice et de l'équité, en dépit de cet axiome juridique que personne n'avait jamais contesté : *Nemini fraus, nemini crimen patrocinari potest.*

Or, il va sans dire, monsieur Léon Renault, qui m'interrompez, que, dans de pareilles conditions, la séparation de corps, cette ressource suprême qui n'est certes pas un bien, mais qui est un moindre mal, qui peut être un remède légitime à des situations douloureuses, insupportables, la séparation de corps, dis-je, deviendra impossible pour les époux catholiques, car ils s'exposeront, en la demandant, à voir prononcer le divorce contre eux à trois ans de là. (Très bien ! très bien ! à droite.) Ils se trouveront placés de la sorte entre la loi religieuse, qui leur interdit le divorce, et la loi civile, qui le prononcera contre eux, au bout de trois ans, en faveur de la partie conjointe, alors même que, par les plus justes raisons, ils auraient demandé et obtenu la séparation de corps.

M. Léon Renault. Vous retombez constamment dans la même confusion entre le lien religieux et le lien civil du mariage.

Mgr Freppel. Je ne confonds rien de tout ; il n'y a qu'un seul lien du mariage : le mariage est valide ou il ne l'est pas. (Interruptions à gauche.)

Eh bien ! n'est-ce pas là une inégalité monstrueuse, une violation flagrante des droits de la conscience ? (Très bien ! très bien ! à droite.)

Mais la commission elle-même, Messieurs, trouve — et M. Letellier ne me démentira pas — que l'article 310 est injustifiable au point de vue juridique.

M. Letellier, *rapporteur.* J'ai dit dans mon rapport que l'article 310 est injustifiable lorsqu'on se reporte à l'argument qu'ont invoqué ses auteurs. Nous l'avons accepté comme transaction bien qu'il nous paraisse insuffisant, pour donner satisfaction à ceux qui réclament le divorce.

Mgr Freppel. Injustifiable, ce sont vos propres expressions. Eh bien ! je dis après vous qu'en effet il est injustifiable au point de vue juridique, mais j'ajoute qu'il est encore moins justifiable au point de vue de de la liberté religieuse ; car la perspective d'un divorce inévitable au bout de trois ans empêchera désormais l'époux catholique de demander la séparation de corps, dût sa situation être la plus insupportable du monde. (Interruptions à gauche.)

Ah ! je le sais bien, vous faites de la sentimentalité quand il s'agit de libres-penseurs ; mais quand il est question d'époux catholiques, tout ce beau zèle disparaît pour faire place à une indifférence complète. (Rumeurs à droite.)

Je n'insiste pas davantage, car je ne veux pas refaire le discours que j'ai eu l'honneur de prononcer devant vous il y a deux ans. Votre parti est pris d'avance. Beaucoup d'entre vous trouvent cette loi détestable, et ils la voteront tout de même, pour une raison ou pour une autre. Quant à moi, Messieurs, c'est le cœur navré de tristesse que j'assisterai au vote de cette loi qui, si elle était appliquée, achèverait la ruine et la dépopulation de la France. (Réclamations à gauche. — Vives marques d'approbation à droite.)

Voix à gauche. Mariez-vous!

M. Georges Perin. Demandez donc la suppression du célibat des prêtres.

Mgr Freppel. Mais j'espère que les mœurs, plus fortes que les lois, réagiront contre ce mouvement sémitique....

Voix à gauche. Encore !

M. Georges Perin. Il y a des juifs qui sont très bien vus à Rome quand ils apportent de l'argent !

Mgr Freppel.... et qu'il ne se trouvera pas en France, comme dans l'ancienne Rome, un Spurius Carvilius Ruga pour ouvrir la marche dans une voie qui conduirait à la dissolution de la famille et à la décadence du pays. (Vives marques d'approbation à droite. — Nouvelles réclamations à gauche.)

Par la loi que vous aller voter, vous prononcerez le divorce entre la troisième république et l'Église catholique. (Exclamations sur divers bancs à gauche.) Eh bien, votez cette loi ! Allez, si vous le voulez, du côté d'Israël, allez vers les Juifs ! (Exclamations et rires sur divers bancs à gauche.)

M. Clémenceau. Rendez l'argent!

Mgr Freppel. Nous restons, nous, du côté de l'Église et de la France ! (Vifs applaudissements à droite. — L'orateur, en retournant à son banc, est félicité par ses amis.)

APPENDICE II

Discours de l'abbé MAURY, sur la propriété des biens du clergé (1).

Messieurs, si la ruine absolue du clergé séculier et régulier avait été jurée d'avance dans cette assemblée ; si nous avions à lutter ici contre une force irrésistible de résolution, il ne nous resterait plus d'autre parti à prendre, dans ce moment, que la résignation et le silence ; mais, si nous n'avons à combattre aujourd'hui qu'une seule force de raisonnement, c'est-à-dire que des principes et des calculs, nous ne devons pas redouter la discussion de M. l'évêque d'Autun vient d'ouvrir devant vous.

D'abord, Messieurs, c'est surtout dans ce moment de vertige, où la décadence des principes religieux a ébranlé les fondements de toute autorité ; où la multitude, égarée par des systèmes de gouvernement aussi pernicieux à la société qu'à la religion, semble attendre que, partageant ses travers, nous allions présenter en détail à la sanction royale les chapitres les plus démocratiques du *contrat social* de Jean-Jacques Rousseau, citoyen et perturbateur de Genève ; c'est dans cette crise de l'impiété en délire que nous pouvons rappeler avec confiance au Corps législatif cette vérité attestée par tous les anciens législateurs, que la Religion est la seule base solide des lois. Vous avez rendu vous-mêmes, Messieurs, un hommage solennel à ce principe politique, lorsque vous avez décrété que vous n'écouteriez aucune proposition relative aux finances, jusqu'à ce que tous les articles de la constitution fussent irrévocablement arrêtés.

Cependant, Messieurs, ce grand ouvrage de la constitution, que les peuples attendent de votre sagesse, est à peine ébauché. Vous n'avez encore rien prononcé sur la religion de l'État, et déjà vos discussions se portent vers l'existence politique du clergé. La détermination du culte public ne

---

(1) Séance du 31 octobre 1789, à l'Assemblée constituante.

devait-elle donc pas précéder l'examen de la dotation, ou plutôt la spoliation de ses ministres ? Je dirai plus, Messieurs ; non-seulement la religion
nationale devait être déclarée loi fondamentale de l'État, avant que le
clergé fut traduit par le plus jeune de nos évêques à votre tribunal, pour
justifier devant vous l'antique propriété de ses biens ; mais encore ce premier principe de la constitution était le fondement nécessaire de tous vos
travaux. La Religion est, en effet, la seule morale du peuple ; et, selon
l'expression d'un ancien (Cicéron), *la première redevance de l'homme
en société ;* et quand vous avez mis les créanciers de l'État sous la sauvegarde de l'honneur français, vous n'avez pas oublié, sans doute, que la
Religion est elle-même la plus sûre sauvegarde de l'empire.

La propriété est une et sacrée pour nous comme pour vous. Nos propriétés garantissent les vôtres. Nous sommes attaqués aujourd'hui ; mais
ne vous y trompez pas, si nous sommes dépouillés, vous le serez à votre
tour : on vous opposera votre propre immoralité, et la première calamité
en matière de finances atteindra et dévorera vos héritages. Nous n'avons
usurpé les possessions de personne. On ne nous en accuse pas. Nos biens
nous appartiennent donc, parce que nous les avons acquis, ou parce qu'on
nous les a donnés.

Nous les avons acquis du produit de nos économies ; nous produisons les
titres de nos acquisitions. Nous les avons faites sous la protection et avec
l'autorisation expresse des lois. L'État nous a défendu, en 1749, d'acquérir
de nouveaux immeubles, et nous avons obéi ; mais l'édit de main-morte
n'a jamais eu d'effet rétroactif, et loin de confisquer nos anciennes propriétés, il les a toutes consacrées. Vous venez de reconnaître vous-mêmes,
Messieurs, ce droit de propriété des gens de main-morte, dans votre décret
sur le prêt à terme fixe ; car vous les avez autorisés à placer ainsi leurs
fonds ; et vous n'auriez pu appeler à ce privilège un religieux lié par le
vœu de pauvreté, ou une femme en puissance de mari. Or, vous n'avez
pas voulu nous tendre un piège, sans doute ; vous n'aviez pas le projet de
nous dépouiller le lendemain de nos rentes constituées par votre autorisation expresse, quand vous nous avez nominativement admis à contracter
ainsi avec nos concitoyens, et à partager avec vous tous les droits des propriétaires rentiers.

On nous a donné nos biens. Les actes de fondations existent. Ce n'est
point à la nation, qui n'est, comme le clergé lui-même, comme les hôpi-
taux, comme les communes, qu'un corps moral : ce n'est pas même au
culte public que ces dons ont été faits. Tout a été individuel entre le donateur qui a légué, et l'Église particulière qui a reçu. On ne connaît aucun
don générique fait à l'Église. Les dotations d'un très grand nombre de
cures ne sont que des fondations inspirées par la pitié de quelques parois-

siens, et ne peuvent par conséquent retourner à la nation, parce qu'elles n'en viennent point. Quelle propriété serait sûre dans le royaume, si les nôtres ne l'étaient pas ? La dîme elle-même ne nous a point été donnée par la nation. La variété de sa perception dépose évidemment contre l'unité de son origine. Il est démontré que le clergé en jouissait avant Clovis. Il est démontré qu'elle a été léguée par des dons particuliers dans plusieurs provinces, et que la plupart des dîmes sont des redevances féodales, qui ont changé de nom.

On ne sait jamais l'histoire de France, Messieurs, quand on ne l'a étudiée que dans les historiens. C'est dans les titres originaux qu'il faut aller puiser la connaissance des faits sur lesquels est fondé votre droit public. Il est constant et avéré par ces premiers monuments de la législation française, que la nation en corps n'a jamais ni stipendié ni doté le culte public, et que l'Église n'a reçu que des donations particulières. Les lois les plus anciennes de la monarchie déterminent ou confirment la perception de la dîme ; mais elles supposent toutes la préexistence de ce droit. Charlemagne, dans ses Capitulaires, ne l'accorde qu'aux églises de ses domaines, et il déclare plusieurs fois qu'il n'impose point l'obligation de cette redevance à ses autres sujets. La dîme fut donc originairement une espèce de cens seigneurial, un don particulier des grands propriétaires, qui avaient dans leur territoire le droit très-considérable alors d'ériger une paroisse : *Jus templi.* Ils cédèrent une portion du terroir à leurs vassaux, en leur imposant à perpétuité cette contribution, pour ne point rester seuls grevés de la dotation des cures, dont le principal décimateur ou donateur de la dîme retint le patronage ; et ils partagèrent également la destination de ce tribut entre les ministres du culte, l'entretien des églises et le soulagement des pauvres. Voilà textuellement la clause de nos plus anciens actes de fondation. Les pauvres ne sont par conséquent de véritables donataires du tiers de la dîme ; et comme nul ne peut renoncer par eux dans un abandon légal, il est évident qu'il faut les entendre pour les dépouiller. Dès la première race de nos rois, on distingue dans notre droit public des dîmes allodiales, des dîmes seigneuriales, et des dîmes ecclésiastiques ; mais on ne voit nulle part des dîmes nationales ou des dîmes royales. Le don ne vient par conséquent ni des rois ni de la nation ; et par la nature des contrats qui sont les seuls titres fondamentaux des propriétés, il doit être éternel, tant qu'il y aura en France un culte et des malheureux.

Nous sommes devenus propriétaires comme vous, Messieurs, par des dons, par des acquisitions, par des défrichements, et la loi nous a garantis nos propriétés comme elle a actionné les vôtres. Vous n'avez d'autre droit sur nos biens que l'enclave du territoire, et si ce titre de propriété était admis, il vous dépouillerait tous. Les biens du clergé appartiennent à la nation, de la même manière que chaque province lui appartient. Vous n'êtes pas plus autorisés à déléguer aux rentiers les propriétés de l'Église, que vous ne le seriez à leur adjuger le sol de la Champagne ou de la Bourgogne. Quand on dit que le territoire du royaume appartient à la nation, on dit seulement qu'il ne peut appartenir à des régnicoles, ou l'on ne s'entend plus.

Mais, dites vous, c'est la nation, c'est le roi qui a doté les églises, et la nation peut révoquer ces dons qui cessent d'être des propriétés, quand elle les réclame. La nation, Messieurs, possède tous les pouvoirs, et elle est obligée de déléguer tous, pour se soustraire au despotisme de l'anarchie; mais les propriétés ne lui ont jamais appartenu, et nous ne tenons d'elle aucun autre bienfait que sa protection.

D'ailleurs, Messieurs, si la nation a le droit de remonter à l'origine de la société pour nous dépouiller de nos propriétés, que les lois ont retenues et protégées pendant plus de quatorze siècles, ce nouveau principe métaphysique vous conduira directement à tous les insurrections de la loi agraire. Le peuple profitera du chaos pour demander à entrer au partage de ces biens, que la possession la plus immémoriale ne garantit pas de l'invasion. Il aura sur vous tous les droits que vous exercerez sur nous, il dira aussi qu'il est la nation, qu'on ne prescrit pas contre lui. Je suis loin d'interjeter un appel au peuple, et d'exciter des prétentions injustes et séditeuses qui anéantiraient le royaume; mais il doit être permis d'opposer à un principe injuste et incendiaire les factieuses conséquences que peut en tirer la cupidité, malgré votre patriotisme que les désavoue. Nos rois, ou les grands vassaux qu'ils représentent n'ont pas donné à l'Église la vingtième portion de ses biens; mais, s'il ont donné, c'est une maxime reçue que leurs libéralités sont irrévocables. *Oportet beneficium principis esse permansurum.* C'est une autre maxime, que toute propriété est perpétuelle de sa nature, et que, si nos propriétés ont été légitimes depuis quatorze cents ans, elles doivent l'être à jamais; car une propriété est nécessairement inamovible, et il y a contradition entre ces deux termes, propriété et amovibilité. Ce qui m'appartenait hier doit incontestablement m'appartenir aujourd'hui, si je ne l'ai pas aliéné. Si nos rois ont donné au clergé, c'est de leur domaine qu'ils ont tiré leurs largesses : car le territoire du royaume ne leur a jamais appartenu en propriété. S'ils ont donné à l'Église, il l'ont gratifiée comme ils ont doté la noblesse, en lui accordant des fiefs ou des baux à cens. Ces bénéfices militaires, qui sont hériditaires aujourd'hui, seraient donc soumis au retrait absolu, comme les bénéfices ecclésiastiques. Si les nouveaux principes pouvaient prévaloir, la position de la noblesse serait absolument la même que celle du clergé. Plus les fiefs seraient anciens dans les familles, plus la confiscation en serait assurée. Cette inquisition si effrayante ne respecterait ni prescription, ni titres d'échanges, ni origine domaniale; elle spolierait la noblesse après avoir anéanti le clergé, et bouleverserait le royaume pour le régénérer.

Supposons toutefois, contre l'évidence, que le roi ait doté toutes les églises de son royaume, en serait-il plus autorisé à les dépouiller de ses dons? Que penseriez-vous, Messieurs, d'un seigneur de village, après

s'être totalement ruiné, assemblerait un jour ses créanciers et leur délégue-
rait en liquidation tous les biens de la cure dotée par lui ou par ses
auteurs ? Une si étrange logique, un tel moyen de remboursement n'excite
en vous, dans cet instant, que le sourire du mépris. La comparaison est
pourtant exacte, Messieurs, et si cet expédient vous paraît absurde quand
il est isolé, je vous demande par quel prestige il deviendrait légitime à
vos yeux, dès qu'il serait consacré tout-à-coup par cinquante mille exemples
du même genre ?

Il est vrai, Messieurs, que les héritiers de nos fondateurs auraient réellement le droit de rentrer dans la possession de nos biens, si l'acte de fondation avait stipulé la clause de la réversibilité, en cas d'extinction de nos
bénéfices ou de nos monastères. Nous connaissons un très grand nombre
de titres où cette clause est littéralement insérée ; il est indubitable qu'elle
aurait son effet si la nation en ouvrait la recours.

Ce n'est point en dépouillant le clergé de ses biens, qu'il faut l'appeler
au secours de l'État. Ce n'est point en l'anéantissant, qu'il faut le faire
contribuer aux charges publiques. Non, nous ne demandons pas la banque-
route, quand nous réclamons la conservation du patrimoine de l'Église.
Nous sommes disposés, nous sommes décidés à faire des sacrifices, et de
grands sacrifices pour empêcher efficacement cette calamité. C'est à nous,
sans doute, qu'appartient l'honneur de donner à la nation l'exemple du zèle
et d'un respect religieux pour la dette publique. Les créanciers de l'État
retrouveront en nous le même patriotisme qu'ils ont tant de fois éprouvé.
Remontez à l'origine de la contribution que nous payons, depuis la règne
de Charles IX, de l'Hôtel-de-ville de Paris. Qui nous a imposé cette créance
nationale? N'est-ce pas notre seul patriotisme? Le clergé de France se
chargea, par le contrat de Poissy, de payer annuellement seize cent mille
livres pour libérer l'État du toutes les rentes constituées sur les aides, sur
les gabelles et sur les domaines du roi ; mais nous l'avons toujours renou-
velé volontairement pour soulager les peuples et nous l'acquittons encore
aujourd'hui. Nous sommes prêts à réitérer et même à surpasser cet exemple de patriotisme, dans ce moment d'alarmes, où la crise des finances
ébranle le royaume jusque dans ses fondements. Mais défendez, consacrez
nos propriétés, vous, Messieurs, qui êtes appelés à donner à l'État une constitution digne de le régénérer à jamais. Vous voulez être libres? eh bien!
souvenez-vous donc que sans propriété, il n'y a plus de liberté ; car la
liberté n'est autre chose que la première des propriétés sociales, la propriété de soi.

APPENDICE III

Discours de MIRABEAU sur les biens du clergé (1).

Messieurs, lorsqu'une grande nation est assemblée, et qu'elle examine une question qui intéresse une grande partie de ses membres, une classe entière de la société, et une classe infiniment respectable ; lorsque cette question paraît tenir tout à la fois aux règles inviolables de la propriété, au culte public, à l'ordre politique, et aux premiers fondements de l'ordre social, il importe de la traiter avec une religieuse lenteur, de la discuter avec une scrupuleuse sagesse, de la considérer surtout, pour s'exempter même du soupçon d'erreur, sous ses rapports les plus étendus.

La question de la propriété des biens du clergé est certainement de ce nombre. Une foule de membres l'ont déjà discutée avec une solennité digne de son importance. Je ne crois pas cependant qu'elle soit encore épuisée.

Les uns ne l'ont considérée que relativement à l'intérêt public , mais ce motif, quelque grand qu'il puisse être, ne suffirait pas pour décréter que les biens du clergé appartiennent à la nation, si l'on devait par là violer les propriétés d'une grande partie de ses membres. On vous a dit qu'il n'y a d'utile que ce qui est juste, et certainement nous admettons tous ce principe.

Les autres ont parlé de l'influence qu'aurait sur le crédit public le décret qui vous a été proposé, de l'immense hypothèque qu'il offrirait aux créanciers de l'État, de la confiance qu'il ressusciterait dans un moment où elle semble se dérober chaque jour à nos espérances ; mais gardez-vous encore, Messieurs, de penser que ce motif fût suffisant, si la déclaration que l'on vous propose n'était destinée qu'à sanctionner une usurpation. Le véritable crédit n'est que le résultat de tous les genres de confiance, et nulle confiance ne pourrait être durable là où la violation d'une seule, mais

---

(1) Séance du 30 octobre 1789, à l'Assemblée constituante.

d'une immense propriété, menacerait par cela seul toutes les autres. Plutôt que de sauver l'empire par un tel moyen, j'aimerais mieux, quels que
soient les dangers qui nous environnent, se confier uniquement à cette
Providence éternelle qui veille sur les peuples et sur les rois. Aussi
n'est-ce pas uniquement sous ce point de vue que je vais envisager la
même question.

Ceux-ci ne l'ont traitée que dans ses rapports avec les corps politiques,
que la loi seule fait naître, que la loi seule détruit, et qui, liés par cela
même à toutes les vicissitudes de la législation, ne peuvent avoir des
propriétés assurées, lorsque leur existence même ne l'est pas Mais cette
considération laisse encore incertain le point, de savoir si, même en dissol-
vant le corps du clergé pour le réduire à ses premiers éléments, pour n'en
former qu'une collection d'individus et de citoyens, les biens de l'Eglise ne
peuvent pas être regardés comme des propriétés particulières.

Ceux-là ont discuté plus directement la question de la propriété ; mais
en observant que celui qui possède à ce titre a le droit de disposer et de
transmettre, tandis qu'aucun ecclésiastique ne peut vendre ; que le clergé
même en corps, ne peut aliéner ; et que, si des individus possèdent des
richesses, nul d'entre eux, du moins dans l'ordre des lois, n'a le droit d'en
hériter, ils n'ont peut-être pas senti que le principe qui met toutes les
propriétés sous la sauvegarde de la foi publique, doit s'étendre à tout ce
dont un citoyen a le droit de jouir, et que sous ce rapport, la possession est
aussi un droit, et la jouissance une propriété sociale.

Enfin, d'autres ont discuté la même question, en distinguant différentes
classes de biens ecclésiastiques : ils ont tâché de montrer qu'il n'est aucune
espèce de ces biens, à laquelle le nom de propriété puisse convenir. Mais
ils n'ont peut-être pas assez examiné, si les fondations ne devaient pas
continuer d'exister, par cela seul que ce sont des fondations, et qu'en suivant les règles de nos lois civiles, leurs auteurs ont pu librement disposer
de leur fortune, et faire des lois dans l'avenir.

C'est, Messieurs, sous ce dernier rapport que je traiterai la même question. On vous déjà cité sur cette matière l'opinion d'un des plus grands
hommes d'Etat qu'aient produit ces temps modernes. Je ne puis ni
l'approuver entièrement, ni la combattre ; mais je crois devoir commencer
par la rappeler.

Il n'y a aucun doute, disait-il, sur le droit incontestable qu'ont le gouvernement dans l'ordre civil, le gouvernement et l'Eglise dans l'ordre de la
religion, de disposer des fondations anciennes, d'en diriger les fonds à de
nouveaux objets, ou mieux encore de les supprimer tout à fait. L'utilité
publique est la loi suprême, et ne doit être balancée ni par respect supers-
titieux pour ce qu'on appelle intention des fondateurs, comme si des particuliers ignorants et bornés avaient eu le droit d'enchaîner à leur volonté
capricieuse les générations qui n'étaient point encore, ni par la crainte de

blesser les droits prétendus de certains corps, comme si les corps particuliers avaient quelques droits vis à-vis de l'État. Les citoyens ont des droits et des droits sacrés pour le corps même de la société ; ils existent indépendamment d'elle ; ils en sont les éléments nécessaires ; et ils n'y entrent que pour se mettre avec tous les droits sous la protection de ces mêmes lois auxquelles ils sacrifient leur liberté.

Mais les corps particuliers n'existent point ni par eux-même ni pour eux; ils ont été formés par la société, et ils doivent cesser d'être au moment où ils cessent d'être utiles. Concluons qu'aucun ouvrage des hommes n'est fait pour l'immortalité. Puisque les fondations, toujours multipliées par la vanité absorberaient à la longue tous les fonds et toutes les propriétes particulières, il faut bien qu'on puisse à la fin les détruire. Si tous les hommes qui ont vécu avaient eu un tombeau, il aurait bien fallu, pour trouver des terres à cultiver, renverser ces monuments stériles, et remuer les cendres des morts pour nourrir les vivants.

Pour moi, Messieurs. je distingue trois sortes de fondations, celles qui ont été faites par nos rois, celles qui sont l'ouvrage des corps et des agrégations politiques, et celles des simples particuliers.

Les fondations de nos rois n'ont pu être faites qu'au nom de la nation. Démembrement du domaine de l'État, ou emploi du revenu publie et des impôts payés par les peuples, voilà par quelle espèce de biens ils s'acquittèrent d'un grand devoir ; et certainement la plus grande partie des biens de l'Église n'ont point eu d'autre origine. Or, outre que les rois ne sont que les organes des peuples ; outre que les nations sont héréditaires des rois, qu'elles peuvent reprendre tout ce que ceux-ci ont aliéné, et qu'elles ne sont aucunement liées par ces augustes mandataires de leurs pouvoirs; il est de plus évident que les rois n'ont point doté les églises dans le même sens qu'ils ont enrichi la noblesse, et qu'ils n'ont voulu pourvoir qu'à une dépense publique. Comme chrétiens et chefs de l'État, ils doivent l'exemple de leur piété ; mais c'est comme rois, sans doute, que leur piété a été si libérale.

On a déjà dit que la nation avait le droit de reprendre les domaines de la couronne, par cela seul que, dans le principe, ces biens ne furent consacrés qu'aux dépenses communes de la royauté. Pourquoi donc la nation ne pourrait-elle pas se déclarer propriétaire de ses propres biens, donnés en son nom pour le service de l'Église ? Les rois ont des vertus privée. , mais leur justice et leurs bienfaits appartiennent uniquement à la nation.

Ce que je viens de dire des fondations des rois, je puis le dire également de celles qui furent l'ouvrage des agrégations politiques. C'est de leur réunion que la nation se trouve formée, et elles sont solidaires entre elles, puisque chacune doit en partie ce que la nation doit en corps, Or, s'il est vrai que l'État doit à chacun de ses membres les dépenses du cu.te s'i est vrai que la religion soit au nombre des besoins qui appartiennent à la société entière, et qui ne sont que les résultats de chacune de ses parties

en particulier, les monuments de la piété des corps de l'État ne peuvent
plus, dès lors, être regardés que comme une partie de la dépense publique

Qu'ont fait les agrégations politiques lorsqu'elles ont bâti des tem
ples, lorsqu'elles ont fondé des églises? Elles n'ont payé que leur
portion d'une dette commune : elles n'ont acquitté que leur contingent
d'une charge nationale ; leur piété a pu devancer un plan plus uniforme de
contribution ; mais elle n'a pu priver la nation du droit de l'établir. Toutes
les fondations de ce genre sont donc aussi, comme celles de nos rois, le
véritable ouvrage, c'est-à-dire, la véritable propriété de l'État

Quant aux biens qui dérivent des fondations faites par de simples particuliers, il est également facile de démontrer qu'en se les rappropriant sous
la condition inviolable d'en remplir les charges, la nation ne porte aucune
atteinte au droit de propriété, ni à la volonté des fondateurs, telle qu'il faut
la supposer dans l'ordre des lois.

En effet, Messieurs, qu'est-ce que la propriété en général ? C'est le droit
que tous ont donné à un seul de posséder exclusivement une chose à
laquelle, dans l'état naturel, tous avaient un droit égal ; et d'après cette
définition générale, qu'est-ce qu'une propriété particulière ? C'est un bien
acquis en vertu des lois.

Je reviens sur ce principe, parce qu'un honorable membre qui a parlé il
y a quelques jours sur la même question, ne l'a peut-être pas posée aussi
exactement que les autres vérités dont il a si habilement développé les principes et les conséquences. Oui, Messieurs, c'est la loi seul qui constitue la
propriété, parce qu'il n'y a que la volonté publique qui puisse opérer la
renonciation de tous, et donner un titre comme garant à la jouissance d'un
seul.

Si l'on se place hors de la loi, que découvre-t-on ?

Ou tous possèdent, et dès lors, rien n'étant propre à un seul, il n'y a
point de propriété.

Ou il y a usurpation, et l'usurpation n'est pas un titre.

Ou la possession n'est que physique et matérielle, si l'on peut s'exprimer
ainsi ; et dans ce cas, aucune loi ne garantissant une telle possession, on
ne saurait la considérer comme une propriété civile.

Telles sont, Messieurs, les fondations ecclésiastiques. Aucune loi nationale
n'a constitué le clergé un corps permanent dans l'État ; aucune loi n'a
privé la nation du droit d'examiner s'il convient que les ministres de sa
religion forment une agrégation politique existante par elle-même, capable
d'acquérir et de posséder.

Or, de là, naissent encore deux conséquences. La première, c'est que le
clergé en acceptant ces fondations, a dû s'attendre que la nation pourrait
un jour détruire cette existence commune et politique, sans laquelle il ne
peut rien posséder. La seconde, c'est que tout fondateur a dû prévoir également qu'il ne pouvait nuire au droit de la nation ; que le clergé pourrait
cesser d'être un jour dans l'État ; que la collection des officiers du culte

n'aurait plus alors ni propriété distincte, ni administration séparée, et qu'ainsi aucune loi ne garantissait la perpétuité des fondations dans la forme précise qu'elles étaient établies.

Prenez garde, Messieurs, que si vous n'admettiez pas les principes, tous vos décrets sur les biens de la noblesse, sur la contribution proportionnelle, et sur l'abolition de ses privilèges, ne seraient que de vaines lois. Lorsque vous avez cru que vos décrets sur ces importantes questions ne portaient point atteinte au droit de propriété, vous avez été fondés sur ce que ce nom ne convenait point à des prérogatives et à des exemptions que la loi n'avait point sanctionnés ou que l'intérêt public était forcé de détruire. Or, les mêmes principes ne s'appliquent-ils pas aux fondations particulières de l'Église ?

Si vous pensez que des fondateurs, c'est-à-dire de simples citoyens, en donnant leurs biens au clergé, et le clergé en les recevant, ont pu créer un corps dans l'État; lui donner la capacité d'acquérir, priver la nation du droit de la dissoudre, la forcer d'admettre dans son sein, comme propriétaire, un grand corps à qui tant de sources de crédit donnent déjà tant de puissance, alors respectez la propriété du clergé : le décret que propose y porterait atteinte.

Mais si, malgré les fondations particulières, la nation est restée dans tous ses droits ; si vous pouvez déclarer que le clergé n'est pas un ordre, que le clergé n'est pas un corps, que le clergé, dans une nation bien organisée, ne doit pas être propriétaire, il suit de là, que sa possession n'était que précaire, et momentanée ; que ces biens n'ont jamais été une véritable propriété; qu'en les acceptant des fondateurs, c'est pour la religion, les pauvres et le service des autels qu'il les a reçus; et que l'intention de ceux qui ont donné les biens à l'église ne sera pas trompée, puisqu'ils ont dû prévoir que l'administration de ces biens passerait en d'autres mains, si la nation rentrait dans ses droits.

Je pourrais considérer la propriété des biens ecclésiastique sous une foule d'autres rapports, si la question n'était pas suffisamment éclaircie.

Je pourrais dire que l'ecclésiastique n'est pas même usufruitier, mais simplement dispensateur. J'ajouterais, si on pouvait prescrire contre les nations, que les possesseurs de la plus grande partie des biens de l'église ayant été depuis un temps immémorial à la nomination du roi, la nation n'a cessé de conserver, par son chef, les droits qu'elle a toujours eus sur la propriété de ces mêmes biens.

Je dirais encore que, si les biens de l'Église sont consacrés au culte public, les temples et les autels appartiennent à la Société, et non point à leurs ministres; que, s'ils sont destinés aux pauvres, les pauvres et leurs maux appartiennent à l'État; que s'ils sont employés à la subsistance des prêtres, toutes les classes de la Société peuvent offrir des ministres au sacerdoce.

Je remarquerais que tous les membres du clergé sont des officiers de l'État ; que le service des autels est une fonction publique, et que la religion appartenant à tous , il faut par cela seul que ces ministres soient à la solde de la nation, comme le magistrat qui juge au nom de la loi, comme le soldat qui défend au nom de tous des propriétés communes.

Je conclurais de ce principe que , si le clergé n'avait point de revenu, l'État serait obligé d'y suppléer ; or, certainement un bien qui ne sert qu'à payer nos dettes est à nous.

Je conclurais encore que le clergé n'a pu acquérir des biens qu'à la décharge de l'État, puisqu'en les donnant, les fondateurs ont fait ce qu'à leur place, ce qu'à leur défaut la nation aurait dû faire.

Je dirais que si les réflexions que je viens de présenter, conviennent parfaitement aux biens donnés par des fondateurs, elles doivent s'appliquer à plus forte raison aux biens acquis par les ecclésiastiques eux-mêmes par le produit des biens de l'église, le mandataire ne voulant acquérir que pour son mandat , et la violation de la volonté des fondateurs ne pouvant pas donner des droits plus réels que cette volonté même.

Je ferais observer que, quoique le sacerdoce parmi nous ne soit point uni à l'empire , la religion doit cependant se confondre avec lui ; s'il prospère pour elle, il est prêt à la défendre. Eh ! que deviendrait la religion si l'État venait à succomber ? Les grandes calamités d'un peuple seraient-elles donc étrangères à ces ministres de paix et de charité qui demandent tous les jours à l'Être Suprême de bénir un peuple fidèle ? Le clergé conserverait-il ses biens, si l'État ne pouvait plus défendre ceux des autres citoyens ? Respecterait-on ses prétendues propriétés, si toutes les autres devaient être violées.

Je dirais : jamais le corps de marine ne s'est approprié les vaisseaux que les peuples ont fait construire pour la défense de l'État ; jamais, dans nos mœurs actuelles, une armée ne partagera entre les soldats les pays qu'elle aura conquis. Serait-il vrai du clergé seul , que des conquêtes faites par sa piété sur celle des fidèles doivent lui appartenir et rester inviolables, au lieu de faire partie du domaine indivisible de l'État ?

Enfin si je voulais envisager une aussi grande question sous tous les rapports qui la lient à la nouvelle constitution du royaume, aux principes de la morale, à ceux de l'économie politique, j'examinerais d'abord s'il convient au nouvel ordre de choses que nous venons d'établir que le gouvernement distributeur de toutes les richesses ecclésiastiques par la nomination des titulaires, conserve par cela seul des moyens infinis d'action, de corruption et d'influence.

Je demanderais si, pour l'intérêt même de la religion et de la morale publique, ces deux bienfaitrices du genre humain, il n'importe pas qu'une distribution plus égale des biens de l'Église s'oppose désormais au luxe de ceux qui ne sont que les dispensateurs des biens des pauvres, à la licence de ceux que la religion et la société présente aux peuples comme un exemple toujours vivant de la pureté des mœurs.

Je dirais à ceux qui s'obstineraient à regarder comme une institution utile à la société celle d'un clergé propriétaire, de vouloir bien examiner si dans les pays voisins du nôtre, les officiers du culte sont moins respectés pour n'être pas propriétaires ; s'ils obtiennent et s'ils méritent moins de confiance ; si, leurs mœurs sont moins pures, leurs lumières moins étendues, leur influence sur le Peuple moins active, je dirais presque moins bienfaisante et moins salutaire. Ce n'est point, on le sent bien, ni notre religion sainte, ni nos divins préceptes que je cherche à comparer avec des erreurs ; je ne parle que des hommes ; je ne considère les officiers du culte que dans leurs rapports avec la société civile ; et certes, lorsque je m'exprime ainsi devant l'élite du clergé de France, devant ces pasteurs citoyens qui nous ont secondé par tant d'efforts, qui nous ont édifiés par tant de sacrifices, je suis bien assuré que nulle fausse interprétation ne pervertira mes intentions ni mes sentiments.

Je reviens maintenant sur mes pas. Qu'ai-je prouvé, Messieurs, par les détails dans lesquels je suis entré ?

Mon objet n'a point été de montrer que le clergé dût être dépouillé de ses biens, ni que d'autres citoyens, ni que des acquéreurs dussent être mis à sa place.

Je n'ai pas non plus entendu soutenir que les créanciers de l'État dussent être payés par les biens du clergé, puisqu'il n'y a pas de dette plus sacrée que les frais du culte, l'entretien des temples et les aumônes des pauvres.

Je n'ai pas voulu dire non plus qu'il fallut priver les ecclésiastiques de l'administration des biens et des revenus dont le produit doit leur être assuré Eh ! quel intérêt aurions-nous à substituer les agents du fisc à des économes fidèles, et des mains toujours pures à des mains si souvent suspectes ?

Qu'ai-je donc, Messieurs, voulu montrer ? Une seule chose : c'est qu'il est et doit être de principe que toute nation est seule et véritable propriétaires des biens de son clergé. Je ne vous ai demandé que de consacrer ce principe, parce que ce sont les erreurs ou les vérités qui perdent ou qui sauvent les nations. Mais en même temps, afin que personne ne pût douter de la générosité de la nation française envers la portion la plus nécessaire et la plus respectée de ses membres, j'ai demandé qu'il fut décrété qu'aucun curé, même ceux des campagnes, n'auraient moins de douze cents livres (1).

---

(1) Seance du 30 octobre 1784. Discours et opinions de Mirabeau, t I, p. 486-500.

APPENDICE IV

LE DIVORCE[1]

Le divorce, systématiquement admis par ceux qui s'unissent, c'est le démenti donné à la nature humaine dans ce qu'elle a de plus noble et de plus élevé ; c'est la contradiction même dans l'amour qui motive l'union. L'union conjugale, pour atteindre le but que se propose le créateur, suppose dans les deux êtres qui s'unissent, la condition de toute union, à savoir l'amour ; le mariage sans l'amour vrai est une dérision de la loi qui le ratifie, et de la religion qui le consacre. Je suppose donc ici le mariage tel que Dieu le veut, à savoir l'union des deux êtres qui s'aiment, et qui prennent à témoin de leur amour la société qui entend leur serment et la religion qui met à leur union le sceau divin du Sacrement....

Or, j'en atteste le sentiment le plus profond du cœur humain : aimer *un seul* être, aimer *toujours ;* c'est le rêve de toute âme qui ne s'est pas assez avilie elle-même pour abdiquer avec le besoin de l'immortel la part la plus divine de sa propre vie !

Donc la dissolubilité de cette union que contracte un amour affamé d'immortalité, la dissolubilité consacrée par la loi, autorisée par la religion, acceptée comme une chance à l'heure du serment, c'est le démenti solennel donné au vœu le plus sacré de la nature.

Que diriez-vous, Messieurs, de l'homme qui, à l'heure radieuse de ses noces, dirait à la femme que son cœur a choisie : « Chère compagne de mes jours ; toi que j'ai choisie entre dix mille, comme l'âme que Dieu a faite pour mon âme ; à l'heure qu'il est, je t'aime ; oui, je t'aime ; et je t'en donne la preuve en te faisant le don de tout moi-même ; mais qui sait quel sentiment un jour pourra traverser ce cœur si heureux aujourd'hui de se donner à toi seule, et de n'aimer que toi ? Donc, si le temps amène en nos cœurs l'une de ces révolutions qui détrônent un amour, pour y élever un

---

P. Félix, Conférences de Notre-Dame, 1860.

nouveau souverain, nous rendrons à nos cœurs impatients de leur joug une liberté qui n'aura plus de raison pour s'enchaîner, lorsqu'aura disparu cet amour, qui seul pouvait, en nous donnant des chaînes, nous faire aimer la servitude. »

Je le demande, Messieurs, qu'est-ce que le mariage contracté dans de pareilles prévisions ? Qu'est-ce, si ce n'est une dérision de l'amour même ? Qu'est-ce, si ce n'est un mensonge, une hypocrisie, une contradiction ? Et que penser de la solennité de ce contrat et de ce sacrement que les prédicateurs du divorce ont bien osé traduire dans cette formule : un *engagement facultatif?*

Contradiction et lâcheté !

Ces prétendus droits du cœur de n'être pas irrévocablement enchaîné, ne sont autre chose, et ne peuvent s'appeler dans notre langue sincère que les lâches besoins de l'*égoïsme*.

De quelque nom qu'on essaie de le décorer, cet amour, qui ne consent pas à engager l'avenir, et qui ne veut apposer au don de lui-même que le sceau d'un contrat conditionnel ; cet amour, qui à l'heure même où il prétend se donner, s'arme de défiance contre celui qui en est l'objet ; cet amour, qui met dans son expression même je ne sais quelles menaces d'indifférence ; cet amour, qui au moment même où il se sent vivre, ose calculer les chances de sa propre mort, et se demande à lui-même, dans son secret le plus intime, ce qu'il fera, quand il ne trouvera plus dans l'union qu'il accepte, le bonheur qu'il a rêvé, ah ! cet amour, appelez-le comme vous voudrez, un amour libre, sentimental, poétique, idéal, dites que c'est le partage des grands cœurs, qui ne peuvent plus consentir à perpétuer une union que l'affection ne réclame plus ; donnez-lui tous les noms inventés par une littérature échevelée et pervertissante ; moi, je le nomme un égoïsme ; je le nomme une faiblesse ; et pour dire le mot qui résume tout, je le nomme une lâcheté.

Qu'est-ce enfin que cet amour sans cœur qui médite déjà de se retirer lorsque rien d'attrayant ne le retiendra plus près de l'objet de son choix ? Qu'est-ce que cet amour, qui, après le printemps de la vie, quand les fleurs seront passées, et surtout à l'automne, lorsque les affections ressembleront à ces arbres qui couvrent la terre de leurs feuilles jaunissantes, s'en ira comme le voyageur changeant de climat, chercher d'autres bonheurs sous d'autres cieux, et sur d'autres rivages ? Qu'est-ce que cet amour, qui est décidé à rompre sa chaîne, lorsque, le charme du cœur venant à s'évanouir, il n'y aura plus pour lui faire encore trouver un bonheur dans son union que le devoir et le sacrifice ? Qu'est-ce que l'amour enfin qui veut s'en aller à l'heure où le dévouement commence ? Encore une fois, cet amour, c'est égoïsme ; cet amour, c'est faiblesse ; cet amour, c'est lâcheté.

Ne puis-je pas ajouter : c'est cruauté aussi ! Ah ! oui, cette doctrine qui met une union à la merci d'un caprice, d'une rencontre, d'un hasard, elle est cruelle. Un jour, par votre faute, par l'inconstance de vos désirs, par l'instabilité d'un cœur qui rêve peut-être des bonheurs impossibles, vous laissez aller vos affections à des entraînements mauvais ; vous aimez hors du foyer, hors du centre, hors de l'ordre ; et parce que deux amours souverains ne subsistent pas ensemble, il se trouve que l'amour légitime a fui de votre cœur devant l'amour usurpateur. Vous n'aimez plus cet être qui fut l'objet de votre libre choix ; je le crois bien : vous l'avez outragé ; et vous vous prenez peut-être à le haïr de tout le mal que vous lui avez fait ; car, dit Tacite, c'est le penchant du cœur humain de haïr ceux à qui l'on a fait du mal : *Ingenii humani est odisse quem læseris.* Alors cette union vous apparaîtra comme une tyrannie ; vous direz : Qui brisera ma chaîne ? Et vous demanderez avez une hypocrisie pleine de cruauté : N'y a-t-il pas de raison pour invoquer au secours de ma liberté la protection de la loi ? Des raisons ? Est-ce que la passion qui se veut satisfaire, n'en trouve pas toujours ? Est-ce qu'un lâche égoïsme, pour repousser le devoir, en manqua jamais ? Mais, dit la conscience, la nature elle-même : « Tu vas contrister ce cœur que tu avais choisi ; tu vas lui laisser profonde, inguérissable, la blessure d'une séparation que ta lâcheté seule te fait invoquer. » — « Que m'importe ? dit la passion cruelle ; quand l'amour s'est enfui, l'union n'a plus de raison d'être ; et je n'ai plus d'amour ; et tous mes efforts, même les plus héroïques, n'arriveraient jamais à le ressusciter. Que ce cœur que j'abandonne fasse comme le mien ; qu'il invoque une autre affection pour lui refaire une félicité perdue ; et s'il n'en peut trouver, qu'il cherche dans l'indifférence l'apaisement de son supplice ; ou qu'il se tourne du côté du ciel, pour demander à Dieu un bonheur que la terre ne lui donne plus. Je suis venu conduit par mon amour ; je m'en vais, quand il se retire. »

« Eh bien ! va-t'en, cruel, va-t'en ! va porter à un autre ce cœur âpre et dur qui n'a cherché dans l'union que son propre bonheur : va-t'en, puisque tu le veux ; mais, de grâce, ne parle plus de ta sensibilité, de ton amour, de ta générosité, de ton héroïsme. Va, tu n'aimes bien qu'un seul être, toi-même ; tu n'es pas généreux, tu es égoïste ; tu n'es pas un héros, tu es un lâche ; tu n'es pas, comme tu voudrais le faire croire, sensible, bon tendre, compatissant ; c'est la vérité qui te le dit, c'est la conscience qui te le crie elle-même : tu es dur, tu es méchant, tu es cruel ! »

Ainsi, vous protestez au nom de la nature et de la raison contre l'indissolubilité du lien conjugal ; et c'est la nature et la raison qui protestent contre vous. Il est vrai, il y a une nature mauvaise, dégradée, honteuse, qui fait du fond des cœurs des vœux pour le divorce ; mais au-dessus de cette nature infime, grossière et ravalée, il y en a une autre, la nature généreuse, noble, courageuse, sublime, cherchant l'immortel et le divin ; la nature surtout transfigurée dans les chrétiens par son union avec le Christ....

Mais un moment, je le veux bien supposer, le divorce, ce n'est ni contradiction, ni égoïsme, ni lâcheté, ni cruauté ; faudra-t-il l'admettre cependant? Non, mille fois non ; au nom de la famille il faut le proscrire : car le divorce c'est la décadence dans la famille, c'est l'opprobre dans la famille, c'est la destruction même de la famille. Oui, calculez, si vous le pouvez, toutes les conséquences pratiques du divorce un moment accepté par les législations, et vous n'aperceverez de tous côtés que des effets désastreux, et au bout de tous ces désastres, cet inévitable désastre, la ruine même de la famille. Nous l'avons fait remarquer, le mariage est le nœud, la base et le rempart de la famille : eh bien, le divorce consacré par la loi, c'est le nœud de la famille brisé ; c'est cette base arrachée ; c'est ce rempart renversé ; c'est son opprobre, sa dégradation, sa ruine certaine, et, comme conséquence dernière, l'abaissement social....

Pour mesurer d'avance tout ce que le divorce préparerait de malheurs à la famille et par suite à la civilisation, il n'y a pour ainsi dire qu'à voir ce que son nom exprime ; il est une dissolution de l'unité vivante : et de cette dissolution la dualité, que dis-je ? la multiplicité peut sortir ; trop heureux, si la force des choses ne nous poussait tôt ou tard jusqu'à l'ignominie de la promiscuité.

Et cette doctrine grossière qui dissout le nœud vivant de la famille, est-ce que vous ne voyez pas comment elle en détruit la base aussi ? La base de l'ordre domestique, comme la base de l'ordre public, c'est le devoir, le devoir reconnu par l'intelligence et accompli par la volonté. Otez cette idée élémentaire, il n'y a plus de base à la famille, comme il n'y a plus de base à la société ; parce qu'il n'y a plus de base à la vie elle-même. Or, le divorce autorisé par la loi, et consacré par la religion, c'est l'idée du devoir déclarée impuissante à soutenir la famille et à gouverner les âmes ; c'est proclamer implicitement, avec les écrivains corrupteurs de votre temps, que pour maintenir l'ordre, l'harmonie et le bonheur dans la vie, le devoir n'est rien, et que le sentiment est tout. Et en effet, au fond des discours et des livres qui proclament audacieusement le mariage une servitude, et le devoir qu'il impose une tyrannie, qu'y a-t-il je vous prie ? Il y a le sentiment, la sensibilité, l'émotion, l'amour enfin posé comme la base et la raison souveraine de tout. Et dès lors, voilà la famille tout entière appuyée sur une chance, sur un hasard, sur une rencontre, sur un souffle qu'on sent aujourd'hui et qu'on ne sentira plus demain ; car enfin, pour ébranler dans une âme cette base impuissante donnée à la famille, que faut-il ? Un souffle, rien qu'un souffle : un souffle qu'on n'attendait pas hier, qui est venu aujourd'hui remuer le cœur d'une émotion nouvelle. On ne sait comment il vient, mais il vient ; il ouvre le cœur au sentiment que vous déclarez souverain ; il détrône le devoir ; il lui dit de sa voix menteuse : Tu es un tyran ; va-t-en d'ici ; c'est à moi de régner. Il règne en effet dans l'empire du devoir, exilé désormais du foyer domestique ; il règne, et il se fait dans ce règne éphémère une heure de félicité factice ; il règne et avec lui règnent le caprice, la fantaisie, la passion, le désordre, l'anarchie, le crime ; le crime enfin qu'on rencontre presque toujours au bout de ce règne du sentiment proclamé souverain....

En vain la loi elle-même, devenue impuissante pour contenir le monstre de la concupiscence qui ravage la famille, essaiera d'opposer au divorce une digue en lui faisant des conditions; elle essaiera de faire de ces conditions mêmes à la famille menacée un dernier rempart. Vains efforts; le divorce accepté renversera tout rempart; la passion brisera toute digue; la brèche ouverte devant elle la laissera passer partout, encouragée par la loi, fière de ses triomphes; et la fureur des libres amours, et des affections volages, remplacera bientôt cette calme résignation de la vertu qui sait encore faire fleurir la famille même dans les souffrances d'une union que l'affection ne rend pas heureuse. Ne dites pas : la loi peut consacrer le divorce, parce que pour certaines âmes le divorce est un besoin. Pour répondre aux besoins des époux qui absolument ne peuvent vivre ensemble, il y a, autorisée par la loi et tolérée par l'Église, la séparation de corps : mais prenez-y garde, le besoin du divorce proprement dit n'est, je le répète, qu'un lâche besoin de l'égoïsme. Prétendre lui donner une satisfaction légale et une consécration religieuse, c'est provoquer le désordre, c'est briser dans la famille le frein le plus capable d'enchaîner les passions !

Ah ! si vous doutiez encore du coup redoutable porté à la famille par les législations qui se font complices des lâchetés du cœur en consacrant le divorce, je n'aurais qu'à vous dire sans remonter plus haut : Voyez partout les résultats immédiats de ces lois désastreuses. En 93, lorsque le divorce éclata au milieu de tant de corruptions, on dit que, dans les trois premiers mois, le nombre des divorces égala dans Paris le tiers de celui des mariages. Et voyez ce qui se passe encore, même sous nos yeux. Il y a deux ans à peine qu'une nation voisine a fait au divorce des concessions nouvelles; et voyez avec quelle rapidité la concupiscence, enhardie par ces complicités légales, en précipite les conséquences désastreuses. Naguère encore, il y avait dans la Grande-Bretagne cinq ou six cas de divorce légal chaque année... A l'heure qu'il est, la cour chargée de porter les décrets de divorce légal ne peut plus suffire; elle prononce jusqu'à huit sentences par jour. J'ai lu qu'au mois de juin de l'année dernière, il y avait déjà cent trente-neuf causes pendantes; et j'entends dire qu'aujourd'hui il faut, pour prononcer sur toutes ces causes, augmenter le nombre des juges. Et nous ne sommes qu'à la seconde année de l'application de la loi. Que sera-ce dans vingt ans ! si cette dissolution du mariage suit en Angleterre un progrès proportionnel à la durée ? Je l'ignore, mais ce qui se passe en Prusse peut faire présager ce qui arrivera en Angleterre. Un organe de la publicité, peu suspect sur ce point, donne le chiffre de mille neuf cent six divorces consommés en 1858 ; c'est-à-dire deux mille ménages à peu près, sur une population plus de la moitié moindre que celle de la France, éprouvant le besoin d'user de la loi du divorce ! Et si à toutes ces unions dissoutes vous joignez le nombre toujours croissant des hommes et des femmes qui n'ont pas même le courage d'une union temporaire, et qui promènent de caprice en caprice et d'intrigue en intrigue la passion barbare de leurs librès amours, avec quel effroi vous verrez les passions emporter, avec les débris du lien conjugal, la ruine même de la famille !

Où doit nous conduire en effet, pensez-vous, cette impatience du joug dont on prétendrait faire la gloire de l'avenir ? Où s'arrêtera ce besoin de divorce et de séparation invoqué comme un droit sacré au nom de cet amour qu'on débarrasse du devoir ? Vous ne voulez pas enchaîner à jamais cet amour souverain, « dont on aurait dû faire, dites-vous, le Dieu de l'univers ? » A la bonne heure ; mais alors, osez le dire : à quelle frontière arrêterez-vous l'empire de cette liberté que vous prétendez faire à un amour affranchi de ses entraves ? Admettrez-vous dans cet amour égoïste la liberté indéfinie de contracter toujours des unions qui n'enchaîneront jamais ? Ferez-vous de cette liberté même la loi de la famille et le progrès de la société ? O dérision ! Qu'est-ce que cette société où votre amour sans frein, armé du divorce comme d'un instrument de destruction, s'en va jouant avec la vie, profanant les foyers, et semant dans l'humanité, non plus des familles avec leur unité, leur harmonie, leur force, mais des tronçons, des fragments de familles, avec leurs divisions, leurs déchirements, leurs désastres, leurs opprobres ? Qu'est-ce que cette société, où je retrouve encore des individus, assemblés sans rien qui les lie, comme les sables du rivage ; mais où la parenté, l'hérédité, la tradition, la descendance, semblent, comme une chaîne mutilée, se briser par tous les bouts ?

Et qu'est-ce que la famille elle-même, alors que le divorce, sans point d'arrêt, triomphe avec la passion sans frein ? Un je ne sais quoi, qui n'a plus de nom dans la langue des peuples ; un labyrinthe vivant, où le sang se croise avec le sang, la famille avec la famille, le nom avec le nom ; assemblage disparate de générations, où les visages ne portent pas le signe de la race, parce que les êtres n'y portent pas l'unité de la vie : famille sans physionomie, où l'ingénuité d'un même sang ne reluit plus dans la beauté d'un même trait : race multiple, et, si je le puis dire, hétérogène, où la fraternité se scinde, où la famille se divise et se subdivise, parce que la paternité ne s'y est pas épanouie, comme un arbre fécond dans la multiplicité de ses rejetons et dans l'unité de sa vie !... Où sont nos frères ? où sont nos sœurs, et à quel signe les reconnaître ? Frères et sœurs à demi ; fraternité mutilée, équivoque, où l'on est étrangers et proches tout ensemble ; et où le mystère de la naissance se voile du mieux qu'il peut sous le masque des hypocrisies et sous le mensonge des noms !

Et les enfants ? qu'adviendra-t-il de ces êtres divisés et pour ainsi dire coupés en deux par une paternité et une maternité qui s'arrachent l'une à l'autre, et prétendent emporter chacune de son côté la moitié des âmes, la moitié des cœurs, la moitié de ces vies sorties d'une union que le divorce a brisée ? Enfants malheureux, plus tristes que les orphelins ; qui puisent dans l'affection de leur mère la haine de leur père ; et réciproquement qui apprennent aux leçons de la paternité à maudire la maternité : enfants, quoi que l'on fasse, presque toujours sans véritable éducation ; qu'on a mis au monde, et que l'on ne pourra former ; qui ont pu naître, et qui ne seront pas élevés !

Et si le triomphe du divorce et des libres amours venait de plus en plus à prendre possession du monde moderne, que deviendraient ces multitudes d'enfants que vous condamneriez à n'avoir pas de nom ? Comment réparer une partie du moins des désastres de ce mal horrible ? Un philosophe qui avait ses raisons, vous a conseillé ce merveilleux expédient : *on agrandira les hospices* ; à la bonne heure : là, vous entasserez les déshérités du foyer ; mais la famille, encore une fois, qu'adviendra-t-il d'elle ? quel secret avez-vous pour maintenir, avec le progrès du divorce et le brisement indéfini des unions conjugales, l'unité, l'hérédité, la tradition, la beauté, l'harmonie, la force, la fécondité ? Aucun !...

Je me trompe ; j'oubliais une merveilleuse invention de ce temps, si fécond en inventions !... Par une risible parodie de cette formule qui a prévalu dans notre ordre social, et dont on a fait comme une étape de notre progrès : *Tous les Français sont égaux devant la loi*, une doctrine est venue se donnant comme une révélation, et vous proposant de consacrer dans la famille cette autre formule qui doit, à ce qu'il paraît, marquer pour elle une nouvelle ère de régénération : *Tous les Français sont égaux devant la mère*. La mère, rien que la mère ; la mère faisant du salaire même de son crime l'héritage de son enfant : et la paternité demeurant dans l'ombre, inconnue de la loi, comme un mystère impénétrable et un secret qu'il n'importe plus même de sonder ! Ne creusons pas davantage au fond de ces systèmes où le crime n'a plus même la pudeur de se voiler et où l'immoralité elle-même se pose comme la loi du progrès ! Ah ! Messieurs, sur cette pente où nous entraîne le vent des doctrines anti-chrétiennes, il est temps de nous arrêter : au milieu de ce torrent qui emporte la famille, jetons-nous hardiment appuyés sur un dogme que jusqu'ici rien n'a pu ébranler, et disons au divorce : « Tu ne passeras pas ; » disons à la passion qui l'invoque : « Tu n'iras pas plus loin. » Pères et mères, époux chrétiens, comprenez votre grandeur et votre vocation ; embrassez-vous au sein de l'unité et de l'indissolubilité : donnez l'un à l'autre cet amour que vous avez promis ; et que votre famille s'élève et s'épanouisse dans la sainteté, le bonheur et la joie, à l'image de la sainte et divine famille qui eut pour la gouverner ce saint illustre entre tous les saints, Joseph ! qu'elle offre à votre culte et à votre imitation comme le modèle et le protecteur de la famille chrétienne !... »

TABLE DES MATIÈRES

DU

Premier Volume.

	ARTICLES	PAGES
Avant-Propos	»	I.
Préface. — *L'idée moderne du droit*, par M. l'abbé Méric	»	1
Notions générales	»	41

TITRE PRÉLIMINAIRE.

De la publication, des effets, et de l'application des lois en général.

	ARTICLES	PAGES
Préliminaires	»	47
Commentaires	1–6	51

LIVRE PREMIER.

DES PERSONNES.

	ARTICLES	PAGES
DES PERSONNES.	»	55

Titre I. — De la jouissance et de la privation des Droits civils.

	ARTICLES	PAGES
Préliminaires	»	57
Commentaires	7–33	68
Chapitre I. — De la jouissance des droits civils	7–16	68
— II. — De la privation des droits civils	17–33	73
Section I. — De la privation des droits civils par la perte de la qualité de Français	17–21	73
— II. — De la privation des droits civils par suite de condamnations judiciaires (*Abrogé*)	22–33	75

Titre II. — Des actes de l'état-civil.

	ARTICLES	PAGES
Préliminaires	»	77
Commentaires	34–101	82
Chapitre I. — Dispositions générales	34–54	82
— II. — Des actes de naissance	55–62	87

	ARTICLES	PAGES
CHAPITRE III. — Des actes de mariage	69-76	89
— IV. — Des actes de décès	77-87	95
— V. — Des actes de l'état-civil concernant les militaires hors du territoire du Royaume (*de la République*)	88-98	98
— VI. — De la rectification des actes de l'état-civil	99-101	101

Titre III. — Du Domicile.

Préliminaires	»	102
Commentaires	102-111	106

Titre IV. — Des Absents.

Préliminaires	»	109
Commentaires	112-143	112
CHAPITRE I. — De la présomption d'absence	112-114	112
— II. — De la déclaration d'absence	115-119	113
— III. — Des effets de l'absence	120-143	114
SECTION I. — Des effets de l'absence, relativement aux biens que l'absent possédait au jour de sa disparition	120-134	114
— II. — Des effets de l'absence, relativement aux droits éventuels qui peuvent compéter à l'absent	135-138	118
— III. — Des effets de l'absence relativement au mariage	139-140	119
CHAPITRE IV. — De la surveillance des enfants mineurs du père qui a disparu	141-143	120

Titre V. — Du Mariage.

Préliminaires	»	121
Commentaires	144-228	225
CHAPITRE I. — Des qualités et conditions requises pour pouvoir contracter mariage	144-164	225
— II. — Des formalités relatives à la célébration du mariage	165-171	233
— III. — Des oppositions au mariage	172-179	236
— IV. — Des demandes en nullité de mariage	180-202	239
— V. — Des obligations qui naissent du mariage	203-211	249
— VI. — Des droits et des devoirs respectifs des époux	212-226	251

	ARTICLES	PAGES
CHAPITRE VII. — De la dissolution du mariage	227	256
— VIII. — Des seconds mariages	228	256

Titre VI. — Du Divorce.

Préliminaires	»	257
Commentaires....................	229-311	294
CHAPITRE I. — Des causes du divorce.............	229-233	294
— II. — De la procédure du divorce..........	234-274	295
SECTION I. — Des formes du divorce.............	234-266	295
— II. — Des mesures provisoires auxquelles peut donner lieu la demande en divorce......................	267-271	317
— III. — Des fins de non-recevoir contre l'action en divorce......................	272-274	317
CHAPITRE III. — Du divorce par consentement mutuel (*Abrogé*)..................	275-294	317
— IV. — Des effets du divorce...............	295-305	318
— V. — De la séparation de corps..........	306-311	321

Titre VII. — De la Paternité et de la Filiation.

Prélimimaires	»	337
Commentaires....................	312-342	349
CHAPITRE I. — De la filiation des enfants légitimes ou ou nés dans le mariage	312-318	349
— II. — Des preuves de la filiation des enfants légitimes....................	319-330	354
— III. — Des enfants naturels ;..............	331-342	359
SECTION I. — De la légitimation des enfants naturels...................	331-333	359
— II. — De la reconnaissance des enfants naturels	334-342	361

Titre VIII. — De l'Adoption et de la Tutelle officieuse.

Préliminaires	»	365
Commentaires....................	343-370	368
CHAPITRE I. — De l'adoption....................	343-360	368
SECTION I. — De l'adoption et de ses effets........	343-352	368
— II. — Des formes de l'adoption...........	353-360	373
CHAPITRE II. — De la tutelle officieuse..............	361-370	375

	ARTICLES	PAGES
Titre IX. — De la Puissance paternelle.		
Préliminaires	»	379
Commentaires	371-387	406
Titre X. — De la Minorité, de la Tutelle et de l'Émancipation.		
Préliminaires	»	412
Commentaires	388-487	421
Chapitre I. — De la minorité	388	421
— II. — De la tutelle	389-475	422
Section I. — De la tutelle des père et mère........	389-396	422
— II. — De la tutelle déférée par le père ou la mère....................	397-401	425
— III. — De la tutelle des ascendants.........	402-404	427
— IV. — De la tutelle déférée par le conseil de famille	405-419	428
— V. — Du subrogé tuteur....................	420-426	434
— VI. — Des causes qui dispensent de la tutelle.	427-441	437
— VII. — De l'incapacité, des exclusions et destitutions de la tutelle....................	442-449	444
— VIII. — De l'administration du tuteur........	450-468	447
— IX. — Des comptes de la tutelle............	469-475	460
Chapitre III. — De l'émancipation....................	476-487	463
Titre XI. — De la Majorité, de l'Interdiction et du Conseil judiciaire.		
Préliminaires	»	470
Commentaires	488-515	477
Chapitre I. — De la majorité	488	477
— II. — De l'interdiction....................	489-512	478
— III. — Du conseil judiciaire....................	513-515	489

LIVRE DEUXIÈME.

DES BIENS ET DES DIFFÉRENTES MODIFICATIONS DE LA PROPRIÉTÉ.

	ARTICLES	PAGES
DES BIENS ET DES DIFFÉRENTES MODIFICATIONS DE LA PROPRIÉTÉ.	»	491
Titre I. — De la distinction des biens.		
Préliminaires	»	493
Commentaires	516-543	501
Chapitre I. — Des immeubles	517-526	501

	ARTICLES	PAGES
CHAPITRE II. — Des meubles....................	527-536	506
— III. — Des biens dans leurs rapports avec ceux qui les possèdent...........	537-543	512
Titre II. — De la Propriété.		
Préliminaires.....................	»	518
Commentaires.....................	543-577	539
CHAPITRE I. — Du droit d'accession sur ce qui est produit par la chose.............	547-550	541
— II. — Du droit d'accession sur ce qui s'unit et s'incorpore à la chose...........	551-577	549
SECTION I. — Du droit d'accession relativement aux choses immobilières.............	552-564	549
— II. — Du droit d'accession relativement aux choses mobilières	565-577	560
Titre III. — De l'Usufruit, de l'Usage et de l'Habitation.		
Préliminaires.....................	»	568
Commentaires.....................	578-636	574
CHAPITRE I. — De l'usufruit..............	578-624	574
SECTION I. — Des droits de l'usufruitier..........	582-599	577
— II. — Des obligations de l'usufruitier.......	600-616	587
— III. — Comment l'usufruit prend fin.........	617-624	597
CHAPITRE II. — De l'usage et de l'habitation.........	625-636	602
Titre IV. — Des Servitudes ou Services fonciers.		
Préliminaires.....................	»	606
Commentaires.....................	637-710	616
CHAPITRE I. — Des servitudes qui dérivent de la situa- des lieux	640-648	618
— II. — Des servitudes établies par la loi	649-685	623
SECTION I. — Du mur et du fossé mitoyens........	653-673	625
— II. — De la distance et des ouvrages inter- médiaires requis pour certaines cons- tructions	674	636
— III. — Des vues sur la propriété de son voisin......................	675-680	637
— IV. — De l'égout des toits...............	681	640
— V. — Du droit de passage	682-685	640

	ARTICLES	PAGES
Chapitre III. — Des servitudes établies par le fait de l'homme	686–710	643
Section I. — Des diverces espèces de servitudes qui peuvent être établies sur les biens ...	686–689	643
— **II.** — Comment s'établissent les servitudes..	690–696	645
— **III.** — Des droits du propriétaire du fonds auquel la servitude est due	697–702	650
— **IV.** — Comment les servitudes s'éteignent...	703–710	653

	ARTICLES	PAGES
Jus canonicum. — De impedimentis matrimonii......	"	659
Appendice I. — Le Divorce......................	"	1
Appendice II. — Discours de l'abbé Maury..........	"	76
Appendice III. — Discours de Mirabeau..............	"	81
Appendice IV. — Le Divorce......................	"	88

INDEX DES MATIERES ECCLÉSIASTIQUES

DU

Premier Volume.

	Pages
ADOPTION. — D'après le Code civil, un prêtre catholique peut-il adopter ?	369
Quid au point de vue de la discipline ecclésiastique ?	369
AFFRANCHISSEMENT. — L'Église facilite l'affranchissement des esclaves romains ; modes spéciaux d'affranchissement *in ecclesiâ*	59
Voy. *Esclavage.*	
BAPTÊME. — Voy. *Noms.*	
CONGRÉGATIONS RELIGIEUSES. — Non autorisées par le roi, elles étaient illégales dans l'ancien droit français	56
Aujourd'hui, autorisées, elles sont personnes morales	55
Non autorisées, elles ne sont pas pour cela en état de contravention, d'après la législation actuelle	56
Situation de leurs propriétés au point de vue fiscal.	513
CHOSES SACRÉES. — Voy. *Culte.*	
CONSTRUCTIONS SUR LE FONDS D'AUTRUI. — Valeur en conscience de l'article 555 du Code civil	554
CULTE. — Les immeubles et meubles consacrés au culte ne forment pas sous le Code civil, comme en droit romain, une catégorie spéciale de biens, *res sacræ* ou *religiosæ*	499
Res divini juris en droit romain	494
DIVORCE. — Indissolubilité du mariage, en droit naturel	125
D'après la Théologie dogmatique	178, 215, 216 et 218
Un catholique peut-il en conscience faire prononcer son divorce ?	302
Les juges, avocats et avoués peuvent-ils en conscience siéger ou plaider dans une instance en divorce ?	302
Conclusion. — La loi ne doit pas admettre le divorce	266 et 278
1. Il est contraire à la loi divine	266 et 258
2. Il est contraire aux intérêts de la famille et de la société	270

Pages

A. La possibilité du divorce est un danger pour la paix des ménages 270

B. Le divorce sacrifie la femme et les enfants 271

a. Il amoindrit la situation de la femme 271

b. Il sacrifie les enfants 272

C. Il menace la constitution de la société tout entière 273

3. Il est contraire aux instincts du cœur humain 274

Conversion. — Voy. *Séparation de corps*

Église. — Influence de l'Église sur le divorce du droit romain. 259 et 260

— Elle l'empêche de trouver place dans l'ancien droit français 261

— La Restauration a aboli le divorce pour se conformer à l'esprit de l'Église .... 263 et 279

— Le législateur de 1884 a rétabli le divorce par esprit d'hostilité contre l'Église ... . 263 et 279

Évêques. — Protestations des évêques contre le divorce 279

Séparation de corps. — Voy. ce mot.

Grâce à la conversion de la séparation de corps, le divorce peut être imposé malgré lui à un catholique .... 264, 270 et 278

Réfutation de cette idée que le divorce est moins mauvais que la séparation de corps 276

DOMICILE. — Théorie du domicile en droit canonique 105

Domicile des évêques, curés, desservants et vicaires, d'après le Code civil 107

Domicile des aumôniers 108

DROIT CANONIQUE. — Il figure parmi les sources de l'ancien Droit français 49

Du domicile en droit canonique 105

Du mariage en droit canonique 659

ÉDUCATION. — Voy. *Puissance paternelle.*

ÉGLISES. — Propriété des églises 500

ESCLAVAGE. — L'Église fait adoucir le régime de l'esclavage romain ... 59

Voy. *Affranchissement.*

Efforts de l'Église pour faire abolir l'esclavage dans les colonies 64

ÉTAT-CIVIL. — Il était confié au clergé dans l'ancien Droit français 78

Faut-il souhaiter que la tenue des registres d'état-civil soit rendue au clergé ? 80

INHUMATION. — Peine contre le curé qui procéderait à une inhumation sans l'autorisation du maire 95

INTERDIT. — L'interdit qui contracte avec des tiers durant un intervalle lucide est-il tenu en conscience d'exécuter les engagements qu'il a pris ? 485

LÉGITIMATION DES ENFANTS NATURELS. — Influence de l'Église en cette matière 342

Pages

MARIAGE. — *Ancien droit français*. — Le droit canonique formait, avec les ordonnances, l'ancien droit de la France sur le mariage 136

Bans. — Dans l'ancien droit français 139

— Publications analogues sur le Code civil. 140

— En droit canonique. Voy. *Droit canonique*, section I, 6°.

Célébration devant le prêtre. — Chez les premiers chrétiens, droit romain, décision de Léon le Philosophe. 128

— Dans l'ancien droit français. Réforme opérée par le Concile de Trente. 136

— La célébration devant le prêtre n'a aucune valeur aux yeux du Code civil. 145

— Cas où le prêtre serait témoin involontaire 136

— La loi civile exige que la célébration devant l'officier d'état-civil précède le mariage devant le prêtre.. 93 et 136

— Voy. sur ce même point la *Conclusion*. 148

— Voy. *Étranger*.

Célibat .... 124, 188 et 205

Civil (Mariage). — Caractère sacré du mariage. 122

— Le mariage est un sacrement.... 126, 181, 187, 189, 190, 194, 200 et 210

— Idée du mariage civil. .... 140 et 191

— La question ne se pose pas chez les peuples infidèles 126

— Elle n'était pas discutée en droit romain .... 127 et 131

— Pratique suivie jusqu'au X° siècle. 131

— Du X° au XVI° siècle l'Église règle seule la matière du mariage 132

— Empiètements du pouvoir civil .... 132 et 192

— Théorie du mariage civil. Melchior Cano, Pothier, Joséphisme .... 188 et 192

— Voy. *Droit canonique*, Appendice II.

— Voy. aussi la condamnation du mariage civil d'après la Théologie dogmatique. 214

— *Conclusion* des *Préliminaires* du titre du *Mariage* ; exposé de la question du mariage civil au point de vue ecclésiastique. Division de cet exposé en trois parties 147

— I. Conflit entre le Code civil et la loi de l'Église relativement au mariage. 148

— 1. Conflit quant à la célébration du mariage. La loi exige que la célébration par l'officier d'état-civil précède le mariage devant le prêtre ; art. 199 et 200 du Code pénal.. 148

— A. Critiques dirigées contre la loi qui veut que la célébration par l'officier d'état-civil précède le mariage devant le prêtre. Elles se ramènent à quatre points 150

— a. En formulant cette exigence, le Code contredit le principe sur lequel repose sa législation du mariage ; à savoir, qu'il ignore les règles de l'Église sur le mariage, et ne s'en occupe pas 150

Pages

Civil (Mariage). — *b*. Les articles 199 et 200 du Code pénal sont d'une sévérité injustifiable à l'égard du prêtre................ **150**

— *c*. Ils rendent très difficiles les mariages *in extremis*....... 151

— *d*. Grâce au système de la loi, il peut arriver qu'un des époux, après la célébration civile, refuse d'aller à l'église et oblige pourtant l'autre partie à la cohabitation........... 151

— Opinion qui admet en pareil cas la nullité du mariage. Réfutation de cette opinion................................. 151

— On peut soutenir que cette situation donne lieu à séparation de corps 152

— Insuffisance de ce système pour porter remède à un tel état de choses 152

— *C*. Réformes proposées pour résoudre le conflit relatif à la célébration du mariage................................. 152

— *a*. Retour au système antérieur au Concile de Trente. — Objection faite à ce système........................... 153

— *b*. Système de M. Batbie : les époux devraient déclarer, lors du mariage civil, s'ils entendent se marier à l'église...... 153

— *c*. Abrogation des articles 199 et 200 du Code pénal. — Code Italien 154

— *d*. Présence de l'officier d'état-civil au mariage religieux. — Projet de Concordat espagnol. — Mariage des catholiques anglais devant le *registrar*......................... 155

— *e*. Notification à l'état-civil du mariage religieux. — Code portugais ; Colonies françaises de l'Inde 156

— *f*. Faire de la célébration devant le prêtre une condition de validité du mariage civil. — Législation roumaine....... 156

— *g*. Remise au clergé de l'état-civil quant au mariage. — Code autrichien; ancien droit français................... 156

— 2. Conflit quant aux empêchements. — Moyen de le faire cesser 156

— *A*. Système de M. Batbie : Les époux renonceraient à se prévaloir des empêchements du droit canonique 156

— Réfutation de ce système 156

— *B*. Solution de la difficulté au moyen d'un Concordat...... 157

— *a*. Objection : Ce système ne tiendrait pas suffisamment compte de la situation des catholiques. — Réponse à l'objection... 157

— *b*. Comment en pratique cet accord pourrait se faire : Sur quels points les deux législations pourraient être modifiées. 158

— *C*. Modifications proposées au Code civil en matière d'empêchements au mariage. — Projet Allou............... 158

— 3. Conflit quant à la compétence des juridictions. — Solution de la difficulté au moyen d'un concordat. — Système autrichien....................................... 159

— 4. Résumé... 160

— II. Le mariage civil. — Il est en opposition avec la doctrine de l'Église. — Pensée des rédacteurs du Code........... 162

Pages

Civil (Mariage). — 1. Arguments invoqués en faveur de la sécularisation du mariage.................................. 163

— A. Souveraineté de l'État. — Réponse à l'argument........ 163

— B. Sécularisation de l'état-civil. — Réponse à l'argument... 166

— 2. Le mariage civil viole la liberté de conscience 169

— A. Première objection : Le Code ne légifère que sur le contrat civil, sans porter atteinte au sacrement................. 170

— Réponse : Le contrat et le sacrement sont inséparables. 170 et 211

— B. Seconde objection : les catholiques sont libres, après la célébration civile, de se marier conformément aux lois de l'Eglise.................................. 171

— Réponse : La pratique du mariage à la mairie accrédite cette erreur capitale qui consiste à croire que là est le mariage.. 171

— 3. Doctrine de l'Église sur le mariage civil et conduite à tenir 174

— A. Doctrine de l'Église.................. 174

— a. Le mariage civil n'est pas un vrai mariage, mais une pure formalité légale qui ne peut affecter l'essence du contrat ni du lien conjugal 174

— b. La formalité du mariage civil n'est pas une condition nécessaire à la validité du mariage.................. 175

— B. Conduite à tenir par les catholiques dans l'état actuel des lois.................................. 176

— Instructions de la S. Pénitencerie sur le mariage civil en Italie.................................. 177

— III. Le mariage chrétien , d'après les mandements des évêques.................................. 180

Concubinat. — L'influence de l'Église fait disparaître le concubinat de la législation romaine. — Concile de Tolède................. 131

Consentement. — Voy. *Parents*.

Droit canonique.................................. 650

— Sectio 1ᵃ. — De impedimentis prohibentibus............. 659

— — Vetitum Ecclesiæ.......................... 659

— — Tempus.......................... 660

— — Sponsalia.......................... 660

— — Votum simplex.......................... 660

— — Clandestinitas in locis ubi decretum Concilii Tridentini non est promulgatum.......... 660

— — Omissio bannorum.......................... 660

— — Disparitas cultus imperfecta.... 661

— — Defectus parentum consensus.......... 663

— Sectio 2ᵃ. — De impedimentis dirimentibus. 664

— — De impedimento erroris.......... 664

— — De impedimento conditionis appositæ........ 667

— — De impedimento metus.......... 668

— — De impedimento raptus 670

— XII —

Pages

Droit canonique (suite).

— *Sectio* 2ª. — De impedimento ætatis........................... 672
— — De impedimento impotentiæ... 673
— — De impedimento ligaminis..................... 676
— — De impedimento ordinis 678
— — De impedimento voti 680
— — De impedimento cognationis 682
— — De impedimento affinitatis.................. 691
— — De impedimento honestatis publicæ 693
— — De impedimento disparitatis cultus.......... 695
— — De impedimento criminis..................... 696
— — De impedimento clandestinitatis 699
— *Sectio* 3ª. — De dispensatione ab impedimentis matrimonii. 712
— *Sectio* 4ª. — De revalidatione matrimonii 723
— *Appendix I.* Quænam sint impedimenta canonica in jure Gallico admissa 727
— *Appendix II.* De Matrimonio civili 748

Empêchements. — Comparaison des empêchements en droit canonique et sous le Code civil. Voy. *Droit canonique*, Appendix I.

Erreur. — Sur la qualité de prêtre du conjoint.............. 145 et 146

Esclaves. — Influence de l'Église sur le mariage des esclaves romains... 131

Étranger. — Célébration religieuse à l'étranger. — Affaire Pescatore.................................... 140 et 235

Fiançailles. — D'après le droit naturel......................... 124
— Dans l'ancien droit français..................... 000
— Sous le Code civil.. 141
— Voy. *Droit canonique*, sect. I, 3°.

Hérétiques. — Mariage entre catholiques et hérétiques. — Voy. *Éducation* et *Puissance paternelle.*
— Dans l'ancien droit français.................... 137
— Sous le Code civil. — Voy. *Droit canonique*, Appendix I.
— Voy. *Idem*, sect. II, art. XIII.

In extremis — Mariage *in extremis* privé d'effets civils dans l'ancien droit français.............................. 139
— Mariages *in extremis* sous le Code civil.. 141,145 et 151

Infidèles. — Mariage entre chrétiens et infidèles dans l'ancien droit français 137
— Sous le Code civil. — Voy. *Droit canonique*, Appendix I.
— Voy. *Idem*, sect. II, art. XIII.

Juifs. — Mariage entre juifs et chrétiens, prohibé par Valentinien.. 130
— Dans l'ancien droit français..................... 137
— Sous le Code civil. — Voy. *Droit canonique*, Appendix I.
— Voy. *Idem*, sect. II, art. XIII.

— XIII —

Pages

Juridiction. — Juridiction ecclésiastique sur le mariage dans l'ancien
    —   droit français....................................   139
    —   Voy. la *Conclusion*.............................   159

Législation. — Voy. *Ancien droit français*.

Mixtes (Mariages). — Voy. *Hérétiques*, *Infidèles* et *Juifs*. — Voy.
aussi *Droit canonique*, Appendix I.

Ordres. — L'engagement dans les ordres majeurs est un empêche-
         ment au mariage dans l'ancien droit français........   137
    —   Sous le Code civil................................   143
    —   Sur le point de savoir si les ordres sont un empêchement
         au mariage sous le Code civil, voy. aussi *Droit cano-*
         nique, sect. II, art. VIII.

Parenté. — Empêchement de parenté, d'après le droit naturel:.....   124
    —   Législation des premiers empereurs chrétiens.........   130
    —   Voy. *Droit canonique*, sect. II, art. X, *A*.

Parenté spirituelle..   137
    —   Voy. *Droit canonique*, sect. II, art. X, *B*.

Parents. — Exigence du consentement des parents ; droit naturel...   124
    —   Concile de Trente et doctrine de l'Église ....:.   138 et 142
    —   Sous le Code civil..............................   142
    —   Voy. aussi *Droit canonique*, sect. I, 8°.

Pothier. — Théorie de Pothier sur le mariage civil...............   133

Prêtres. — Voy. *Ordres* et *Erreur*.

Putatif (Mariage). — Création du droit canonique:.........   139 et 147

Sacrement. — Voy. plus haut *Mariage civil*.

Seconds mariages. — Voy. *Théologie dogmatique*...............   215

Théologie dogmatique. — Définition du mariage..................   208
    —   I. Matrimonium inter fideles seu baptisatos sacramentum
         novæ Legis est, (unionem Christi cum Ecclésiâ signifi-
         cans et efficienter extendens)........................   210
    —   II. Inter fideles matrimonium dari non potest quin uno
         eodemque tempore sit sacramentum.................   211
    —   III. *A*. In lege evangelicâ polygamia simultanea est pro-
         hibita..   214
    —   *B*. Polygamia simultanea non absolutè repugnat juri
         naturæ, sed illi minus consentanea est...............   214
    —   *C*. Polygamia successiva i. e. aliud matrimonium de-
         functo uno conjuge, omnino permissa censeri debet   215
    —   IV. *A*. Matrimonium consummatum in lege evangelicâ
         est indissolubile....................................   215
    —   *B*. Matrimonium censeri debet indissolubile etiam ex pri-
         mitivâ et originali institutione.......................   216
    —   *C*. Matrimonium in lege evangelicâ etiam in casu adul-
         teri est indissolubile..   218

Pages

Théologie dogmatique. — *D.* Licet matrimonium consummatum indissolubile sit quoad vinculum, quoad torum tamen seu cohabitationem variis ex legibus legitimè conjuges ab invicem separari possunt ... 220

— V. *A.* Ecclesia potest statuere impedimenta matrimonium dirimentia ... 221

— *B.* Ecclesia sola constituere potest impedimenta dirimentia, idque non ex concessione expressâ vel tacitâ principum, sed jure proprio et originario ... 222

Vœux. — Les vœux de religion sont un empêchement de mariage dans l'ancien droit français ... 139

— Voy. *Droit canonique*, sect. II, art. IX.

MORT CIVILE. — Voy. *Religieux.*

NATIONALITÉ. — Acquisition de la qualité de Français par le bienfait de la loi au profit des descendants de Français expatriés pour cause de religion ... 65

NOMS. — Choix des noms dans les actes de naissance ... 88
Pour le baptême ... 88

ORDINATION. — Voy. *Puissance paternelle.*

POSSESSEUR DE BONNE FOI. — Y-a-t-il en conscience translation de propriété à son profit des fruits qu'il fait siens d'après le Code civil ? ... 544

POSSESSEUR DE MAUVAISE FOI. — Est-il tenu en conscience de restituer la chose qui périt entre ses mains sans sa faute ? ... 546

POSSESSEUR DE FOI DOUTEUSE ... 548

PRÉCAIRES ECCLÉSIASTIQUES ... 528

PROFESSION RELIGIEUSE. — Voy. *Puissance paternelle* et *Mort civile.*

PROPRIÉTÉ. — D'après Saint Thomas ... 538 et 522
D'après l'Encyclique *Quod apostolici* ... 521

PROPRIÉTÉ ECCLÉSIASTIQUE ... 533

PUISSANCE PATERNELLE. — D'après Bossuet ... 394
D'après Mgr Dupanloup ... 396
D'après Mgr Besson ... 398
Influence de l'Église sur la puissance paternelle romaine ... 384
Les biens acquis par un fils de famille en qualité de diacre, prêtre ou évêque rentrent, en droit romain, dans son pécule *quasi-castrense* ... 384
Décret de 1810 qui exige le consentement du père pour permettre au fils mineur de vingt-cinq ans de recevoir la prêtrise ... 391
Décret de 1809 qui interdit aux filles mineures de vingt et un ans de faire profession religieuse sans le consentement de leur père ... 391
Appréciation critique de ces décrets ... 391
Conflit du droit de garde du père avec le droit de l'Église sur les enfants baptisés ... 392

Pages

Éducation religieuse des enfants nés d'un mariage entre un catholique et un non-catholique..................................... 407 et 393

Question de l'obligation en conscience des lois sur l'instruction obligatoire.............. 393

RELIGIEUX PROFÈS. — Ils étaient frappés de mort civile dans l'ancien droit français... 67

Législation révolutionnaire et droit actuel sur ce point............. 67

SÉPARATION DE CORPS. — Voy. *Divorce.*

Elle n'est pas contraire à la doctrine de l'Église.. 220, 258, 275 et 278

Elle est réglée dans l'ancienne France d'après un texte des Décrétales................................... 262

Elle était dans l'ancien droit français reconnue par le pouvoir civil comme matière de compétence ecclésiastique.................... 262

Les catholiques doivent, avant d'engager une instance en séparation de corps, se pourvoir de l'agrément de l'autorité ecclésiastique.... 278

SERVAGE. — Influence de l'Église en cette matière................. 62

THÉOLOGIE DOGMATIQUE. — Voy. *Mariage.*

TUTEUR. — Un prêtre catholique peut-il, d'après le Code civil, être tuteur ?.................... 437

Quid au point de vue de la discipline ecclésiastique ?............. 438

USUFRUIT. — Une constitution d'usufruit au profit d'une personne morale ecclésiastique est-elle obligatoire en conscience pour ce qui dépasse le terme de trente ans ?................. 599